マルクス社会主義論の批判的研究

Critical Studies on Theory of Marx's Socialism

荒木武司
Araki Takeshi

文理閣

序にかえて

いかなる未来を展望しようとも、人類の歴史が完全で完結したものであることはありえない。人類の歴史には「前史」と「本史」がある（マルクス『経済学批判「序言」』等）わけではなく、われわれが現に生活し連綿と続く一つの生きた歴史があるだけである。したがって、形こそかわれいつの時代にも理念と現実の間には、緊張や乖離が存在することは避けがたい。時に理念は現実を超えて飛翔し現実を動かす力があるとしても、やはり理念は歴史的人間の主観的観念の生みだしたものである限り、やがては現実の営みに回帰せざるをえないことは自明である。どんなに素晴らしく完全にみえる理念あるいは理論も、すべからく歴史的制約から免れることはできない。歴史の流れを大局的にみるとき、不動の歴史的現実に遭遇し、はじめてその理念のユートピア性に気づくことは多い。マルクスの「社会主義」論もまさにそのようなものであった。

歴史はたえず進化する。一九八九年一一月、ベルリンの壁の崩壊は一つの閉鎖的かつ強権的なソ連・東欧社会主義の終末を意味した。それは同時に、その思想的淵源をなすマルクス社会主義論の破綻をも意味するものであった。理念と現実、理論と実践の間には大きな懸隔があり、その巨大な深淵を歴史は直接明示してはくれない。人生も歴史も一回性であり、初めて経験する出来事も多い。実践的な経験や具体化にともなう脇道や隘路のまえに、畢竟、過酷な歴史の審問を受けなければならない。社会主義にも論理的想定外の新しい矛盾があった。マルクス・エンゲルスが憧憬し思念した社会主義も、いざ実際に建設してみると不完全で欠陥をもったもの以外ではなかった。現存の歴史は未完成であり、それゆえまた歴史は前進する。われわれは過去のユートピアの誤謬や挫折、失敗の経験から学ばなければならない。いかなる権威的なアプリオリにも疑問を投げかけ、旧来の規範に拘らず批判的営為を遂行することが求められる。

しかしながら、いまなおソ連社会主義の崩壊にたいし、あれは「真の社会主義」「マルクスの社会主義」とは無関係だとして、冷厳な歴史的現実を認めない議論が横行する（ソ連＝「国家資本主義」論等）。しかし、あれがありのままの社会主義であり、社会主義理論を現実・具体化しようとすれば概ねあのような形にならざるをえない。したがって、（旧来の）「社会主義」＝「マルクス社会主義」＝「ソ連社会主義」である。それ以外ではない。問題は、ソ連＝社会主義でなかったことにあるのではなく、むしろ反対に、旧来の社会主義に特有の想定外の原理的アポリアに陥り、成功しなかったことにある。旧来の社会主義にも、労働と所有の平等化の模索など形式的部分的には歴史制度としてプラス面がなかったわけではない。しかし、それにもましてまさにその同じメダルの裏面として、分配の平均主義、実質的「悪平等」等、人々の努力と成果が見合わないマイナスの歴史的制度に帰結していった。それは人々が求める現段階の歴史的「平等」、「自由」とは必ずしも一致しない。

旧い教条に固着し金科玉条の如くマルクスの言説や命題に依拠する発想法からは脱しなければならない。たしかにマルクスの資本主義批判の体系は緻密で精確であり、剰余価値生産の分析を通して、資本主義生産様式の社会的矛盾と歴史的限界性を鋭く告発するものであった。その意味では、『資本論』は一つの巨大な歴史的金字塔といいうる（但し、剰余価値論を否定するネオ・オーストリアンの「企業家論」「市場秩序論」の観点も検討に値する）。そしてその上に、資本主義に替わるオールタナティブとしての共産主義社会を構想した。しかし、後者すなわち社会主義・共産主義（＝「社会主義」論）については、あくまで資本主義の反措定としての消極的否定的な規定にとどまり、独自の積極的肯定的論理に欠ける、抽象的で多義的に解釈されうるものであった。

後に本論の中で再論されるが、行論の進行上敢えて要約すれば概略以下のようになろう。すなわち、マルクスの未来社会論における歴史・社会認識の枠組・方法は、経済決定論・階級一元論（唯物史観）を一般的な方法論的基礎・前提とし、分業と私的所有に立脚する資本主義的生産の無政府性に対し、社会主義はその否定形として、1．物と物ではなく人と人との関係が直接に現れる無媒介の社会が想定され、2．意識的・計画的な社会的労働と社会体制の編成により、かかる社会の究極目標として、3．階級の廃絶と共産主義的共同社会が考えられていた。そこから当面する社会主義革命の戦略目標としては、なによりもまずそれら諸矛盾・諸対立を除去する出発点として、4．私的所有と市場制度の廃絶、それを革命的強行的に遂行する過渡期におけるプロレタリアートの独裁が構想されていた。

しかし、前三者1．2．3．については革命後の未来社会建設の具体的な青写真がなく、いずれも実現可能性の問題等のポジティブな分析が欠落しており、最後者つまり4．についても、完全に実現されることはなかった。かかる理念の現実態たるソヴィエト・ロシアにおいては、私的所有は形式的強行的に国有化・集団化され、市場システムは、当初戦時共産主義の一時期、貨幣なき社会が目指されるが、結局、商品・貨幣関係（＝市場）は消滅せず、経済的インセンティブが働かず、計画経済は全き意味で機能することはなかった。しかも、さらに致命的問題となるのは、たとえ「過渡的」にせよ独裁より不可避的に生ずる組織悪等、権力の危険性についての独自の考察がみられないことである。要するに、「マルクス社会主義」においては、革命により階級関係が変われば総ての問題が解決されると、未来社会建設の現実的諸問題が軽視され極めて楽観的に考えられていたとみなされる。

人類の歴史は発達するにつれ環境は複雑多元的になり多くの媒介項が生ずるようになる（上記1に関連）。また、歴史の進行はわれわれが意識化・計画化するように進むとは限らない（上記2に関連）。さらに、歴史の進化とともに分化・特殊化がすすみ、個の自立性が強まるのも避けがたい[1]（上記3に関連）。言うまでもなく、全く完善な自然と社会のシステムはありえず、社会は歴史的発展とともに複雑大規模化し、新たに求索される多元的な社会主義の下でも競争と優勝劣敗、社会参加への距離と差異等、逆の弊害的事象も考えられないわけではない。しかし、経済的には市場システム、政治的には民主主義システムを媒介として、より自由で豊かな社会へ進化するのがむしろ今後の一般的方向だろう。なお現段階では、それ以上の新しい近未来社会主義の具体的で詳細な設計図については、率直にいって、残念ながら今後のわれわれ共同の探究課題とせざるをえない。

いずれにせよ、全てが直接公的に画一化され個別・私的部面がないとしたら生活は窒息する。単純で直線的ないわば図式化された旧来の古典的社会主義は忌避されよう。予知できない未知未来の問題は必ずあり、予め定まった方向に定向進化するわけではない（この点で、ダーウィン「自然選択の理論」は方法論的にも極めて有益である）。歴史の現実は決定論的なかたちで決まっているのではない。人類の未来は可変的であり選択の幅がある。[2] 複数性と選択の余地のない「自由」を語ってもそれは空語であろう。[3]

誤解されてならないのは、市場原理の下においても社会的・私的な意味で、全くの意識性や計画性が排除されるわけではない。人々はなんらかの思惑や意図をもって市場に参入する。しかし、それら個別的で私的な意識性や計画性は市場メカニズムの中で淘汰され、事後的にではあれ総合的な社会的生産と分配が実現されるのである。市場とは、個別主体の複数性と自立性を基礎に成立するものであり、それに対し計画化体制とは、単一の意識的集権的センター（モノポリー）から全体的に統合・管理され、それは官僚的行政的機構に繋がっていく。そこにおいては、複数自立主体の自発性にもとづく競争と選択の問題は生まれず、したがってまた、多元的な自由と民主主義は原理的に問題とならない。かかる意味で、市場システムは自由と民主主義の十分条件でないとしても、必要条件である。

もちろん、市場システムには欠点や限界もあり、「規制された市場」等、一定の公的なマクロ・コントロールも必要となる。純粋の市場のみで人間生活の社会的物質代謝は十全には補いえないことは明白である。現代資本主義においても総ての財とサービスの交換と流通が市場のみでおこなわれているわけではない。経済的希少性が歴史的に存在する限り、すでにL・ミーゼスやF・ハイエクが指摘したように（社会主義経済計算論争）、直接には市場を経由せず価格は擬制にとどまる（例えば、公共図書館のサービス等）としても、なんらかの社会的なコスト・貨幣計算は不可欠である。逆に、社会が必要とするのに市場が抑制・排除されるならば、供給不足と統制けである。

〈配給制〉からくる行列やブラック・マーケット（ヤミ市場・アングラ経済）のような、別の媒介環が生まれるだ

したがって、社会的な全物資代謝の形態は複合的であり、旧来の共同体の解体と近代社会への移行にともなう商品化と行政化の延長上に、①商品・貨幣メカニズム〈市場〉を基軸とし、②国家・行政の調整補完的な作用〈計画〉と③共同体的な遺制と再生〈地域経済等〉を組み合わせることによって、社会的に調整された体系が形成される。その際、情報の不確実性・限定合理性等からいわゆる「完全競争」状態は現実的にはありえず、社会経済的目標と私的財・公共財等の財の性質に基づき、市場メカニズムの運用を基本としつつ、多元的なバランスを創り出していかなければならないことは明らかであろう。

社会の矛盾や貧しさと対峙し共産主義的な夢や理想を描くことは古くからあった。矛盾が存在する限り社会と歴史を変革しようとする願望は決して無くならない。しかし、それらはいずれもユートピア的でしかなく、それどころか夢と現実の狭間で悲惨な内部抗争や徒労に終わることが常であった。人間の本性およびその歴史的力量と制約、すなわち共同性ゆえの無責任性の発生等、現実に逆らった試みは長続きしない。逆に、それが何らかの外性的基準からプロクルステスの寝台となり、自由な人間性を抑圧する社会システムの仮構に繋がっていく。現実性を基礎にもたない単なる夢や理想は、いとも容易に非人間的な反対物に反転していく。古典古代の大思想家アリストテレスも、人間性と政治システムに関連し、共同制こそ最も困難や葛藤が起こりやすいとの深遠な洞察をおこなっている(4)。

それ故、それらは概して、フーリエやオウエンの共同村落のように局地的で比較的短期間の実験に止まり、また、二〇世紀の壮大な挑戦であったソ連社会主義も結局は失敗した。人類の歴史は、現在までのところ社会主義・共産主義の成功の実例を知らない。然して、それがまさに「現存」（した）の社会主義であり、その外に歴史的現実態としての社会主義はありえない（逆にまた翻って、少なくともわれわれが研究対象とする歴史の近未来に

おいては、その実在性が「科学的」に論証されることはないであろう）。

市場は利己的にして利他的な人間の互恵的交換行為がおこなわれる場である。「利己性」＝個別的利害関心は、歴史と人間の有限性（＝希少性）に規定されて狭隘な負の限界をもつとしても、生きた現実的人間諸個人の生命的欲求の発現に外ならず、まさに人間の自然的本性をなし、人類進歩の動因となる。かかる「人間本性」に対し抽象的で観念的な共産主義的人間像＝「類的本性」「共同本性」を以て対置・否定することは、後期啓蒙思想のロマン主義的空辞でしかない。市場システムは経済の無政府性の元凶だと言われてきたが、歴史の実際は皮肉にもマルクスの仮説とは裏腹に、市場の発展が抑制されたソ連の「計画」体制において経済の無政府性と停滞が現実化した。集権的な単一の計画センターから発する上からの官僚的コントロールよりも、人間諸個人のいわゆる「利己心」にもとづく複数分散的な自発性こそが創意性に富み、自由であり、かつ生産性が高いことを示した。

しかも、権力を掌握した社会主義国においては、政治路線上の対立等から旧ソ連におけるブハーリン、トロツキーや中国における劉少奇のように、革命以来の古参幹部が反党・投機分子・スパイとして生理的・物理的に粛清・抹殺されていった。これをスターリンや毛沢東による個人的蛮行、革命からの逸脱とし、人権意識が希薄な帝国主義包囲下の後進国の出来事だとする見解もある。しかし問題は、それが特殊な事例ではなく多くの社会主義国に共通してみられる事柄だとするならば、主要には外圧からくる問題ではなく、主体としての社会主義一般の思想・作風・組織様式の問題と捉えるべきだろう。いかなる社会主義国の経済改革においても、同時に政治改革は不可欠であり領導党の改革は決定的な問題だった（プロレタリアート独裁論の放棄）――それは実行されることがなかった――ことが、その間の事情を物語る。

Ｊ・アクトンも言うように、「権力は腐敗する。絶対的権力は絶対的に腐敗する」。政治・経済・精神（イデオロギー）の三権が組織の頂点に集中・統合されて、絶大な独裁的権力の行使を阻止できず、多元的・民主主義的なチェック機能が働くことのない旧来の社会主義に特有の前近代的な社会編成、組織構造にこそ問題の根源があったといえる。近代的な実効権力の分散化、三権分立制が不在（マルクスのパリ・コミューン論）のまま、ノメンクラツーラ制や前衛党における分派の禁止・民主集中制（開かれた情報・対話の封殺）、幹部公選性の欠如（事実上の任命制・終身制、および権力・組織維持）として階層的制度化がおこなわれているのである。

先にも述べたように、市場システムと自由民主主義原理の間にはある種の相関がある。比較的最近の歴史を概観するならば、社会主義運動は第二次世界大戦までは、私的セクターと市場を厳しく拒絶してきたといえるが、しかし、大戦後、イギリス労働党と北欧諸国の社会民主主義政権においては、各々特色のある福祉国家政策の下、重要産業の国有化と完全雇用策等むしろ経済の多様性を容認する新たな動きが現れ、その後の西ドイツ等西欧諸国の経済成長と生活水準の向上に帰結していく。また一九五〇年代後半になると、かかる動向は東側陣営にも反作用を及ぼし、東欧諸国においては部分的ながら「市場社会主義」の試みが実行される。さらに今日では、ユーロ・コミュニズムやポスト・マルクス主義の動向等、先進資本主義国の共産主義諸党においてもその改良主義的変容、市場に対する寛容な態度、民主主義重視の戦略は周知の事実となっている。

要するに、歴史を振り返りみるとき、二〇世紀社会主義の歴史はマルクスの非市場性社会主義構想からの離脱の歴史であったと総括される。さらにまた現代の世界を見回すならば、地球的規模での核開発と戦争と平和の問題、エコロジーと資源・環境・保健、フェミニズムとマイノリティ、情報化とＡＩ化の諸問題など、総じて一九世紀マルクスの時代にはその重要性が認識されなかった、人間的欲求や行為、労働と所有に関する新概念等、旧来の経済決定論・階級一元論では十全に包摂されえない新たな問題が提起されている。(5)

マルクスはたしかに歴史上希有の思想的巨人であった。彼の方法は現在もなお有力であり、それゆえ今なお彼の影響力は大きく、検討に値する。しかし、一つの歴史・社会認識の方法に過ぎずそれに自足することはできない。いずれ彼も時代の子であることを免れず、したがって無謬ではありえない。現代的制約は当然であり、歴史的にかつ方法論的に限界があることは自明である。マルクス的思想圏の中のマルクス研究においては、目標としてまずマルクスが存在し、諸他の諸思想・諸理論は、往々そこに到る批判の対象としてしか位置づけられておらず、いわば初めから「結論ありき」の研究方法となる。教科書的な一見折り目正しい無矛盾的な論理となっていく。今日なおわれわれの周りに見受けられ、われわれ自身の中にいまなお巣くう硬直的で教条的な「正統派」的研究方法は棄てさられなければならない。

以上要約すれば、以下の疑問と問題点に行き着くのは必然であろう。果たして、マルクスの構想する将来社会においては、絶えまなく複雑にして大規模化する社会の現実と人民大衆（プロレタリアート）による直接統治の理念の間で、大衆の直接的な管理・運営への参加は実現するのだろうか、諸個人の自由で民主主義的な営為は集中・統合的な計画システムの下でも担保され両立するだろうか、貨幣と市場システムなしで需要と供給、社会的総労働と総資源の均衡的配分は可能だろうか、生産の効率性および専門性特化の歴史的傾向と分業廃棄の論理とは現実問題として矛盾しないだろうか。そもそも人類の歴史はかかる共産主義共同体に到達しうるであろうか。これら問題に対する解答は一義的でなく、依然として未解決のままである。

かくして、われわれが求められる基本的方法は——必ずしも弁証法のような特別の方法ではなく——先行の諸理論・諸経験に学びつつも生きた歴史的現実を前に、究竟において、具体的現実の具体的分析・総合による試行錯誤を通じた探求以外にはないといえよう。それは古くより幾多の故人が営々と歩み進んできた道なき道、茨の道である。それは科学的探究にとって基礎的にして普遍的な方法である。現代資本主義は直接暴力的に支配するのではなく、柔軟で強靱な抑圧・搾取の体制といえる。その下で一つの歴史的現実として、物的・人的に人間社会の再生産がおこなわれている。人類史においてかかる文明化された圧制形態からの解放、「自由」をわがものとすることは、単なる理念・理想ではなく、それを超える現実的でより文明的なオールタナティブとしての内実を発見すること以外にはない。そのときはじめて、新たなかたちを以て「社会主義」は再生され、実現可能なものとなろう。

本著作は、少なくとも著者の意図としては、如上の道標《みちしるべ》に沿って書かれている。想えば、二〇歳前にして社会運動に参加し二〇代の半ばより研究者の道を志し、以来、幾多の苦渋や反省、紆余曲折を経ながら辿り着いた末の、著者としての一つの到達を示したものである。言うまでもなく、その評価は読者諸兄姉に委ねる外ないが、僅少なりとも受けとめられることがあるとすればそれ以上の望みはない。もとより、著者の想いは、マルクスや今日的な革新運動の欠点をあげつらうことに本意はなく、一つは長年に渉りマルクスと係わってきた著者自身の苦闘の上の総括として、二つはわれわれの社会変革の運動が過去の誤りを繰り返すことなく、大きく前進することを希うことにある。大きな社会的前進のためには、歴史的と論理的の双方からみた相互批判と共同作業が必要であり、いわばそれを準備するささやかな礎石の一つとなることを願うものである。

なお、本著作の成立および構成について一言すれば、本書は私の執筆論文のうち主として、マルクスおよび社会主義について理論的に論究した論文を集めたものである。全体として第一部本論（全六章）と第二部補論（補論Ⅰ・Ⅱ）の二部構成よりなり、前者は比較的最近書いたものであるのに対し、後者（補論Ⅰの第三章を除き）は相当以前に書かれたものである。本書の主題としての第一部「マルクス社会主義論の批判的再考」を中心に、敢えて一書にまとめられている。

第一部本論は全六章からなるが、第一章「『実現可能な社会主義』について考える」は、第一部の論文の中では最も新しく書かれたものである。これからの新しい社会主義運動の方向として、旧来の「マルクス社会主義」とは異なる、「民主主義的社会主義」および「社会主義市場経済」が提起されている。引用・事項注等はなく、短い割に著者の言わんとすることが要約的にまとめられており、比較的読み易いものとなっている。ある程度本書全体のガイドの役割を果たすだろう。

第二章「マルクスの『社会主義』と『官僚制』」は、主題は表題（但し、改題あり）の通りであるが、アナーキスト（M・バクーニン、P・クロポトキン）およびマックス・ウェーバーのマルクス批判の論理を考察し、同時に、『資本論』第I部第四篇の諸章を基礎に技術・分業・組織の視角から官僚制の問題に迫っている。この論文は第一部の中では最初期の論文に属しており、処によりマルクス理論への思い入れがなお尾を引いている。

第三章「アソシエイションとマルクス」では、近年の「アソシエイション」論の盛行に対し、著者なりの「アソシエイション」論が批判的に展開されている。併せて、A・トクヴィルのアソシエイション論、P・ビュシェや「アトリエ」派等のマルクス以外の社会主義運動、R・オウエンやロッチデールの協同組合運動等が論及され、また、マルクスの弁証法的三段階論およびマルクス「社会主義」における非商品生産・非市場論の問題が批判的に考察されている。

第四章「マルクスにおける『人間本性』の把握について」では、社会科学の根本問題である人間論が主題とされており、本章はその一考察をなすものである。チャールズ・ダーウィンの進化生物学（現代では分子遺伝学等）およびアダム・スミスの「利己性 self-love」論の基礎的考察をふまえることにより、マルクスの人間論、すなわち「類的本性」「共同本性」論が俎上にあげられその非現実性・一面性が批判されている。

第五章「後期マルクスにおける革命戦略の転換〈1〉」は、「革命と改良」における、永続革命論から後期マルクスにおける漸進的・改良主義戦略への現代的変容をむしろ積極的に受けとめつつ、しかし、マルクス自身においてはそれが貫徹されることがなく、後継者に託されざるをえなかったとしている。事例としては農業・農民問題、協同組合論の歴史的変遷が論究される。本論文の前半部はとくに、著者の現時点での問題関心を鮮明に表明したものとなっている。

第六章「後期マルクスにおける革命戦略の転換〈2〉」では、マルクスの多数者革命・平和革命論への戦略転換について、とりわけエンゲルスの「フランス階級闘争への『序文』」が着目され追跡されている。また〈附論〉として、現代革命論の視角から、ベルンシュタインの改良主義・民主主義論が論じられている。なお、第五章・六章は連作をなし当初はさらにもう一作予定していたが、内容的には不十分ながら部分的に第一章に含まれており、また、「あとがき」においてふれた著者の身体的状況とも関連し断念せざるをえなかった。今後、機会があり事情が許せば実現したいと思っている。

第二部補論の多くは相当古いものであり、補論Ⅰ「中国社会主義について」および補論Ⅱ「宗教・国家・貨幣」からなる。

補論Ⅰ（第一章〜第三章）は、中国における一九七八年一二月以降の大転換と「文革」総括、天安門事件と民主運動、社会主義市場経済論、中国の「社会体制」規定等、ドラスティックに変化する中国社会主義について歴史的な考察がおこなわれている。とくに最初の論文（第一章）はソ連邦崩壊以前に書かれたものであるが、現存の中国社会主義批判等の著者の基本的観点が示されている。また関連して（第一、二章）、とりわけ中国社会主義に独自な基底的形態をなす「単位体制」社会の問題が序論的に考究されている。中国社会においてはたんなる個人は人でなく、「単位」に帰属することによってのみ人でありうる。さらに最近作（第三章）では、中国は資本主義か社会主義か？　という、現在、焦眉の「社会体制」規定の問題が論じられている。

補論Ⅱ（第一章〜第三章・連続論文）は、マルクスの全体的な論理体系を自分なりに明らかにすべく、宗教・国家・貨幣（同時に、哲学・政治学・経済学の批判を含意し、唯物史観の成立と対応）のトリアーデを基本的視座に、人間＝社会の「統合」的疎外態の批判として、連作の形で論考したものである（但し、文体が、初出論文の「デス・マス」調から現行の「デアル」調に統一されている）。本補論論文の直接のテーマにはなっていないが、当時（一九七〇〜八〇年代初め）、中ソ国際論争や中国「文革」の試練等を経て、すでに現存社会主義への批判的視点は有してはいたものの、いま振り返ると、未だ批判はマルクスそのものの論理・方法にまでは及ばず、私自身依然として忠実なマルクス学徒であった。

以上、本書の構成と概容である。第一部本論内部においても時期により重要な論理的差異が認められるが、とくに第一部本論と第二部補論との間には、歳月の推移とともに論理展開に大きな違いがある。それを前進と見るか退歩と見るかは人によって異なってこよう。然るべき批判を仰ぎたい。しかし、いずれにせよ、一定の加筆等はおこなわれているが、基本的に初出の論文と論旨を変えることなく載録している。

（1）P・プルードンは、「財産（所有）とは盗みである」として私有制を激しく攻撃したことは有名であるが、社会主義・共産主義に対しても、「共有」の問題性を富と責任と公正の否定であると厳しく論難している（『貧困の哲学』一八四六年）。彼の場合、アナーキストといわれるが暴力革命等の急激な社会変革は目指されず、したがって、計算の必要とともに貨幣と市場の廃止は必ずしも構想されていない。また、人間個々人の個体性を基礎とした「連合」が考えられており、したがって、「万人の万人による統治」という集合的在り方に代わる「各人の各人による統治」という独自の表現・定式化がみられる。マルクス社会主義論とは異なる一つの重要な社会主義理論として、今後の検討課題とされてよいであろう。
　ピエール・プルードン『貧困の哲学』（一八四六）平凡社、二〇一四年、および猪木正道・勝田吉太郎編集『プルードン・バクーニン・クロポトキン』中央公論社、一九八〇年。

（2）マルクス理論の悲劇的誤謬は、唯一の絶対的客観的真理の観念とも関連し、全体システムの中での複数個別主体の自立性と選択性、競争と対話にもとづくフィードバック機構をもたないことにある。それは自由と民主主義の欠落に結果せざるをえない。そのことに関連し、ゴルバチョフとともにむしろペレストロイカを中心的に推進したA・ヤコブレフは、ソ連「社会主義」の崩壊の原因をその祖型をなすマルクスの理論に認め、「マルクス本人の先入観と幻想」「選択の自由という一番重要な…理論がない」ことにあるとし、まして「個人の全面的な発展の条件などあろうはずもない」と鋭く批判している。
　アレクサンドル・ヤコブレフ『マルクス主義の崩壊』サイマル出版会、一九九四年。

（3）拙稿「マルクスに拠っていえること、いえないこと」『経済科学通信』第一四二号、二〇一七年三月、参照。

（4）アリストテレス『政治学』岩波書店、一九六一年。

（5）A・H・マズロー『人間性の心理学』産業能率短期大学出版部、一九七一年、H・A・サイモン『人間の理性と行動』文真堂、一九八四年等参照。

二〇一八年早春　　春まだ遠き洛南の地にて　　著　者

目次

第二部　補　論

補論Ⅱ　宗教・国家・貨幣

第一部　マルクス社会主義論の批判的再考

第一章　「実現可能な社会主義」について考える

はじめに

二〇世紀末の冷戦構造の終結、ソ連・東欧社会主義体制の崩壊の中で、かつての「社会主義」に対する声望は混迷・衰退し、いまや死語と化すかの観がある。しかし同時に、新自由主義グローバリズムの展開は、資本主義の諸矛盾を深めその安定的発展に暗い影を落としている。そればかりか、体制としての資本主義の根底に対する信頼が揺らいでいること、国民の多数が、現在の資本主義の世の中を必ずしも住みやすいと思っていないこと、その将来に希望を託せないでいることは明らかであるとおもわれる。

とはいえ、また逆に、左翼・革新勢力の動向にも期待がもてず、それゆえ、さしあたりは右にも左にも出路を探しあてることができないという、閉塞感が行き場なく彷徨しているかのようにみえる。

しかし、この間にも、多方面に渉る市民運動・地域運動、生活防衛運動の個々の貴重な成果があることも確かである。問題は、それらが全体として国民的な運動に統合され、国政の変革に向かう大運動に集約されているとは言い難い情況にあることだろう。各々の政党の消長よりも、現体制に代わる新しい社会のイメージと運動のゴール、すなわち「ポスト資本主義」としてのあるべきオールタナティブを見いだせないことが、最重要の要因の一つではないだろうか。

とりわけソ連・東欧社会主義の崩壊以後、革新運動の側が、その本来の使命である未来・革新としての展望を示すことに成功していないことがある。社会主義の未来を語ること・考えることは、当面する階級闘争の見地を忘れることでは決してなく、むしろ、今日求められている運動の目標と方向を指し示すことであり、逆に、それなくしては現実の運動論としての核心を欠くことになろう。したがって、説得力のある新たな近未来社会の構想・実現可能な社会主義の将来像を積極的に提起することは、何にもまして必要であろう。

I 「マルクス社会主義」論の批判的再考

本題の実現可能な新しい社会主義について考えるというとき、最初に問題となるのは「実現可能」とは、あるいは「新しい」とは何か（従前もこの二つの形容語は事ある毎に使われてきた）ということである。いまや、旧ソ連社会主義が極めて大きな問題を有していたことは明白であり、したがって、ロシア革命の方式は、少なくとも今日の発達した資本主義国における社会主義的変革の方向としては適用できえない、つまり「実現不可能」なモデルであることは明らかである。当時においてさえ例えば最先進国イギリスにおいては実行不可能であり、仮に同じ道が強行されたとしても、また復辟が起こったであろうことは想像に難くない。

ところが、今でもなお多くの論者はソ連社会主義の崩壊に対し、あれはもともと社会主義ではなかった、後進的でスターリン的に歪曲された「社会主義」であった、あるいは、マルクスが描いた「真の社会主義」ではなかった（ソ連＝「国家資本主義」説）からだという。

しかし、それは、旧来の「社会主義」のイメージにたいする「幻想」と訣別しないまま、学説の創始者マルクスの「社会主義」像（以下「マルクス社会主義」という）に依然固着し、以て問題の根源を回避する議論であるといえよう。かかる立論は挫折・失敗に帰した旧来の社会主義の諸欠陥と正面からの対決を避ける議論だと言わざるをえない。それは、国民多数の現実認識と一致しないばかりか、冷厳な歴史の現実とも乖離せざるをえないこと、そこからはなんら根底的な教訓を引きだしえないことは、いまや明瞭である。

そもそも「真の社会主義」とはなにかという理論的定立自体に問題があり、「真なる」ものとは観念的抽象として各自の中で一致せず、果てしない論争と論理的悪循環をたどらざるをえず、それゆえそれは永続的に不明・未解明のままであろう。また実践的にも、ロシア革命初期の歴史をみれば、貨幣なき社会主義、労働の義務化・平等化を目指してのレーニン・トロツキーら有能な指導者による、あくまでマルクスに忠実であろうとした必死の努力と奮闘にもかかわらず、ついにその約束の地に到達し探し当てることはできなかったもの（それから約一世紀後の今日も同様）である。

マルクスの終極目標をなす「千年王国」的共産主義論（分業の消滅、生命的欲求としての労働、個人の全面発達、協同的富の汪溢、必要に応じた分配等――『ゴータ綱領批判』）は、少なくも人類史的に考究可能な未来において、およそ理性的には「実現可能」なプラン、敢えて言えば「接近可能」な現実的プランでさえあるとはおもわれない。

たしかにソ連社会主義には、歴史的個性としての後進的特徴が付着していたとしても、私的所有の廃棄と計画経済制度、プロレタリア独裁論、コンミューン型社会論（社会と国家の一体化・集中統合）等は、基本的に「マルクス社会主義」論から派生したものとみなさざるをえず、そのヴァリアントの一型態に外ならなかった。マルクス諸命題の「聖化」なくして生まれなかったものといえよう。

かつてエンゲルスは『空想から科学への社会主義の発展』の中で、一八世紀のフランス革命を準備した偉大な諸思想について、彼らは「ほんとうの理性」「永遠の正義」を求めたが、「すべての先駆者と同様に、彼ら自身の時代によってもうけられた限界をこえることはできなかった。」彼らのめざした「理性の王国は、理想化されたブルジョアジーの王国にすぎず……ルソーの社会契約は、ブルジョア的・民主主義的共和国として」しか生まれえなかった、と述懐する。

現存の歴史はたえず未完成であり、理念と現実の不一致は避けがたく、それゆえまた歴史は前進する。マルクスとエンゲルスが憧憬し思念した「社会主義」も、いざ実際に建設してみると不完全で欠陥をもったものでしかなかった。歴史の運行とはまさにこのようなものである以外にないであろう。

人類の知恵には絶えず限界があり、歴史は決定論的な形では何も教えてくれない。かくて、多くの献身や犠牲、想定外の否定的現象をともないつつ、既成のソ連社会主義と「マルクス社会主義」（両者は別ものではない）の「実現不可能」性が、理論的・歴史的に証明されたとみなさざるをえないのである。前者は後者のたんなる「鬼っ子」ではなく、それは生まれるべくして生まれたものである。このことを率直に認めることから、社会主義理論と運動の新たな再生はおこなわれなければならない。要言すれば、それらはともに実現不可能な社会主義、すなわちもはや基本的に目標モデルとはなしえない旧い社会主義といえよう。「社会主義」の語に対する一般的で過大な理想化＝幻想は捨てなければならない。したがって、「実現可能な社会主義」は、いわばその否定＝相対化から再出発しなければならないことは、いまや明らかである。

周知のように、社会主義・共産主義の思想と理論はマルクス・エンゲルスに先立つものである。すでに一六世紀にはトマス・モアの『ユートピア』、一七世紀にはカンパネラの『太陽の都』があり、一八世紀にはモレリーとマブリーの共産主義的理論が現れている。さらに一九世紀に入ると三人の偉大な空想的社会主義者（サン・シモン、フーリエ、オウエン）の精力的な活動をみる。これら先駆的諸理論は、いずれも商品経済・資本主義経済の発達とそこに発生する貧富の格差等の社会的矛盾に対し、理想としての平等な社会、私有財産制・階級対立廃止後の未来構想を提案している。

サン・シモンら後三者の頭の中では、社会主義は遠い未来の目標ではなく、近未来において実現可能な現実的オールタナティブを意味していた。それはたんなる文明批判ではなく切実な「実験」をともなうものであった。しかし、これらマルクスに先行する社会主義の教説は、人間性に対する信頼と啓蒙的楽観性に彩られており、新しい資本主義的生産力、その担い手であり変革主体たるプロレタリアートの発見に成功しなかった。マルクス・エンゲルスによって、「空想的」なつまり「実現不可能」な社会主義と批判される所以である。しかし、彼ら両人も啓蒙的ロマンチシズムに彩られていなかったとはいえない。

ともあれ一九世紀後半、国際労働者協会（第一インターナショナル）が結成される。その綱領的文書たる『国際労働者協会創立宣言』（一八六四年）はマルクスによって起草され、また『資本論』の各国への普及が決議される。かくて、同時代の多くの社会主義思想（プルードン、バクーニン等）の中で、「マルクス社会主義」は、社会主義学説の正統的本流として世界各国に広がっていき、さらに一九世紀末のドイツ社会民主党の躍進および二〇世紀初めのロシア社会主義革命によって、その権威は不動のものとなっていった。

今日一般に、社会主義といえば「マルクス社会主義」を指し、マルクスの描いた社会主義像は「科学的社会主義」として、社会主義の普遍的なモデル・基準とみなされている。マルクスにおいては、社会主義革命は近代技術と文明の最先端である先進資本主義国に生起するものと想定されていた。しかし、かかる戦略的な予測と展望は歴史的現実としては「実現」されることがなかった。先のエンゲルスの言説にもどれば、理念と現実、理論と実践の間には極めて大きな懸隔があり、その巨大な深淵を歴史は直接明示してはくれない。マルクス・エンゲルス両者の方法論的・歴史的限界とも関連し、課題は後代に託されたのである。

マルクスは、たしかに資本主義の分析については極めて精緻な批判的体系を遺したが、他方、資本主義崩壊後の社会主義的未来の社会組織形態については、纏まった形での積極的で具体的な論究は明示してはいない。しかしながら、マルクスの断片的スケッチから推論される新社会の輪郭は、①ブルジョア民主主義・国家機構の解体《↓》プロレタリアートの独裁、②私的所有の廃絶《↓》生産手段の社会化、③商品・市場関係の廃止《↓》計画経済の実施、さらに④分業の廃棄および階級と国家の消滅ないし死滅《↓》高次共産主義社会、と要約することができよう。

ここで略述される、《↓》の前段は社会主義革命におけるいわば消極的課題であり、後段が積極的課題である。前段の消極（破壊）的課題はまだしも理解できるが、最も困難で重要な後段の積極（建設）的課題については必ずしも明瞭ではない。しかも、その中間の《↓》の部分、いわゆる「過渡期」については、始点と終点、その時間的長さ、変化の道筋と態様、手段と方法など、不明な点があまりに多い。

例えば当時の社会思潮の中で、人間性・利己心の問題とも関連し、社会主義建設途上における難問の一つとして「怠惰」の性向が論議の対象とされる（実際、後に現実化し大きな問題となる）。つまり、共産主義の「必要に応じた分配」が実現されれば人間は働く気を失い遊民と化すという議論が現われる。しかし、マルクスは当の論点に対しまともに正面から応答していない（『共産党宣言』）。むしろ、それは資本主義社会に固有の問題であり、革命により社会関係が変わり階級と搾取がなくなりさえすれば容易に解決されると、きわめて楽観的に考えていた節がある。社会が変わったとしても人間の普遍的本性はそんなに簡単に変わるものではない。人間性にたいする深い洞察が欠けていたと言わざるをえないだろう。

歴史的現実態としてのソ連社会主義においては、上記①と②の問題は、多くの問題性を孕みつつもまがりなりに実現・遂行されるが、③の問題つまり全き意味での計画経済は機能せず、商品・貨幣関係は（戦時共産主義期の一局面を除いて）ついに消滅しえなかった。④国家の死滅の問題は、そこに向かう予兆さえ全く観られず逆に強権国家として肥大化していった。それは後進的ロシアの特殊性というよりも、本源的には、「マルクス社会主義」論が看過していた問題だとおもわれる。

マルクスの社会主義像が、形而上学的「共産主義」の目的論的設計主義に基づくものだとすれば、外生的システムに不可避的な厳格な統御と強制を要請せざるをえなくする。自生的なフィード・バック機構を有する市場システムと相違して、計画経済においては、部分的な錯誤は直ちに全体の整合性を損なうがゆえに、単一の権威＝中央計画当局が発する上からの人為的な指令に基づいて、全体的に整然とした管理がおこなわれなければならない。それは、マルクスのいう「社会の全般的変革」と「プロレタリア独裁」、すなわち強制力をともなった意識的な権力の行使なくしてはなしえないこと、論理の自然の成り行きというべきであろう。自由を希求しながら、却って自由から遠ざかっていく。「マルクス社会主義」の構想を現実化しようとすれば必然的に起こる、いわば原理的アポリアであった。

Ⅱ　「民主主義的社会主義」へ向けて――現代民主主義論との交錯

「実現可能な社会主義」というとき、問題は多方面に渉るが、なによりも民主主義（あるいはその裏面をなすプロレタリア独裁）の問題と、市場経済システム（あるいはその裏面としての計画経済体制）の問題を避けて議論することはできない。両者は旧来の社会主義理論と体制の最大の欠陥をなすものであった。

まず前者、民主主義の問題について考察するとき、マルクスには、ヘーゲル国法論批判と取り組んだ最初期のマルクス、急進的民主主義者から共産主義者に転身前の「マルクス以前のマルクス」を除けば、それ以降、「民主主義」の問題はあたかも卒業したかの如く、民主主義一般についての系統的言説はない。敢えて「マルクス社会主義」論に伏在する民主主義論の思想的系譜についていえば、史的唯物論＝経済決定論に基礎をおく階級的民主主義の概念にこそ、マルクス民主主義論の本質的特徴がある。

そもそも「民主主義」とは、その元来の語義である「人民の支配」＝平民・多数者の支配という意味内容からも明らかなように、古典古代ポリス・アテネの民主政以来その背後には階級関係があることはたしかである。それが、階級に分割された眼前の社会に対する理念的反動として理想化され、超階級的概念を表明し希求する、いわば普遍的な思想的シンボルの機能を果たしてきた（C・マクファーソン）。そこにおいて、古代ポリスの民主主義、近代社会の自由民主主義等、歴史的概念として多様なイデオロギーや社会形態と結びつくが、総じて進歩的役割を担ってきたといえる。

しかし、マルクスの「永続革命」論の戦略とも関連し、マルクス主義の民主主義論においては、ブルジョア民主主義あるいはプロレタリア民主主義等、それが専ら階級概念として規定づけられ、「プロレタリア」的、「社会主義」的なという形容句と結びつくことによって吸収・包摂され、いわば一つの目的概念に転換された。したがってまた、民主主義は社会主義との関係においては、その前段の単なる手段もしくは副次的次元にある低度のものとみなされてきた。

マルクスの民主主義および社会主義論においては、民主主義原理と独裁原理は矛盾しないもの、いわゆる「弁証法」的という修飾語を付けられ、相互促進関係において捉えられてきた。その思想的淵源はルソーの「一般意志」(『社会契約論』)にあり、そこでは部分と全体、個別的利益と普遍的利益、社会と個人の対立が中間項(=中間団体)を欠如したまま、直接無媒介に解消可能な矛盾と認識されている。このルソーの論理は、意図と結果の反転を惹きおこし、万人の意志という大義の下で私的個人の意志は無視される。各人においては、自由のために自由を失うというジレンマに陥ることとなる。一般意志の体現者である人民主権は、「人民」の名において全能の歴史の推進者となるとき、歴史の現実体としてはジャコバン独裁として現出した。かかる文脈において、個人主義・自由主義者ルソーは国家主義・全体主義者に転ずる。

マルクスにおいても、単一の「プロレタリアート」の間には対立や相克はなく、したがって変革途上に立ち現れる問題は後れた非プロレタリ意識の改造の問題、すなわち「旧社会の母斑」=階級矛盾の残滓とみなされる。国家の死滅を究極目標とし、そこに到る過渡期のプロレタリア独裁(=階級独裁)国家に正当性を仮託する発想法からは、緊張関係が起これば起こるほど階級原則が優越し、法の支配や民主主義の課題は主要な問題とはなりえない。「革命的合法性」は、法と民主主義を蹂躙・超越して進行することになる。

振り返れば、歴史としての近代においては、身分や思想・信条に制約されない(逆に貧富の差をも顧慮しない)

自由主義の思想があり、そこに民主主義が結びつけられ自由民主主義思想（ロック、ルソーさらにベンサム、J・S・ミル等）が成立する。近代の曙光を意味するフランス革命の「人権宣言」（一七八九年）においては、諸個人は生まれながらに「人および市民」として、国家に先んじる権利（生命・安全・財産）を保有するとされ、その権利と権利主体を近代的個人の権利＝人権に定めた。その歴史的意義は今日なお光輝いている。

しかし、上記「人権宣言」は、私的所有権を神聖不可侵の権利と宣揚した反面、労働・教育・福利等の具体的権利については暗示されるに止まった。それは、近代個人的自由主義の帰結であり歴史的制約でもあった。それゆえ、民主主義と社会主義の関係について、従来の通説においては、ブルジョア民主主義における自由と平等は形式的に過ぎず、その実質的実現は社会主義をまつ以外にないとされてきた。しかしながら、その後の歴史は理論ではなく事実を以て、たとえ形式的自由にもせよ、一方で資本主義は参政権や社会福祉等一連の公民権の拡張と生活の向上を実現させてきたが、他方、二〇世紀社会主義の実態はこれらの面で大きく立ち後れたことを示したのである。

フランス「人権宣言」（一七八九年）の丁度二〇〇年後ソ連・東欧社会主義は崩壊に向うが、そこでの民衆運動が求めたのは社会主義の進化ではなく、民主主義への回帰と復活であった。したがって、「マルクス社会主義」の通説に背理して、未だ民主主義革命の課題は歴史的に完結していないという議論（E・ラクラウ、C・ムフ等）が現れる。上記ポスト・マルクス主義者の論理においては、現代世界変革の地歩から、マルクスの提議した諸問題は依然中核的思想をなすとするが、しかし、マルクスが作成した回答はもはや不十分であり、それゆえマルクスの理論体系・定式・命題に縛られず、それはのり超えなければならないと主張される。その理論的中心軸が「根源的民主主義」の理論と複数主義、および民主主義と社会主義の接合、「ヘゲモニー」の戦略である。

人類史において、社会主義は特殊歴史的な課題であり、民主主義こそ永続的で普遍的な課題であるとされる。従来一般に、社会主義の目標としての私的所有の止揚・生産手段の社会化なくしては、真の自由と平等は実現されないとされてきたが、「生産手段の社会化」の課題をも民主主義戦略の不可欠の構成要素に組込んでいこうとする。階級還元主義的な民主主義および社会主義論からの脱構築の志向がみられる。

後期資本主義の進展の中で、労働者階級の存在様式およびそれを取巻く情況・構造も変化しており、社会的解放と変革運動の全ての形態を階級闘争に一元化することには無理があろう。端的に言えば、『共産党宣言』『資本論』における労働者は、産業資本形成期の就業構造に規定され、その主要な構成は単純・不熟練労働者よりなり、かつ機械制大工業の進展とともに労働の単純化は進み階級的一体性は深まると捉えられていた。

しかし、歴史の進行は専門的・技術的就業者（ホワイトカラー層）の増大等、労働過程の専門化・分化・複雑化を一層進め、また、経済的両極分解の結果として、中間階級は消滅・純化するとの想定に反し、現実には新旧の中産者層は絶えず維持・再生産されている。生活過程の変容・多様化と相まって、すでにベルンシュタインが予告したように、労働者の「市民化」は否応なく進行し、「市民」を主体とする社会の多元化の様相が現れる。労働者階級の規定はなくなるわけではないが、むしろ市民として現出することとなる。

社会的変革は、『共産党宣言』（一八四八年）が措定する窮乏と抑圧の結果としてのカタストロフ＝大破局によってでは必ずしもなく、資本主義の下での文明化作用による労働者階級＝市民の成熟・向上を背景とし、むしろ、漸次的・改良主義的な戦略、民主主義的な社会主義革命路線の浸透が提起される。さらに揚言すれば、今日の世界を見回すとき、地球的規模での核開発と戦争と平和の問題、エコロジーと資源・環境・保健、フェミニズムとマイノリティの問題など、旧来の単純な経済決定論・階級一元論では包摂されえない問題が新しく浮上し、焦眉の課題となっている。それらは総じて、階級的民主主義および古典社会主義を超える多元的・永続的・普遍的な、人間としての新たな自由と民主主義的生活の課題といいうるであろう。

今日、思想および社会・政治システムとしての民主主義について、上述のような問題領域・次元の拡がりと深さを念頭におくとき、先述「人民の支配」＝多数者支配の語義を基底におきつつ、むしろより歴史的・現代的・

広角的に、然る目標に到る方法・選択・戦略としての意味内容が交錯・含意して表象されなければならない。したがって、近代民主主義の歴史的成果を継承する先進的社会主義においては、広汎な諸個人・諸階層の拡がりとそこに参加する多元的な利害関心をもった個別主体があり、その自律性、要するに自主・自立・自由の承認が必要不可欠な前提となり、その基礎の上にこそ社会主義が展望される。

すなわち、民主主義なくしては社会主義は存在せず、逆に、社会主義は民主主義の在り方・その質によって規定されざるをえないのである。結論すれば、「実現可能な社会主義」とは、なによりもかかる多元（複数）的民主主義の原理に立脚した「民主主義的社会主義」のシステムとして、構想・具体化されなければならないと考える。

Ⅲ　「社会主義市場経済」へ向けて――「互恵的」市場論の考察

既述のように、マルクスにおける社会主義革命の基本戦略は、プロレタリアートによる政治権力の奪取と資本制生産様式の基礎をなす私的所有の廃絶＝生産手段の社会化を起点とし、政治的にはプロレタリアートの独裁、経済的には市場システムの廃止と計画経済の導入が出発点における戦略目標であった。それは近代的な所有関係、貨幣・市場システム、労働雇用制度等、現今の社会経済システムの基礎をまさに一掃しようとするものであった。したがってまた、近代民主主義の政治システムについても、ルイ・ボナパルトの政権簒奪およびパリ・コミューン時マルクスの言説等から分かるように、近代の普通選挙システム、代表制議会制度、三権分立制度等も、必ずしもポジティブな形で肯定されている訳ではない。むしろ近代民主主義の多元的原理に背理する実効権力の直接的一元化が構想されているといえよう。

マルクスにおいては、彼自身の方法的・歴史的制限性に規定されて、民主主義と市場原理をふまえた漸次的改良主義の戦略、現代の先進的社会主義の路線、中間的・過渡的な「第三の道」のような方法論は積極的には出てこない。むしろ逆に、「利己心 self-love」や競争等、現代経済生活の基礎をなす市場システムは、ブルジョア的人間および社会類型を絶えず生みだすものであり、新社会建設の障害となるものとされ、それゆえ原則的に排除すべき否定的な対象としてしか捉えられていない。

しかしながら、前述「民主主義的社会主義」の問題と関連していえば、自由な交換経済＝市場は、意志決定の分散・選択・多元化と本質的に結びついており、したがって、市場システムは民主主義にとって十分条件ではないとしても必要条件であり、その物質的基礎をなす（ラドスラフ・セルツキー）。対照的に計画経済による独占は、社会的富と所有の圧倒的部分を支配し、生産・流通・分配を管理・掌握するならば、それは必然的に生活全般に及ぶ絶対的権力を生みだす。しかも計画経済は、計画作成・執行上単一の権威的中心（＝中央集権的政府）を不可避とし、したがってまた、非民主的管理機構・官僚制統治と対応する。

ソ連・東欧社会主義においては、ⓐ中央集権的計画経済、およびⓑ民主主義の制度的疾患、こそが最大の問題点であった。五〇年代に始まり三〇年余に及ぶ経済改革の流れは、そこ（とくにⓐ）からの離脱の試みであったこと、すでに歴史の実践に照らして明らかである。すなわち、上記ⓐ・ⓑ両者は、「マルクス社会主義」から派生するいわば同根の否定的現象というべきものであり、したがってまた理論的にも、今日、市場システムを欠落させた社会主義の現実的可能性は考えられないといえよう。

ロシア革命以後、約一世紀に及ぶ社会主義建設の歴史的過程の中で、かかる政綱の原点をなすマルクスの諸命題と照らし合わせ、凡そ考えうる限りの試行錯誤、実践と論争の試み（社会主義商品経済論争、社会主義経済計算論争等）がなされてきた。その結果明らかになったことは、当初のマルクスの構想通りには現実は進行しない、実現不可能ということであった。必需物資の生産・流通・配分に強制的な計画経済制度を採用してみても、ブラックマーケット（ヤミ市場）のような調整補完的な媒介環が生まれるだけだった。

ところで、『資本論』もいうように、商品交換の始源は、単一の共同体の内部からではなく共同体の果てるところ、共同体と共同体が接触するところで始まる、つまり二つ以上の価値体系の交錯点で生成するといえる。何らかの支配的中心や権威の集中が存在するところでは、市場は生成・発展しえない（逆はありうる）。市場が認める権威は貨幣（＝一般的等価物＝すべての商品と交換可能なもの）のみであり、貨幣は生まれながらの「水平派」（＝平等主義者）である。

市場原理は、①希少性、②社会的分業、③経済主体の自立性、の三つの前提条件がみたされるときに成立する。『資本論』においては、このうち②・③を商品生産労働＝市場の必要条件・十分条件とする（①についてはとくに言及なし）。③の経済主体についてては独立の「私的生産者」（＝私的所有）を以て論定しているが、その後の経済、歴史理論の進化に鑑み、商品生産の射程を狭く規定していたといえる。今日の社会主義経済論の理論レベルでは、社会主義下における国営企業の「分立性」（あるいは「自律性」、つまりいまや私的所有ではない）が、生産物の商品性の根拠とされている。要するに、ソ連社会主義においては、資本家的私的生産者は基本的に存在することはなく、しかも商品・貨幣・市場関係は存在した。

換言すれば、市場システムは、たしかに資本主義の下で最も発展するとはいえ、必ずしも生産手段の私的所有・資本制生産様式に固有の産物であるわけではない。歴史的に前者は後者に先行するが、それは様々の歴史的形態、古い共同体間の交易や社会主義下での分業・生産組織とも結びつきうる。むしろ「実現可能な社会主義」を展望するとき、市場システムへの転回・活用なくしてその存立は考えられないといえよう。革命によって、資本主義社会から新しい社会への移行・転換が図られるとしても、必ずしも市場（あるいは貨幣）を廃棄しなくてはならない必然性はない。マルクスの「非市場性社会主義」論はこの経済学的枢要点において狭くかつ見落としをした。後世の議論の礎石をなす重要な分析が認められるにしても、その歴史的視野には限界があった。

市場システムの否定（＝計画経済、同時に私的所有の否定）は、「マルクス社会主義」論にとって原理的コアをなすものである(『資本論』冒頭章第四節)。とすれば、「社会主義市場経済」論は、意識的であると無意識的であるとを問わず、まさにマルクス・エンゲルスの社会主義=「非市場社会主義経済」論に対する「修正」(または否定)を意味する。したがって、原理的コアにおける修正である限り、それは不可避的に他の諸側面と連関し、広く批判的に再考を促さざるをえないと言えるであろう。

返りみても、市場システムの歴史的射程は想像以上に長い。言うまでもなく、およそあらゆる歴史的制度や構築物と同様、市場は決して完善であるわけではなく弊害や欠陥もあり、とりわけ自由競争の結果として経済的弱者を生みだし放置する。そこに規制や制限がおこなわれなければならないこと、他の歴史的創造物と同じである。人類史的観点から社会的物質代謝のシステムを考えても、市場に偏奇しない複合的システムを考察しなければならないことは自明である。市場システムとともに「混合セクター」や「市民セクター」など、新たな所有・経営形態の創造的追求がなされねばならない。しかし、意識的人為的な計画により、市場メカニズムが方向性や優先順位など一定の変更・修正が加えられることはあっても、少なくも近未来社会主義の基本的経済システムにおいて、最終的に計画が市場に代替することはありえないといえよう。

概して社会主義諸思想においては、市場概念について、利己心や競争とともに、否定的作用・現象を生みだすものとみなされてきた。マルクスも利己心や市場システムを原理的に否定し、ユートピア的な「協同性」(=利他性)の上に、貨幣等の疎外態に媒介されない直接的な人と人との関係として、共産主義社会を構想した。しかし、近年、「社会主義市場経済」論ないし「市場性社会主義」論を提唱するマルクス主義の諸潮流(かつてのマルクス主義正統派も含め)は漸増し、いまや多数派的見解になっているといえる。とは言うものの、その場合も、せいぜいのところ市場を「必要悪」として受け入れるという、消極的な認識の域を脱していない。かかる見方からは、市場システムのポジティブな存在意義、長期に渉るその歴史的存続と発展の事実を客観的に捉えることはできないだろう。

経済人類学者K・ポランニーにおいても、人類史における社会統合の形態をⓐ互酬、ⓑ再配分、ⓒ市場の三つのパターンに大分類し、市場を有しない社会が再発見され、ⓒ市場システム（および利己心）を歴史的に相対化する創造的知見が提示される。さらにいえば、そこではⓐ「互酬＝reciprocity＝互恵」とⓒ市場（＝利己性）の両システムは対立概念とされ、後者は拒否すべきものと捉えられている。

しかしながら、今日の進化生物学の理論（あるいはゲーム理論）からいえば、上記「互酬＝互恵」制といえども実は利己性を基礎においたものであり、不完全な自己の利己性が他の同様な利己性と協同する姿に外ならず、したがって、互酬＝相互的利己主義＝安定した互恵・利他制（reciprocity altruism）となる（R・ドーキンス、R・トリヴァース等）、ととらえられる。

上述の見地からいえば、ⓒ市場システムの発生経路はⓐ互酬＝互恵制の社会的に変形・発展した形態であると理解することができる。人類史の曙に遡れば、人々は血縁・地縁で繋がった狭く小規模な集団内で生活しており、素性が知れないもの・血縁関係が分からない人物とは「取引」をしなかったという。あらゆる個体に対し無作為・広範囲に、利己的にして利他的関係行為＝互恵的交換がおこなわれる場は、近代の市場システムをまたねばならないのである。

いかなる市場も、利己性を基礎としながら一定の信頼・契約関係を前提とし、歴史的に発展してきた。それは安定的な互恵＝協同関係が進化するための、一つの自然史的な補完機構とみなすことができる。したがって、市場システムは、人類史の知恵として自生的に生まれ発達した、社会的互酬＝協同の空間をなしており、簡単に除去できるものではありえない。したがってまた、貨幣は、往々いわれるように利己主義の権化であるとともに、むしろ互恵的公正性・安定した利他的交換の象徴として機能する。未開の小規模な経済ならいざ知らず、大規模に発展・複雑化した経済において、市場と貨幣なくして、如何なる社会にも不可欠な需要と供給、社会的総労働・総資源の配分・調整等の、円滑な経済運営ができるとは考えられない。近未来社会主義社会において、市場システムなくしては合理的社会生活が組織できないことは自明である。

アダム・スミスが説いているように、市場における「利己心」と「交換性向」（＝互恵性）は人間の自然的本性であり、社会発展の動因である。われわれが生活する社会は、聖人・君子の集まりからなるわけではない。社会科学の任務は、「利己心」＝「自愛心」＝「self-love」（「利己主義 egoism」とは異なることに注意）をもったごく普通の当たりまえの人間、リアルな現実を歴史的社会的前提とした上で、どのようなよりよい・実現可能な社会システムがありうるか、適切なのかを求索することに外ならない。マルクスは、現在形としての資本主義社会の原理的構造・問題を見事に分析・提示したが、その後の将来社会の問題については、後続者に課題を託さざるをえなかったといえる。

以上より結論すれば、「実現可能な社会主義」とは、先行の幾多の社会主義者やマルクスのユートピア的代替案を、より現実的で実現性のあるオールタナティブにかえていくことに外ならず、それが二一世紀世界の歴史的要請となっているといえよう。したがって、近未来における基本構想としては、過去の理論的・歴史的な失敗に照らすとき、マルクスの社会主義像とは歴史的次元の異なる、政治的には「民主主義的社会主義」、経済的にはその基礎としての「社会主義市場経済」が、さしあたりそしてなによりも提起されなければならない方向になると考えられる。

冒頭にも述べたように、社会主義が死語になろうとする際、「社会主義」という名辞に対する幻想を捨て、なおかつ幻滅することなく、旧来の形骸化した語義・教義にではなく、新たに現実的で豊富化した内実を以て応えることができるとき、「社会主義」は再生するであろう。

本稿は先行する内外の諸研究に依拠するものであるが、紙幅の制約により、引用注・事項注については割愛している。詳しくは、関連する下記の拙稿を参照願いたい。

「技術・分業・組織の構造的連関とマルクスの『社会主義』論」『公民論集』（大阪教育大学）第一六号、二〇〇八年三月
「アソシエイションとマルクス」花伝社《小冊子》、二〇一一年一一月
「マルクスの『人間性』把握について」『松山大学論集』第二四巻四号、二〇一二年一〇月
「後期マルクスにおける革命戦略の転換」〈一〉〈二〉『立命館経済学』第六一巻六号、二〇一三年三月／第六二巻四号、二〇一三年一一月、等

参考文献

C・マクファーソン『自由民主主義は生き残れるか』岩波書店、一九七八年、同『民主主義理論』青木書店、一九七八年
E・ラクラウ、C・ムフ『ポスト・マルクス主義と政治』大村書店、一九九二年
R・セルツキー『社会主義の民主的再生』青木書店、一九八三年
K・ポランニー『大転換』東洋経済新報社、一九七五年、同『経済と文明』サイマル出版会、一九七五年
R・ドーキンス『利己的な遺伝子』紀伊国屋書店、一九九一年
R・トリヴァース『生物の社会進化』産業図書、一九九一年
加藤哲郎『東欧革命と社会主義』花伝社、一九九〇年
碓井敏正『自由・平等・社会主義』文理閣、一九九四年
山本広太郎「マルクスの社会主義論」『立命館経済学』第六一巻六号、二〇一三年三月、等

第二章　マルクスの「社会主義」と「官僚制」

――技術・分業・組織の構造的連関――

はじめに

二〇世紀の最後の一〇年間におこった旧ソビエト・東欧世界における激動は、「国家社会主義」[1]の問題性を白日のものとした。国家社会主義体制下における中央集権的システムそのものの矛盾が明らかにされるとともに、体制のイデオロギー的基礎をなすマルクス・レーニン主義理論[2]が批判の対象となる。旧来からあったスターリンにたいする批判をはるかに超え、体制の実践的創始者であるレーニン、さらにはその思想的淵源をなすマルクスの思想・理論の再検討にまで及ばざるをえない衝撃があった。

研究の現段階においては、マルクス・レーニン・現存した国家社会主義を、ひと括りに全否定するような批判の在りかたは別として、レーニンにたいする検討は、過度の集権的組織の創設・強化、階層制的政治、経済管理システムの導入、官僚制組織の存続・発展の問題等、その批判的検討に着手した研究は多い。しかし、マルクスにたいする根底的検討は、国家社会主義国はいうに及ばず、西欧諸国や日本の研究においてもなお少ないのが現状である。

本稿においては、国家社会主義体制における最大の問題点であった官僚制の問題を視野におきながら、マルクスの批判的検討をおこなう。なぜマルクスは、資本主義体制下における産業官僚制の問題をきわめて精緻かつ克明に分析しえたにもかかわらず、私的所有廃止後の、社会主義社会における官僚制存在の危険性については、見逃すことになってしまったのか。また、マルクスの社会主義[3]思想は、「ユートピア社会主義」にたいし「科学的社会主義」と呼ばれているが、もし、革命後の社会主義社会における問題性を認識できなかったとすれば、「科学的社会主義」の名にふさわしいといえるかどうか。関連するこれらの二つの問題に着目し、本稿の主題として再設定する。

その際、マルクス・エンゲルスにおける、「科学的社会主義」とその権威的・集権的体質をもっとも鋭く批判し、国家および権力の問題性を提起しつづけた共産主義アナーキズム、およびマルクスとは異なる角度から官僚制支配の問題に接近したマックス・ウェーバーによる問題提起をとり上げ、考察する。

およそ人間が生活するところ、必ずや一般的な物質的諸過程・諸前提があり、生産の発展と規模の拡大に対応する「技術・分業・組織」がある。事物にたいする管理は人間にたいする統治を生みだし、所有・階級・権力等の諸階級やその階層的・官僚制的機構が、技術・分業・組織の構造的連関における一定の発展段階より生まれる。マルクスは、社会構造の基礎過程をなすこの構造的連関の特殊資本主義的形態については、まさに科学的分析をおこないながら、歴史通底的な一般的過程、したがって将来の社会主義・共産主義社会については、理論的分析をおこなわないままに了《お》わった。共産主義社会の考察においては、資本主義の論理的反措定、「反転の論理」によって、具体的分析を欠落させたネガティブな論理次元にとどまり、ポジティブな「科学的社会主義」論にはなお到達できなかったということになる。

本稿においては、上述のように、物質的生産の基礎過程をなす、技術・分業・組織の構造的連関の問題に分析の主軸をおきながら、マルクスの「社会主義」論および「官僚制」論を考察する。まずⅠでは、マルクスにおける唯物史観の形成とプロレタリアートの発見、およびプロレタリアート独裁の問題が整理され、つづくⅡでは、共産主義アナーキストおよびマックス・ウェーバーによる問題提起が考察される。最後にⅢにおいては、Ⅰ、Ⅱの予備的考察をふまえ、マルクスの資本制生産過程における技術・分業・組織の構造的連関にかんする分析、およびマルクスの社会主義・共産主義社会にたいする考察の、検討がおこなわれる。

Ⅰ　唯物史観の形成と「プロレタリアート独裁」論

一　唯物史観の形成と近代プロレタリアートの発見

社会が階級に分裂し貧困や格差・悲惨が発生するとともに、何時《いつ》の世にも、現実社会の批判のうえに理想社会を描き、それを追い求めるユートピア思想が現れる。

共産主義・社会主義の思想もそうした社会思想の系譜に属するものであるが、「共産主義」は、もともとラテン語の communis を語源とし、「社会主義」は、ラテン語の socialis に端を発する、ともに「共同」（使われる場面を異にする）を意味する言葉である。前者は、一般的・普遍的に、私有財産の否定・共有制・共同社会をめざす思想をさし示す言葉となり、後者は、具体的に労働の組織化・財貨の公平な分配により平等社会をめざす思想・運動を表す言葉となっていく。したがって、元来の字義とも関連し、共産主義思想は、近代以前にも古代から中世までのいかなる歴史的時代にも存在するが、社会主義思想は、近代以前に遡ることはないという(4)。

マルクス＝エンゲルスは、後進的なドイツ近代化の黎明期にあたる一八四〇年代前半期において、きわめて短期間のうちに、ヘーゲル左派の急進的民主主義者から共産主義者に急速な変貌を遂げていく。ドイツ社会民主党の碩学カール・カウツキーによれば、マルクス＝エンゲルスの階級闘争に対する最大の功績の一つは、「ユートピア社会主義と労働運動を統一した点」にある、という(5)。すなわち、マルクス＝エンゲルスの社会主義・共産主義思想は、近代資本主義社会における矛盾・対立構造の分析をとおして、資本の対極にある近代賃金労働者の存在を剔抉することにより、もっとも体系的で強力な社会変革思想としての地位を占めることに成功した。

若きマルクスは、最初期の著作である『ヘーゲル法哲学批判序説』（一八四三〜四四年）において、人間的解放

＝社会革命の主体勢力としてプロレタリアートを発見し、次のようにいう。

「ドイツにおいてはいかなる種類の奴隷状態も、あらゆる種類の奴隷状態を打破することなしには打破されえない。根本的なドイツは、根本から革命する主体であることなしには、革命の主体であることができない。ドイツ人の解放は〔たんに政治的・部分的解放ではなく、全般的な〕人間の解放である。この解放の頭脳は哲学、心臓はプロレタリアートである。哲学はプロレタリアートの揚棄なしには己を実現しえず、プロレタリアートは哲学の実現なしには己を揚棄しえない。(6)」

先にも述べた共産主義者へのマルクスの移行は、エンゲルス先導の下に行われたとされるが、この時点では未だ完成されていない。したがって、この時点でのマルクスによるプロレタリアートの発見は、きわめて早熟であるといえるが、しかし、その理解の内容は、なおドイツ的・哲学的な制約を免れられないものであった。(7)

一九世紀前半に近代化を開始したばかりのドイツにおいては、ようやく近代産業や近代的工場が普及しプロレタリア的人口も膨張しつつあった。プロレタリアという一つの社会的人口集群を表す語は、もともと古代ローマの最下層民 proletarius に由来する。それは、当時のドイツにおいても聖職者・貴族・市民・農民などの下位身分、「身分以下の身分」としての最下層の民衆、社会的危険分子を指す意味合いがあったという。(8)いわば自己のほかには失うべきものをもたない無所有のプロレタリアートに、人間性の普遍的回復を託すという、ヘーゲル的な観念弁証法による抽象的全否定、反転の論理において把握された革命主体であった。(9)

マルクスが実態としてのプロレタリアートに接し、社会主義・共産主義をより深く体得していくのは、四三年末のパリ移住以降であろう。(10)国民経済学の本格的研究（主としてA・スミス、D・リカード、ジェームズ・ミル）の開始とその批判的摂取をもとに、早くも一八四四年には『経済学・哲学草稿』を執筆する。古典派経済学の大成者アダム・スミスの『国富論』を媒介として、資本・土地所有・労働に基礎をおく近代社会三大階級の把握、資本制私的所有の下での労働と人間の自己疎外、私的所有の積極的止揚としての共産主義を提起し、共産主義者としての自己の立場を鮮明にしていく。[11]

さらに、翌四五年から四七年にかけて、マルクスはエンゲルス（モーゼス・ヘスも一部参加）との共同執筆により、『ドイツ・イデオロギー』を書きすすめる。分業の問題についても、すでに『経済学・哲学草稿』の中で、分業と疎外との関連において国民経済学の批判をおこなっていたが、『ドイツ・イデオロギー』では、生産力・分業・所有の三者を歴史展開の説明原理として人類史の素描がおこなわれるとともに、将来の共同社会における分業止揚の問題が論及される。上記の人類史の素描をもって、新しい歴史観としての唯物史観の基本的枠組みが成立・形成されたものと見なされよう。[12]

『ドイツ・イデオロギー』から『哲学の貧困』（一八四七年）を経て『共産党宣言』（一八四八年）にいたる短い期間に、新しい歴史観はさらに彫琢され確立されていく。『哲学の貧困』では、直接的生産過程における技術や労働組織の分析にうらづけられて、大工場制度の「革命的側面」に照明があてられる。『ドイツ・イデオロギー』段階では、「生産諸力と交通形態との矛盾」というかたちで説明されてきた歴史の発展が、生産過程こそ論理的起点・基底点であるとされ、生産関係範疇が定立されていく。[13]

すでに述べてきたように、マルクスは、ドイツ時代・一八四〇年代前半期、『ヘーゲル法哲学批判序説』において、革命的変革主体としてのプロレタリアートを発見した。その後パリに移住するなかで、『経済学・哲学草稿』『ドイツ・イデオロギー』『哲学の貧困』さらに『共産党宣言』へと唯物史観の形成・確立と資本制社会の経済学的分析を深化させていく。それらいずれの著作においても、その結節点ともいうべき近代プロレタリアートの歴史的役割の問題は、絶えず主要な関心事であった。近代資本主義の下における、階級としてのプロレタリアートの出現、変革主体としてのその資質と使命、労働および労働者の疎外状況、資本制的生産の集中と労働の組織化、不可避的に進行する階級意識の高揚と団結、革命的情況における労働者党の方策等の、いわば「プロレタリアート」論ともいうべき諸問題が展開される。[14]

二　「プロレタリアート独裁」と「過渡期」論

『共産党宣言』は、『資本論』とともにマルクスの著作のなかでもっとも有名なものであるが、もともとドイツ人亡命者を中心とする政治結社、共産主義者同盟の綱領的文書かつ宣伝用パンフレットの作成が意図されていた。唯物論的な命題や歴史観・政治的目標が簡潔・明解に主張されていることから、広く普及したものである。なおこの文書の独自の重要性は、一八四七年恐慌につづく切迫した革命的情況を予期するなかで、革命後における労働者党の一般的方策（一〇項からなる）が提示されるとともに、過渡期における革命権力としての「プロレタリアートの独裁」が提起されていることである。

『共産党宣言』の中には、「プロレタリアートの独裁」という用語は使われていないものの、明らかにそのことをさし示す以下の叙述がある。

「共産主義者は、その理論を、私有財産の廃止という一つの言葉に要約することができる。」

「労働者革命の第一歩は、プロレタリア階級を支配階級にまで高めること、民主主義を闘いとることである。プロレタリア階級は、その政治的支配を利用して、ブルジョア階級から次第にすべての資本を奪い、すべての生産用具を国家の手に、すなわち支配階級として組織されたプロレタリア階級の手に集中し、そして生産諸力の量をできるだけ急速に増大させるであろう。」

「政治的権力とは、他の階級を抑圧するための一階級の組織された権力である。プロレタリア階級は、…革命によって支配階級となり、支配階級として強力的に古い生産諸関係を廃止する…。」(15)

このような革命の展望にかかわる国家および権力にかんする構想は、『フランスにおける階級闘争』（一八五〇年）(16)、『国際労働者協会創立宣言』（一八六四年、略称インターナショナル「創立宣言」）(17)および『フランスにおける内乱』（一八七一年）(18)を経て、『ドイツ労働者党綱領評注』（一八七五年、略称『ゴータ綱領批判』）において、いっそう簡明な定式化があたえられていく。

「長い生みの苦しみののち資本主義社会から生まれたばかりの共産主義の第一段階」と「それ自身の土台のうえに発展した…共産主義のより高度の段階」との、共産主義を二段階に分けた有名な章句のあと、次のようにいう。

「資本主義社会と共産主義社会とのあいだには、前者から後者への革命的転化の時期がある。この時期に照応してまた政治上の過渡期がある。この時期の国家は、プロレタリアートの革命的独裁以外のなにものでもありえない。[19]」

「プロレタリアート独裁」論は、その後、世界史上最初の労働者政府を打ち立てたパリ・コンミューンの経験とともに社会主義運動の中で神話化されていく。さらにその後、レーニンは、『国家と革命』（一九一七年）さらには『プロレタリア革命と背教者カウツキー』（一九一八年）において、「プロレタリアート独裁」の概念をマルクスの偉大な創見であるとし、プロレタリア階級の発見を「プロレタリアート独裁」の承認まで拡張することが、マルクス主義者かどうかの試金石であるとする。「プロレタリアート独裁」論は完全に政治的ドグマと化し不可侵の教条となっていった。[20]

しかし、一七八九年のフランス大革命期の第Ⅰ共和制から一八七一年のパリ・コンミューンによる第Ⅲ共和制まで、共和制、帝政、王制、また共和制と、百年足らずの間に七度ものめまぐるしい政体の変更と階級闘争をくりかえしてきたフランスの社会思想家にとって、「プロレタリアート独裁」論は必ずしも目新しい思想であったとは考えにくい。フランス革命期のジャコバン独裁および一七九四年七月のテルミドールの反動後におけるバブーフ派の運動、とりわけブオナロッティは、反動と敗北の経験の総括より、政治革命に連続する経済的変革――旧来の財産関係の廃止――と、それを遂行する革命的独裁の必要性の認識に到達している。[21]

パリ・コンミューン期においても、オーギュスト・ブランキはもとよりアナーキスト、ミハイル・バクーニンも、ブルジョア的反革命に対するプロレタリアートによる革命権力の必要性を承認している。したがって、問題は、「独裁」の有無よりも独裁の形態やその期間、すなわち「過渡期」の在り方、とりわけ時間的長さとその内実に問題の焦点があったと考えられる。マルクスの見解は必ずしも明確とはいえず、革命期における反革命の抑圧に対応する臨時的措置か、私的所有制と階級の廃絶にいたる相当長期間におよぶ独裁か、認識に大きな落差が見られる。『共産党宣言』と比較し後年の文献においては、革命の移行期間および「過渡期」の独裁が次第に長期化されていったように見受けられる[22]。

後に、国際労働者協会（第一インターナショナル）におけるマルクス派とバクーニン派の論争点の一つとなっていく問題である。なお、思想や理論が初めて実態化したロシア革命以降のマルクス主義の実践と現実にあっては、「過渡期」の権力は常態化し、「国家の死滅」どころか、逆に、強権国家の道を辿ったことは周知であろう[23]。

Ⅱ　アナーキズムおよびＭ・ウェーバーによる問題提起

一　アナーキストの問題提起――反国家・反権威主義

共産主義アナーキズムの理論家は、同時代の共産主義諸派[24]のなかでも、人民に対置される権力や国家の抑圧的な本質について、マルクスの共産主義思想にたいしもっとも鋭利かつ根本的な批判をつきつけた。彼らの思想と運動は、マルクスおよびマルクス主義と激しく対抗するが、次第に影響力を失い後退していったがゆえに、むしろ、その後のマルクス主義にたいする批判の予言者的役割を果たすことになった。

アナーキズムとは[25]、人間の人間に対する支配のない自由な社会、とくに国家なき社会をめざす思想・運動の総称であるが、自覚的に自らをアナーキストとする自己規定が現れ多用されるのは、クロポトキン等一八七〇年代後半からであるといわれる。それに先行する初期のアナーキストであるミハイル・バクーニンは、信仰・伝統・権威とりわけ圧制に対する批判を展開し、一切の権力や国家の存在は人民を奴隷制に導くものだとして否定する。

また、個人の尊厳と人間的自由の擁護から、すべての政治組織・制度・政治的民主主義、民主的選挙制や代議制議会主義の全面的拒否にまですすんでいく。代議制・委任制・間接民主主義等により、一度譲り渡した「主権」は、再び自己の手にもどることはないという。あらゆる政治的権力および「権威」の存在を認めず、「自然法則」に従うことによってのみ「人間の自由」は求められるとする。

そこからマルクス＝エンゲルスの教説は、「国家共産主義」あるいは権威的共産主義＝自由なき共産主義ととらえられ、とりわけ「プロレタリアート独裁」論については根源的な批判がおこなわれる。

M・バクーニンはいう。

人民によって選出された少数の代表者は、「もとは労働者であったとしても、支配者あるいは人民の代表となったとたんに彼らは労働者でなくなり、すべての肉体労働者の世界を国家という高みから見下ろすことになるだろう。……これを疑う者は人間性を知らないのだ」。

「どんな独裁も自己を永久化する以外の目的をもちえないし、独裁はそれにあまんずる人民のなかに奴隷制を生み」ださざるをえない[26]。

ピョートル・クロポトキンも同様の論理から、マルクスの「プロレタリアート独裁」論を批判する。

「すでに、国家が手にする力〔租税・領土防衛・国教会など〕に、新しい力、産業の力が付加されるならば、そこから生じるのは、圧制の、新しい恐るべき道具なのだ。」

この「新しい恐るべき道具」の下で、持つものと持たざる者との対立のみならず、知るものと知らざる者との社会的分裂と対立がひき起こされることになる。今日の国家が、官僚のあいだに分配している社会的機能を果たすべく、国家でもない議会でもない新しい組織形態を見つけだす必要がある[27]。

ここには、後に本稿Ⅲで展開される、機械制大工業の進展とそれにともない、いわば宿命的に完備・強化される監督機能、産業位階制の発展の問題がある。巨大化する大工業の管理・運営に当たっては、仮に私的所有が廃止され公有化されたとしても、産業官僚制や中央集権的な執行・監督機関が出現する可能性がある。バクーニンやクロポトキンの場合、こうした問題系に対し、権力・国家に対する本質的・根源的批判を提起し、厳しい警告を発していると読むことができる。

革命後の社会における「新しい組織形態」としては、バクーニンもクロポトキンもコンミューンを考えていた[28]。クロポトキンによれば、ひとたび人間関係に搾取・被搾取の関係がなくなれば、全く新しい社会集団の形態（「相互扶助」の組織）が生起するだろう。現存の国家組織や種々の機構が不要となり、生活は単純化する。生産手段の所有主体は個人でも生産協同組合でもなく、「地域的結合のための独立コンミューン、および社会的機能別に結合した労働組合の広汎な連合」が構想されている。その場合、中央集権国家を前提としたいわゆる「連邦」や「自治」とは異なること、各コンミューンの完全独立、自由なコンミューンの連合であることが強調される。かくて、「連合主義の原理」「相互扶助の原理」にもとずき連合・地方・国民が形成される[29]。

前述マルクスの共産主義の二段階論における、「各人はその能力に応じて、各人には必要に応じて」（「必要分配」）低次の段階では「労働分配」）という分配原則は、高次共産主義段階においてはじめて実現されるとされていた[30]。ところが、クロポトキンにおいては、その同一の分配原則が、革命後すぐにでも実現されるかのような楽観論に陥っている。こうした楽観論は、分配原則の問題に限らず、アナーキストの考え方の基調をなしており、随所に見られるものである。また、同様に、およそある程度の規模をもつ社会集団・社会組織には、不可避的に発生する分業および組織的諸問題を完全に無視してしまう。

「各人にその欲求に応じて、という同じ原則にもとづく新しい組織が〔現在すでに〕多くのさまざまな形で出現している。」

「人々は社会を全体として考え、その各部分は他の部分と密接に結合しており、一人の者に為した功績はすべての者に対する奉仕であると考えるようになっている。」

「賃金労働者や単独の私有者の労働に比べて、共同労働が異論の余地なく優っていることが、いたる所で確証されるであろう。」

「利用し得る食料は例外なくすべての人のものでなくてはならない。…労働が自由になる社会では、怠け者を心配する必要はないであろう。」

「本当に労働を嫌う者、ことに自発的な労働を嫌う者などほとんどいないこと、彼らのために法律を制定する必要のないことを信じよう。」(31)

クロポトキンが語るこれらの情景は、たしかに一つの理想郷といえよう。しかし、現実ではない。革命が成就し私的所有が廃止され搾取がなくなったとしても、必ずしも一挙に社会的生産力が上昇し、「怠け者」がいなくなり、人々の勤労意欲が倍加するわけではない。ユートピアンというべきだろう。(32) 人間洞察のしたがってまた経済学の大前提ともいえる、A・スミス『国富論』(一七七六年)の「利己心 self-love」の原理がまったく無視され、ぬけ落ちているといわねばならない。スミスは、「利己心」ないし「自愛心」を人間の本性だととらえているが、この言葉にイメージする通常の意味とはことなり、そこに人間と社会における進歩の動因をみている。なお、マルクスも、アナーキストほどではないとしても同様の傾向があり、「共同性 Gemeinwesen」こそ人間の本性であるとする。

一般にアナーキストは政治的感覚は勝れているものの経済学に弱いといわれるが、そのなかで理知派といわれ学問的体系化をめざしたクロポトキンにおいても、ブルジョア経済学(主としてスミスおよびマルサス)にたいする厳しい批判はあるとはいえ、批判点の具体的指摘や理論的展開はほとんど見られず、ましてや、彼ら自身の積極的な経済学の体系提示はない。「搾取」という言葉は頻出するが、搾取の経済的メカニズムの理論的説明には、お目にかかることができない。(33) さらに、クロポトキンのいうところをきいてみよう。

「改造された社会では、…食糧生産、および、たとえ大部分ではないにしても、多くの原料生産に対して自給的でなければならない。…農業と工業、田園の労働と地方化された工業との結合…各国民は、農民であるとともに製造業者であり、社会の各成員は田園の農夫であるとともに工場労働者であり、各個人は科学的知識と工芸の知識とを自己のうちに結合する」[34]と。

近代資本主義世界において、大工場制度の巨大な生産力の下で進行する諸変化が、ここで描かれているような小規模で牧歌的な社会的生産形態を、どのように飲みこみ駆逐していくかは、目の当たりの事実として日々みれることであり、多言を要しないだろう。大規模機械制工場にともなう経済的専制とそれにたいする精神的反逆をもって、アウタルキー体系と結びついた小生産および小規模工場を対置する社会構想であるといえる。それは逆にマルクスの側から見れば、現代工業文明一般にたいする牧歌的反発であり、実践的には中世への逆行を意味するものでしかなく、小営業職人や小農民の階級的利害を反映したロマンチシズム、「後ろ向きのユートピア」、小ブルジョアの反動的イデオロギーであるということになる。

ここには、文明の進歩とそこで開発された科学・技術や生産力の成果、近代的大工場制度を、どのように評価するかという一般的命題がある。歴史は進行する。前世紀（一九世紀）六〇年代以降のアナーキズム運動の主要な社会的徴募の基盤は、相対的に工業化がおくれた当時の後進地域（ロシア・東欧諸国・アルプス地方・ラテン系諸国等）であった。一九世紀後半には、やがてここにも不可逆的な勢いをもって近代化の波は押しよせ、資本主義的工業化は加速度的に進行し、かって一大勢力を競っていた「アナーキズムも、次第に昔日の面影を失っていった」のである[35]。

とはいえ、後にも検討するようにマルクスの場合、官僚制は、私的所有の廃止とともに、「プロレタリアート独裁」の執行により統御できると考えられていた。しかし、アナーキストにとっては、それこそが国家の機能強化＝新たな権力の独裁につながるとして、決して容認できないものであったのである。なお、その後、アナーキストの一部はラテン系諸国のサンジカリズム運動に接近していき、権力にたいする鋭敏な感性と批判精神によって、「労働者管理」のスローガンの提起等、現場・底辺労働者のなかで影響力を保持しつつ、現代的な問題提起をおこない続けていく。

二　M・ウェーバーの問題提起――近代官僚制の必然性

マックス・ウェーバーは、経済・政治・法律・歴史・宗教などの諸領域を、「理念型」の理解による浩瀚で該博な知識の集積により、独自の比較類型的な歴史・社会分析をおこなった、一八世紀のA・スミス、一九世紀のK・マルクスに比肩する、社会科学史上の巨人である。とりわけ未完の大著『経済と社会』（一九二一―二二年）においては、「支配」の概念を基軸として、支配の諸類型と近代合理性・官僚制について究明しており、不朽の理論的遺産をのこした(36)。

ウェーバーは、マルクスの唯物史観と資本主義分析について、近代産業社会の歴史的発展にかんする理論や、資本主義が社会秩序の非人間的形態であるとしたマルクスの論理に接近し、実りゆたかな有効な仮説として容認する。しかし、人々の意識や行為は客観的な経済的諸条件によって規定されるとする、歴史過程の一元的理解、決定論的解釈＝唯物史観については原理的に拒否しむしろ頑強に対抗した(37)。ウェーバーは歴史の推進要因として価値意識（エートス）を重視する。

ウェーバーによれば、近代資本主義は形式的合理性を極限にまですすめ、どのような価値志向的な社会的行為も、もはや些かの個人的関与の機会を残さない官僚制を出現させる、と。問題は、私的所有や生産の無政府性等よりも、あらゆる個人的自由を抑制する「官僚制化の圧倒的傾向」の事実にある。したがって、社会主義の下における生産の社会化・計画化は、労働者階級の地位を変更せず、むしろ官僚独裁にいきつくであろうという。

上述のように、本稿のテーマとの関連から、ウェーバーの知的営為と理論をきわめて概括的に紹介したが、ここには、ウェーバーからマルクスにたいする三つの論点の提出がある。一つは、歴史・社会認識にかかわる方法論上の問題、二つは、資本主義と官僚制の問題、三つは、社会主義と官僚制の問題、である。いずれも、マルクスにたいする重要な問題提起となっている。以下、考察をすすめたい。

まず、第一の論点。ウェーバーのいうところは、いわゆる「上部構造」が経済的土台によって一義的に規定されるのではなく、宗教や政治等はそれぞれ固有の法則性をもち、それらが逆に、経済にたいして決定的な影響を及ぼすこともある、と強調する。この点については、マルクスも、経済的要因が社会構造という建築物のまさに「土台」として、決定的ともいえる重要な役割をはたすが唯一の作要因だといっているわけではなく、ましてや上部構造の相対的自律性を認めないわけではない。むしろ、経済還元論あるいは経済一元論的理解は、マルクスのものではなくその俗流的見解と見なすべきだろう。

しかし、マルクスの理論体系において『資本論』の占める位置が絶大であることから、後のマルクス主義のなかにそのような教条的理解が生まれたことは事実であると思われる。言うまでもなく、経済的要因がどれほど重要であろうともそれのみをもって、一つの歴史的な社会構成体とその諸変化を、完結したものとして説明することはできない。政治的考察や文化的考察を併せてはじめて全構造分析となりうる。ただし、歴史としての資本主義社会は、それ以前には一体化していた政治と経済を分離し、かつ市民社会における経済的要因を優勢で支配的要因とする、一つの歴史的機能様式をもった社会構成体として成立させた。かくて経済構造の分析は唯一の要因ではないとしても、基底的位置を占めることになる。マルクス主義者は、「市民社会解剖の学」としての『資本論』を過信することになったといえよう。

しかし、現存の国家社会主義は、資本主義の下でいったん分離した経済と政治を癒着・再統合する。しかも政治は経済よりも上位に位置し、社会は国家を吸収せず国家が社会の上に聳え、国家は消滅するどころかますます強化される、そのような特異な社会構成体として形成された。それゆえ、経済的要因の分析に傾斜したマルクスの分析においては、資本主義の科学的分析はできても、少なくとも現存国家社会主義の構造分析を十分に果たすことはできない。したがって、上記の理論的空白部分において、権力と支配を中心概念とするウェーバーの理論体系は有意義なものとなる。マルクス的所有関係の分析を基底としつつ、ウェーバーの「支配」の概念の分析をもって補完し、十全なものとしていかなければならないのである(38)。

第二点は、資本主義と官僚制の問題である。ウェーバーは、まず、近代の合法的支配にさき立つカリスマ的支配および伝統的支配という支配類型をあげている。しかし、貨幣経済の発達等の諸事情は旧来の実物経済的な基礎を切り崩し、近代社会生活の全局面に合理的生活原理を敷衍・成立させる。いまや命令権の妥当根拠は成文化・法規化された合理的規則の体系に依存する。この種の支配類型こそ合法的支配＝近代官僚制にほかならない。

近代官僚制の下では、物的行政手段の官僚との分離、形式的合理性と計算可能性、分業にもとづき権限の明確化された階層的組織があらわれる。職務は公務として、没主観主義・知識の専門化・文書主義の原則に則っておこなわれ、精密・迅速・持続・統一・摩擦の減少・費用の節約等の、技術的卓越性を発揮する。反面では、官僚群による既得権益の擁護・上司への絶対服従・機械的画一主義・一般市民に対する権威主義を生みだす。かかる傾向性は近代資本主義の発展とともに、いわば宿命的に、行政はいうに及ばず経営や団体等のあらゆる社会的生活部面に浸透していく。かくてウェーバーによれば、

「近代国家の全発展史は、近代的な官吏制度と官僚制的経営との歴史に帰着し、同様に、近代的な高度資本主義の全発展は、経済経営の官僚制化の進展と一致する(39)」。

ところで、マルクスは官僚制について、膨大な著作のなかで主として二回論じているだけである。一度は、先述の『ヘーゲル国法論批判』（一八四三年）である。

「官僚制の普遍的精神は官僚制そのものの内部では位階性により、外にたいしては閉鎖的団体として、守られるところの秘密、秘事である」「官僚制においては、…国家の利益は他の私的目的と対抗する特殊の私的目的となる」

等の重要な指摘をおこなっている。しかし、この著作におけるマルクスの主たる関心は、ヘーゲル国家論の批判にあり、その国家と市民社会の関係にあった。官僚制そのものについては、君主権・統治権・立法権・議会その他の国家諸制度とともに、なお一般的・哲学的にとり扱われているにすぎない[40]。

もう一度は、『ルイ・ボナパルトのブリュメール十八日』（一八五二年[41]）および『フランスにおける内乱』（一八七一年）等であり、そこでは「官僚制・軍事機構」の打破は、フランスの革命にとって不可欠の前提ととらえられている。しかし、その重要性にもかかわらず、いずれも断片的・要約的なものにすぎない。また、そこで提起されている「ついに発見された政治形態」、すなわちコンミューンに基礎をおく民主主義的中央集権制、代議機関の「行動的団体」への転化、選挙民への責任と短期解任制、一般労働者なみの賃金、一切の役得・権益の払拭等の指摘についても、今日的視点に立つとき、仔細に検討すべき問題点が横たわっている。近代の多元主義・複数性社会における代議制民主主義・複数政党制・三権分立の意義とその実効性等の、社会的・政治的統合の諸問題をふくむ、国家および総体としての官僚制の批判的体系的分析にはなっていない。ウェーバーの「官僚制」組織論と比較するならば、その認識内容は希薄であると言わざるをえない。また、その後における官僚制についてのマルクス主義者の議論は、むしろ、マルクスの具体的分析にもとづくよりも、彼の一般政治哲学からの拡張的な推論にもとづいているとみることができよう[42]。

マルクスの議論は、当時の封建的領邦制下におけるドイツにおいて、集権的国民国家の統一およびその担い手としての官僚制が、なお一定の進歩性をもちえていた歴史的情況と重ねあわせて、理解されなくてはならない[43]。ウェーバーの場合は、後方においては、すでに発展をとげた資本主義とビスマルク等によるプロイセン官僚国家の存在があり、なおかつ前方には、社会主義の脅威が迫っているという情況のなかで、近代官僚制の問題をさけてとおることはできなかった。しかし、問題は、理論が成立する歴史的背景とともに、論理構造そのものの問題である。マルクスの論理構造においては、革命後の将来社会における、経済社会のなかに吸収される政治的国家、変革過程における生産関係・所有関係の決定的な地位、官僚制の態様はそれに従属する問題としてしかとらえられていない。マルクスとウェーバーの問題意識の在りようには、大きな方向性の差異があったといわなければならない。

第三の論点、上述の論点とも関連する社会主義と官僚制の問題。ウェーバーにおける社会主義批判の基調は、「官僚制化必然」論の延長線上にあり、合理化と官僚制化は、近代資本主義に固有の宿命であるばかりか、社会主義においてはいっそう拡大・深化したかたちであらわれると考える。[44] この問題は、ウェーバーにとって、第一次大戦後一九一八年一一月のドイツ革命（レーテ革命）に際して、たんに理論上の問題ではなく実践上の問題でもあった。[45] ウェーバーの論理によれば、革命による私的所有の撤廃以後も、経済の計画的管理運営とそのための組織は欠かせない以上、その統制や記帳を担う一群の官僚や官僚機構は依然として生きのこる。むしろ、生産の社会化により中央集権的な管理と統制の機構ができあがるならば、官僚支配は一層強化され、労働者の独裁ではなく官僚独裁にいきつかざるをえない、と。[46]

一方では、自由な企業家・市民層は、計画目標や達成手段が中央の指令による強制的なものとなることによって、自由な市場における活力とダイナミズムを喪失する。他方、労働者自身もまた、いまや他律的な生産計画の下で、労働の自律性・自発性、動機づけの誘因が欠落することによって、労働意欲の減退を引きおこす。労働者の働く工場や鉱山は、「私営であろうと国営であろうといっこうに変わら〔ず、いまや〕違う点は、国家にたいしてはストライキが不可能である」ことだけだ、という。[47]

要するに、私的所有を廃止したとしても技術・分業・組織のあるところ、それに固有で不可避的な運動がある。「官僚制的装置は、権力を獲得した革命のためにも、占領敵軍のためにさえ、…通常はそのまま機能しつづける。」したがって、「およそ合理的な社会主義は、この要求をそのまま引き継〔がざるをえない〕。」[48]

ウェーバーは、学問的にはドイツ国民経済学歴史学派の理論家として、政治的には自由主義者的なナショナリストとして、たんなる机上の人にとどまらず実践活動にも深くかかわっていた。そこから現実政治との接点をもったリアリストとして、資本主義の欠陥を熟知しつつも、資本主義は自由なモビリティーとダイナミズムのゆえに、他の経済体制より望ましいとした。

官僚に対抗しうるのは、「『経済』の領域における私経済的利害関係者の専門知識のみ」[49]といい、自由な企業家＝市民層にこそ期待していたと見られる。[50]「利己心」という言葉こそ使っていないものの、スミスと同じ世界を見ているということができるのである。ドイツ「市民社会の科学者」[51]といわれる所以である。

ウェーバーは、理論的には社会主義や無階級社会というものを、積極的に否定しているわけではない。しかし、ウェーバーによれば「民主制」の概念は、それが実行されるようになるとしても、行政や経営が大規模になる場合には、その言葉が無意味になるほど意味を変えてしまう。その成員の少なくとも一部分により、業務処理上の技術的優先性を基礎に、「特別の永続的な社会的組織の成立」を助長する、[52]という。ここには、たんに官僚制の認識にとどまらない、人間と社会に対する洞察が見え隠れする。ウェーバーの認識の深奥には、人間諸個人の全面発達、人間性の全面的解放、人による人の支配のない社会等々の未然未来社会主義の約束は、所詮ユートピアにすぎないという、一つのリアルで透徹した理念・見方があったように想われるのである。[53]

Ⅲ　技術・分業・組織の構造的連関と官僚制

一　技術・分業・組織の構造的連関

ウェーバーは、「近代資本主義的諸企業の全体が、それ自体、普通、厳格な官僚制的組織の無比の模範なのである」[54]という。マルクスは、ウェーバーが「経営 Betrieb」と呼んでいる、資本主義的経営における支配の性格＝官僚制を、すでに『資本論』（一八六七－一八九四年）において詳細に分析している。[55]

『資本論』においては、たしかに「官僚制」という言葉はとくに登場しないけれども、まさにそこで展開されているのは、技術的分業にもとづく経営組織、「産業官僚制」の問題である。『資本論』第Ⅰ部第四篇「相対的剰余価値の生産」のなかで、第一一章「協業」・第一二章「分業とマニュファクチュア」・第一三章「機械と大工業」は、『資本論』全巻中でももっとも秀逸な部分の一つである。以下、『資本論』の論理展開をおいながら、資本制的生産の下での生産過程の変容と労働の疎外状況の深化、したがって、本章でいう「産業官僚制」の成立についても見ていきたい[56]。

協業すなわち多数の人間の協働の形態は、労働の生産性を向上させるが、それは歴史的にも概念的にも資本制生産の出発点をなす。一定規模の協業は、多かれ少なかれ指揮者の役割を不可欠とする。資本制生産下においては、指揮の機能は資本の機能となり、協業労働の成果は資本の成果となる。

「すべての比較的大規模な直接に社会的または共同的労働は、多かれ少なかれ一つの指図を必要とする…これによって個別的諸活動の調和が媒介され、…生産体全体の運動から生ずる一般的諸機能が果たされるのである。単独のバイオリン奏者は自分自身を指揮するが、一つのオーケストラは指揮者を必要とする。この指揮や監督や媒介の機能は、資本に従属する労働が協業的になれば、資本の機能になる[57]。」

あらゆる協働の形態＝協業的労働の遂行において、一定の指揮・監督・媒介・調整の機能が必要となる。逆にいえば、指揮の機能と役割を、資本家がおこなわなければならない歴史的必然性はないとしても、この機能・役割自体はいずれの社会形態にあってもかならず必要だということになる。しかしまた、歴史を過去に辿れば、この機能を基盤に分業と階級が発生し、ブルジョア的所有が生まれ、それにもとづく支配が生じた。

『資本論』第Ⅰ部第四篇をさらに読みすすもう。分業、協業にもとづく分業の発展は、各労働者の労働を断片化・奇形化した部分労働とする。また、協業と分業、部分労働者化のもとでの生産技術の発展により、工場の組織は、機械の分業・運動を中心とした斉一的体系に変化する。労働の交替・互換性は増大し労働者は機械の付属物・部品と化す。いまや、部分労働者は工場の全体機構の一部となり、それから離れて自律的には存立できなくなる。さらにすすむ、労働の専門化・特殊化の進行、指揮・監督機能の分化と増大、等級的編制と管理者階層の成立。労働に対する搾取と抑圧はいっそう強まる。(58)機械制大工業の下における組織・機構こそ、産業官僚制にほかならない。

機械体系による生産と一定員数による分業、すなわち大工業生産は官僚制的組織を不可欠とする。最小の労働で最大の利潤を得ようとする資本制生産の至上命題は、資本主義的合理性として貫徹し、その合理的・合法的支配形態である官僚制を生みだす。したがって、官僚制は「魂なき機械」の要求に合致した組織的特徴をもたざるをえない。それこそ、すでにマルクスも論及しウェーバーにより整序された、①没主観性（非情性）の原則、②規則中心の原則、③階層化の原則、④専門化の原則である。また、それにもとづく副次的な組織諸原則――任命・俸給・昇進・職務の分割と訓練・上意下達、権限の限定・文書主義等――よりなる、位階制的官僚組織が構築されていく。(59)

以上のように、マルクスは、ウェーバーの理論的・機能的分析・整理に先だち、資本の下に包摂された労働と搾取の機構、産業における官僚制の成立とその非人間性を、技術・分業・組織の構造的連関の中で見事に分析しているといえよう。

しかも同時に、資本制生産様式の廃絶の後には、上に述べた、大工業の物質的基礎のうえに旧来の隷属的分業の克服・止揚の展望を見いだし、したがってまた、分業止揚の問題が共産主義社会の本質にかかわるものとして、明確に位置づけられることになる。(60)かって、『ドイツ・イデオロギー』において、私有財産の発生・階級分裂の基礎としてとらえられていた分業が、『資本論』においては、同時にその止揚の問題が「近代工業の革命性」とともに、以下のようにとらえかえされている。

「近代工業は、一つの生産過程の現在の形態をけっして最終的なものとは見ない…。それだからこそ、近代工業の技術的基礎は革命的なのである…。近代工業は、生産の技術的基礎とともに労働者の機能や労働過程の社会的結合を…したがってまた、それは社会の中での分業をも絶えず変革〔する。〕…大工業の本性は、労働の転換、機能の流動、労働者の全面的可動性を必然的にする。他面では、大工業は、その資本主義的形態においては、古い分業をその骨化した分枝をつけたままで再生産する。…しかし、いまや…大工業は、いろいろな労働の転換、したがってまた労働者のできるだけの多面性を一般的な社会的生産法則として承認し、…全体的に発達した個人をもってくることを、一つの生死の問題にする。(61)」

しかし、さきに資本制生産過程を批判的に鋭く告発したマルクスとは違い、ここでは、むしろ楽観的なマルクスが現れる。大工業の「資本主義的形態」においては、隷属的な旧来の分業を再生産するが、「大工業の本性」は革命的であり、将来社会に向けては、「労働転換」＝分業止揚の技術的・物質的条件を生みだすという論理となる。この論理形式・発想法は、官僚制の問題点の指摘とその克服方法の考察においても同様である。すなわち、分業・指揮機能・官僚制等の同一物が、将来社会においてはまったく論理的に反転してあらわれるのである。

すでに見たように、マルクスは、工場内分業のレベルにおいては指揮・監督の機能の必要を認め、したがって、革命後の将来社会においても、指揮・媒介・調整機能の必要性あるいは官僚制存続の物質的基盤があることを、承認していると考えられる。また、社会的分業のレベルにおいても、(政府あるいは官僚制の人民大衆にたいする抑圧機能とともに)社会的共同事務の遂行機能の必要性を認めており、そこから官僚制の継続性は容認されているといえる。しかし、もはやその弊害は問題とならない。

エンゲルスもまた、さらに直截に、社会主義運動の一部にある反権威主義者(とくにアナーキスト)にたいし次のようにいう。

「一方では、どのような仕方で授権されるにせよ一定の権威が、他方では、一定の従属が、どのような社会組織であるかにかかわりなく、われわれが生産物を生産し流通させる物質的諸条件にともなって、強要される。

…生産と流通の物質的諸条件が、大工業と大規模農業によって増大させられ、この権威の作用範囲をますます拡大していく傾向がある」、「〔権威原理にたいし〕自治原理を絶対的によい原理のように言うことはばかげたことである。」(62)

この論では、将来社会においても、「権威原理」とともに位階制・官僚制がなんらかのかたちで存続することは明確である。だとするならば、未来社会における官僚制の危険性・問題性が論及されなければならないが、少なくとも主要で本質的な問題とはされていない。しかし、すでに考察してきたように、共産主義アナーキストの自由にとっては、この問題こそ彼らにとって本質的で許容できない問題であった。またウェーバーにとっても、他のなににもましてこの問題こそ近代世界のかかえる最重要の問題であった。

マルクスにとって、官僚制のもつ抑圧的性格・逆機能は、組織それ自体の「本性」からおきるものではなく、階級関係から引きおこされるものである。したがって、私的所有を廃止し階級制度を除去するならば、やがて消滅していく問題であるととらえられている。官僚制克服・止揚の問題が、いかに困難な歴史的課題かということが、十分に把握されていないというべきだろう。むしろ、マルクスにおいては、体制にかかわりなく生ずる工場内分業および産業官僚制の一般的性格が、階級関係による「資本主義的形態」に固有のものとされているのである。約言すれば、資本主義批判の論理的反転として、生産関係＝階級関係還元論への傾斜とともに、社会主義にたいするユートピア的楽観論・幻想が生まれているといえよう。

ところが、国家社会主義の歴史的現実においては、本稿のいう技術・分業・組織の構造的連関により、さきに紹介したヘゲデューシュによれば、経済管理機関が膨張し階層化と組織の硬直化が進行した。それにともない、ブルジョア的私的所有の消滅後にもかかわらず、新しい種類の社会的不平等と新しい「構造的階層分化」を生みだしたという(63)。同じ問題を、ミロバン・ジラスは、すでに一九五〇年代半ばに「新しい階級」の発生として提起していた(64)。その原因は、ヘゲデューシュによれば、マルクス主義の伝統的な階級概念――階級関係の基礎は所有関係――ということではとらえきれず、「新しい構造分化の主たる編制原理はもっと別の社会関係領域にもとめられなければならない…。主要な社会集団は分業上での具体的地位の差異にもとづいて形成される」という[65]。

ジラスのいう「新しい階級」すなわち国家社会主義国の新しい専門統治集団は、別の論者によれば大分類すると三つのグループからなるという。①古い党人・専従職員および労働運動活動家、②プロレタリア・農民出身の幹部職員、③テクノクラート・技術的インテリゲンチャ。革命初期には共産党独特の階級政策の徹底もあり、②の層が増えたが、その後の経済発展と技術的エリートにたいする切迫した要請から③が急増し、統治機構上部への進出が顕著になる。このプロセスは、私有財産の処分権により享受されるものではなく、主として社会思想・教育履歴上の有利さをつうじて作用する。経済生活は基本的に政治組織によっては効率的に運行されえないものであり、革命後における社会経済生活の日常化のなかで、次第に①から③への影響力の交替がおこなわれていく[66]。ここにも技術・分業・組織の連関が働いて、新しい支配者層（＝テクノクラート）の形成が、むしろ資本主義社会よりもより一層貫徹していくと見られるのである。

いずれにせよ、歴史の進行はマルクスの予測とはかなり異なるものとなった。管理・運営等にかかわる意志決定の力能は、歴史上、必ずしも法律上の所有に帰属するわけではなく、処分権や指揮・監督権等を包含するさまざまの占有の形態をもって発現する。全社会的・全人民的所有が宣言されたとしても、実質上は国家的占有さらには官僚制的占有であることもありうる。また、所有関係が一義的に国家形態を決定するわけではない。そこにおいては、経済的所有と政治的権力という二つの概念相互の関係が問題となる。所有関係が、常に究極の規定因であり、権力関係の源泉は所有にあり、いかなる状況の下でも経済的要因に付随・従属するということではないのである。

最後に、「労働者自主管理[67]」の問題に論及しておく必要があるだろう。一九四八年以後における旧ユーゴスラビアにおける社会的自主管理の理論と実践はきわめて注目されるものであった。それは、全社会的利益の代表者であるとされた中央集権的な国家社会主義にたいする否定として出発する。専門統治機構は不可避的に官僚制に変質するという命題と、権力の「勤労者共同体」への委譲という理念より構成されていた。しかし、実態的には、ここでも技術・分業・組織的連関の論理が作用し、専門指導集団を生みだすとともに、自主管理企業は企業指導グループの伝導装置、その補助的・補完手段となっていく。また、比較的小規模な社会に特有のアウタルキー的な人格的依存・従属の関係が発生し、さらに自主管理組織相互間における各単位の「本位主義」により、社会的統合における摩擦・軋轢が頻発することになったという。反官僚制という当初の理念からみる限り、成功したとはいい難い情況にあった。少なくとも、現段階の生産性に規定づけられた生産・労働の編成と新たな自主管理システムの間には、なお埋めることのできない歴史的矛盾・社会的溝が存在したと考えられるだろう。(68)

二　マルクスの「社会主義」論と「科学性」

すでに述べたように、近代産業の下での絶えまない技術革新、それとともにすすむ労働過程の編成、大規模化・機械的均質化・位階制的組織＝産業官僚制の成立は、不可抗的な産業化・工業化の流れである。それは、技術・分業・組織の構造的連関よりくる、資本主義・社会主義の体制の相違を問わない、近代産業の生産過程一般に固有な特徴である。ところが、マルクスは、いかなる体制にも通底的・通時的な生産過程一般の問題を、その資本主義的形態に特有の問題とする。したがって、特殊歴史的な資本主義的形態を除去すれば、つまり、私的所有を廃止し剰余価値の搾取形態を一掃すれば、問題は解決されるとするのである。しかし、歴史的特殊形態が解消されたとしても歴史通底的な一般的形態が残ること、換言すれば、資本主義制度下の生活様式が革命によって一変したとしても、生きた人間諸個人は、昨日と同じように物を作り・消費し・生活していかなければならないことは自明である。

マルクスは、資本主義的な生産過程とその諸結果、すなわち剰余価値の生産＝搾取のメカニズムと非人間化の過程については、『資本論』において詳細な科学的分析をおこなった。しかし、共産主義社会については、多少とも具体的な労働・生産過程の姿や管理・運営の在り方・組織・機構等について、なにも明らかにしていない。社会を支え生活を営む諸個人のいわば「利己心」や情念がいつ・どのように変わっていくのか等についても、語っていない。将来社会における組織形態としては、「自由な人々の結合体」あるいは自覚した諸個人の「連合Assoziation」という言葉がでてくるだけである。

『資本論』第I部第七篇第二四章（いわば第I部最終章）における、資本主義的所有の転変＝「否定の否定」にかんする有名な箇所において次のようにいう。

「諸個人の自己労働にもとづく分散的な私有から資本主義的な私有への転化は、もちろん、事実上すでに社会的生産経営にもとづいている資本主義的所有から社会的所有への転化に比べれば、比べものにならないほど長くて困難な過程である。(69)」

革命後における私的所有の廃止から社会的所有への転化の過程は、すでに事実上、その器たる社会化された経営（＝協同組合企業さらには株式会社等）ができているのだから、逆に短くて簡単だ、といっているのである。しかし、歴史の現実は、いわゆる「過渡期」の困難性を歴史の前面におしだした。マルクスにとって社会的所有へ転回後における独自の共産主義社会論があるわけではない。資本主義社会の矛盾を証明すれば、共産主義社会の存在が正当化され現実化するわけではない(70)。

マルクス社会科学理論の集大成をなす『資本論』をはじめ彼の全著作をつうじて、資本主義の反措定としての共産主義論すなわちネガティブな共産主義論はあっても、論理的にポジティブな、共産主義社会の具体的で建設的な組織像を見いだすことはできない。『共産党宣言』では、革命後の社会における一〇項目の方策（土地・信用・運輸・工場の国有化および分業の止揚等）をかかげている(71)。しかし、これら方策の一部はすでに、トマス・モアの『ユートピア』（一五一六年）やバブーフの『平等者宣言』（一七九六年）[72]のなかにあり、またそのほとんどは、「ユートピア社会主義」者（C・サン・シモン、F・フーリエ、R・オーエン）の理論や実践のなかにみられるものである。[73]それ以外には、前述『ゴータ綱領批判』における、共産主義の二段階区分と分配問題の定式があるだけといえよう。いずれも「ユートピア社会主義」の構想の域をでるものではない。当時の、社会主義・共産主義諸派共有の思想・理念と同じ地平上にあり、それと大きく距たるものではない。

批判・破壊することは比較的容易なことであるが、創造や建設ははるかに難しい。仮に不完全とはいえ、将来社会の基本的骨格を示す「青写真」なくしては、建設の事業は至難の業となろう。その後の国家社会主義の現実においては、「計画経済」の実施とともに、ゴスプラン（国家計画委員会）やグラフク（部門別工業管理局）のごとく、中央統制的国家機構（その上に共産党の諸機関が君臨する）はますます肥大化され、官僚制支配の道を一人歩きしていく。[74]

恐らくマルクスの想定にはなかったものであろう。いかなる組織もひとたび誕生すると、組織固有の内的論理によって維持・拡大・強化・延命をはかる。変革を標榜し、社会の革新を目指していた組織にあっても強権化・保守化しがちであることに変わりない。そして、私的所有廃止後「新しい社会」は崩壊していった。「太初（はじめ）に業ありき」ではすまない問題がある。結局、マルクスの場合、「科学的」な資本主義の批判的分析はあったが、科学的な社会主義・共産主義のポジティブな分析はなかった。したがって、マルクスの「社会主義」論はなお「科学的」であるとはいえず、「ユートピア」であったといわざるをえないのである。

マルクスの「社会主義」論にたいし、最初に「科学的社会主義」の呼称を用いたのはエンゲルスである。その根拠について、エンゲルスは『反デューリング論』（一八七八年）においてマルクスの「二つの発見」を指摘する。

「この二つの偉大な発見、すなわち唯物史観と剰余価値による資本主義的生産の秘密の暴露とは、われわれがマルクスに負うところのものである。これらの発見によって、社会主義は一つの科学になった。[75]」

後に、『反デューリング論』の一部が抜粋・要約され小冊子『空想から科学への社会主義の発展』(一八八〇年)[76]となり、マルクス主義は「科学的社会主義」として普及・定着していく。いうまでもなく、マルクスは、経済学批判体系を理論全体の基幹部分としつつ、歴史学・その他の政治諸科学を一つの壮大な体系に統合した、社会科学史上における巨人中の巨人である。かかるマルクスの理論体系のなかで、エンゲルスのいう「二大発見」——唯物史観と剰余価値学説——こそ、そのエッセンスであり核心部分であると見なされている。

ところで、「二つの発見」の一つである唯物史観とは、「いっさいの社会的変動と政治的変革との究極の原因」を、その時代の経済的要因のなかにもとめる歴史観である。またその歴史観による人類史は、無階級社会→階級社会→無階級社会と大きく三段階の図式において総括される[77]。このノート(あるいは草稿)の形を以てダイナミックに総括された人類史においては、無階級社会からの階級発生の過去の歴史が、今度は逆の道をたどり、階級の消滅による無階級社会への未来の歴史(「否定の否定」)として展望される。要するに、唯物史観は歴史展開の説明原理として、ひろくその有効性に期待がよせられてきたものの、なお「仮説」にすぎない。過去の歴史にたいする多様な発展経路の可能性等の問題提起とともに、とりわけ、未来にかかわる諸問題についてはまったくの仮説というほかかない。

他方、資本主義社会の経済学的分析は、古典派経済学が達成した労働価値説の基礎上に剰余価値論＝搾取の理論的証明として、緻密な論理体系をもって構成されたものである(とりわけ『資本論』第I部)。剰余価値＝搾取の理論こそ、マルクスの経済学といっさいのブルジョア経済学を根本的に分かつものであり、資本主義的生産の絶えまない成長の動因とその矛盾、その下での物象化＝非人間化の事実を明らかにする。したがって、細部の誤りや制限性はべつとして、剰余価値の生産＝搾取という厳然たる事実の根底的否定がない限り[78]、マルクスの資本主義分析は歴史的意義を有し、その限り「科学」(もちろん科学は進化する)として成立するといいうる。

マルクス以後、さまざまな現実社会を批判する理論があらわれたが、それら諸理論のなかにあって、絶えずマルクスの思想と理論は中心的な位置を占め、根源的な批判理論として影響力を及ぼしてきたことは否定しえない事実であろう。少なくとも歴史的制度としての資本主義が存続する限り、その理論的生命力は歴史的に不朽であると考えられる。とはいえ、マルクス主義者は、『資本論』の厳密な科学的体系性のゆえに、共産主義の未来像にたいし幻惑をもち、過信した。しかし、それはあくまで資本主義社会の経済的分析であって、一つのまったく異なる社会構成体である共産主義社会の分析ではないということ、これについてはすでに述べたとおりである。

マルクス＝エンゲルスの社会主義の思想・理論を、サン・シモン、フーリエ、オーエンの「ユートピア社会主義」と対比し、「科学的社会主義」という。しかし、以上考察してきたように、マルクスの「社会主義」論は、将来社会に固有のポジティブな共産主義論としての歴史的論理的構成を有しておらず、したがってまた、その理論的構成の枠組は仮説によって支えられているといえる。そしてなによりも決定的なのは、マルクスの想定に反して、発達した資本主義国における社会主義革命は未だなく、政治・経済・文化的に先進的な社会主義国は実現されていないという、動かしがたい歴史的事実であろう。かかる意味において、「科学的社会主義」とはいえないとの結論を下さざるをえない。

おわりに

現代社会は、産業化の巨大な奔流と膨大化する経済組織・社会機構のただなかにある。マルクスは、近代社会のかかる現実をまえに、その最大の元凶を資本主義的生産様式に見いだし、根底的ともいえる批判の視点を提供した。また同時に、その克服・止揚の方向に、私的所有制の最終的廃絶と変革の担い手として、資本主義の下で生みだされるプロレタリアートを発見した。しかし、すでに本稿において考察してきたように、マルクスもやはり、「ユートピア社会主義」を引きずっていたといわざるをえない。課題は、論理的にも現実的にもなお解決されていない。

「ユートピア」という言葉は、既述のモアの『ユートピア』により広く使われるようになった言葉であるが、語源的にはギリシャ語（U「ない」＋Topia「場所」）に由来し、「どこにもない」「ありえない」という意味内容をもつ。しかし、モアはそこに「かくありたい」「かくあるべき」という理想社会の願望を託していたことは、想像に難くない。人類はたえず「千年王国」を夢みて涯ない旅を歩むものとしても、社会的人間の内奥にある創造的な願望が、ユートピア思想という意識化された形を以てあらわれてくるのだといえる。だとすれば、未来をよりよく変革しようとする人間の希求と営為には、ユートピア思想は必ずなんらかの意味でつきまとうものである。したがって、カール・マルクスは偉大な「社会科学者」であり、偉大な「ユートピアン」であったというべきだろう。

歴史のリアリティーは、国家社会主義における失敗の経験と総括をふくめ、専門統治機構にたいする社会的支配の創出、自由の王国の実現という人類史的課題が、いまやっと緒に就いたばかりであることを物語っている。現存した国家社会主義と比較し、少なくとも資本主義社会においては、私的官僚制と公的官僚制が並存し、きわめて部分的であるにせよ、そこにはある種の競争と対抗関係があり牽制しあっている。しかしこの二つの官僚制が一体となり、政治・経済・精神生活までをもふくむ一つの階層秩序のなかに融合・癒着するとすれば、もはやこれから逃れる術はなく、社会はまったくの閉塞におちいる。

人類が資本主義の下で達成した生産諸力の増大と自由な余暇時間の拡大、その人間的享受の可能性を通じ、すべての諸個人が管理技術や文化知識をわがものとすること。また、そのことによって、専門統治機構を動かしうるまさに官僚と同等の専門性・文化性を獲得すること。したがってまた、レーニンもいうように、すべての人間が「官僚」になることによって官僚が必要でなくなる情況、すなわち敢えていいかえれば、自立した自由な諸個人の創生、恐らく、ここに解決の唯一の方向がある。この課題は遠く単純ではない。

生産手段にたいする私的所有の廃止をもって、課題は完結しない。それが、社会的統合と管理における人間化の可能性をほんの僅かながら造りだしたとしても、それは、遠未来における真に人間的な自由と豊かさへの、むしろ出発点にすぎないのかもしれない。グローバル化する新しい世界のなかで、市民・諸個人の価値的・文化的意識の向上と、さまざまな形態による下からの社会的規制、政治的・市民的な多元主義と複数性の承認による、長期にわたる継続的な一連の闘いを経過しなければならないのだろう。

注

（1）現存する（した）社会主義とは、いかなる歴史的な社会体制かということについて、主として五つの見解がある。①全体主義社会論、②国家資本主義論、③過渡期（生成期）社会論、④国家社会主義論、⑤体制収斂・産業社会論。本稿は、上記④の理解にたつが、ここでは詳細な考察はおこなわれない。
なお、地政学的には、旧ソ連・東南欧諸国から中国・ベトナム・キューバ等の諸国家をふくんでいる。したがって、状況に応じそのいわば形容詞として「現存する」「現存した」等の表現を使うが、深い理論的意味はない。

（2）本稿においては、「マルクス」と「マルクス主義」なる語を意識的に使い分けている。マルクスその人の思想・理論と、後継の「マルクス主義」（あるいはまた「マルクス・レーニン主義」または「正統派マルクス主義」）とは必ずしも同一ではない。なお、マルクスとエンゲルスの思想・歴史観の異同にかんする議論があるが、本稿では立ち入らない。

（3）社会主義と共産主義の区別は、レーニン『国家と革命』以後、共産主義の低次・高次の段階区分として通説的に定着した理解がある。しかし、本稿においては、とくに意識的に使い分けているわけではない。

（4）的場・内田・石塚・柴田編『新マルクス学事典』弘文堂、二〇〇〇年（柴田隆行）等参照。

（5）カール・カウツキー『中世の共産主義』法政大学出版局、一九八〇年。

（6）K・マルクス『ヘーゲル国法論批判』および『ヘーゲル法哲学批判序論』、『マルクス＝エンゲルス全集』第一巻、大月書店（以下、書名・巻数のみ表記、なお〔　〕内の挿入は筆者）。

（7）初期のエンゲルスやマルクスに対する共産主義の理論的・実践的先行者としては、エンゲルスにより「ドイツ共産主義の創始者」といわれたW・ヴァイトリングがあげられる。また、フランスの社会主義・共産主義およびプロレタリアートの概念を、最初にドイツに紹介したものとして、ローレンツ・シュタイン『現代フランスの社会主義と共産主義』（一八四二年）があり、ドイツ時代のマルクスは、この著作から学び影響をうけたといわれる。前掲（4）（柴田隆行）参照。

（8）マルクス・カテゴリー事典編集委員会編『マルクスカテゴリー事典』青木書店、一九九八年（藤田幸一郎）参照。

（9）ここでの「プロレタリアート」の概念は、無所有の対極において革命の主体に昇華されたプロレタリアートとして、その表象は、フランス革命等の一七〜一八世紀ヨーロッパにおける革命的政治運動からえられたものであり、マルクスによっていわば観念的に構想されたプロレタリアートである。それは一種の「窮乏化革命論」を彷彿させるものであった。

なお関連して、「人民」あるいは「プロレタリアート」という場合、それらはいずれも歴史的運動のなかより抽出・構成された概念であるが、無定形であって実体が必ずしも明確でない。「プロレタリアートの革命性」等の問題とともに、今日的状況の中で、その内実が理論的に深められ検討される必要があろう。

（10）マルクス『経済学ノート』（杉原・重田訳）、未来社、一九六二年。

マルクスは一八四四年から四五年にかけて、イギリス古典派経済学の研究を精力的にすすめており、一連の抜粋ノートが遺されている。それらは総称して「パリ・ノート」と呼ばれ、なかでも『経済学・哲学草稿』とそれに先立つジェームズ・ミルに関するノート（いわゆる『ミル評注』）は、マルクスの社会認識の形成にとって独自の重要な位置を占める。拙稿「最初期マルクスにおける『統合の論理』」『大阪経大論集』第一六二・一六三号、一九八五年三月、参照。

（11）K・マルクス『経済学・哲学草稿』、『マルクス＝エンゲルス全集』第四〇巻。

（12）K・マルクス＝F・エンゲルス『ドイツ・イデオロギー』、『マルクス＝エンゲルス全集』第三巻。

なお、『経済学・哲学草稿』段階における「人間なるもの」が、「類的存在」として歴史を超越した抽象的主体概念としての疎外された人間であったのにたいし、『ドイツ・イデオロギー』においては、「諸個人」が、生産諸力や人間の相互的協働および分業という具体的現実的な諸関係の中で、唯物論的に上向してとらえ直されていることに注意されなければならない。

（13）K・マルクス『哲学の貧困』、『マルクス＝エンゲルス全集』第四巻。

『哲学の貧困』は、ピエール・プルードンの『貧困の哲学』（一八四六年）を批判しようとしたものだが、その批判の当否は別として、マルクス・唯物史観の形成に大きな意義をもつものであった。

だがその点に関し、逆に、マルクスの商品・貨幣廃止論に内在する問題——生産関係（階級関係）還元主義の理論的出発点が、『哲学の貧困』にあったとする批判がある。中野徹三『社会主義像の転回』三一書房、一九九五年。

（14）今日段階における「プロレタリアート」論の主要な論点としては、マルクスの革命情勢の認識・その評価とも関連し、①

現代資本主義の下での労働者階級の歴史的能力に関わる問題、②「ホワイト・カラー」層等、中間諸階層の階級的位置づけの問題、③社会主義社会における労働者階級の管理・監督能力の問題等の、現実的な諸問題がある。いずれも理論的・実践的に重要な検討課題である。アンソニー・ギデンス『先進社会の階級構造』みすず書房、一九七七年、橋本健二『現代日本の階級構造』東信堂、一九九九年。

(15) K・マルクス『共産党宣言』、『マルクス＝エンゲルス全集』第五巻。

『共産党宣言』の成立にかかわっては次の事情をおさえておきたい。資本主義の先進国イギリスにおける産業革命の後、一八二五年恐慌をかわきりに約一〇年周期の過剰生産恐慌が開始されるが、「経済恐慌－政治危機－社会革命」という理論的図式の下にあったマルクスは、四七年恐慌の予兆の中、来るべき革命（四八年二月）の到来に備え取りいそぎまとめたものである。また、後続する後進国ドイツ革命の展望としては、そのドイツ版というべき「ドイツ共産党の要求」なる文書を携え、一八四八年ドイツ三月革命の勃発とともにケルンに向かう。「ドイツにおける共産党の要求」では、世界革命の綱領的文書である『共産党宣言』と比べ、短いパンフレット・ビラ的なものであるが、後進的なドイツの情況を考慮した上で、永続革命論的な観点、すなわち当面する運動の目標を小ブルジョアジーとの連合による民主主義的諸権利の獲得におくなど、とくに最終目標としての共産主義革命は前面にだされていない。

K・マルクス＝F・エンゲルス「ドイツにおける共産党の要求」『マルクス＝エンゲルス全集』第五巻。

なお、『共産党宣言』は、その後、マルクス＝エンゲルスを理論的指導者と仰ぐドイツの社会民主主義者だけでなく、一時期のドイツ『フライハイト』派のアナーキスト（ヨハン・モスト等）をふくめ、ひろく社会主義・共産主義諸派の綱領的文書としての役割を果たしたようである。田中ひかる『ドイツ・アナーキズムの成立』お茶の水書房、二〇〇二年。

(16) K・マルクス『フランスにおける階級闘争』『マルクス＝エンゲルス全集』第七巻。

なお、エンゲルスは、一八九五年にこの著作の新版にむけて「序文」を書き、重大な問題提起をおこなっている。当時のドイツ社会民主党の議会への進出を背景に、旧来の奇襲による革命から陣地戦への移行、多数者による合法的・平和的な革命の展望を示した。とはいえ、エンゲルスおよびその正統的後継者と目されるカウツキーにおいては、依然、「プロレタリアート独裁」論は堅持されていた。上島武『ロシア革命・ソ連史論』窓社、二〇〇三年、等参照。

(17) K・マルクス『国際労働者協会創立宣言』『マルクス＝エンゲルス全集』第一六巻。

(18) K・マルクス『フランスにおける内乱』『マルクス＝エンゲルス全集』第一七巻。

(19) K・マルクス『ドイツ労働者党綱領評注』『マルクス＝エンゲルス全集』第一九巻。

(20) B・И・レーニン『国家と革命』『レーニン全集』第二五巻、大月書店。
B・И・レーニン『プロレタリア革命と背教者カウツキー』『レーニン全集』第二八巻。
(21) ロベスピエールが独裁を行使しながら私的所有には手をつけなかったのにたいし、ブオナロッティは、私的所有の廃止に民主主義をこえる革命の完結性をみた。ブオナロッティ『平等のための陰謀』(一八二八年)、M・べーア『社会主義通史』白揚社、一九二七年、柴田三千雄『バブーフの陰謀』岩波書店、一九六八年、参照。
なお、バブーフ派の独裁論とマルクスのそれとの間には重要な相違点がある。前者の場合、少数エリート集団による独裁であるのにたいし、マルクスにおいては、広汎なプロレタリアートの結集を背景とした、階級としての独裁が考えられている。
(22) ルソーにも、独裁に関する文章があり、その中でとくに独裁の長期化と危険性についての論述は注目される。「〔独裁は、〕重要な任務がいかなる仕方で与えられるにせよ、任期をきわめて短い期限にかぎり、決してそれを延長できないようにすることが大切である。…〔長期化する〕独裁は専制となるか空虚となるかである。」
J・J・ルソー『社会契約論』(一七六二年)、岩波書店、一九五四年。
(23) なお、マルクスにおける「生まれたばかりの共産主義社会」(『ゴータ綱領批判』)という語句を、権力掌握後のレーニンは、おくれたロシアの現実を前にして、「生まれはしたがまだまったく弱い共産主義」(一九一九年)といいかえていること。そこにマルクス=エンゲルスとはことなる後進的ロシアにおける特殊な「レーニン的過渡期」の不可避性と困難性をみる、斉藤の議論がある。斉藤稔『社会主義経済論序説』大月書店、一九七六年。
B・И・レーニン『プロレタリアートの独裁の時期における経済と政治』『レーニン全集』第三〇巻。
(24) 一八六四年創立の国際労働者協会(第一インターナショナル)には、さまざまの社会主義・共産主義諸派が参集し、その中ではマルクス派(ドイツ社会民主主義者)およびプルードン派、バクーニン派が比較的優勢であり、その他にもジャコバン主義者、ブランキスト、サン・シモニアン、ルイ・ブラン主義者およびイギリスの労働組合主義者等の諸潮流があった。「プロレタリアート独裁」論・協同組合論等の戦略・戦術上の理論的相違や対立もあり、とくにパリ・コンミューンの総括ともからみ、またマルクス派とアナーキストとの組織問題の対立を契機に七二年には事実上分裂し、一八七六年には解散にいたる。
(25) P・クロポトキン『近代科学とアナーキズム』(一九〇一年)、『世界の名著五三——プルードン・バクーニン・クロポトキン』中央公論社、一九八〇年。

アナーキストの場合、特有の非政治主義・個人主義のイデオロギー・非組織論とも結びつき多様な潮流があるが、主として次の三つに代表される。①共産主義的アナーキズム（バクーニン、クロポトキン等）、②個人主義的アナーキズム（プルードン等）、③純粋個人主義的アナーキズム（M・シュティルナー等）。なお、上述のこととも関連し、アナーキズムの場合その始祖がはっきりしないが、最初に「アナーキスト」と自己規定したのは、P・J・プルードン『所有とは何か』（一八四〇年）だといわれている。しかし、本論では、①の「共産主義アナーキズム」、バクーニン・クロポトキンを中心に考察をすすめる。

(26) M・バクーニン『国家制度とアナーキー』（一八七三年）白水社、一九九九年。

(27) P・クロポトキン、前掲(25)。

(28) アナーキズム理論のなかでは、バクーニンの破壊的・否定的側面にたいし、クロポトキンにおける未来社会の建設面の構想が対比される。したがって、革命後の将来社会の問題に関しては、主としてクロポトキンの言説に依拠して考察する。

(29) 前掲(25)。

アナーキストの構想する「コンミューン」あるいは「コンミューンの連合」と、マルクスのいう「自由人の結合体」および「自覚した人々の連合」「連合＝アソシアチオン」（マルクスも、フランス語の「コミューン」も使用している）とのあいだに、大きな差異はないと考えられる。しかし、アナーキストにとっては、本文中にもあるように、マルクス派の「権威主義的・中央集権的」志向に決定的違いを見いだしているようである。

(30) K・マルクス、前掲(19)。

(31) P・クロポトキン『麺麭の略取』（一八六〇年代）、『アナキズム叢書――クロポトキンⅡ』三一書房、一九七〇年。

(32) マルクスにおいても、革命による私的所有・搾取・階級の消滅の結果、生産力が上昇し勤労意欲も飛躍的に増大するとする、同趣旨の文章がある。社会主義・共産主義者に共通する空想性がある。両者ともユートピアンだといわねばならないが、アナーキストのオプティミストぶりは、超絶的だといえよう。

(33) クロポトキン（元々、地理学者）は、新しい経済学――社会生理学の確立を企図していたが、果たされなかったようである。

なお、バクーニンはマルクスの性格等について痛烈な悪罵を浴びせながら、それに続いて次のような評言を遺している。

「マルクス氏ほど該博で多読、しかも理知的に読んでいる人は、めったに見つかるものではない。彼がもっぱら研究の対象としたのは、すでにその頃経済学であった。…その認識の実証性においても、イギリスの経済事実によってつちかわれた知性の実践性においても、厳密な批判においても、その結論の良心的大胆さにおいても、諸他の経済学者にぬきんでていた。」M・バクーニン、前掲(26)。

(34)P・クロポトキン『田園・工場・仕事場』(一八九八年)、『アナキズム叢書――クロポトキンII』三一書房、一九七〇年。ここでのクロポトキンの、農工結合および「田園の農夫であるとともに工場労働者」という、分業の否認・止揚による未来社会のイメージは、すでにマルクス・エンゲルス『ドイツ・イデオロギー』(一八四五年)の中に、次の同様な章句があることが知られている。「共産主義社会にあっては、…私の気のおもむくままに、朝(あした)には狩りをし、昼には魚をとり、夕(ゆうべ)には家畜を飼い、夕餉の後には批判をする」。

なお、ここでの分業論はあまりに牧歌的であり、マルクス、エンゲルス両者のあいだに二つの融合しえない史観の違いがあった(因みに、ここはエンゲルスの執筆部分)という、望月、広松等による議論(いわゆる『ドイツ・イデオロギー』問題)がある。望月清司『マルクス歴史理論の研究』岩波書店、一九七三年、広松渉『マルクス主義の成立過程』至誠堂、一九六三年、参照。

(35)猪木正道・勝田吉太郎「アナーキズム思想とその現代的意義」『世界の名著五三――プルードン・バクーニン・クロポトキン』中央公論社、一九八〇年、参照。

(36)M・ウェーバー『経済と社会』(一九二一―二二年)。

『経済と社会』は、ウェーバー死後に出版された未完の膨大な著作であり、ここでは、主に、第一部第三章、第四章(世良晃志郎訳)『支配の諸類型』〔身分と階級〕創文社、一九七〇年、および第二部第九章(世良晃志郎訳)『支配の社会学』創文社、一九六二年、に依拠して議論をすすめ、適宜、ウェーバーのその他著作を参照する。

(37)戦後日本の社会科学界において、「マルクス―ウェーバー」問題なる論争があった。両者の対立関係を重視する「マルクスかウェーバーか」派と、相補関係に重きをおく「マルクスとウェーバー」派の両論があった。ここでは、その詳細にはたちいらない。

なお、初期(少なくとも一九〇六年まで)のウェーバーは、マルクス自身の原典を読んでいたようには思われず、当時の通俗的マルクス主義者の見解に依拠していたとする、後掲モムゼンの見方がある。W・J・モムゼン『官僚制の時代』未来社、一九八四年、および高島善哉『マルクスとウェーバー』紀伊国屋書店、一九七五年、カール・レヴィット『ウェーバーとマルクス』未来社、一九六六年、等参照。

(38)現存した国家社会主義国における知識人の体制にたいする批判活動は、苦渋にみちた重い経験を背景に、きわめて活発になっている。そこにはまた、スターリン主義官僚による「官僚主義の批判」という、まさにシニカルにしてグロテスクな状況がある。そうした体制のゆえに、マルクスの理論については慎重に留保され、必ずしも根底的検討にまでいたっていないようである。しかし、批判のいわば中核点をなす官僚制批判については、ウェーバー的社会学の概念を導入する研究が多くなっているようである。

なお、旧ソ連・東欧における官僚主義批判の問題に関連し、中国においては激しい反官僚主義闘争の歴史があるが、それにもかかわらず、「官僚ないし官僚主義」批判はあるが「官僚制」批判はないという。国家社会主義・中国における権力と支配の独特の構図が示される。

ヘゲデューシュ・アンドラーシュ『社会主義と官僚制』大月書店、一九八〇年、F・フェヘール＝A・ヘラー＝G・マールクシュ『欲求に対する独裁』岩波書店、一九八四年、等参照。および国分良成『現代中国の政治と官僚制』慶應義塾大学出版会、二〇〇四年。

(39) M・ウェーバー、前掲(36)『支配の社会学』。

(40) K・マルクス、前掲(6)。

(41) K・マルクス『ルイ・ボナパルトのブリュメール一八日』『マルクス＝エンゲルス全集』第八巻、および「マルクスからルートヴィヒ・クーゲルマンへ」(一八七一年四月一二日付書簡)、『マルクス＝エンゲルス全集』第三三巻。

パリ・コンミューン(一八七一年)の最中、マルクスはクーゲルマンに手紙を宛て、次のように書いている。「フランス革命の次の試みは、もはやこれまでのように官僚・軍事機構を一方の手から他方の手に移すことではなくて、これを打ち砕くこと…これが大陸におけるすべての真の人民革命の前提条件なのです。」

(42) マーティン・アルブロウ『官僚制』福村出版、一九七四年。

(43) レオ・コフラー『官僚主義』合同出版、一九七三年。

(44) M・ウェーバー『社会主義』(一九一八年)講談社、一九八〇年。

(45) 濱島朗「社会主義をめぐるウェーバーの思想と行動」、同上(44)、参照。

(46) レーニンはウェーバーとまったく同時代、社会主義創建の実践のなかで、方向性こそ違えまさに同一の問題に直面していた。次のようにいう。「官吏を、一挙に、いたるところで、徹底的になくすことは、問題になりえない。それはユートピアである。しかし、旧官吏機関を一挙に粉砕すること、…〔それを〕可能にする新しい官吏機関をただちに建設しはじめることは…それは革命的プロレタリアートの、直接当面の任務である。」「われわれは空想家ではない、われわれは、一挙に、あらゆる行政府、あらゆる服従なしにやっていけるなどと『夢想』しなかった。これは、プロレタリアートの独裁の任務の無理解にもとづく無政府主義者の夢想〔である。…われわれは、〕抑圧なしには、統制なしには、『監督と簿記係』なしにはやってゆけない人間によって、社会主義革命を遂行」しようとしている、と。前掲（20）B・И・レーニン『国家と革命』。

（47）M・ウェーバー、前掲（44）。

（48）M・ウェーバー、前掲（36）『支配の諸類型』。

（49）同上、『支配の社会学』。

（50）前掲（37）W・J・モムゼン。

（51）同上、高島善哉。

（52）前掲（36）『支配の社会学』。

（53）本章での考察のように、ウェーバーは、近代官僚制の分析を通して、革命後の権力と支配の問題にたいし、マルクスよりもリアルに官僚制社会の問題性をとらえ、すでに国家社会主義の今日を予見していたといえる。しかし、ウェーバーの官僚制分析における没価値的・技術的・機能論的性格、およびそれに関連する形式的合理性と「官僚制のジレンマ」の問題等の、無視しえないウェーバーの歴史的論理的制約があると考えられる。本稿の主題は、あくまでマルクスの将来社会理論の再検討ということにあり、上記ウェーバーに関するより包括的な理解は重要であるが、別の機会の課題とせざるをえない。

（54）前掲（36）『支配の社会学』。

（55）K・マルクス『資本論』（一八六七－一八九四年）、『マルクス＝エンゲルス全集』第二三－二五巻。

『資本論』第Ⅰ部（一八六七年）はマルクス自身の手で編集・出版されたが、第Ⅱ部・第Ⅲ部は、マルクス死後エンゲルスによって編集されたものである。

『資本論』は書名も示すように、「資本」について論ず、すなわち「資本」を主体とする近代社会の経済学的解明が遂行されたものであり、研究の主たる目的は共産主義社会の分析にはなかったこと、周知であろう。

なお、『経済学・哲学草稿』段階において頻繁に使われていた「疎外」という概念は、後期『資本論』のマルクスにおいては、皆無にちかい。その理由は、マルクスの経済学研究の深化とともに、「疎外」の内実、すなわち剰余価値生産＝搾取のメカニズムを明らかにすることにより、もはやヘーゲル・フォイエルバッハゆずりの抽象的哲学的な「疎外」概念を使う必要がなくなったことにある、と考えられている。したがって、ここ『資本論』第Ⅰ部第四篇「相対的剰余価値の生産」においても、「疎外」という言葉がでてくるわけではない。

(56) 同上(55)、K・マルクスおよび三戸公『官僚制』未来社、一九七三年、参照。
(57) K・マルクス、同上(55)。
なお、ロシア革命初期、指揮者のいないオーケストラからなるいわば前衛的実験がおこなわれたという。Th・W・アドルノ『音楽社会学序説』平凡社、一九九九年。
(58) 同上(55)。
(59) 同上(55)、および前掲(36)ウェーバー。
(60) K・マルクス、前掲(12)および前掲(19)。
マルクスの「分業」概念は、アダム・スミス分業論を批判的に継承したものであり、社会的分業と工場内分業の二つの概念がある。すでにIでもふれたように、『ドイツ・イデオロギー』における、唯物史観の形成とのかかわりにおいて論及された分業は、前者の社会的分業である。本章においては、資本制社会・官僚制分析とのかかわりにおいて、主として、後者の工場内分業が考察される。

なお、デュルケムの分業論においては、上記の二概念のうち基本的に社会的分業がとりあげられている。そこでは、国民経済学派A・スミスと同じように、分業は「進歩と幸福の増加」の要因ととらえられ、むしろ「専門化」の必要性・推奨がおこなわれている。E・デュルケム『社会分業論』(一八九三年)講談社、一九八九年。
(61) 前掲(55)『資本論』。
(62) F・エンゲルス「権威について」『マルクス=エンゲルス全集』第一八巻。
(63) 前掲(38)ヘゲデューシュ。
(64) ミロバン・ジラス『新しい階級』(一九五六年)時事通信社、一九五七年。
(65) 前掲(38)ヘゲデューシュ。
(66) 前掲(14)ギデンスおよび前掲(38)ヘゲデューシュ、参照。
A・ギデンスによれば、国家社会主義の権力構造が、通常イメージの「一枚岩」の構造と違い、本文①の階層と③の階層との党エリート間の分裂があり、「必然的に既存の制度に変化がもたらされるであろう」という。同じイギリスのデービッド・レーンも、国家社会主義の下における、一定の経済発展と教育・医療・福祉関係の充実を評価しつつ、上述①と③の対立、③に代表されるインテリゲンチャ・社会的中間層の成長が、旧ソ連・東欧諸国の崩壊と体制移行を準備したとする。デービッド・レーン『国家社会主義の興亡』明石書店、二〇〇七年。

(67)「自主管理」に関する内外の文献は枚挙にいとまがないが、わが国では早くからユーゴの「自主管理」を対象とした岩田の一連の論稿がある。岩田昌征『現代社会主義の新地平』日本評論社、一九八三年等。

(68) A・メイステル『自主管理の理念と現実』新曜社、一九七九年、およびヴェリコ・ルス『産業民主主義と自主管理』合同出版、一九八〇年、カルデリ『自主管理と民主主義』大月書店、一九八一年、等参照。

(69) 前掲(55)『資本論』。

(70) 山本広太郎「マルクスの資本主義批判と共産主義」『経済学論集』(大阪経済法科大学)第二七巻第一号、二〇〇三年七月、および「資本主義批判の射程」『経済学論集』第三〇巻第二・三号、二〇〇七年三月。とくに後者において山本は、論理学的視点からマルクスの「社会主義」論を考察し、「弁証法の罠」に陥ったユートピア「社会主義」だとする、本稿と同様の結論にいたっている。

(71) K・マルクス、前掲(15)。

(72) トマス・モア『ユートピア』(一五一六年)、岩波書店、一九五七年。

(73) 五島茂・坂本慶一「ユートピア社会主義の思想家たち」、『世界の名著四二——オウエン、サン・シモン、フーリエ』中央公論社、一九八〇年、参照。

マルクス=エンゲルスが、「三大ユートピアン」の社会主義を「ユートピア社会主義」と規定するのは、変革の担い手としてのプロレタリアートの発見に成功していないことにある。他方、彼らの未来社会を構想する理論と実践においては、きわめて詳細でユニークなアイディアや見取り図があり、それがまた、詳細であるがゆえにユートピアンだとされる奇妙な論理がある。しかし、それにもかかわらず、彼らの構想したもののいくつかが、現代の社会運動のなかに確実に根づいていることは、銘記されてよいであろう。

(74) フリードリッヒ・ポロック『ソヴィエト聯邦計劃経済史論』(一九二九)、同人社、一九三二年、上島武『ソ連史概説』窓社、一九九九年、溝端佐登史『ロシア経済・経営システム研究』法律文化社、一九九六年、参照。

(75) F・エンゲルス『反デューリング論』『マルクス=エンゲルス全集』第二〇巻。

「科学的社会主義」という語は、サン・シモン、フーリエの後継者ともいうべきプルードンが、すでに『所有とは何か』(一八四〇年)において使っていた。マルクス=エンゲルスは、『哲学の貧困』におけるプルードン批判等を意識しつつ「科学的社会主義」の名称を使ったことと思われる。

(76) F・エンゲルス『空想から科学への社会主義の発展』、『マルクス=エンゲルス全集』第一九巻。

(77) K・マルクス『経済学批判要綱』(一八五七―五八) 大月書店、一九六五年。
(78) 近年、英語圏におけるG・コーエンやJ・ローマーなど、数理的方法によりマルクス経済学を再構成しようとする「アナリティカル・マルキシズム」の潮流があり、そこでは労働価値説や搾取の理論等も検討の素材となっている。ジョン・E・ローマー『これからの社会主義』青木書店、一九九七年、高増明・松井暁編『アナリティカル・マルキシズム』ナカニシヤ出版、一九九九年、等参照。また、自由と共同性をめぐる論争のなかで、リバタリアニズムの旗手R・ノージックもマルクス主義的搾取に疑義を唱えている。ロバート・ノージック『アナーキー・国家・ユートピア』木鐸社、一九九二年。
　しかしまた、すでに、搾取の経済理論的証明はマルクスによって解決されているとする、置塩、森嶋等の数理経済学に依拠した有力な見解がある。置塩信雄『マルクス経済学』筑摩書房、一九七七年、森嶋通夫・カタフォレス『価値・搾取・成長』創文社、一九八〇年、等。

　いずれにせよ、当該専門分野での検討は科学としてのパラダイム転換を含め、今後ともひき続きおこなわれていかなければならないであろう。

第三章　アソシエイションとマルクス

第一節　アソシエイションとは

近年、マルクスの「アソシエイション」論なるものが多大な注目をあびている。[1]「アソシエイション」論とは、一九六〇年代後半以降の「現存社会主義国」における問題性の頻出と二〇世紀末その全面的崩壊に直面するなかで、旧「国家社会主義」諸国の問題点の析出・総括から、社会主義の理念・思想の再建・復興をはかるべく、その祖型をなすマルクスの思想・理論に立ち返ろうとする議論をいう。そしてそこから、マルクスの未来社会論にみられる自由で自覚的な共同体構想、すなわち「アソシエイション」に社会主義の「再生」の手がかりを見つけようとするものである。したがって、かかる議論にあっては、「アソシエイション」設立の構想こそマルクス・未来社会論の原点であり核心であるとされる。

たしかに、マルクスが『共産党宣言』や『資本論』等の重要著作において、「各人の自由な発展が万人の自由な発展の条件であるような一つの結合社会[2]」等の文言をもって、来るべき将来社会の在り方について語るとき、未来の「結合社会」「協同性組織」、すなわち「アソシエイション」に再三言及していることは周知の事実である。本論においても、必ずしも、マルクスにおける「アソシエイション」概念の重要性を否定するものではない。しかし、「アソシエイション」なる言葉を以て問題が解決するわけではない。そもそも「アソシエイション」なる言葉は、マルクス出自の彼独自のオリジナルな用語であるというわけではなく、また、前稿[3]でも論じたように、その外のマルクスの未来社会論と同様、将来社会についての積極的で具体的な意味内容がともなっているとは言い難い。したがって、アソシエイション概念について、その現実性・実現可能性等の具体的存在様式に関して、なお批判的に検討されなければならないだろう。

一般に、アソシエイションに関する議論においては、理念的にユートピア的理想主義が濃厚になる傾向がある。そこでは、しばしば近代社会における競争の組織や官僚制が「アソシエイション」（＝協同性組織）と対比され、暗黙のうちに前者を全きマイナスイメージ後者をプラスイメージとして、正負への二極化した価値的判断がおこなわれる。しかし、両者のこのような図式的理解は是正される必要がある。それら社会組織諸形態とその役割・機能は、具体的な歴史的社会的文脈のなかでとらえられねばならず、同一の歴史社会のなかでも複雑な相互浸透がみられるものである。アソシエイションの中にも官僚制化の問題次元があり、逆に官僚制的組織をいかにアソシエイション化するかという問題もある。また競争にも個人の自主性・独立性と関連する正負の両面があり、官僚制についても、伝習的な旧態依然とした社会組織に対し、近代社会における合理化・専門化・規則化の要請から生みだされた局面があり、両者は絶対的対立関係にあるものとは限らない。単純な二項対立においてとらえる見解は、アソシエイションそのもののうちに、競争の契機や技術・分業・組織の連関より生ずる負の諸問題が生起しうることを看過し、さらに、それらがアソシエイションや民主的合議制によって全面的に代位されうるとする、無知・無思想か安易な楽天的自己欺瞞に陥る可能性がある(4)。

本稿では、前稿でのマルクス未来社会論の批判的検討を継承する視角から、アソシエイションとはいかなるものか、アソシエイションなる言葉の歴史的背景とその思想・理論史的系譜、およびマルクスにおけるアソシエイション概念の意義、なぜ従来の「社会主義」「共産主義」の概念では不十分なのか等、についての考察を課題とする。また上記考察を通じて、マルクスの歴史的意義と限界を究明し、マルクスに附着する固有の時代性と、かかる歴史性を超えた今日的な理論的台座を構築することを目的とする。

元来、マルクス・エンゲルスが自己の目標として託す、「社会主義」「共産主義」という語句とそれがイメージする共同体社会あるいは財産共同所有思想は、文明そのものの起源にまで遡る。しかしながら今日使われるような、資本主義批判・その対案（＝オールタナティブ）としての「社会主義」という近代的概念は、一八世紀啓蒙思想の産物であり、「社会主義」という用語そのものは、フランス革命を経過して一九世紀前半期に急速に広まっていったものである。一九世紀二〇年代以前においては、同時期に現れる「個人主義」という語句とともに、当時においては互いにその反意語として、まだ一般に認められる言説ではなかったという。近代社会の勃興とともに諸個人の自立化・アトム化が進行するなかで、「個人主義」という語句は競争的で引き裂かれた社会と人々を表現する語義として用いられ、それに対置される平等と調和のとれた体制を特徴づける名辞として「社会主義」という言葉が使われた(5)。

一八二〇年代以降、フランスではサン・シモンおよびサン・シモン主義者によって、また同年代後半のイギリスではロバート・オウエンとオウエン主義者によって、社会主義の思想は「私的所有の廃止」の命題と結びつけられ、普及していくことになった。オウエンを共産主義コロニーの建設に導く着想は、なによりも競争・市場・私的所有に反対する思想にあったが、当代の社会主義者の中でも、サン・シモンの後継的分流と目されるフィリップ・ビュシュやアナーキズムを標榜したピエール・プルードンらは、契約と分業・競争を前提としそこに結合される労働者協同組合ないし相互扶助組織の連合を構想した。マルクスとエンゲルスは、E・カベやA・ブランキらフランスにおける急進的思想家とともに、競争と市場がプロレタリア革命後も存続するという考えを明確に拒否し、四〇年代半ば以降は当時の社会主義運動の諸潮流に対し自らの立場を鮮明にすべく、もっともラジカルな「共産主義」という言葉をもって対置していく(6)。

連続か断絶か等革命後の社会の相対的イメージの差異はあれ、いずれにせよ、社会主義あるいは共産主義という言葉が、目標とすべき理想社会の総体概念であるとすれば、「アソシエイション」とは、その新しい社会組織、その基礎単位を構成する概念であるといえる。いうまでもなく、実在的なアソシエイションは実際的な歴史的運動の中から生起したものであり、それゆえ多種多様の現実的偏奇を生みだし、時期によりまた社会主義各派によりそのとらえ方は様々であった。しかし、アソシエイションの意味内容としては、さしあたり概括的に三つの用法に要約される。

〈1〉一般的に、国家と個人の中間に位置する「自発的」な中間的組織・団体（旧体制＝アンシャン・レジーム期の組織をふくむ）。旧来の伝統的・共同体の諸組織とは異なり、「任意的」（ヴォランタリー）な集合であることを特徴とする。

〈2〉近代社会に特有の両極分解とそれにともなう労働者階級の貧窮化に対する相互扶助・友愛連帯の組織、自然発生的で防衛的な労働者協同組合などをさす。当代の実態的運動形態と人々のイメージは、主としてここに依拠する。

〈3〉上記と重複するが、たんなる競争・市場・資本に対する抵抗の組織態を超え、さらに理想的な来るべき将来の社会主義的組織の萌芽形態を展望するもの。これが本論での主要な考察対象となる。

上記の概括的要約は、後続の論理とのかかわりから整理したものでもあり、実際の歴史的局面においては錯綜して現れることはいうまでもない。

一八三〇年代のフランス、七月王政期から四八年二月革命期にかけて多彩なアソシエイションの群生がみられるが、労働者組織としてのアソシアシオン（仏語）について、最急進派オーギュスト・ブランキをして、「社会主義の竈」「共産主義的未来の母体」(7)と呼ばしめているように、当時の革命派の主張においては、いわば社会主義とアソシエイションは一体のもの（上述〈3〉）と理解されていた。その内容についても、新たに目指される政権との関連のなかで生産手段の共有がとらえられていることなど、当時のマルクスのアソシエイション構想、四八年『共産党宣言』のアソシエイション論は、なお不確定な面を残しながら、その基本線で同一の地平にたつものだといってよい[8]。それは、上述のアソシエイション概念の歴史的経緯をふまえていえば、その多義性にもかかわらず、すでにマルクスに先立つ、未来社会・共産主義的共同体としての理念とその概念内容を意味するものにほかならない。それが昨今、社会主義の再生、マルクスの思想・理論の核心として議論されているのである。

本稿での分析の対象は、英語の「アソシエイション（association）」という語句によって基本的に表象されるが、元はフランス語の「アソシアシオン（association）」に由来し、フランスにおける初期社会主義とくにサン・シモン主義者を介して海峡を渡り、イギリスのオウエン主義者やチャーティズム運動に影響をあたえ普及していったものである。ドイツにおいても一八四八年以前いわゆる「三月前期」にその語の伝播がみられたが、ドイツ語にはこの語に相当する言葉がなく、外来語をドイツ語化した「アソシアチオン（Assoziation）」が用いられた。マルクスにおいては、「Assoziation」とともに同様の語義内容をもつドイツ語の「フェライン（Verein）」が使われている[9]。なお、「アソシエイション」の日本語訳については、「結社」「協会」「共同体」「協同組織」あるいは「会社」「組合」など、訳語が定着していない現状に鑑み[10]、以下、「アソシエイション」（＝「協同組織」あるいは「結社」）という表記をもって論述をすすめる。

第二節　前社会主義的アソシエイションおよびトクヴィルとルソー

一　近代市民社会の形成と前社会主義的アソシエイション

近代社会の勃興とともに登場する近代のアソシエイション（さしあたり上述〈1〉）は、新たな社会編成と組織の一大変革を意味した。封建制の衰退から近代市民社会の台頭とともに、一方では、社会的分業と商品交換・市場関係の発達は社会の多元的分岐と自律性をうながし、他方では、自由・平等・友愛の精神と表現の自由・参加の権利をおし拡げ、旧来の中世的秩序を維持してきた諸組織・団体は衰退ないし解体されていく。

旧体制＝アンシャン・レジーム下においては、社会の基礎組織として伝統的な中間集団＝コルポラシオンまたはゲマインシャフト――拡大家族、村落共同体、地区教会や自治都市、ギルド等――さらにそれに付随するサブ・カルチャー的諸団体があり、政治・経済・宗教・教育などの主要な社会的機能は、これら小規模な地域的な共同社会の枠内で営まれ執りおこなわれてきた。成員（農民とともに貴族・聖職者をふくむ）は集団の共通利益の保護と所属的一体感によって、また集団内部での地位に応じた各個の役割と伝統的規範や習俗によって、いわば自然の営みに融けこんだ周期的循環がくりかえされていた。これら中世的空間に住む諸個人は、家族や村落を越えて遠く広がる外なる全体社会を観望することはほとんどなく、A・トクヴィルの考察にもあるように、「われわれの祖先たちは、われわれが造った『個人主義』という言葉をもっていなかった。……当時は集団に所属しないような、また自分を絶対独りであるとみなすような個人は、実際存在しなかった(11)」といえる。

いかなる変革の時期においても、地域的な生活と社会が存立するための相互扶助や一定の連帯性、統合機能等が、必ずしも断絶せずに継承されていくのはいうまでもない。しかしながら、一八世紀から一九世紀のフランス地方・農村をみると、次第に、伝統的な中間組織を媒介とした地域の在りようと中間団体そのものの形相が変わっていき、新たな過渡的アソシエイションの広がりが観察される。領主や名望家層あるいは教区教会を中心とした旧来の中間諸団体から、民衆の共同体に対する自立性と影響の拡大傾向がみられ、アンシャン・レジーム期とは異なる様相を見せていく。たとえば、旧来の村落共同体においては、それぞれ独特の特色をもちつつ信心会・贖罪会・祝祭団体・若者組などが、各地域の祭礼・饗宴や相互扶助等において重要な役割を担っていた。それが時とともに、脱宗教化・世俗化するとともに民衆化がすすみ、共同体成員の間に初期的な階級分化がみられるようになる。

集合的結合組織の形態としても、それまでは領主・聖職者・商工業者・民衆等により一体化されていた団体や集会が、貴族のサロン、ブルジョアのセクレル・クラブ、一般民衆のカフェ・キャバレ、農村におけるシャンブレ等に分離していき、住民一般の市民化とともに、その末端部分は名望家層のリーダーシップに包摂されえない独自の集合的存在として、社会的緊張を醸成していく。これら諸団体は常設的なものではないが、余暇・社交の場から次第に政治結社化していき、民衆叛乱・農民一揆等の際にはその組織的基盤になっていったという。さらには後年の団体結社禁止法（一七九一年のル・シャプリエ法等）とも関連し、贖罪会や職工ギルドの秘儀の伝統を受け継ぎ、フリーメイソン等の秘密結社が生まれ当局の規制の対象となっていく。[12] かかる移行期のアソシエイションを経過し、旧い共同社会の解体といまや共同体に制約されない新たな心性と習俗、独立した個人の自発的契約にもとづき成員相互の平等的関係を基礎とする、近代のアソシエイションが成立していく。

アソシエイションの組織化は、一九世紀にはいり都市の民衆階層とりわけ職人層において急激にすすむ。多くの禁令にもかかわらず一八三〇年代には数多くのアソシエイションが蘇生したという。フランスにおける産業革命は、一八三〇年代ルイ・フリップの七月王政下で急速にすすむが、この過程は商工業親方の没落と手工業職人および生まれたばかりの労働者層の零落と貧窮をつよめ、かつての手工業親方層を中心とする同業組合（中世都市ギルドの系譜をひく）＝コルポラシオンとは区別される、自発性＝意識性を基礎とした職人組合の協同組織＝アソシアシオン化をうながす。[13] フランスの職人組合は、中世後期、手工業親方や徒弟制的な身分位階秩序への対抗上生まれたものであり、もともとは閉鎖的な秘密結社的な宗教的兄弟団としての面影をもつものであった。それが次第に現世的な相互扶助組織の性格をつよめ、近代的な意味での労働組合が未形成の段階において、その先駆的・初期的機能を果たしていく。[14]

フランスの一八世紀は「職人蜂起の世紀」といわれるように、すでにアンシャン・レジームの下において、王政当局や教会権力の規制と圧迫にもかかわらず職人組合はその雄姿をみせていたが、一七八九年の大革命をはさんで一九世紀に入るとその動きは拡大し、都市における不穏と矛盾の発火点となっていく。七月王政期（一八三〇－一八四八年）は、産業革命の開始期にあたると同時にフランス労働運動の黎明期でもあった。フランス社会主義は、時間的には「資本主義の母国」「労働者階級の長子」であるイギリスにおくれるが、まさに正真正銘の二つの革命（市民革命と産業革命）の落とし子であるといえ、それはいまやアソシアシオンの創設と結びつき、フランス革命以来のブルジョア的社会変革の不徹底性を精算すべく、体制変革の色彩を濃厚におびたより先鋭な運動となり、一八四八年二月革命に合流していくのである。

二　トクヴィルとルソーにおけるアソシエイション——個人と国家の媒介項

一般に、近代化の過程とは、個人と国家の両者が中世的な中間集団の足枷から解放をかちとる過程であるといえるが、近代国家はいまや自由で平等な諸個人を、政治的・形式的に、旧来の中間集団＝部分的・地域的社会から解放していくという使命をもち、しばしば誤解されがちであるが、むしろ国家もその使命と権能において中間組織を抑制・排除することになる。このような歴史的事態と問題意識を背景として、もっともはやい時期にアソシエイションについて多面的考察をおこなったのは、先にも引用したアレクシス・トクヴィルである。

A・トクヴィルは、出身は階級としては貴族であったがその独自の慧眼から、アリストクラシー（＝貴族制）から近代社会におけるデモクラシーへの移行の不可逆性を看取する。共通の限定された目的設定および諸個人の同意と自発性にもとづく結社（前述〈1〉）こそ、かつての包括的な共同体にかわる近代市民社会のメルクマールであり、身分制的団体（＝コルポラシオン）からアソシエイションへの転回こそ近代固有の歴史的過程であると見なされる。かくて、フランス革命後のフランスと目覚ましい発展を遂げつつあるアメリカの比較から、アメリカにおけるデモクラシーの開花とアソシエイションの生成に注目し、「民主的国家においては、アソシエイションにかんする学は、基本的な科学である。他のすべての諸科学の進歩は、この科学に依存している」[15]と述べるのである。

トクヴィルのデモクラシー論においては、アリストクラシーとの比較対照の見地から、デモクラシーに付随する特有の衆愚政治や不安定性等も指摘されている。それにもかかわらず、近代市民社会の成立とデモクラシーのもとですすむ、原子化・孤立化した諸個人と国家の肥大化・中央集権化を目のあたりに、両者を仲介し結びつける中間集団の役割に着目するのである。トクヴィルにおけるアソシエイションの構想においては、一方では近代市民的諸個人を念頭におき、無制約で恣意的な個人主義を抑制するものとして、他方では国家の集権化に対し、互いに無関心で無力化した諸個人の自由を担保するものとして、その両面からのアンビヴァレントな機能がとらえられている。当時のフランスの社会思潮および社会主義思想との関連でいえば、前者の観点がむしろ時代の主要な関心事であったが、トクヴィル自身は、社会主義を嫌悪しつつも、いまや巨大化した国家に対抗すべく、自覚した諸個人の社会的紐帯の弱化と無規制状態に抗し、社会的結合を復活させるという課題をアソシエイションに託したといえよう(16)。その点では明らかに、彼のアソシエイション論は近代民主主義論の系譜に属する。

上述のトクヴィルの政治思想は、C・モンテスキューおよびJ・J・ルソーに来歴するとされるが(17)、ルソーは「社会契約論」において、社会契約とアソシアシオンを関連させて下記のように論じている。自然状態から放りだされた人間は、すでにある力を結びつけ集合することによって抵抗する力をつくりだす。「この力の総和は多人数の協力によってしか生まれえない。……『各構成員の身体と財産を、共同の力のすべてをあげて守り保護するような、アソシアシオンの一形式を見出すこと。それによって各人が、すべての人々と結びつきながら、しかも自分自身にしか服従せず、以前と同じように自由であること』これこそ根本的な問題であり、社会契約がそれに解決をあたえる(18)」と。ルソーにあっては、国民国家の生成期において、自由な契約によるアソシアシオンを理念的理想の政治体＝近代国家として、諸個人の全体的で一体的な結合の形相において構想されている。ここに、ルソーの人民主権と究極的理念である「一般意志」が表明される。

しかしながら、ルソーの「一般意志」は、「国家をつくった目的、つまり公共の幸福にしたがって、国家の諸々の力を指導できるのは、一般意志だけ」であるとされる。つまり、「一般意志」とはいわゆる「人民」の意志なのかまたはそれを代位する国家の意志なのか不分明なまま、一度それを承認するならばいわば全能の権限を委ねざるをえない可能性をふくんでいる。さらに、社会契約を空虚なものとしないためには「何人にせよ一般意志への服従を拒むものは、団体全体によってそれに服従するように強制するという約束を、暗黙のうちに内蔵している」「完全な立法にあっては、個別的または個人的意志は皆無でなければならない。……一般意志または主権者の意志は、つねに優越的であり、またすべての他の意志を規律する唯一のものでなければならない」「このことは、自由であるように強制される、ということ以外のいかなることをも意味しない[19]」という。ここには「自然的自由」を語るルソーの論理と矛盾するというだけでなく、「自由」のおしつけ、むしろ国家主義的・全体主義的思考への逆転さえ感じられるのである。

このような視点からみるとき、ルソーにおける理想国家およびその表出である一般意志は理念的なものでしかなく、その限り観念的構築物といわざるをえない。実在の歴史における人間は生きた具体的で多様な欲望をもった諸個人であり、それゆえ、理念的・究極的に一般意志に一体化されうるとするルソーのアソシアシオン契約は、非現実的であるというほかない。フランスの啓蒙思想家の表象する自由・平等な個人にあっては、国家との間に中間的集合体すなわちアソシアチオンを配置することは不必要であり、それ自体疎外態にほかならないと考えられたのである。しかし、この点に関連してはG・ヘーゲルも批判[20]するように、ルソーの一般意志の観念は普遍と個別を無媒介に連結させた一つの抽象であり、現実態としては、逆に無政府状態かもしくは独裁政治に帰結するだけということになりかねないのである。

ルソーの「社会契約論」はフランス革命を直接準備したといわれるように、一般意志の理論は絶大な影響力をもった。ロベスピエール自身もルソーの熱烈な心酔者であり、ジャコバン独裁とその恐怖政治に影を落としていったといえる。アソシエイション論に関連していえば、一般意志は、国家と個人の直接的合一を構想するものであり、その間にあって両者を媒介し結びつける部分社会＝中間団体の必要性を認めず、それゆえむしろそれは排斥・禁止された。先にも述べたように、フランス革命初期の政府による一七九一年のアラルド法（＝営業の自由・職能特権の廃止）やル・シャプリエ法（＝職能団体・労働者の団結禁止）によって、アソシエイションの設立は禁止・非合法化され、以降も一連の抑圧・規制政策がとられていく。その結果、四八年二月革命の挫折以後一八六〇年代まで、労働者協同組合は沈黙を余儀なくされたという[21]。かくて、皮肉にもフランスにおいては、革命とその反動の度ごとに国家の強大化と中央集権化はすすんでいったのである。

A・トクヴィルにおけるデモクラシーとアソシエイションの考察は、このような歴史的背景のもとでおこなわれたものである。先述のように、トクヴィルのアソシエイション論の淵源にはルソーがあった。しかしルソーにとっては、一般意志としての全体社会＝国家の問題が焦点であり、特殊意志としての部分社会＝アソシエイションについては、必ずしも大きな関心がもたれていたわけではなかった。アソシエイションの原理は、その後のフランスにおいては、A・トクヴィル、P・プルードン、E・デュルケーム等によって発展させられたとみるべきである[22]。この点ではマルクスもルソーの系列に属し、むしろ社会総体の構造分析とその変革に関心を集中し、その構成単位である部分社会＝アソシエイションの基礎的諸問題は、マルクスの労働者協同組合に対する消極的かかわりが示唆するように、前者の分析に必要である限りにおいて関心が払われたにすぎないとおもわれる。この問題は本論の立論そのものにかかわる今後の重要なテーマであろう。

第三節　初期社会主義者のアソシエイション論

前節でも述べたル・シャプリエ法等による禁圧があったとはいえ、パリの職人・労働者たちは、ある場合は相互扶助組織の名称をかり、また時には政府当局の目をくぐり非合法の秘密結社のかたちでアソシエイションを創設していった。旧来の伝統・慣習を継続しまた革新しつつ（前述、第一節・アソシエイションの要約〈1〉）、それはなによりもまず、自分たち自身の生活を護る防衛の闘い（同上要約の〈2〉）として、そして次第に、社会主義的な現状打破・革命的変革の運動（同上要約の〈3〉）とむすびついていく。

一　サン・シモン主義と「普遍的アソシアシオン」

後にエンゲルスもいうように、一八世紀末フランスの大革命は過去の伝統・封建制との完全な絶縁を成しとげたが、いざそれが実現してみると、啓蒙的理想主義の勝利による「理性の王国」はブルジョアジーの王国にほかならず、ブルジョア的所有権に基礎をおく法的・形式的な自由・平等・友愛にほかならなかった。いまや、搾取者と被搾取者、金持ちの怠け者と労働する貧乏人との全般的対立が存在した。[23] かくて、フランスの社会主義は、フランス大革命が立ちどまったところから出発し、法の前での形式的平等を実質的な財産の平等へ高めることを課題として、立ち現れたのである。

一九世紀フランスにおける政治的激動、七月革命（一八三〇年）やとりわけ二月革命（一八四八年）の前後には、まさに「社会主義」「共産主義」は、かつてのジャコバン派の社会共和主義とともにC・サン・シモン、F・フーリエ、E・カベ、P・ビュシェ、A・ブランキ、P・プルードン、J・ルイ・ブラン等々、百花繚乱のごとく社会変革の諸思想が立ちあらわれ、しかもそれぞれの「改革プラン」をもって、「実践的」な将来構想を争っていく。なかでも、一九世紀二〇年代に「社会主義」の言葉が現れたとき、それはなによりもサン・シモン主義者の運動をさしていたが、少なくともサン・シモンと彼の後継者の頭のなかでは、社会主義は遠い未来の目標ではなく近未来において実現可能な、現実的なオールタナティブを意味していた。それは、たんなる「文明批判」・未来社会の「空想」に終わるものではなく、切実な「実験」をともなうものであった。

先にも述べたように、フランスの産業革命はイギリスより約半世紀近くおくれて始まる。サン・シモンは、イギリス産業革命下の急激な経済発展を間近でみながら、その変貌と脅威を意識しつつ、フランスにおける国民経済の発展・産業化の促進、したがってまた、産業の組織化・社会全体の合理的編成こそ国民的な急務であると認識する。「産業主義」の概念は、[24] サン・シモンにとって鍵となる理論的概念であり、生産力および分業の科学的配置による「人間の支配から物の管理へ」という未来構想が描かれている。それら諸環節の結節点として、「産業的アソシアシオン」の創設が必要不可欠とされるのである。しかも、サン・シモンにとっては、かかる課題的要請はたんなる一時しのぎのものではありえなく、利己心の否定・全人類の幸福の追求とむすびついた、将来社会における産業組織の編成と重なりあうものとして提起されている。「フランス産業革命の思想家[25]」といわれるゆえんである。

エンゲルスの『空想から科学への社会主義の発展』以来、サン・シモンは、「偉大な三人の空想的社会主義者」の一人として理解されているが、サン・シモン自身は、必ずしも社会主義者とはいえず、また「アソシアシオン」という言葉も実は彼のキイ・ワードには属していないという。[26] むしろ正確には、彼の主たる関心は「産業の組織化」＝「オルガニザシオン」あるいは「社会の産業的再組織化」にあった。彼の死（一八二五年）後、彼の弟子たるB・アンファンタンやS・バザール、B・ロドリーグ等のサン・シモン主義者による精力的な宣伝と運動によって、師の言説のなかに萌芽として含まれていたものが、社会主義の言説（『サン・シモン学説解義[27]』）として整理・拡張され、サン・シモン学派の中心的教説として、「普遍的アソシアシオン」の体系ができあがっていったのである。とはいえ、サン・シモンのなかには、初期の社会主義思想にみられる人間の復権・再生＝社会の総合化への認識と志向をふくめ、一九世紀に生みだされたすべての知的息吹と萌芽、社会主義的イデオロギーの含蓄が胚胎されている。

サン・シモン主義者における社会問題の把握とその変革の方向としては、①社会の再組織化、②所有者と生産者の階級対立、③労働者階級の貧窮、④所有制の変革、⑤国家死滅への言及等の、後の社会主義的諸流派が採りあげていく諸問題が、いわば先駆的にとらえられている。しかしながら、上記②の問題理解における所有には、階級対立の認識はみられるものの、「所有＝非生産者」のなかに企業者＝資本家はふくまれず、そこから所有制改廃の問題は地代と利子の問題に帰着するだけとなる。また、③の問題については、「労働」の決定的意義についての理解がみられ、労働者階級の境遇改善の問題意識は強固に存在するものの、その解決の主体は、労働の担い手たる労働者階級自身の問題としてとらえられていない。さらに④の問題についても、問題②とも関連し、現存の所有制度を事実として容認したうえで、その枠内での改革にとどまるものである。全体としての①社会の再組織化の展望としては、産業・科学・芸術の結合による、「一般貸借銀行制度」および「普遍的アソシアシオン」の形成が未来社会における統治の中枢として語られる。[28]

「普遍的アソシアシオン」においては、諸個人は共同の事業目的にむかって分業＝能力による階層的編成がとられる。各人はアソシアシオンの一員と位置づけられ、そこにおける指揮・監督機能はもっとも有能な人びとがおこなうとされる。共同の利益と特殊利益は直接的に一致するものととらえられ、それゆえ、社会有機体としての社会への全面的包摂、部分に対する全体の優越の下で、個々の生産者・経済単位の自立性は否定されるか極めて限定されたものとなる。たとえば、彼らのアソシエイションにおいては自由はポジティブな価値をもたないという。なぜなら、社会の形態と人民の必要が調和しているところでは、抑圧や障害は存在しないゆえに自由の観念は存在しえない、と。同様に、指揮や監督機能は「共同の目的」にそっておこなわれるゆえに、いかなる恣意もふくまれず、したがって強制や支配の関係は生じえないとされる。[29]後のスターリン統治下における旧ソ連の御用理論をみるようである。

普遍的人間性にたいする信頼と啓蒙的楽観性に彩られていたといわざるをえない。しかしながら、ルソーに関連してすでに考察してきたように、一般的利益と特殊的利益が無媒介に直接的に一致することはありえず、部分に全体が優先されるところでは必ずや集権的傾向が生じうるものである。逆にいえば、個人主義的エゴイズムを排斥しようとするあまり、さらにグロテスクな全体主義を生みだすという歴史の皮肉と背理がここにはみられる。

さらにまた、目的の概念がア・プリオリに設定されるところでは、図らずも権威主義や教義主義＝ドグマティズムが生まれることも避けがたい。これら事象の因果連関はほとんど自明といえるものであり、歴史上あまりに多くの教訓に満ちている。サン・シモン主義集団の場合も、実際には、平等な人間の自由な結合にはほど遠く、また、集まったメンバー自身の怠惰や資金不足等もあり行き詰まっていく。

かくて、サン・シモン主義者においては、上述のような運動の現実的矛盾に対応すべく、アソシエイションの教団化、宗教的志向が強められていく[30]。サン・シモンの遺書ともいうべき『新キリスト教』およびアンファンタンらによる前述の『学説解義』によれば、旧来のアソシエイションにおいてはその内部に常に対立・搾取が存在した。それゆえ、物質的強制が道徳性の必要不可欠の補完物になっていったが、愛の絆が発展した未来のアソシエイションにおいては、物理的強制は不要になると、と。批判の時代は破壊・無秩序・エゴイズム・無神論を特徴とするが、組織の時代は、本質的に精神的・宗教的である。秩序・調和・統一は宗教的観念と同一である[31]、と。歴史的前衛の悲しみか、いつの時代にもみられる現状「聖化」の理論に近づいていく。ともあれ、彼らの「空想性」は、マルクス・エンゲルスのいうように、変革主体たるプロレタリアートの不在ということとは別に、まさに宗教的空想性――「サン・シモン教」は優れて現世的性格をもつものであったが――のゆえに、彼らの運動は現実対応能力を欠き、分解していかざるをえなかったのである。

二　P・ビュシェと「アトリエ」派による協同組合運動

サン・シモン主義者たちの思想と実践は、後の社会主義者たちの想像力を大いにかきたてるとともに、協同組織構想の原型をあたえることとなった。フィリップ・ビュシェは、最初サン・シモン派に属していたが、後に離教・分離していき、サン・シモン主義者とはまったく別のタイプ（前述第一節・アソシエイションの要約〈2〉）のアソシエイション＝協同組合運動を展開していく。

フランス七月王政下における一八三〇年代前半のリヨン蜂起および一八四〇年パリの大ストライキは、全階級の調和を説くサン・シモン主義からの労働者・民衆の乖離をうながし、社会主義＝協同組織の理念と労働運動の結合の画期となっていく。もともとサン・シモン主義者は、概して、協同組合運動に直接的影響をもっていなかったが、フィリップ・ビシェの「労働者生産協同組合」は、労働者の自発的イニシアティブに基礎をおき「直ちに実現可能な計画」を目指す、(32) 新たなアソシエイション創設の運動であった。それは、労働者の自己解放の拠点であるとともに、労働者の困窮と生活に密着した賃金切下げ拒否・ストライキ支援等の相互扶助組織を母体としながら、より持続的な組織としてのアソシエイションの構築を展望するものであった。したがって、この時期を以て、理論的な社会共同原理である協同組織の段階から、具体的な運動組織としての形態的進展がみられ、労働者の生活・境遇改善の手段であるアソシエイション＝協同組合の段階に移行したといえる。かかる意味において、P・ビュシェは「協同組合的アソシアシオン」の先駆者といわれる。(33)

ビュシェは、フランス革命の教訓として、革命や闘争は支配者あるいは搾取者をとり代えるだけであって、真の解放をもたらすものではないとの信念から、より身近で永続的な労働者解放の組織を考えようとした。(34) 一八三一年の「都市賃金労働者の境遇を改善するための方策」(35) はビュシェの手になるとされるが、そこで注目されるのは、分割・譲渡不能な「社会資本」の問題が論じられていることである。ビュシェにおいては、一般的なアソシアシオンとは別にオルガニザシオン（＝産業と未熟練労働者の組織化）が考えられている点で、サン・シモン主義を引き継いでいるといえるが、一般的アソシアシオン＝生産協同組織においては、五つの組織運営原則が提示される。重要なのは社会資本の形成にかんする第三原則および第四原則である。すなわち、協同組織における年間の純益は二つの部分に分けられ、その二〇％は「社会資本」の形成に、他の部分は扶助基金や労働に応じた分配にあてられる。かくて、社会資本の存在により、中間的請負業者の介在を排除した価格の引き下げ、労働者の生活防衛と協同組織経営の継続性が提起されていく。

初期の社会主義・共産主義運動さらにアソシエイション＝協同組合運動においては、一方における平等原理と組織の継承性、他方における怠惰や労働意欲等の現実的諸問題の狭間で、その解決をめぐって理論的にも実践的にも苦闘した。ビュシェ派の協同組合においては、前者については、私有財産に対するアンチテーゼとしての「社会資本」の形成が考えられ、後者については、「労働に応じた分配」の方針が採用されている。それは、当時にあっては、一つの新しい解決案を具体的・実践的な形で示すものであったといえる。なお、この時代の社会主義思想は、多かれ少なかれ世俗宗教的な色彩を特徴とするが、ビュシェのキリスト教カトリシズムの傾向とも重なり、上記の両者をむすびつける結合の基礎としては、精神的道徳性、友愛と献身に依拠しようとするものであった。[36] 社会資本の形成等の協同組織の基本原則の面でも、エゴイズムに対する精神的道徳性の強調の面においても、後の「アトリエ」派の協同組合運動や、イギリスにおける協同組合の一つの流れをなすキリスト教社会主義の運動に引き継がれていく。[37]

一八四〇年代の「アトリエ」派の協同組合運動は、クロード・コルボンら有能な生粋の労働者ミリタンによって、[38] P・ビュシェの思想を受け継ぎ、労働者の作業現場（アトリエ）を拠点としつつ、そこでの労働の主体性に沿った自立性をより明確にする方向を目指した。彼らは、旧来の相互組織の形態を発展させ、当時の政治状況の下でやがて敗北するとはいえ、雇主のロックアウトに対し一種の自主経営的な生産協同組合、さらにはその職能的連合の結成による労働運動とアソシアシオン理念の結合により、資本に対抗するストライキなど生活防衛的な戦術を敢行した。すなわち、①生活救援資金の募集、②上述「社会資本」の形成、③労働者の自主管理という内容よりなる、労働者自身のアソシアシオン＝生産協同組合の運動をすすめた。[39]

四八年二月革命前後には、様々の社会改革プランと結びついたアソシアシオン構想が登場する。「アトリエ」派のアソシアシオン論においては、二月共和制下、史上初めての社会主義的閣僚ともいうべきルイ・ブランの提唱する「国立作業場」に対して、その過度の国家介入と集権的傾向に反対し、いわば失対事業にすぎない作業場を労働者の自立性が確保される生産協同組合へとその改組を提案する。また、フーリエ派の「ファランジュ」については、資本家の収益分配と協同組織への参加が容認されていると論難され、さらに、コミュニスト（主にカベ派の「イカリア」を想定）たちのプランは、未だ厳密に定式化されておらず、かつ個別具体的なアソシアシオンとしての有効性をもたない、と。つまりは現実実際的に採用しうるものではないと手厳しく批判される(40)。彼らは、なににもまして実践性を重視した。

フランス革命以来命派を保ってきた社会運動としての社会共和主義は、二月革命の中では労働運動と結びつきまた社会主義とも結びついていくが、それにともない社会主義も二つの方向に分化していく。一つは、社会変革の前提として権力奪取・国家権力の樹立を目的（ルイ・ブラン、A・ブランキ等、権力奪取の方法では異なるがマルクスもこの系列に属す）とするもの、二つは、国家にたよらない労働者の社会的・自立的運動を主体とするもの（後のサンディカリズムの運動に継承）に分かれていくといえるが、「アトリエ」派の運動はこの最後者の運動の萌芽をなすものとみることができる。前者（とくにブランキ、マルクス）においては、政治的革命が不可欠の優先目標とされる限り、革命後における未来社会の「青写真」の問題が、むしろ当面の実用的環節として等閑視されていくのは、論理の流れとしていわば必然であったといえよう。

「アトリエ」派の運動においてなによりも注目される論点として、「競争原理」の位置づけの問題がある。すでに論述してきたように、当時の社会主義諸思想においては、一般に、個人主義および自由競争の原理は、本来あるべき協同的な諸個人の関係を貶めるものとして排撃されてきた。「アトリエ」派も出発点においては同様の観点を共有していたが、競争の廃止を目的とする以上、サン・シモン主義者やルイ・ブラン『労働組織論』にいう一業種一協同組織（レーニンの「一社会一工場」論と類比）の形態に近づかざるをえない。その究極的到達点となる国家による全産業の管理は、一つの中心もしくは政府による独占的管理という不可逆的で恐るべき専制となるであろう、と。要するに、競争はこれまで対立・敵対と同意義で用いられてきたが、多元的な協同という関係においては競争は自由の発現でありうる。すなわち換言すれば、今日的ともいえる競争原理と協同原理の戦略的結合の方向への転換が、理念的・論理的に提起されているのである。

「アトリエ」派の論理によれば、上記二つの原理は領域的に区別して論じられなければならない。協同組織は生産手段の共同所有を基礎とするが、消費・使用によっておわる財貨は個人的所有とせざるをえず、生産における協同原理と流通・分配における競争原理という二つの異なる次元が存在することになる。[41] したがって、生産財の共有と消費財の私有、所有の部面＝協同原理と分配の部面＝競争原理という区分に対応して、カベ派の共産主義やルイ・ブランの「能力に応じて働き、必要に応じて受けとる」という賃金の絶対的平等主義は誤りだとされ、社会資本と必要経費を控除した後の収益は、「労働に応じた分配」とされるべきだとされる。ビュシェや「アトリエ」派のアソシエイション論と実験は、急進的な革命的共産主義の立場からみれば微温的折衷的改革とみられることになるが、労働者の要求と密着した具体的実践性と、「実現可能なオールタナティブ」を以て答えようとする現実志向性は、歴史の空間に埋没することなく後の運動に影響をあたえていったといえよう。[42]

三　オウエン主義とロッチデール型協同組合運動

周知のように、「資本の母国」イギリスにおいては、一七世紀の市民革命（ピューリタン革命および名誉革命）の政治的基礎の上に社会のブルジョア的近代化が進行し、以後約一世紀半にわたる産業革命の社会的大変革の結果、一九世紀二〇―三〇年代には産業資本主義の体制が確立されていく。資本・賃労働関係からなる二大階級編成の近代資本主義社会が生まれるとともに、産業革命後の社会的現実を背景とした、世界最初のプロレタリア階級と社会主義の運動が現れる。

イギリスの協同組合運動は長い歴史をもち、産業革命を起点とするイギリス資本主義の発展に即応して、大きく三つの時期に区分することができる。

(1)　一七五〇-六〇年代から開始される産業革命と同時に協同組合運動も起こっている。早くも一七六〇年には、ロンドン東部のウーリッチとチャタムに協同製粉所が設立されており、そのほか、同世紀末にかけて食料品・生活必需品の共同購入・供給組合および協同組合店舗等が始められている。いずれも地方分散的で生活防衛的な形態の協同組合（狭義のアソシエイション＝協同組合とすれば、前述の要約〈2〉にあたる）であり、原生的協同組合運動の段階といわれる。

(2)　産業資本主義が確立する一八二〇・三〇年代から「飢餓の四〇年代」にかけて、労働者階級の政治運動としてのチャーティスト運動が活発に展開された時期。この段階の協同組合運動としては、ロバート・オウエンの協同思想等による一定の方向づけのもと、共同体的協同社会の建設（前述アソシエイションの要約〈3〉）が試みられた。

(3)　産業革命が終了しヴィクトリア朝の繁栄期をむかえるとともに、チャーティズムの敗北のなかから新しいタイプの労働運動が模索されていく。協同組合運動においてもオウエン主義からの脱却がはかられ、一八四四年には近代的協同組合の原型といわれる、ロッチデール公正先駆者組合の創設とその普及・発展がおこなわれていく[43]。

上述の時期区分をみるならば、とりわけ協同組合運動においては、いわば(2)のオウエン的段階によって、その運動の方向が画されてきたといえる。いずれにせよ、イギリスの社会主義・協同組合運動を語るとき、「協同組合思想の父」R・オウエンの名前を欠かすことはできないだろう。

よく知られているように、オウエンはその初期においては、精力的な実務家として貧民の救済や模範的な工場を営むブルジョア博愛主義的な経営者として登場するが、『新社会観』（一八一四）における「性格形成原理」や『ラナーク州への報告』（一八二一）等を通して、社会問題の根源としての私有財産制の否定および財産の共有制という共産主義的な主張をおこなうにいたる。オウエンのアソシエイション論についていえば、そうした彼の急進的変化に対応し、初期の言説においてはアソシエイションの語句はほとんど用いられることなく、中期（一八一七年頃）以降の時期において、協同主義思想にもとづく「新社会」の構想とアソシエイションの概念が現れるといえよう。[44]

オウエンの構想するコミュニティーにおいては、工業・農業・商業における共同労働をベースに、それらを包括する協同社会としてのアソシエイションが考えられていた。「Association of cooperative community」という語法にみられるように、一方では、オウエン的社会編成の対内的特徴を表す基礎概念はコーポラティブ＝協同作業にあったとみられるが、他方では、あくまでも全社会的変革を志向する未来システムとしての、アソシエイションの位置づけがある。オウエンの協同思想には、未成熟な資本関係と階級状況に対応する階級協調的な不明瞭な面があったとはいえ、産業革命期の現実をふまえた実践的方向性があたえられていたといえる。[45] したがってまた、オウエン的なアソシエイションの概念には、一方では商品・貨幣制度の廃絶等「協同組合社会主義」といわれる社会主義に共通する理念があり、他方、彼自身イギリス協同組合運動の先駆者といわれながら、意外にも、実際的な狭義の協同組合運動にはあまり関与せず、ロッチデール先駆者組合等に対してもむしろ批判的であった、彼の立場が理解されるのである。[46]

オウエンには必ずしも体系的な理論があったわけではないが、なによりもその独創的なアイディアと実践性によって、新社会建設構想・協同組合思想をはじめ後世に多くのものを残した。性格形成・社会環境論、教育・宗教分離論、新結婚観、労働者・幼児教育、工場法・福利厚生施設、都市・農村結合論、労働紙幣交換所、国際平和・労働機構、[47] 等々。オウエン自身は正真正銘の精力的な実務家であったが、それとは対照的に、なお時代の状況に比べあまりに遠くを見つめていた。それゆえ、オウエンの実験はことごとく失敗するが、彼の周りに集まったW・トムスン、W・キング、W・ラベット、J・グレイそしてG・ホリヨーク等のオウエン主義者によって、まったく同じものではなかったとはいえ、協同組合運動はさらに前進させられる。

ウィリアム・トムスンは、J・ベンサムの功利主義から出発しその後リカード派社会主義者となり[48]、さらにその後、リカード派社会主義の「全労働収益権」論と協同組合思想を結びつけ、オウエン主義的な独自の協同組合運動を展開する。彼にとって最も重要なことは、富の所有というよりその正しい分配、つまり平等な分配＝「分配の自然法則」の実現である。しかし、個人主義・自由競争にもとづく現在の制度の下では、労働の自由＝「安全の原理」と分配の平等＝「平等の原理」は背理する。かくてトムスンは、孤立個人的には背馳する全労働収益の保障を集団的に達成しようとする。その行き着く先が、オウエン主義の相互協同的な共同体であった[49]。トムスンが指導的役割をはたしたロンドン協同組合（一八二四－三四年）においては、オウエンと同様に協同組合共同体の建設を目指しつつも、それを労働者自身の手により実現可能な範囲で展開しようとする。原生的協同組合の出発点にあった共同購入・店舗経営等の、オウエンとは異なる新しい発想や模索、独自の観点がみられる。

トムスンは、たんにオウエン主義的な後継的思想家という以上の存在であり、オウエンとの間には以下のような重要な異同がある。第一に、両者はともに階級協調的であるものの、オウエンの最大の弱点といえる資本家の役割のあいまいさに対し、リカード派経済理論の体系をふまえたトムスンには、不十分ながらも「搾取の理論」と「全労働収益」論があった。第二に、資本家の慈善・寄付にたよったオウエンとは違い、トムスンにあっては共同体建設の資金はなによりも労働者に依存すべきと考えられていた。第三に、オウエンの家父長的共同体的運営志向に対する、労働者の自由意志と「自治権」の尊重・重視があり、また、政治的運動（チャーティスト運動等）に冷淡であったオウエンとは異なりトムスンは意識的・急進的であった。しかし、第四に、共産主義的原則については、頑固で一貫していたオウエンに比べ、トムスンは自由競争と私的所有を容認するとともに、個人的な能力・資質に応じたブルジョア的な「平等の権利」給付を認めている。このため、トムスンは過渡的で小生産者的な社会主義者といわれる[50]。

ウィリアム・キングによるブライトン協同取引組合（一八二七－三〇年）は、活動の最盛期は短いものの、協同組合の歴史において重大な影響を残した。キングの論理によれば、問題の根源は資本と労働の「分離」の現実にあり、両者の「結合」を協同組合によって実現しようとする。その場合、オウエンと同じく究極的な協同組合共同体の最終目標がないわけではないが、むしろ「当面の目標」として、消費協同組合の発展に努力を傾注する。労働者の貧困防止と団結・組織化にとって、共済組合および労働組合はそれぞれ存在意義があるとはいえ、それらは資本・労働の結合組織たりえない。協同組合の長所は資本が少なくても開始されることにあり、したがって、両組織の協同組合への転形によって、労働者自らの資本による共同体の建設が可能になる。かくて、まずは消費組合において中間利潤の排除を、次に生産組合の段階では全労働収益の確保へ、そして最終的に協同組合共同体を実現する、と。キングの協同組合論の理論構成には労働組織との関係等混乱がみられるが、それにもかかわらず、キングの意義は、オウエンとは逆に消費組合に重点をおく協同組合運動の方向をきり拓いたことにあるといえ、後のロッチデール型組合の成立に多大な影響をあたえたといわれる(51)。

G・D・H・コールによれば、「オウエン主義の栄光の時代は一九世紀の二〇～三〇年代中葉にかけてであり」、「ロッチデールの先駆者たちの店舗開設の一〇年前には終わっていた」という。前述のように、当時の労働運動は協同組合運動と分かちがたく結びついていたが、一八三五年にはオウエンによる全国労働組合大連合は消滅し、全国公正労働交換所も閉鎖され、一八四五年には、最後の実験の場となったクウィーンウッドの共同体も終焉をむかえる。かくて、「飢餓の四〇年代」は経済的不況の下で、一般的に、労働運動および協同組合にとって困窮をきわめる冬の時代であった。

ロッチデールはランカシャー地方の一都市であるが、鉱山と織物工業の盛んな交通の要衝であり、マンチェスターとリーズに次ぐ労働者階級の活動の中心地、かつまた政治的・宗教的な「あらゆるセクトの収容所」であったという。ロッチデール公正先駆者組合（以下、「先駆者組合」と略称）は、織物工の「ストライキによってひき起こされた窮迫」を契機として、出発時二八人（その半数はオウエン主義者であった）の小グループにより、ある倉庫の一階から組合設立の運動が開始された[52]。

すでに一八三〇年代に、ロッチデールの地に設立された二つの協同組合の失敗の経験があったが、一八四四年新生の「先駆者組合」も、設立当初においては依然として、オウエン派社会主義の協同組合的共同体、「自給自足の国内植民地の建設」を掲げていた。しかし同時に、先駆者組合は、それまでの協同組合倒産の最大の原因であった掛け売りを止め、現金主義への変更および日常的消費品の店舗経営、さらには「購買高配当」等、オウエン主義的協同組合とは異なる独自の方針をとっていく。G・コールがいうように、それらの新方針は、先駆者組合の独創というよりは、「オウエン主義や初期の協同組合が実験した分野からの拾遺」であったといえるが、同時に、協同組合共同体の建設と現実的な店舗経営の、両者の統一とさらにそこから一歩踏み出そうするものであった[53]。換言すれば、共同体の建設という最大限綱領と協同組合主義的な最小限綱領の選択肢を前に、先駆者たちはオウエン主義の理念的目標を唱えつつも、実際には後者の道を選んでいったのである。

先駆者組合は組合員の実利と経営の存続・発展を第一義とし、いかに大衆を協同組合に誘引するか、したがってまた、一般の商人と同様に経営をおこないいかに「金銭的利益」を実現するか、ということに主眼をおいていく。皮肉にもコールによれば、「協同組合が低所得層の労働階級にまで手をさし伸べるのに成功したことは一度もなかった」と書き記しているが、たしかに、「一口一ポンドの出資金」（実際は平均四口＝四ポンド、年収は精々10ポンド未満）は当時の労働者にとってはかなり大きな金額であったし、組合店舗の現金主義は貧しい人々の利用を閉めだすことを助長した。「協同組合運動は、もっぱら労働階級のなかでも裕福な層に訴えることによって」、平均以上の生活をしている人々の数や割合を次第に増加させていったという。かくて、「一八五四年ころにはもう共同体を設立するという考えは彼らの心から決定的に消え失せていた。……先駆者たちは、協同運動というものを、来世ではなく現世から遊離させせないように発展させ、そして現世の制約条件に従うことに落着させた。彼らは、たとえ理想主義を脱ぎ捨てていなかったとしても、現実主義者になっていた[54]」。

ここで、先駆者組合の理念と実践の結晶である「ロッチデール原則」についてみておきたい。以下の八項目の諸原則からなる。①民主的運営、②自由加入制、③出資の利子制限、④購買高配当、⑤現金取引、⑥品質本位、⑦教育基金設立、⑧政治・宗教的中立。

このうち、①の民主的運営の原則すなわち「一人一票」制の原則、および⑦の教育基金積立の原則は、一八四四年の創業時には未だなく、後に創立一〇周年にあたる一八五四年の「規約」改正時に導入されたものである。②加入・脱退自由の原則は、先駆者組合に先立つ多くの組合が採用していたものであるが、発足当初においては、かなり厳しい資格・義務を課し結束を固めようとしたという。その後の協同組合の運動方向にとって重大な意義をもったのは、有名な①の原則であるが、チャーティスト運動の高揚による普通選挙権の改正等、イギリスにおける政治的諸運動の民主主義的成果、歴史的到達点をさし示すものであったといえよう。また、⑦の原則は、協同運動の起点から希求されてきたものであるが、当時の協同組合設立の根拠法との関係で定式化されえなかったものである[55]。五四年の実現時には、利潤総額の二・五%が基金として拠出されることになった。

ロッチデール型協同組合への転回点としてなかんずく重要な意義をもつのは、④の「購買高配当」の原則である。「購買高配当」とは、組合店舗からの購入額に応じ、利子支払い後の事業剰余金を組合員各個に分配することであり、それが組合加入の動機を促し消費組合の急速な成長に繋がっていったとされる。先駆者組合の採った方法は、従来は不可分のものとして協同組合に留保されていた剰余金を、ある意味では、通常の資本主義企業の商業利潤・配当金にならって各個人の手に帰属させることにほかならない。しかし、いまやそれは、店舗経営による利益を協同組合共同体の建設基金と分離させることになり、したがって、消費組合運動を前進させた前述のキングもなしえなかった、オウエン主義的「ユートピア」からのまったくの離脱を意味する。それは、それまでの協同組合の基本性格と運動方向の根幹を変えてしまうものであり、それゆえに、「購買高に応じた利潤分配」の原則は、協同組合運動の発想の転換、一種の「革命」を起こすことになったといわれる所以である[56]。それは、今日の日本の地域生活協同組合等にも広く引き継がれている。

産業革命による緊張と苦悩の時代は過ぎ去りつつあった。いまや産業革命と世界市場の拡大より生みだされた財富は、労働者階級にも浸透しはじめ、「飢餓の四〇年代」は遠い昔話になっていった。イギリスにおいては五〇年代以降、平均賃金は年率一四％も上昇し失業の心配も減少していた。また、四八年の大陸における革命とイギリスにおけるチャーティスト運動の高揚・敗北の後、資本家たちは労働組合を承認し団体交渉を受け入れるようになっていた。一九世紀中葉のヴィクトリア朝の繁栄期に入っていたのである。マルクス経済学の用語でいえば、「資本の下への労働の形式的包摂」の段階からその「実質的包摂」の時代に移っていた。もはや将来のあてない「ユートピア」よりもすぐ近くにある生活の改善と利益を、社会変革の理念と結びついた「アソシエイション」よりも、現実改良的な「協同組合」を求めていく。[57]かくて、労働運動は革命的・戦闘的なチャーティズムから防衛的・全国的な「新型組合」（New model unions）へ、そして協同組合運動も、未来のアソシエイションを夢みたオウエン主義から、現実を見すえた協同組合主義的な近代的ロッチデール型の運動に移行していったのである。必ずしも理想が捨てられたわけではない、理想の形が変化していったのである。[58]

第四節　マルクスとアソシエイション論

マルクスにおける未来の共産主義社会、したがってまたそこでのアソシエイションのイメージが、もっとも簡明に要約されて出てくるのは、冒頭にも引用した『共産党宣言』および『資本論』の次の章句であろう。

「〔革命の発展につれて〕、階級差別が消滅し、すべての生産がアソシエイトされた諸個人の手に集中される……階級と階級対立のうえにたつ旧ブルジョア社会に代わって、各人の自由な発展が万人の自由な発展の条件であるような一つのアソシエイションが現れる。」（『共産党宣言』[59]）

「共同の生産手段で労働し自分たちの多くの個人的労働力を自覚的に一つの社会的労働力として支出する自由な人々のアソシエイション……ここでの総生産物は一つの社会的生産物である」、そこでは、「社会的生活過程の、すなわち物質的生産過程の姿は、それが自由に社会化された人間の所産として彼らの意識的計画的な管理のもとにおかれる。」（『資本論』第Ⅰ部第一章）(60)

上記の文章はマルクスの代表的な二大著作のものであるだけに、彼の共産主義像およびアソシエイション論の理念的な特徴が集約的に表明されている。しかしながら、内容は全体としてきわめて抽象的であり、またもっとも肝要であるべき、その実現の可能性と現実性が論証されていないだけでなく、アソシエイションの基本にかんする具体的な構造や機能が不明確のままである。しかし、ここでは、彼のその外の論著をも考察の素材とし、マルクスのアソシエイション把握の全体像をさらに批判的に検討していきたい。

すでにみてきたように、「アソシエイション」なる概念は、その成立の歴史的背景とも関連し、現に存在する協同組合等の歴史的形成物を指すのか（前述〈1〉および〈2〉）、それとも未来に向けた運動体の発展的理念を意味するのか（前述〈3〉）等、その意義内容はきわめて多様性と包括性にとみ、逆にいえば曖昧で不明瞭であるといえる。したがって、本節においては、マルクスにおける未来社会＝アソシエイション論の輪郭を明確にすべく、アソシエイションに関わる以下の三つの基軸的な論点を設定し、考察していくこととしたい。第一、マルクスにおける弁証法的三段階論シェーマの問題。第二、社会主義社会における非商品生産・非市場論の問題。第三に、それらの基礎にあるマルクスの人間論、「人間本性」の把握にかかわる問題である（第三の問題については、紙数の関係等より後続稿での課題としたい）。

一　アソシエイションと弁証法的三段階論のシェーマ

マルクスがヘーゲルの子であることは周知であるが、マルクスはヘーゲルから弁証法を批判的に継承し唯物論的に改作することによって、歴史発展の一般理論としていわゆる「史的唯物論」を創造する。この歴史観は、矛盾と矛盾の止揚＝「否定の否定」からなる弁証法的三段階論の論法によって、歴史的論理の原点に、本来的で自然な人間の在り方＝本源的な共同体社会を想定し、その「否定」としての疎外された資本主義社会の現実（実際の分析の対象）と、それを超克する「否定の否定」である未来の共産主義社会＝アソシエイション、という世界史の発展図式を描いた。

つまり、〈1〉歴史の始原としての自然性的協同社会→〈2〉商品生産・資本主義社会→〈3〉自覚的な協同社会の復活・再興、という三段階の論理となる。それがさらに、階級闘争史観による階級論においては、①原始無階級社会→②歴史的階級社会（ⅰ奴隷制、ⅱ封建制、ⅲ近代資本制）→③共産主義的無階級社会となり、所有論としては、①共同体的所有（原始共産主義・ⅰアジア的・ⅱ古典古代的・ⅲゲルマン的）→②私的・資本主義的所有→③高次共産主義的共同所有。人格形成論と関連しては、①人格的依存性の社会→②物象的依存性の社会→③「自由な個体性」の社会、という三段階にシェーマ化される。[61] いずれにせよ、ヘーゲルゆずりの壮大ともいえる弁証法的三段階論のシェーマは、細部の仕上げこそ変容するが、基本的にはマルクスの全体系を貫いており、また初期から後期まで一貫しているといえる。

初期の『経哲草稿』（一八四四）において、アソシエイションという言葉が登場するが、同時に、「私的所有の積極的止揚としての共産主義」「人間的本質、自己への帰還」としての共産主義、「共産主義は否定の否定としての肯定であり、それゆえに人間的な解放と奪回[62]」である等、共産主義が、ヘーゲル的な弁証法三段階論の論理的シェーマを通して掴まれている。『ドイツ・イデオロギー』（一八四五―四六）においても、生産力・分業・所有三者の相互連関を媒介とした生産諸力と交通形態の矛盾により、歴史発展の素描と将来社会のイメージがあたえられる。「分業による人間的な諸力（諸関係）の物的諸力への転化……この物的な諸力を再び自己のもとに服属させ分業を止揚する……真の協同社会において、諸個人は、かれらのアソシエイションのなかで、またアソシエイションをとおして同時にかれらの自由を獲得する」[63]と。さらに、『哲学の貧困』（一八四七）等を経由し、四八年『共産党宣言』の先の命題に到る。

弁証法的三段階論のシェーマが貫徹されていることは疑いないだろう。ただし、マルクスとエンゲルスが、フランスの社会主義・共産主義とその運動に違和感をもって実際の運動には距離をおき、自らの思想的理論的な立脚点を模索していたことともかかわり、彼らのアソシエイション概念に変動がみられる。[64]『経哲草稿』から『ドイツ・イデオロギー』にいたる時期の「アソシエイション」の語句は、当時の協同組合等の労働者諸組織を念頭においたむしろ実態的な呼称であり、なおかつフランスの社会主義・共産主義者からの借り物的色彩のつよい言葉であった。それがその後、『共産党宣言』の時期にかけて、この語の意味内容を急速にわがものとし、彼らの社会変革の構想と結びついた将来社会における関係性を表す積極的な用語として定置されていく。とはいえ、『共産党宣言』段階においては、未だ政治的傾向性をもったイデオロギッシュな言葉としてあり、新社会における構造・機能等の在り方を示す、具体的内実はなかったといわねばならない。

ところで、マルクスの理論的課題は、眼前にある資本主義社会の否定的現実と対峙し、その運動法則の解明とその解決形態をいかに見いだすかにあった。その場合、初期マルクスにおける共産主義は、経済学研究が未だ本格的には敢行されていない状況のもとで、社会発展の究極的解決の方向が、経済学的研究に先行する哲学としての弁証法とその方法によって、先験的（ア・プリオリ）に仮説設定され、分析ぬきの断言的命題として結晶化されたものであったといえる。いわば先進的フランスの急進的実践的な政治理論と後進的思弁的なドイツ観念論哲学を接ぎ木した歴史的混合物、なお概念的にはカオスの状態にほかならないものであった。その後、マルクスは五〇年代以降、経済学研究を深化させその内実を充実させていくとはいえ、上述のシェーマティックな概念的枠組みは終生変わることはなかったのである。したがって、マルクスの歴史観における弁証法的三段階論の方法と結論は、さしあたり、科学的論証ぬきの一般化・定言化であるほかなく、その意味では、主観的な憧憬と願望に彩られたフィクション＝物語＝histoire＝「歴史」であったといわなければならない。

「否定の否定」の弁証法による「共産主義」は、「否定」としての資本主義とその解決の出路を、哲学的アプローチによる「否定の否定」の論理の帰結として、歴史的事実の具体的分析なしに仮設されたものにほかならない。しかし、一般に、実証的科学的分析はもとより弁証法といえども、「あること」＝「有」＝「正」とその「否定」＝「反」は実証・分析できても、その先の「否定の否定」＝「合」については、未来の問題であり社会的実践にかかわる問題である限り、一義的・決定論的に論証できる問題ではない[65]。「否定の否定」の弁証法的論理では、その三段階の論理的枠組の設定の時点においてすでに論理的解決が与えられている。すなわち、論理の出発点における「正」（テーゼ）のなかにすでに内的必然性として、解決（ジン・テーゼ）の胚芽が与えられるが、歴史の人間論的現実においては、生きた矛盾の解決は、多様な選択肢を前にした可変的・具体的な諸条件の下での未知との対決、主体的実践的な人間的格闘以外にありえるはずはない。

弁証法三段階論は一つの規範理論であり、論理の規範化はあくまで人為的なものであるがゆえに生きた現実との間に齟齬をもたらす。規範的論理にありがちな単純化や汎用化（逆にそこに効用がある）は、しばしば硬直的なものになり限界や弊害をあらわすことになる。それが人々を動員しての社会的実験となると、被害は甚大なものとならざるをえない。「地獄への道は善意で敷きつめられている」（『資本論』）。

歴史的事象は一回性の営為であり、およそ理論がなしうることは、きわめて大雑把な諸前提（あるいは諸条件）を加味したうえでの論証であって、所詮、推論であり仮説であるにすぎない。したがって、将来社会のことについては、たんなる論理的な定言的命題のかたちでその法則的必然性を説法することには無理があろう。とりわけ、生命現象や社会現象の場合には、それを構成するファクターの質的・量的複雑性とともに、自由な諸主体の能動的実践的要因を考慮せざるをえず、なお多くの不確定性と多様な選択肢の可能性が開かれているとみなければならない。かかる意味においては、マルクスの「否定の否定」としての「共産主義」の論理は、その「青写真」問題における禁欲性とは裏腹に、それに先立つ概念的構成の方法原理において、そのドグマ（教条）性とも密接に関連し、先験的で「閉じられた」体系であったというべきであろう。

四八年革命はヨーロッパ各地で敗北し、マルクスはロンドンに亡命する。五〇年代の初めには、革命の興奮いまだ冷めやらぬ先鋭化したマルクスをみる。『フランスにおける階級闘争』（一八五〇）には、「革命の永続宣言」、「プロレタリア階級独裁」、「厳格な中央集権化」等の急進的言辞が頻出する。[66] さらにまた、実態としてのアソシエイション＝労働者生産協同組合に対する評価は、峻厳をきわめていく。『ルイ・ボナパルトのブリュメール一八日』（一八五一－五二）では、「労働者階級の一部は、交換銀行や労働者協同組合のような、空論的な実験に熱中している。……つまり、旧い世界を変革することをあきらめ、むしろ社会のかげで、個人的に、その限られた存在条件のなかで、プロレタリアートの救済をなしとげようとする運動、したがって必ずや失敗するにきまっている運動に、熱中する」[67]と。ここには、ルイ・ブランやアトリエ派の社会主義運動に対する批判がふくまれる。現実態としての労働者のアソシエイションに対して、変革の契機がいささかも認められないかのような、独断的・否定的論調になっているマルクスが見うけられるといえよう。

いずれにせよ、マルクスは、革命的情勢・戦略の再検討をせまられるとともに、五〇年代から六〇年代にかけて、革命運動の第一線を退き、変革の基礎としての自らの経済学の構築、ブルジョア経済学批判の作業に沈潜していく。その作業の成果は、五〇年代末の『経済学批判要綱』（一八五七－五八、以下『要綱』と略称）に結実していった。すでに述べてきたように、『共産党宣言』までのアソシエイション概念は、新たな社会組織における基本的骨格・その具体的様相の把握に欠けるものであった。しかし、『要綱』においては、将来社会におけるアソシエイションが、たんに哲学的あるいは政治的論理としてではなく、経済学研究の前進と資本主義社会の分析に裏づけられ、新たな具体的イメージと一定の内実が包含されていく。未だなお資本主義の論理的反措定・反転の論理としてではあるが、四八年革命の挫折を超えて、革命の論理は現にある資本主義の強固な土台にまで迫ろうとしたといえる。

交換価値・貨幣のうえにたつ資本主義社会に対比するかたちで、「諸個人の生産が、直接に社会的で……相互に分業をおこなっているアソシエイションの所産（offspring of association）」として、あるいは「生産手段の共同所有と統御との基礎のうえにアソシエイトした諸個人の自由な交換」として、新たな社会における新たな人間・社会関係が、経済学的により一歩ふみこんでとらえられる。その際注目されるのは、いまや、現実の抽象的否定と空論的なアソシエイションの論域からの少なからぬ脱却がみられ、「資本の偉大な文明化作用」という認識が、「資本の本性からしてそれ自体限界があるとはいえ、資本は生産力の発展につとめ、かくて新しい生産様式の前提となる」と、とらえかえされる。すなわち、一方では、商品・貨幣関係のうえにアソシエイションを展望することの愚かしさを語りつつ、他方では、「今日あるがままの社会のうちに、階級なき社会のための物質的な生産諸条件とそれに対応する交通諸関係とが隠されているのを見いださないならば、いっさいの爆破の試みはドンキホーテ的企てとなるであろう[68]」と理解されていく。

マルクスにおける経済学批判の営為は、『要綱』の後、『経済学批判』（一八五九）の刊行、さらに『資本論』第Ⅰ部（一八六七）の刊行に到る[69]。『資本論』（第Ⅰ部）は、マルクス自らの手により完成されたマルクス畢生の著作であり、体系的で膨大な経済学研究に裏打ちされた巨著である。しかしながら、上段で論じてきた弁証法的三段階論のシェーマは、ここにも貫かれている。『資本論』における「否定の否定」の論理は、第Ⅰ部・「資本の蓄積」篇の最終章において、資本主義的生産様式の全歴史的運動の総括として、したがってまた、資本主義の消滅から将来的生産様式への転成を語るものとして、下記の有名な命題に結実・定式化される。

「資本主義的生産様式から生まれる資本主義的取得様式は、したがってまた資本主義的私的所有は、自分の労働にもとづく個人的な私的所有の第一の否定である。しかし、資本主義的生産は、自然過程の必然性をもってそれ自身の否定を生みだす。これは否定の否定である。この否定は、私的所有を再建するわけではないが、しかし、資本主義時代の成果を基礎とする個人的所有を生みだす。すなわち、協業と土地をふくめたあらゆる生産手段の共同占有にもとづく、労働者の個人的所有を、再建する。

諸個人の自己労働にもとづく分散的な私的所有から資本主義的私的所有への転化は、もちろん、事実上すでに社会的生産経営にもとづいている資本主義的所有の社会的所有への転化に比べれば、比較にならないほど長くて困難な過程である。」(『資本論』第Ⅰ部第七篇第二四章)(70)

上記の定式的命題の、前半部分にある「個人的所有の再建」とは何を意味するか、それと後半部の「社会的所有」との関係如何等、将来の社会主義・共産主義社会の在り方にかかわって、一九六〇年代後半以降、平田清明氏による問題提起を発端として(71)、わが国におけるマルクス経済学者の大半をまきこんだ一大論争がおこなわれてきた。論争の争点を簡単に要約すれば、一方では、エンゲルスの『反デューリング論』における、生産手段は社会的所有・消費手段は個人的所有という二分割所有論を踏襲する通説的見解と、他方では、ここで問題とされている「個人的所有」の指し示す所有対象=客体は生産手段であるとする新見解があった(72)。もちろん、論争を貫通する問題意識として、既成社会主義の否定的現象にたいする批判があり、またこの論争のいわば副産物として、旧来の理解や問題に多方面から照明があてられそれなりの理論的成果や収穫があったことは否定しがたい。しかし、論争それ自体に即していえば、上述の本稿における展開とも重なり、なによりも奇妙に観ずるのは以下の点である。

すなわち、論争の全参加者が、このマルクスの命題を真なるものと正当化し、いかにこの章句を整合的に理解するかということに腐心し、これを絶対的に正しいものとしてとり扱い、些かの疑義をも差しはさまず、考証学的論議に終始していることである。問題の命題が『資本論』第Ⅰ巻における最重要な総括部分に位置するものであるとはいえ、マルクスによる仮説設定を前提とした、その限り将来社会に対するあくまでマルクスの論理的仮定にすぎないもの、歴史的経験というテストを未だ受けていないものだということは自明であろう。世界史の発展行程には多様で豊富な内容が開かれており、「否定の否定」による解決形態が必ずしも一義的・決定論的なものではなく、そこにみられる教条的絶対化は、動きのとれない発展図式に自らを閉ざすことにほかならない[73]。弁証法的三段階論のシェーマは、あくまでヘーゲル－マルクス的な仮設的歴史理論であり、定言命題化することは許されないものであるだろう。敢えていえば、資本主義後の社会がどのような社会か、マルクスの論定するような「社会主義」の社会なのかどうか[74]、なお思考の停止は許されず、なお論議と探求の余地があり、なお、われわれにとって主体的な未来の問題であるといわねばならないであろう。

「否定の否定」の弁証法に関連して、フランスのマルクス主義的構造主義者モーリス・ゴドリエが、わが国の上記論争とほぼ同じ時期に、『資本論』のまったく同じ箇所を引用しつつ、自由で示唆にとむ観点を提出していることを紹介しておきたい。M・ゴドリエによれば、先のマルクスの命題は、マルクスとエンゲルスのあいまいな定式化といえるものであり、むしろ、暗喩にとどめるべきものが広汎で重大な一般的発展法則にされているという。「結論として、われわれの分析はマルクスにおける『対立物の同一性』という理論仮説をしりぞける。」このような仮説はもともと、ある構造的矛盾には予めそれに内在する解決があることを論証するために、ヘーゲルによって編みだされたものである。それがマルクスによって唯物論的に改作されたとはいえ、「『否定の否定』の概念は、対立物の神秘化が払いおとされた後でも合理的にみえた唯一のヘーゲル主義的概念[75]」である、と。

要するに、マルクス歴史理論における弁証法的三段階論のシェーマは、たんなる形而上学的独断＝ドグマにすぎないものと結論されるのである。

二　マルクス「社会主義」における非商品生産・非市場論

既述のように、マルクスの社会主義・共産主義像は、資本主義の「否定」つまり「否定の否定」として論理的に反措定されたものである。したがって、マルクスの描く社会主義社会においては、資本主義的生産様式の一般的基礎をなす商品・貨幣関係は「否定」され、市場を媒介とする諸商品の交換は存在しないととらえられている。つまり、社会主義＝非商品生産・非市場社会と把握されていることは、『資本論』その他の著作より明らかであろう。

『資本論』冒頭章の商品の分析において、第一に社会的分業と第二に独立した私的諸労働が、商品生産労働における「二重の社会的性格」の前提条件として抽出され、未来の共同的な「直接に社会化された労働」にたいする歴史的対立形態と、明確にとらえられている。ただし以下のことに注意しておきたい。すなわちマルクスは、「社会的分業は商品生産の存在条件である。といっても、商品生産が逆に社会的分業の存在条件であるのではない」といっており、その例として、古代インドの共同体における社会的分業と近代の工場内分業をあげ、そこでは、いずれも分業的依存関係は存在するものの商品の交換関係に媒介されているわけではない、という。「ただ、独立におこなわれ互いに依存しあっていない私的労働の生産物だけが、互いに商品として相対するのである[76]」と。つまり、マルクスは、⑴社会的分業は商品生産の必要条件であり、⑵独立の私的諸労働こそ十分条件をなすとみなしていることが分かる。したがって、「自由な人々のアソシエイション」においては、私的所有の廃絶の結果として、すでに旧来の社会的分業も私的諸労働もなくなり、人々の個別的労働は「直接に社会的な労働」「一つの社会的労働力」として「意識的計画的な管理」のもとにおかれる、と考えられている。

『ゴータ綱領批判』においても、「生産手段の共有を土台とする協同組合的社会の内部では、生産者はその生産物を交換しない。同様にここでは、生産物についやされた労働がこの生産物の価値として、すなわちその生産物の有する物的特性として現れることもない。なぜなら、いまでは資本主義社会と違って、個々の労働は、もはや間接にではなく直接に、総労働の構成部分として存在しているからである[77]」と。さらに、エンゲルスの『反デューリング論』においても未来の社会主義社会は次のように描写されている。「商品生産は決して社会的生産の唯一の形態ではない。……社会が生産手段を掌握し、生産のために直接に社会的に結合して、その生産手段を使用するようになったそのときから、各人の労働は、その特殊な有用性がどんなにちがっていても、はじめから直接に社会的な労働となる。そうなれば、ある生産物にふくまれる社会的労働の量を、回り道をしてはじめて確かめるまでもなくなる。[78]」

マルクスの共産主義社会とは、いずれも否定形においてではあるが、①私的所有、②分業（『資本論』では、分業一般ではなく「旧来の分業」の廃棄）③階級、の三者が廃絶・揚棄された社会を指すが、後期マルクスにおいては、広義・共産主義の一段階として「社会主義」の段階が挿入される。すなわち、①私的所有だけが廃止された共産主義の低い段階（以下、社会主義）と②旧来の分業および③階級も消滅する狭義・共産主義の高い段階（以下、共産主義）、に二段階区分される。もとよりマルクスにおいては、所有・分業・階級の関係を社会経済体制の主要なメルクマールとし、分配関係は社会経済関係の二次的成層ととらえられているが、後者を基準とすれば、社会主義＝「労働に応じた分配」と共産主義＝「必要に応じた分配」という、周知の共産主義の二段階区分に即応する。[79]『ゴータ綱領批判』のマルクスは、先の引用部分にすぐ続いて次のようにいう。

「ここで問題にしているのは、それ自身の土台の上に発展した共産主義社会ではなくて、反対にいまようやく資本主義社会から生まれたばかりの共産主義社会である。この共産主義社会は、あらゆる点で、経済的にも道徳的にも精神的にも、それが生まれでてきた母体たる旧社会の母斑をまだおびている。したがって、個々の生産者は、彼が社会にあたえたのと正確に同じだけのものを──〔共同の元本を〕控除したうえで──返してもらう」。生産者諸個人は社会的管理機関から労働給付「証明書」を受けとり、それに見合う「消費手段」を社会的貯蔵庫から引きだす。さらに後続して次のようにいう。「ここでは明らかに、商品交換が等価物の交換であるかぎりで、この交換を規制するのと同じ原則が支配している。内容と形式は変わっている。……ここでは平等の権利は、まだやはり原則上、ブルジョア的権利である。もっとも、もう原則と実際とが衝突することはない。ところが、商品交換のもとでの等価物の交換は、たんに平均として存在するだけで、個々の場合には存在しないのである」[80]。

マルクスが言わんとしていることは、社会主義段階の社会においては、なお「旧社会の母斑」がのこり、「ブルジョア的権利」の残存と「労働に応じた分配」は不可避であるが、それにもかかわらず、そこでの等価物の交換はすでに、あくまで商品交換とは異なるということ。「商品交換のもとでの等価物の交換」とは相違し、もはや貨幣や市場を媒介とした「回り道」をする必要はなく、個々の労働は「総労働の構成部分」として、「直接に社会的な労働」＝質・量ともに社会的に必要な労働となっているということである。しかし、社会的分業（あるいは労働の差異性）と各生産単位間の生産性格差が存在するもとで、「労働に応じた分配」を実施すること、すなわち個々の労働生産物の交換が等価交換であるためには、社会的必要労働支出の事前的計量、および全社会的な需要と供給のバランス、計画的統合化が必要となる。したがって、換言すれば、非商品制・非市場制の社会主義が一つの経済体制として首尾よく機能するためには、ⓐ需要・供給の事前的一致＝計画経済、ⓑそれを媒介する貨幣とは異なる直接交換可能性の形態、およびⓒその実現を保証する前提条件たる社会的所有制が不可欠の存在要件となる。

上記ⓒについては、旧国家社会主義国においては、まがりなりにも社会的所有＝国家的所有という形でシステム的要件を準備したが、ⓐ・ⓑについては原理的にアポリアに陥り、全き意味での計画経済は実現しえず、また商品・貨幣関係はついに消滅しえなかった。ⓐについては、計画経済における諸財のバランスと等価交換を実現するためには価値規定を前提とするが、諸物財の価値は生産と交換の後でなければ実現・規定されえない。絶えざる技術革新の下では、その不断の更新は貨幣＝価格体系ぬきには至難の術である。総じて、生産の範囲内で需要が決定されるとすれば、原始的小規模経済か戦時の厳格な配給制社会（＝「不足の経済」）においては、近似形としてはありうるとしても（そこでも、「闇経済」＝ブラック・マーケットは不可避）、平時の発展した複雑な経済のもとではおよそ直接完結的な事前的一致はありえないだろう。

また⒝については、マルクスは貨幣に代わる「労働証明書」ないし「時間紙券」を示唆している。だがそれは、全般的国民銀行か共同社会の管理部門が保証するいわば疑似通貨であり、貨幣の三機能のうち流通手段機能を以て消費手段との交換可能性となすにすぎず、他の二機能（価値尺度・価値保存）を伴なわない、本来の貨幣よりさらに不安定なシステムとならざるをえない(81)。実質的には、かつてマルクスが批判した、J・グレイやJ・ブレイによる商品制下での「労働貨幣」と大差ないものに落ち着くと考えられよう。敢えて付け加えれば、マルクスの場合には、『資本論』＝経済学批判の前面には出てこないものの、政治的論理つまり「全般的な社会変革」＝労働者の政治権力の掌握が前提されていることが、併せてとらえられなければならない(82)。マルクスの社会主義論の構成においてその要件（＝プロレタリア独裁論）は欠かすことができない。いずれにせよ、マルクスのいう非市場制の社会主義構想は、理論的には成立不能であり、歴史的事実としても、その実現不可能性が証明されたのである。

要言するに、マルクスの非商品生産・非市場論は、原理的に実現性のない構想だったといわざるをえないのである。いまや、マルクスの「社会主義」像の経済的基礎が、社会発展経路の歴史的現実性に欠ける一つの「予言」にすぎないものだったとすれば、逆にまた、かかる外生的システムは厳格な統御と強制を要請せざるをえなくする。一九世紀思想に特有の目的論的な人為的・規範的設計主義は、K・ポパーも関説するように(83)、おびただしい数量からなる諸個人の心理と行動を確かめられないことから、諸個人の差異を排斥し問題を単純化することで、安易で貧困な形而上学的必然性論やホーリズム・集権主義・急進主義と結びつき、マイナス要因を棄却したユートピア的楽観主義・ステロタイプ化に連なっていく。F・ハイエクもいうように(84)、言語・法・市場システム等の社会制度の進化は、「人間的行為の結果ではあるが人間的設計の結果ではない」。それは自然の秩序＝「自生的秩序」に外ならない。

計画経済を実行しようとすれば、単一の権威が発する指令に基づいて全体的な管理・運営をおこなわなければならず、完整された計画体系は市場とは原理的に異なり、部分的錯誤は全体の整合性を破壊する。それゆえ漸次的・部分的実験・改訂は困難であり(85)、一挙の跳躍、すなわちマルクスのいう「社会の全般的変革」と集権的な「プロレタリア独裁」の執行が求められるに到ること、論理のいわば自然の成りゆきである。レーニンによるソヴェト・ロシアは、たしかに後進的小農国からくる一定の変異が認められるとはいえ、社会主義の道から逸れた「鬼っ子」ということができず、むしろマルクス的社会主義の急進的一類型だといえよう。

しかし、それはまた原理的に自己矛盾を引きおこさざるをえない。すなわち、マルクスは一方では、自由の措定として市場での交換をさし示し、「交換価値の交換が、あらゆる平等および自由の生産的・実質的基礎である」という(86)。しかし、他方では、マルクスの自由概念は、商品と市場および競争の対立物として定立され、それら物的諸関係の彼岸においてとらえられている。したがって、セルツキーによれば、マルクスは、市場の廃絶によって人間の物象的依存性を克服しようとするが、それは「同時に、人間の人格的独立性そのものをも破壊してしまうという事実」を看過している、と批判する。市場の廃止は同時に自由と平等の社会経済的基礎の廃止でもある。かくてマルクスは、現実から乖離したユートピア主義に与することになる(87)、と。なお、さらに上述のポパーやハイエクの議論を引照すれば、往々、社会の進化や刷新は自由と密接に関連し、意識的人為的な計画によってではなく、むしろ非意識的で自由な市場より生まれるということになろう。

マルクスは論文「土地の国有化について」の中で、非商品・非市場制社会における計画の在り方について、以下のように述べている。「生産手段の国民的集中は、合理的な共同計画に従って意識的に行動する、自由で平等な生産者たちの諸アソシエイションからなる一社会の自然的基礎となるであろう。これこそ、一九世紀の偉大な経済的運動が目指している目標である」(88)。この論文においては「生産手段の国民的集中」＝国有化およびその下での「合理的共同計画」の課題が明確におさえられている。しかしながら、マルクスにおいては、以下の二つの方向の非両立性と矛盾の存在に些かも気がついていないかのようである。すなわち、一方における「自由な人々のアソシエイション」といういまや周知の命題と、他方、生産手段の国有化に基礎をおく中央集権的な計画管理システムという命題が、両立しうるかということである。セルツキーは、この問題をマルクスの経済的構想（集権的）と政治的構想（分権的）の分裂としているが[89]、二〇世紀における壮大な実験としての国家社会主義の歴史的現実を知るわれわれには、両立困難な問題として現れる。

両命題の非両立性というこの現実的矛盾からの出路は、それをマルクス自身に差しもどさざるをえないが、マルクスにおいては、かかる矛盾が死活の重大問題として把握されていなかったのではないか、と考えざるをえない。その原因はマルクスの発想法・方法論に由来するものである。すなわち、第一に、マルクスはルソーやサン・シモン等の啓蒙主義者・初期社会主義者と同様に、全体と部分、普遍的利益と特殊的利益、社会と個人の間の対立を、いわば楽観的に解消可能な矛盾としてとらえ、重大な現実的矛盾としては認識していなかったということ。第二は、後期『資本論』のマルクスにおいては、旧来の分業廃棄の展望との関連において、資本主義大工業の物質的基礎のもとでの「労働転換」による、「全面的に発達した個人」の生成を予定していた。「全面的に発達した個人」という新しい共産主義的人格主体を想定することによって、上記の諸矛盾は、容易に止揚されうると考えられた[90]。つまり、共産主義下における諸個人は、原子論的個人の狭隘な限界から解放されるゆえに、全面的な洞察と全社会的な計画経済の主体となりうる、とされたのである。

かくて、マルクスは、『ゴータ綱領批判』の先の文章に続いて、以下のように無矛盾の共産主義社会とその勝利を唱いあげることができた。

「共産主義社会のより高度の段階において、すなわち個人が分業に奴隷的に従属することがなくなり、それとともに精神労働と肉体労働の対立がなくなったのち、労働がたんに生活のための手段であるだけでなく、労働そのものが第一の生命的欲求となったのち、個人の全面的な発展にともなって、その生産力も増大し、協同的富のあらゆる泉がいっそう豊かに湧きでるようになったのち――そのときはじめてブルジョア的権利の狭い限界を完全に踏みこえることができ、社会はその旗の上にこう書くことができる――各人はその能力に応じて、各人にはその必要に応じて！」(91)

しかし、マルクスがここで語る、「分業の消滅」および「生命的欲求としての労働」・「個人の全面発達」・「協同的富の汪溢」（＝希少性の解消）・「必要に応じた分配」等は、いずれも形而上学的・観念論的構築物であり、現実的な歴史的理性の立場からすれば一種のカリカチュア・ユートピア的言説にすぎないことは、明らかである。それらはおよそ仮設的想念の域をでるものではなく、前述の弁証法的三段階論の必然的な論理的帰結として、「千年王国論」的未来社会論に反転せざるをえなかったものである。後期マルクスの現実認識としては、いまや共産主義の低段階＝社会主義を導入し、共産主義の最終目標を近未来の実践的目標から外すことによって、遠未来における救済に仮託せざるをえなかったのである。悪評高いＥ・ベルンシュタインの「最終目標は……無であり、運動がすべてである」という名言は(92)、むしろ実践運動を担うものとしての当然の現実的感覚と運動論的対応であったといえる。「全面的に発達した個人」とは、資本主義・社会主義を超える次元以上のものであり、競争や利己心から究極的に解放された類としての人間諸個人を意味する。それはいわば終局点をもたないわれわれ人間の永遠の願望にすぎないものであろう。しかしまた、現実に生きるわれわれとしては、見果てぬ夢や願望を以て、現実的目標＝確かなオールタナティブとして、企画・設計するわけにはいかないことは自明である。

ここに、われわれの探求は人間論の問題に限りなく接近するが、マルクスの人間論的諸問題については、後続稿において論究することにしたい。

小括

すでに述べてきたように、アソシエイションの概念に初めて体系的な照明をあてたのはA・トクヴィルであった。トクヴィルは、アンシャン・レジームの崩壊と近代社会の揺籃期における、国家への権力集中と孤立化・アトム化した個人という時代の逼塞状況を眼前にして、国家に対抗する社会の側からの異議申し立ての回路、すなわちフィード・バック装置としての中間諸団体の必要性と、そうした体制の下での社会の活性化と民主主義の醸成を構想したのであった。アソシエイションは、一方では集権国家に抵抗するものとして、また他方では、個人主義と競争に対抗するものとして、二重の規定をうけた両立困難なアンビヴァレントな課題性のなかで揺れ動いていく。アソシエイション概念にみられる両義性・不明瞭性は、トクヴィル自身もこのジレンマを認識していたとはいえ、それは、かかる歴史性に起因するジレンマに外ならないものであった。

アソシエイション概念に潜むいわば歴史的宿命ともいえるこのジレンマは、一九世紀末から二〇世紀への世紀の転換点を超えて、経済の合理化・規模の大型化とともに、今日ますます大きな問題となっている。M・ウェーバーは、近代化とともにすすむ大規模化・専門化・民主化と合理的官僚制の不可避的進行をとらえ、「近代民主主義」および「近代官僚制」の「ジレンマ」と呼んだ。しかし、前稿でも述べたように(93)、マルクスは、ブルジョア的近代の超克を自らの課題とし、『資本論』の中において、機械制大工業の下での生産様式の変容を詳細に分析したにもかかわらず、その経済基底論・階級還元論のゆえに、いわゆる近代的な「組織」の諸問題、すなわち「組織と個人」の問題・「組織と民主主義」・「近代官僚制」化の問題、総じて「全体と個人」の問題等、これら一連のプロブレマティークの解決には十分に近づきえなかった。観念的・楽観的にも、経済関係および階級関係が変われればそれら問題は止揚・克服されるとみなされたのである。その課題の独自の困難性は理解されなかったといってよい。

近代の社会的組織は、その大規模化・機能化・合理化とともに、組織の規律化・序列化・規格化を推し進めていく。空き地で草野球をする少年たちは、自ら会長・総代や事務局をもとうとは思わないだろう。しかし、彼らが、共同に所有する設備をそなえ用具を購入し、公式競技のリーグに参加するようになると、集団としてのルールと個人的責務が生じ、またなんらかのビューローの設置とクラブの結成がおこなわれるようになる。さらに、組織化が進み人数が増えていけば、組織内での機能分化や特定の地位と役割分担が起こってくる。いかなるアソシエイションといえども、ある一定の規模に達すると、集合組織としての規約や合法的秩序の制定やリーダーの選出・任命等の、したがってまた、個々人への拘束義務・上部からの指令関係等の諸問題が生じてくる。それらは、自発性・任意制を基礎とし民主主義的な手続きを積み重ねながらも、およそどのような組織・アソシエイションにも浸透してくるのである。

かくて、一九世紀末から二〇世紀にかけて、組織の巨大化・独占と全国的組織への「統合化」が未曾有の規模で進んでいった。資本の集積・集中にともなう有限責任制の株式会社やカルテル・トラスト等、またそれに対抗する労働組合および協同組合運動等の全国的組織化。二〇世紀的社会においては、諸団体の系列化＝連合および組織化の時代となっていき、これら系列に属さないものは排除されはじき飛ばされ、存在意義を失っていった。組織というものはいったん走り始めると、組織自身の保持・延命と組織目的にみあった自己目的的性格と効率的運営を目指すようになる。上からの全国的な権威主義的制度と指令化＝官僚制が導入されていくとともに、しばしば「利益集団」＝圧力団体化していく。また逆に、この過程は組織成員の組織に対するコミットの希薄化の過程であり、少数派・異端の側からの寡頭制・専門家支配に対する反撥や、反官僚制・合議制の再提起等の揺れもどしがくり返され、両者の相互浸透・妥協的改良もなされる。とはいえ、組織的行動の大規模化・恒常化・画一化にともなう初期の理念からの乖離・堕落・脱力化・通俗化等の目標の転移や変質は、むしろ、あらゆる組織にほとんど例外なく起こる、組織化過程の常態といっても過言ではない。これらの現代的諸問題に対し、自発的・民主主義的アソシエイションであれば問題はおこりえないとする議論は、あまりに楽観的でありある種の幻想にすぎないといえよう。

マルクスとマルクス主義の議論においては集団・組織問題に関連して、往々、以下のような仮想性ないし問題点が見うけられる。まず一般的に、第一には、集団および社会への帰属を人間の本性ととらえる思考法が存在すること。第二に、そこから、集団・社会を個人に優越する人間存在の前提条件とする考えに到ること。第三に、過大ともいえる科学信仰とあいまって、あらゆる組織と個人の相剋・葛藤が合理的に超克されうるとする幻想があること。しかも、そうした観念と結びついて、資本主義体制こそ人間疎外の元凶であり、資本主義の消滅とともにあらゆる形態の疎外や競争はなくなるとする虚構、および人間本性に合致する共産主義アソシエイションにおいては、その普遍的一体性によって対立や矛盾は止揚されるという、図式化・固定化された思考パターンがある。しかし、普遍的同一性なるものは、前にも述べたように、現実には容易に実現しえないばかりか、仮に実現したとしてもそれはある種の奇形的な人間関係の情況を招来することになりかねず、G・オーウェルの『一九八四年』に描かれるような社会的な窒息状態を意味するであろう。むしろ、「理想的」状態とは理念型とは異なり、人間的自然の多様性やカオスの状態のなかにあるのかもしれない。いずれにせよ、歴史的現実においては、小規模集団ならいざしらず二〇世紀の大規模化した組織において、かつてマルクスが想定したようなアソシエイション――成員全員が、自ら出資し・働き、生産し・自己管理する組織――はほとんど皆無といえ、現時点では実現しえていない(94)。未来の社会組織形態としてのアソシエイションについては、先行の社会主義者と同様に、具体的積極的な看取図を提示することに成功しなかったといわねばならない。

想いおこせば、一六世紀のドイツ農民戦争や一七世紀イギリスにおけるピューリタン・名誉革命、一八世紀のフランス大革命など、いつの時代にも、現実は不十分で限られたものであるがゆえに、変革を希う人々の理念と情念は燃え上がり、そしてまた歴史的現実の有限性・限界性のゆえに、傷ついては消えていく。エンゲルスは、『空想から科学への社会主義の発展』のなかで、フランス革命を準備した偉大な諸思想も「すべての先駆者と同様に、彼ら自身の属する時代によってもうけられた限界をこえることはできなかった。」彼らのめざした「理性の王国は、理想化されたブルジョアジーの王国にすぎ〔ず〕……ルソーの社会契約は、ブルジョア的・民主主義的共和国として」しか生まれえなかった(95)、と述懐する。しかし、彼らが憧憬し推しすすめた「社会主義」もまた、前稿および本稿において縷々述べてきたように、現実には不完全で欠陥をもったものでしかなかった。

疎外された資本主義の現実から、理念的に実態的に仮に一歩の前進を実現しえたとしても、いざそれが実現してみると、そこにおいてもやはり支配・被支配等の人間的諸問題は、究極的に解決されているわけではない。およそ歴史の進行とはそのようなものであろう。それを「真の社会主義」あるいは「マルクス的社会主義」ではないからという居直りや慰めによって、峻厳な歴史的現実から目をそらそうとするのは、およそ説得力をもたない。それこそ恥ずべき思想的理論的怠惰か人間的想像力の欠如というべきであろう。

現存の歴史はたえず未完成であり、理想の完結は恐らくありえない。歴史とは、前代の非完全性をのり超えるべく、今日もまた新たに到達目標を改定し直し、挫折や曲折を経ながらの人々の孜々とした営みからなるのだろう。歴史的生命としてのかくなる道程は、決して止まることはない。したがって、現代を生きるわれわれにとっては、まさにわれわれ自身の有限性を自覚するがゆえに、逆に、かかる歴史的営為にみられるユートピア性に対し、今日的視座からの仮借なき批判を遂行することが不可欠の要件をなす。しかしながら、同時にまた、それら過ぎ去った偉大な壮挙を嗤うこと、忘れさることはできない。彼ら先駆的変革者の自由な未来への羽ばたきは、たとえわれわれの記憶から消え去り無意識の表象と化すとしても、はるかな時空を超えて、今日の日を生きるわれわれの思念のなかに活きつづけることにより、ささやかなりとも、歴史的主体としての前進がおこなわれるのである。

注

（1）①田中清助「マルクスにおける Assoziation の概念について」、『社会学評論』第一八巻第三号、一九六七年一二月、同「アソシアシオン論序説」、『思想』No.582、一九七二年一二月、②道盛誠一「K・マルクスにおける二つのアソシエーション」上、下、『三田学会雑誌』第七四巻第三号、一九八一年六月、同第七四巻第四号、一九八一年八月、③佐藤慶幸『アソシエーションの社会学』早稲田大学出版部、一九八二年、④「社会思想史の窓」刊行会編『アソシアシオンの想像力』平凡社、一九八九年、⑤田畑稔『マルクスとアソシエーション』新泉社、一九九四年、⑥村上・石塚・篠原編『市民社会とアソシエーション』社会評論社、二〇〇四年、⑦大谷禎之助「社会主義とはどのような社会か」、『経済志林』第六三巻第三号、一九九五年一二月、同編『二一世紀とマルクス』桜井書店、二〇〇七年、等の先駆的研究がある。その他にも、ここに挙げることができなかった当該問題に関連する論著が多数あることを断っておきたい。

（2）マルクス・エンゲルス『共産党宣言』（一八四八）、『マルクス＝エンゲルス全集』第四巻、大月書店（以下、『M・E全集』と略称、引用に際しては訳文が異なることがある）。

（3）拙稿「技術・分業・組織の構造的連関とマルクスの『社会主義』論」、『公民論集』（大阪教育大学）第一六号、二〇〇八年三月。

（4）近代的な国民の大勢は、権力の恣意と暴走に対しては極めて警戒的であるが、同時に、彼らが受け入れる社会秩序の基本は、各人の自助独立の精神にあることを示している。このことに関連して、後期のレーニン（一九一八年）は、社会主義建設途上の諸問題を前にして、競争の組織化を意図しつつ、「競争」の二つの意味を区別して次のように語っている。

「社会主義者の攻撃は、決して競争《ソレヴノヴァーニエ》そのものにむけられたことはなく、もっぱら競争《コンクレンツィア》にむけられていた。競争《コンクレンツィア》とは、資本主義社会に固有な、一片のパンと市場における勢力、地歩をめぐる個々の生産者の闘争というかたちの、競争《ソレヴノヴァーニエ》の特殊の形態である。生産者の市場と結びつく闘争的な競争《コンクレンツィア》の絶滅は、決して競争《ソレヴノヴァーニエ》の廃棄をいみしない――反対に、ほかならぬ商品生産と資本主義の廃絶こそ、競争をその野蛮な形態ではなく、人間的な形態で組織する可能性に道をひらくものである」

見られる通り、後期革命後のレーニンは、競争を一般的に廃棄することを意図していない。むしろ逆であろう。「競争《ソレヴノヴァーニエ》（соревнование）」と「競争《コンクレンツィア》（конкуренция）」を明確に区別していることが分かる。

レーニン「論文『ソヴェト権力の当面の任務』の最初の草稿」、『レーニン全集』第二七巻。

本稿では、「アソシエイション」の問題にたいし、主として、システム論（総体的制度設計）的および社会経済史的視角から接近するが、その他にも社会学・政治学的アプローチが考えられる。社会学・組織論的な分析としては、M・ウェーバーはもとよりR・M・マッキーバー『コミュニティ』（一九一七）ミネルヴァ書房、一九七五年、C・I・バーナード『経営者の役割』（一九三八）ダイヤモンド社、一九六八年、さらに、前掲（1）の③佐藤、沢田善太郎『組織の社会学』ミネルヴァ書房、一九九七年、平子友長『社会主義と現代世界』青木書店、一九九一年等があり、それぞれ有益である。

（5）G・M・ホジソン『経済学とユートピア』ミネルヴァ書房、二〇〇四年、作田啓一『個人主義の運命』岩波書店、一九八一年、等。

（6）ドイツ時代（一八四三年以前）マルクスの社会主義・共産主義の受容に影響をあたえた著作としては、プルードンの『所有とは何か』（一八四〇）とともに、ローレンツ・シュタインの『今日のフランスにおける社会主義と共産主義』（一八四二）法政大学出版局、一九九〇年、がある。シュタインはそこで、共産主義よりも社会主義に高い評価をあたえているが、当時のマルクスは、エンゲルスとの二度目の出会い（一八四四年）までは、むしろこれら著作の影響のもとに、社会主義の方に肯定的態度をとっていた。同年の『経哲草稿』においても依然としてその傾向はうかがわれる。さらに後論とのかかわりでいえば、マルクスが再び「社会主義」の用語・概念を積極的な文脈で使うようになるのは、マルクスのイギリス時代すなわち一八六〇年代後半期から七〇年代以降のことになる。しかし、一八四〇年代半ば以降のマルクスの基本的スタンスは、一貫して共産主義者であったといって誤りはないであろう。ただし、前稿に引き続き本稿においても、社会主義・共産主義をとくに区別しない。

（7）オーギュスト・ブランキ『ブランキ革命論集上・下』現代思潮社、一九六八年。

（8）この段階においては、むしろマルクス・エンゲルスの方が、政治的に先進的なフランスの労働運動から多くを吸収したというべきだろう。当時（一八四四–五〇年末）、マルクスがもっとも畏敬し、引きつけられていたのはブランキの戦略・戦術であり、四八年革命の段階においては、ブランキ派「季節社」とマルクスらの「共産主義者同盟」は組織面でも共同戦線を組んでいた（万国革命的共産主義者協会）。五〇年代以降、少数陰謀型革命から多数者革命へというマルクスらの路線転換にともない両者は訣別するが、集権的組織・権力奪取・革命的独裁という方法論は完全には払拭できていない。なお後年、ベルンシュタインは、ヘーゲル弁証法の克服とともに、ブランキズム＝共産主義からの脱却・修正をドイツ社会民主党にせまることになる。

K・マルクス＝F・エンゲルス『共産党宣言』（一八四八）、K・マルクス『フランスにおける階級闘争』（一八五〇）およびF・エンゲルス『共産主義者同盟の歴史によせて』（一八八五）『M・E全集』第四巻、第七巻、第八巻、等。

スタンリー・ムーア『三つの戦術』岩波書店、一九六四年、加藤哲郎『社会主義と組織原理Ⅰ』窓社、一九八九年、エドゥアルト・ベルンシュタイン『社会主義の諸前提と社会民主主義の任務』（一八九九）ダイヤモンド社、一九七四年、等参照。

(9) ドイツで社会主義の思想が普及しはじめた一八四〇年代後期、「アソシアチオン」の語句も労働運動と結びついた体制変革を示す言葉として理解されていく。一八五〇年代半ば以降協同組合運動を展開したヘルマン・シュルツェ＝デリッチュ（一八〇八－一八八三）は、この語のフランス起源・社会主義的意味合いに反対して、協同組合を「ゲノッセンシャフト（Genossenschaft）」と呼称する。ドイツ三月革命の渦中における『新ライン新聞』時代のマルクスにおいては、協同組合＝アソシアチオン設立の呼びかけが一度もおこなわれていないというが、しかし、「ゲノッセンシャフト」という語についでは彼の用語として使われている。なお、F・ラサールの国家補助の協同組合に対し自助の原則に基づく設立を掲げたシュルツェの、シュルツェ・ラサール論争はドイツ労働運動史において重要な意義をもつものであった。

山井敏章『ドイツ初期労働者運動史研究』未来社、一九九三年。

(10) 前掲（1）の②道盛および⑤田畑を参照のこと。なお、フランス史に関連する叙述のなかで、固有名詞的に「アソシアシオン」という表現を用いることがある。

関連して論及すれば、R・マッキーバーは、浩翰な書『コミュニティ』において、アソシエイションを重要な概念と位置づけ、その考察をおこなっている。そこでは、いわば自然生的な生活共同体である「コミュニティ」に対比し、人為的な目的組織体として「アソシエイション」はとらえられ、かかる理解を基本に両概念を中心軸として構成されている。前掲（4）R・M・マッキーバー。

(11) A・トクヴィル『アンシャン・レジームと革命』（一八五六）講談社、一九九七年。

(12) 喜安朗『近代フランス民衆の〈個と共同性〉』平凡社、一九九四年、前掲（4）沢田、工藤光一「移行期における民衆の『ソシアビリテ』」、『社会史研究』第八号、一九八八年、等参照。

(13) 初期の労働運動においては、職人層と労働者層、また協同組合運動と労働組合運動は未分化の状態にあった。フランスにおいては、「コルポラシオン」はかつてはギルド的同業組合を示す概念であり、「アソシアシオン」＝自発的結社に対し旧い身分制的団体をさし示す呼称であった。しかし、職人層と労働者層の同一化がすすむなかで、コルポラシオンのアソシアシオン化をうながし、一定の意味変化がおこなわれていく。両者の社会的交代と語彙変化の移行期においては、労働者層のなかの対立、とくに保守的な職人親方層の場合には、社会主義的ニュアンスをもった「アソシアシオン」は忌避される傾向があったという。

喜安朗「二月革命におけるパリ労働者階級の構成について」、『史学雑誌』第六六篇第一一号、一九五七年、井手伸雄「一八四八年における『コルポラシオン』の語義」、『史淵』（九州大学文学部）第一〇三号、一九七一年二月、佐藤慶幸『デュルケムとウェーバーの現在』早稲田大学出版部、一九九八年、および藤田幸一郎『都市と市民社会』青木書店、一九八八年、前掲（9）山井。

なお関連して、興味ぶかいことに、現代世界各国の協同組合の名称が、アソシエイションとコーポラティブのどちらを名のっているかについて調べてみると、両者とも存在するとはいえ、今日においては後者（コーポラティブないしコーポレイション）が圧倒的に優勢であることが分かる。その原因を考えるに、上段で述べた歴史的経緯とともに、ロッチデール型組合が大いなる成功を収めた運動史的流れとも関連し、当初の社会変革の理念が希薄化され市場競争に適合していく、すなわち、市民化・大衆化され経営合理化をおしすすめてきた協同組合自体の性格変化に帰因する、協同組合の現実的動向があるとおもわれる。なお、イギリスの協同組合史の問題に関連しては、後述のこと。

W・P・ワトキンズ『国際協同組合運動史』（一九六九）家の光協会、一九七九年、日本協同組合学会訳編『西暦二〇〇〇年における協同組合［レイドロー報告］』（一九八〇）日本経済評論社、一九八九年、および協同組合事典編集委員会編『新版協同組合事典』家の光協会、一九八六年等を参照。

（14）上記の論述は、阪上孝『フランス社会主義』新評論、一九八一年、谷川稔『フランス社会運動史』山川出版社、一九八三年を参考にしている。

なお、労働者運動の「初期的段階」ないし「手工業的段階」は、最先進国イギリスでは一八世紀末、フランス・ドイツ・アメリカでは一八二〇–三〇年代に開始され、その新しい段階への転換は、イギリスではチャーティスト運動の退潮（一八四〇年代末）、フランスではパリ・コミューンの敗北（一八七一年）、ドイツでは社会主義者取締法（一八七八年）、アメリカでは南北戦争の勃発（一八六一年）によって画される。それは、労働組合運動と協同組合運動の分離、さらには、社会主義的方向を目指す近代的政党の興起のはじまりでもあった。松村高夫「マルクス・労働貴族・生産協同組合」、都築忠七編『イギリス社会主義思想史』三省堂、一九八六年、前掲（9）山井、参照。

（15）A・トクヴィル『アメリカの民主政治』（一八三五年および一八四〇年）（上・中・下）、講談社、一九八七年。なお、トクヴィルの上記著作は、第一巻と第二巻が一八三五年に刊行され、第三巻は五年後の一八四〇年に出版された。なお、本稿では、井伊玄太郎訳『アメリカの民主政治』（上・中・下）と松本礼二訳『アメリカのデモクラシー』（上・下）岩波書店、二〇〇五年の両方を参照したが、後者には、原書・第三巻部分が収録されていない。

周知のF・テンニエスの『ゲマインシャフトとゲゼルシャフト』、E・デュルケムの「環節的社会と有機的社会」および、R・M・マッキーバーの「コミュニティとアソシエイション」の論理は、いずれもトクヴィルの播いた「アソシエイションの科学」を発展させたものであるといえる。
(16) 富永茂樹「トクヴィルにおけるアソシアシオンの概念」、『ソシオロジー』第二七巻第三号、一九七九年三月。
(17) 井伊玄太郎「あとがき」、前掲(15)『アメリカの民主政治』所収。
(18) J・J・ルソー『社会契約論』(一七六二)、岩波書店、一九五四年。
(19) 同上。
(20) G・ヘーゲル『法の哲学』(一八二〇)、『世界の名著四――ヘーゲル』中央公論社、一九七八年。
(21) 前掲(14)谷川、高村学人『アソシアシオンへの自由』勁草書房、二〇〇七年。
フランス革命の象徴とみなされるかの「人および市民の権利宣言」(一七八九年)においても、「結社の自由」は法認されるどころか、逆に個人の自由に対立するものとみなされている。結社の禁止令は、一八三〇年代半ば以降緩和された時期もあったとはいえ、それが完全に実現されるのは一九〇一年のアソシアシオン法までまたねばならなかった。
(22) 宮島喬『デュルケム社会理論の研究』東京大学出版会、一九七七年、前掲(13)佐藤、中久郎「社会連帯論と社会主義」、『社会学評論』第二〇巻第一号、一九六九年七月、および、佐藤茂行『プルードン研究』木鐸社、一九七五年、藤田勝次郎『プルードンと現代』世界書院、一九九三年等。
(23) F・エンゲルス『空想から科学への社会主義の発展』、『M・E全集』第一九巻。
(24) サン・シモン『産業者の教理問答』(一八二三―二四)、『世界の名著四二――オウエン、サン・シモン、フーリエ』中央公論社、一九八〇年。
(25) 坂本慶一『フランス産業革命思想の形成』未来社、一九六一年。
サン・シモンはフランス産業革命を先取りした思想家であるというのが坂本の主張するところであるが、実際にも、サン・シモン主義者のなかからペレール兄弟のように、第二帝政下、「馬上のサン・シモン」と呼ばれたナポレオンⅢ世の下で、産業化政策・銀行制度を推進する担い手となった人物を輩出した。

なお、佐藤・見市は、上記坂本の見解に対し、サン・シモン主義の運動を基本的には宗教運動としてとらえるべきだという。佐藤茂行「サン・シモン教について」、『経済学研究』第三五巻第四号、一九八六年三月、見市雅俊「サン・シモン主義

の社会観と実践」、『思想』六二〇号、一九七六年二月。
(26) 同上坂本、および中村秀一「サン・シモン教と普遍的アソシアシオン」前掲（1）の④、所収。
(27) バザールほか『サン・シモン主義宣言』（一八二八－二九）、木鐸社、一九八二年。
(28) 同上、および前掲（14）阪上。

サン・シモン派の「全般的銀行制度」は、彼らの中核的学説とみなされ、産業制度の未来構想を語る上で重要な位置を占めるものであるが、ここに簡単に補足的に要約しておきたい。すなわち、不生産的な所有者の手中にある遊休資産を動産化し、勤労階級に低利で貸付けるための銀行制度を設立すること。それにより、国民経済的視野にもとづく産業・地域の生産的資源の配分と均衡を、中央集中的な信用供与によって実現しようとしたものである。あたかも「一社会一工場」論を彷彿とさせるところがある。しかし、その体系は、実際には、フランスの産業革命前段階における一般的資金不足と高利、金融制度の未発達を背景とするものであり、彼らが意図していた貧しく多数をしめる階級の境遇改善の手段にはなりえなかった。
(29) サン・シモン『産業体制論』（一八二〇－二二）、『サン・シモン著作集』（第四巻）恒星社厚生閣、一九八八年。
(30) サン・シモン『新キリスト教』（一八二五）、『ジュネーブ人への手紙』（一八〇二）日本評論社、一九四八年所収、前掲（27）『サン・シモン主義宣言』。
(31) 前掲（26）中村、前掲（25）佐藤。

サン・シモン主義は、愛に対応する道徳と宗教、知性には科学、力には産業という、愛・知・力の三位一体的な「協同的信仰の体系」であり、宗教を基盤とする聖職者は道徳の分野はもとより、科学や産業活動においても指導性をおよぼす権威的位階制にあった。一般に、「宗教的」制度にあっては「統一」の観念を媒介とし、人間的結合＝社会組織＝位階制＝宗教組織というシェーマが成立するという。
(32) P・ビュシェ「都市賃金労働者の境遇を改善するための方策」、河野健二編『資料フランス初期社会主義』平凡社、一九七九年所収。
(33) 同上河野、および前掲（14）阪上、参照。
(34) P・ビュシェ「『フランス革命議会史』第三十二巻・序文」、同上河野所収。
(35) 前掲（32）河野編。
(36) P・ビュシェのアソシアシオン＝生産協同組合は、人民主権原理の承認の上で政府からの資金援助を期待したとはいえ、ルイ・ブランの「労働の組織」にみられるような政府と完全に一体化した、政治的ないわば「上からの社会主義化」とは異なるものである。むしろ、比較的小規模な作業場（アトリエ）のリズムと共鳴する、社会的変革の独自的追求という基本線の上に労働者の自立性を重視するものであった。ルイ・ブランのアソシアシオン論に対しては、国家の過度の介入という点で批判している。その点では、プルードンの産業的アナルシスムと重なるところがあり、また、後のサンディカリズムの流れに通ずるものがある。しかし、アソシアシオンへの友愛や献身等のキリスト教的理念の導入にかんしては、プルードンは冷めた目でみている。当代の傑出した思想家の一人であるプルードンについては、別の機会に考察したい。なお、マルクスは『ゴータ綱領批判』の中に、ラサール批判とも関連し、ビュシェおよび「アトリエ」派の社会主義運動・生産協同組合について厳しい批判的断片を残している。

(37) 中川雄一郎「キリスト教社会主義とアソシエイション」前掲（1）の④。

(38)「アトリエ」派とは、C・コルボンを主幹に、労働者自身の手になる「アトリエ」紙の周りに結集した労働者社会主義のグループ。同紙は一八四〇－五〇年まで発刊されたが、当時、カベ派の「ポピュレール」紙とともに労働者への影響の点で他紙を圧倒していたという。なお、「アトリエ」とは、職人・労働者の小作業場のこと。

前述のP・ビュシェは、二月革命後、共和制下における憲法制定議会の議長となるが、コルボンはその下で副議長を務め、彼の影響を受けたといわれる。後年（一八六三）、コルボンはその著『パリ民衆の秘密』の中で往時を回顧し、パリ民衆の政治的意識・感性の高さ・鋭さと、それと対照的な個人主義気質と経営管理能力の欠如を挙げ、アソシアシオンの試みは時期尚早であったと否定的な総括をおこなっている。凡俗なヒロイスムと虚妄の活動ほどアソシアシオンにとって悲惨なことはないといいつつ、しかし、「このことは、人びとがこの思想をしりぞけたことを意味しない。……人びとはそれを無限に延期したのである」と述べるのである。

前掲（14）谷川、参照、および前掲（32）河野。

(39) 前掲（32）『「アトリエ」派とアソシアシオン論』等、河野編。岡部造史（翻訳）・小松善雄（解題）「労働者新聞〈アトリエ〉紙のアソシアシオン論」、『オホーツク産業経営論集』第七巻第一号、一九九七年三月。

(40) 同上、河野編。

(41) 競争原理と協同原理という二つの次元の区別は、マルクスの協同組合観および後述のロッチデール消費組合との関連からも興味ある論点が導出される。すなわち、マルクスにおける生産部面こそ経済学の論理的起点および基底点であるとする理解、あるいは生産協同組合重視の観点からは、競争原理容認の発想が導かれることは困難であろう。それに対し、ロッチデール型協同組合が、早くから競争的な市場原理を受け入れていったのは、消費・流通部面を拠点としそこから発展していったことと、無関係ではないとおもわれる。いずれにしても、二つの原理の現実的組み合わせの問題は、いわば戦略的な課題として、これからの協同組合運動およびアソシエイションの発展方向を考察する際に、重要な問題だと考えられる。

(42) 前掲(14)阪上、等参照。

(43) イギリス協同組合運動史についての時期区分は、次の著作に依拠している。前掲(13)W・P・ワトキンズ、G・D・H・コール『協同組合運動の一世紀』(一九四四)家の光協会、一九六〇年、および中川雄一郎『イギリス協同組合思想研究』日本経済評論社、一九八四年。

(44) 永井義雄「ロバート・オーエンにおけるアソシエイション」、前掲(1)の④所収。

(45)「協同」とは人々が力を合わせることであり、したがって、「協同思想」は人類の歴史とともに古くからあるといえるが、「協同組合思想」は、産業革命という歴史的現実の中で資本主義社会に対抗して形成された思想であり、その意味で協同思想の近代的形態といえる。協同思想にもとづき共同体社会を設立しようとする考えを「協同体主義」といい、本論におけるオウエンおよびオウエン主義の運動はそれに該当する。しかし、その後の協同組合運動の主流は「協同組合主義」として、新たな時代状況に適応しつつ、初期の運動にあった目標から離れ、狭義の今日的な意味における協同組合の現実的・組織的発展を図る運動に変化していく。

白井厚「協同組合思想の起源」、前掲(13)『新版協同組合事典』所収。

(46) 前掲(44)。

(47) 五島茂・坂本慶一「ユートピア社会主義の思想家たち」、前掲(47)『世界の名著四二』。

(48) リカード派社会主義とは、D・リカードの投下労働価値説を基礎に、自己労働の生産物の自己所有、すなわち「全労働収益権」にもとづく社会主義を主張する社会思想。本論でのW・トムスンのほか、T・ホジスキン、J・グレイ、J・ブレイ等がその代表的思想家である。

アントン・メンガア『全労働収益権史論』(一九〇三)弘文堂、一九二四年、堀経夫『リカアド派社会主義』日本評論社、一九二八年、鎌田武治『古典派経済学と初期社会主義』未来社、一九六八年、蛯原良一『古典派資本蓄積論の発展と労働者階級』法政大学出版局、一九七四年、参照。

W・トムスンに関連して、①マルクスの経済学はリカード派社会主義の理論を摂取することにより成立したといえるが、「剰余価値論」のマルクスからみれば、彼らは私的所有を克服しえない「小生産者的な社会主義」とされる。学説史上、「空想的社会主義」から「科学的社会主義」への過渡期の理論と位置づけられる。②協同組合第三回コングレス(一八三二年)

での協同組合の運営原則、いわば協同組合運動の最大限綱領と最小限綱領をめぐる、二大指導者オウエンとトムスンの論争では、トムスンが多数の支持を獲得している。J・S・ミルも「最大の論敵ながら尊敬すべき人物」という評言を残している。③イギリス女性解放思想の三大著作として、M・ウルストンクラーフト『女性の権利の擁護』（一七九二）、W・トムスン『女性の訴え』（一八二五）、J・S・ミル『女性の従属』（一八六九、著作名はいずれも略称）が挙げられる。④トムスンの主要著作としては、『富の分配の原理の研究』および『労働報酬論』（一八二四）『人類の半数たる女性の訴え』（一八二五）『協同組合の実践的指針』（一八三〇）等がある。白井厚『ウィリアム・ゴドウィン研究』未来社、一九六四年、等参照。

(49) W・トムスン「労働の報酬」、都築忠七編『資料イギリス初期社会主義』平凡社、一九七五年、平實『協同思想の形成』ミネルヴァ書房、一九五七年、前掲（43）中川。

(50) 同上、参照。

(51) W・キングの思想的背景は功利主義とキリスト教福音主義にあったが、「貧民の医者」としてブライトン地方の福利事業や職工学校の運営等に広くかかわっていた。協同組合論としては、本論中でも指摘した通り、労働者自らの資本による共同社会を目指したが、「労働者の資本」とはいえ資本の概念・運動を受容するとき、資本の論理が貫徹することによって、それはもはや「労働の協同体」＝アソシエイションとはいえなくなるだろう。しかし、ブライトン系の協同組合は短期間のうちに急速な発展をみせ、「合理的な経営」「現金取引の原則」「良質商品の供給」「会計制度の健全化」等、後の「ロッチデール原則」に影響をあたえ継承されていく経営方針の提示があった。前掲（49）ブライトン協同慈善基金組合「協同」、都築編、同（49）平、同（43）中川。

(52) 前掲（43）G・D・H・コール、およびジョージ・ヤコブ・ホリヨーク『ロッチデールの先駆者たち』（一八九二）協同組合経営研究所、一九九三年。

(53) 同上コール。なお、関連して前掲（45）および（48）の②を参照のこと。

(54) 同上コール。

(55) 同上コール、参照。「ロッチデール原則」の骨格は、一八四四年先駆者組合創設時の「規約」（登記用の「定款」三二条からなる）のうちに示されていたが、実践の中で精錬され体系化され「原則」の形を整えていった。なお、当時においては、協同組合を法的に保護する根拠法がなく、本来は共済組合むけの「友愛組合法」（一八三六年）を援用するかたちで登録がおこなわれた。その後、最初の協同組合法となる一八五二年の「産業・節約組合法」によって、広範な経済活動が許容されるようになり、また、先駆者組合の一〇年（一八五四年）を機に「規約」の改正がおこなわれ、教育基金に関する原則等が追加された。

（56）前掲（43）中川、前掲（49）平。

イギリスの協同組合設立の試みにおいて短命ではあるが（一八四八－五四年）、フランスの四八年革命と前述ビュシェ等の影響のなかで、アソシエイションを主要原理とし生産者協同組合（Puroducers' Association）を創設しようとする、J・モウリス、J・ラドロウ、E・ニールら、キリスト教社会主義の運動があった。彼らは「労働に応じた利潤分配」を主張し、「購買高に応じた分配」を実施する消費者協同組合（Consumers' Cooperatives）主導のロッチデール組合や、その系譜をひくCWS（卸売協同組合連合）と対抗する。しかし、CWSの路線を擁護し「消費者主権」を「産業民主制」の基礎とした、ベアトリス・ウェッブによる生産者協同組合批判、およびその後のCWSさらにはICA（国際協同組合同盟）の圧倒的影響下において、彼らの協同組合運動への貢献は歴史の闇に消えていった。

当時、「利潤分配」方式をめぐる問題は、協同組合経営上の重要な実践的争点をなしていたが、この点について、マルクスにしてはめずらしく、かなり立ち入った方針提起をおこなっている。すなわち、協同組合発展の「基金」の設立を訴えたあと、「協同組合がありきたりの中間階級的株式会社に堕落するのを防ぐため、協同組合に働くすべての労働者は、株主であってもなくても、平等な利益配分を受けとらなければならない」と。しかし、その後の協同組合の主流的流れが、「平等分配」ではなく「購買高分配」に落ち着いて今日に到ることは、本文に示したとおりである。マルクス「暫定中央評議会代議員への指示」（一八六七）、『M・E全集』第一六巻。

なお、本稿においては、キリスト教社会主義者のアソシエイション＝協同組合運動についての考察は、省略する。キリスト教社会主義については、上掲コール、平、前掲（37）中川、および同「キリスト教社会主義とB・ウェッブ」、白井厚監修『協同組合論の新地平』日本経済評論社、一九八七年、等を参照されたい。

（57）同上コール、松村高夫「一九世紀第三・四半期のイギリス労働史理解をめぐって」（上）、（下）、『日本労働協会雑誌』No. 224, 225、一九七七年一一月、一二月、E・J・ホブズボーム『イギリス労働史研究』ミネルヴァ書房、一九六八年、および古賀秀男『チャーティスト運動の研究』ミネルヴァ書房、一九七五年、ドロシィ・トムスン『チャーティスト』日本評論社、一九八八年。

先の（13）の問題意識と重なるが、イギリスの協同組合運動の歴史において、オウエン主義者（立場は違うがJ・S・ミルも）までは、「協同組合」の理念的内容においてもまた用語の問題としても、「association」の語に出合うことができる。

しかし、ロッチデール組合以降の時代になると、今日一般化されている「cooperative」あるいは「cooperative societies」が常用され、アソシエイションの語は見かけなくなる。なぜだろうか、前々からの疑問の一つである。上述（55）とも関連し、コールによれば、先駆者たちは協同組合に関する根拠法がない下で、設立と登記にあたっては慎重を期し法務官の検閲に合格すべく、「法律上の身分を付与するのに受け入れられやすい名称や規約を考案」したと書いている。コールの記述はここまでであるが、一つのヒントを提供してはいる。

また、W・P・ワトキンズによれば、レオン・ワルラス（有名な一般均衡理論の定式者）はパリ時代、労働信用組合の書記として、A・タランディェ（ホリヨークのロッチデール関連本の仏訳者）とともに協同組合雑誌の編集に携わっており、「この組合の機関誌は、最初『結社』〔アソシアシオン〕と呼ばれていたが、のちに『協同組合』〔コーペラティブ〕と変更された」。アソシアシオンの国フランスにおいても、この変更によって、協同組合と他の結社との違いが理解されるようになった、と記している。いずれにせよ未だ不分明な点は多いが、最先進国イギリスにおける消費組合運動の圧倒的隆盛等の、近代協同組合生成期の諸過程を経て、社会変革のニュアンスを濃厚にもつ狭義の「アソシエイション」に代わり、「コーポラティブ」の語が定着していったのではないか、とおもわれる。

上掲コール、前掲（13）W・P・ワトキンズ、および道盛誠一「協同組合株式会社」渡辺佐平編『マルクス金融論の周辺』法政大学出版局、一九八〇年、等参照。

（58）なお、ドイツにおいてもマルクスに先立って、アソシアチオン概念の受容と協同組合運動の発展があった。四八年「三月前期」のドイツの政治情況およびマルクスとの関連で、近年とみに注目されている、ヴィルヘルム・シュルツは、早くも一八三〇年代前半期に外来の「アソシアチオン」概念を導入・論説するとともに、それにもとづく「農業生産協同組合」を構想している。W・シュルツにおいては、すでに「唯物論的歴史観」ともいうべき独自の社会変革思想の展開があり、マルクスの理論形成にも影響をあたえたとみられ、『経哲草稿』や『資本論』等において引用されている。また時期を前後して、農村窮乏化の問題ととりくみ協同的ゲマインデの建設を唱えた、ドイツ社会主義協同組合の理論的先駆ともいわれるL・ガルおよびF・シュトロマイヤーがいる。さらに、協同組合運動の実践的方面では、K・ヴィンケルブレッヒの「職業別アソシアチオン」、H・シュルツェ＝デーリッチュの「手工業者協同組合」、F・ライファイゼンの「農村信用組合」、そしてまた、ロッチデール型組合をドイツに移植したV・フーバーの「労働者消費・住宅組合」等がある。いずれも、後進的ドイツの社会政策的な改革志向と結びついた面があるにしても、注目に値する思想的・現実的運動があった。しかし、その考察は別の機会にあたえられることを期待し、本稿においては割愛する。

山中隆次「シュルツとマルクス」、『中央大学九〇周年記念論文集』、一九七五年七月、植村邦彦「W・シュルツ研究の新段階」、『一橋研究』第五巻第三号、一九八〇年一二月、同「『自由なアソツィアツィオーン』と個体的所有の再建」前掲（1）の④、同『シュルツとマルクス』新評論、一九九〇年、および近田錠二「L・ガルとF・シュトロマイヤー」、『社会思想史研究』No.10、一九八六年、平實『社会政策的協同思想』ミネルヴァ書房、一九五八年、前掲（9）山井、等を参照されたい。

（59）前掲（2）マルクス・エンゲルス『共産党宣言』。

（60）K・マルクス『資本論』、『M・E全集』第二三巻a。

（61）カール・マルクス『経済学批判要綱（一－五分冊）』（一八五七－五八）大月書店、一九五九－六五年。マルクスの諸著作の中で、歴史のダイナミズムと歴史の三段階把握のシェーマ化が、もっとも鮮やかにあたえられているのは『要綱』であろう。

（62）K・マルクス『経済学・哲学手稿』（一八四四）、『M・E全集』第四〇巻。

（63）マルクス・エンゲルス『ドイツ・イデオロギー』（一八四五－四六）、『M・E全集』第三巻。
なお、『経・哲草稿』および『ドイツ・イデオロギー』段階のマルクスは、未だ全面的に「Assoziation」の語の使用に踏みきっておらず、同様の意味内容をもつドイツ語の「Verein」ないし「Gemeinschaft」を併用していた。前掲（1）の②道盛および花崎公平訳『新版ドイツ・イデオロギー』合同出版、一九六六年。

マルクスは『ドイツ・イデオロギー』の中で、観念的なヘーゲル弁証法における概念の自己展開の方法を皮肉って「無前提の好きなドイツ人」と揶揄しているが、ここでは同様にヘーゲルおよびマルクスに対し、「三段階の好きな律儀なドイツ人」ということができよう。

（64）前掲（1）の②道盛、⑤田畑、⑦大谷、および植村邦彦「マルクスの『アソシアシオン』論」、岡村・佐々野・矢野編『制度・市場の展望』昭和堂、一九九四年、参照。

（65）マルクスの論理的方法に対する批判を念頭におき、弁証法の悪用・「弁証法の罠」について論及した次の論考がある。参照されたい。山本広太郎「資本主義批判の射程」、『経済学論集』（大阪経済法科大学）第三〇巻第二・三号、二〇〇七年三月、同「弁証法と共産主義」、『経済学論集』第三四巻第一号、二〇一〇年一二月。

（66）K・マルクス『フランスにおける階級闘争』（一八五〇）、『M・E全集』第七巻。

（67）K・マルクス『ルイ・ボナパルトのブリュメール一八日』（一八五一－五二）、『M・E全集』第八巻。

（68）前掲（61）カール・マルクス『経済学批判要綱』。

（69）なお、マルクスのアソシエイション把握に関連して、『資本論』中における協同組合理論として、第Ⅲ部第二七章「資本主義的生産における信用の役割」の下記の有名な文章がある。
「労働者たちの協同組合工場は、旧い形態のなかでではあるが、旧い形態の最初の突破である。……資本と労働の対立は、この協同組合工場のなかでは廃止されている。……このような工場が示しているのは、物質的生産力とこれに照応する社会的生産形態のある発展段階では、いかに自然なかたちで一つの生産様式から新たな生産様式が発展し形成されるかということである。……資本主義的株式企業も協同組合工場と同様に、資本主義的生産様式からアソシエイション的生産様式への過渡点とみなされるのであって、ただ、一方では対立が消極的に、他方では積極的に止揚されているだけである。」

この章句等をもって、一般に、マルクスは協同組合運動に一貫して好意的であり、そしてまた、六〇年代後半以降のマルクスにおいては、協同組合運動にたいする評価の積極的方向への転換がおこなわれたとする通俗的理解があるが、必ずしも正確ではない。マルクスの当該問題に対する現状認識および社会変革への展望および革命と改良の問題とも関連し、これらの重要な問題群については別稿を用意したい。
（70）前掲（60）K・マルクス『資本論』。
（71）平田清明『市民社会と社会主義』岩波書店、一九六九年（論文として初出は一九六八年二月から一九六九年七月）。なお、ほぼ同時期に（正確には若干先行して）同様の論旨からなる「個々人的所有」論が廣西によって上木されていた。廣西元信『資本論の誤訳』青友社、一九六六年。
いうまでもなく、この論争の底流には、現存社会主義国の様々な否定的現象に対する批判と新しい社会主義像への模索が内包されており、例えば、平田は現行の「国家社会主義」に対して自主管理型の「市民社会的社会主義」を提唱する。しかしまた、その後平田は、市民社会派からアソシエイショニストへと転回する。「個体的所有」論を「市民社会」概念と結びつけて論ずることもなくなるが、さらに一九八〇年代後半になると、もう一度、A・グラムシの「市民社会」概念と関連させて論じている。植村邦彦『市民社会とは何か』平凡社、二〇一〇年、参照。
（72）F・エンゲルス『反デューリング論』（一八七八）、『M・E全集』第二〇巻。
通説は、エンゲルス『反デューリング論』のさきの見解にはじまり、レーニンの支持的言説を経由し、一九三六年のスターリン憲法に採用されることによって国家公認の支配的学説となっていった。新説は、「個人的所有」の具体的像としては、市民社会的所有論・協同組合的所有論等々百家争鳴の観があるが、詳細については省略する。しかし、既述のように、いずれもマルクス的三段階論の解釈の枠内で議論がなされていることに変わりない。なお、論争全体を鳥瞰するものとして、西野勉「〈否定の否定〉〈個人的所有の再建〉」、富塚・服部・本間編『資本論体系3．剰余価値・資本蓄積』有斐閣、一九八五年、および西村可明『現代社会主義における所有と意思決定』岩波書店、一九八六年、等がある。

上記において西村は、「『否定の否定』における具体的解釈となるといくつもありえ……一義的分明性に欠如するものだといえる」という発言をもって、論争の収束を図っている。

（73）現実はいつも理論より豊かである。K・ポパーによれば、「閉じられた体系」は「想像力の貧困」を意味するものにほかならない。なぜなら、「変革の諸条件が変化することを想像できないから」。カール・ポパー『歴史主義の貧困』（一九五七）中央公論社、一九六一年。

（74）近年アメリカを中心に、「市場社会主義論」など多方面から重要な問題提起がおこなわれており、G・コーエン、E・ライト、J・ローマー等のアナリティカル・マルクシズムの潮流がある。しかし、ここでは省略し関説しない。詳細は別の機会に待ちたい。エリック・ライト『階級・危機・国家』中央大学出版部、一九八九年、ジョン・ローマー『これからの社会主義』青木書店、一九九七年、トム・メイヤー『アナリティカル・マルクシズム』桜井書店、二〇〇五年、高増明・松井暁編『アナリティカル・マルキシズム』ナカニシヤ書店、一九九九年、等参照。

（75）モーリス・ゴドリエ『経済における合理性と非合理性』（一九六六）国文社、一九八四年。

本書におけるゴドリエは、全体としてマルクス批判をおこなっているわけではなく、むしろ「構造内矛盾」と「構造間矛盾」という矛盾の二つの概念を明確化することによって、マルクス主義の方法論的進化をはかることを意図していた。

（76）前掲（60）K・マルクス『資本論』。

なお、岩田、藤田は下記論著において、旧社会主義諸国における商品生産論争の検討の中から、マルクスのいう商品生産の前提条件とは異なり、①社会的分業と②経済主体の相対的分立性の二条件を提示している。②の条件は、マルクス『資本論』のいう私的所有に対応するものであるが、それよりも射程が大はばに緩和され長くのばされる。さらに、藤田は、経済活動にとって重要なのは、コンピュータ「情報」などの技術的条件よりも社会・経済的条件にあり、「情報・利害・刺激」の三要因をセットとして充足する商品生産・市場システムの優位性を指摘し、「将来」（二〇〇〜三〇〇年）においても「商品生産の永続は確実と私は考える」と結論する。岩田昌征『比較社会主義経済論』日本評論社、一九七一年、藤田整『ソヴエト商品生産論』世界思想社、一九九一年。

コンピュータなど情報処理・経済計算能力等の問題に関連しては、V・グルシコフ、V・モーイェフ『コンピュータと社会主義』岩波書店、一九七六年、塩沢由典『市場の秩序学』筑摩書房、一九九〇年、参照。

(77) K・マルクス『ゴータ綱領批判』(一八七五)、『M・E全集』第一九巻。
(78) 前掲(72)『反デューリング論』。
(79) 周知のように後期マルクスは「共産主義」を低次・高次の二段階に分けたが、その低次段階を「社会主義」と呼んだのはレーニンである。前掲(77)『ゴータ綱領批判』。レーニン『国家と革命』(一九一七)、『レーニン全集』第二五巻。
(80) 同上。
　価値概念と定在の関係、すなわち価値規定の本質・原則と価値形態・商品形態の問題に関連して、『資本論』第Ⅲ部第七編第五〇章に次の章句がある。「資本主義的生産様式が解消した後にも、社会的生産が保持されるかぎり、価値規定は、労働時間の規制やいろいろな生産群のあいだへの社会的労働の配分、最後にそれに関する簿記が以前よりもいっそう重要になるという意味では、やはり有力に作用する。」
(81) 上段の分析に関連し、青木は下記著作においてマルクスの経済構想における「非商品経済の無理」や「労働に応じた分配」の挫折等の問題を詳論している。また、すでに岡も、価値法則と社会主義計画経済の概念が相容れないこと、「社会全体として何をどれだけ、いかにして生産するかを統一的に決定する主体の欠如」を問題にしている。青木國彦『体制転換』有斐閣、一九九二年、岡稔『計画経済論序説』岩波書店、一九六三年。参照されたい。
(82) 前掲(48)参照。
　マルクスは、すでに『哲学の貧困』(一八四七)時点においては、プルードンの先駆けをなすものとして、J・ブレイの「労働全収益権」論にもとずく「労働貨幣」の構想について批判しているが、それは近時注目されている「地域通貨」と類似のものであり、ここでのマルクスの「時間紙券」構想も、それらと大同小異のものとおもわれる。ただ一つ異なる点があるとすれば、マルクスの場合には、「全般的な社会変革」つまり「プロレタリアート独裁」論が前提されていることであろう。マルクスの共産主義＝アソシエイション構想の本質的特徴を考える上で、この点の理解は重要である。
(83) K・ポパー『歴史主義の貧困』(一九五七)中央公論社、一九六一年。
(84) F・ハイエク『科学による反革命』(一九五二)木鐸社、二〇〇四年。
(85) 塩沢由典「合理化と計画化」、『二〇世紀社会科学のパラダイム』岩波書店、一九九三年。
(86) 前掲(61)K・マルクス『経済学批判要綱』。
(87) ラドスラフ・セルツッキー『社会主義の民主的再生』(一九七九)青木書店、一九八三年。
(88) K・マルクス『土地の国有化について』(一八七二)、『M・E全集』第一八巻。

パリ・コンミューン後のほぼ同じ時期に書かれた『フランスにおける内乱』にも、同趣旨の文言がみられる。K・マルクス『フランスにおける内乱』（一八七一）、『M・E全集』第一七巻。

（89）前掲（87）R・セルツキー、および田中慎一郎「古典マルクス主義と社会主義経済の集権モデル」、『商経論集』（北九州大学）第一七巻第二・三号、一九八二年一月。

なお、マルクスにおける経済理論（集権主義）と政治理論（無政府主義）の矛盾・相剋の問題（内容は異なるが）を、最初に提起したのは管見のかぎりH・ケルゼンだとおもわれる。ケルゼンはまた同時に、マルクス主義が志向する未来の共産主義社会の特徴を、「自然の秩序」に対する「人為の秩序」だと論定している。ハンス・ケルゼン『社会主義と国家』（一九二三）木鐸社、一九七六年。

（90）前稿（前掲（3））でも考察したように、マルクスは『資本論』第I部第四編第一三章「機械と大工業」の章で、機械制大工業の下での協業と分業の発展、旧来の分業の廃棄と労働の転換、全体的に発達した個人の生成について論じている。しかし、近代大工業制の現実は、マルクスの想定を裏切ったのかあるいはマルクスの想定が非現実的であったのか、いずれにせよ、ますます分業は分化・発展をとげ、マルクスのいう「全面的に発達した個人」は未だ夢のまた夢といわざるをえない。

前掲（89）田中、（81）青木、および中岡哲郎『人間と労働の未来』中央公論社、一九七〇年、同『工場の哲学』平凡社、一九七一年参照。

（91）前掲（77）『ゴータ綱領批判』。

（92）前掲（8）E・ベルンシュタイン『社会主義の諸前提と社会民主主義の任務』（一八九九）。

（93）前掲（3）拙稿。

（94）前掲（4）沢田、ジェームズ・L・アダムズ『自由と結社の思想』聖学院大学出版会、一九九七年、ロベルト・ミヘルス『現代民主主義における政党の社会学』（一九一〇）木鐸社、一九七三年、W・H・ホワイト『組織のなかの人間』（新版）東京創元社、一九七一年、椎名重明編『団体主義』東京大学出版会、一九八五年、等参照。

（95）前掲（23）F・エンゲルス。

第四章　マルクスにおける「人間本性」の把握について

——「利己性」と「利他性」をめぐって——

はじめに

社会科学の原理的方法や思想の根底には、たとえ無意識的にせよなんらかの人間論、人間本性に関する考察と理解がよこたわっている(1)。

マルクスにおいては、まずはじめに、人間の一般的規定＝「人間本性 das menschliche Wesen」の本源的把握があり、人間の人間らしい自然的在り方として、「類的本性 Gattungswesen」（『経哲草稿』）「共同本性 Gemeinwesen」（『ミル評注』）がとらえられている。それが彼の資本主義論、その基礎をなす商品交換・市場論においては、その疎外態である競争や「利己心 self-love, Eigennutz」となり、人間の特殊・歴史的規定として、人間性の否定的映像とされ反転して現れる。さらに、共産主義社会における人間像はその反措定として、資本主義下における物象的関係から解放された類としての普遍性、即自・向自の肯定的人間像＝「類的本性」「共同本性」に再反転する（＝否定の否定）。したがって、「類的本性」「共同本性」こそ初期マルクスの人間原像であり、それが高次共産主義社会において復活・再建され、本源的かつ理想としての「人間本性」であるとされるのである。なおつけ加えれば、初期マルクスにおける類としての協同的人間なるとらえ方は終生かわらないが、前稿でも述べたように後期『資本論』においては、「全体的に発達した個人」として、生産力発展の担い手として論理的に上向した次元でとらえられることになる、といえよう(2)。

共産主義下における発達した人間諸個人は、いまや物質的・精神的に狭隘な限界から解き放たれるがゆえに、原子論的個人の境域を超えた全面的な自然・社会関係の洞察が可能となり、諸個人はもはや「利己心」に捕らわれることなく、全社会的な計画的協同性の達成が可能となる。すなわち、本来かくあるべき「人間本性」が新たに復活・再生することによって、はじめて共産主義社会の建立が成就されると、されているのである。

したがって、少なくとも、マルクスに「人間論」がないというのは、謬論であると言わなければならない。たとえば、M・ウェーバーが近代資本主義とそこにおける人間類型の成立を、プロテスタンティズムの倫理との関連で解き明かそうとしたように[3]、共産主義の実現においても、それに適応・準備することができる人間類型が求められることは、自明の理であろう。その限りマルクスにおいても同様であり、決して、人間不在の新社会建設論ではありえない。しかしながら、これまで、マルクスの人間把握については、「現存社会主義」の失敗という現実との関連からもその分析の基礎的重要性が要請されるにもかかわらず、理論的批判的に検討されてきたものは少ない[4]。将来の共産主義社会をつくるのは人間自身であり、経済学の問題は人間学の問題とならざるをえないことの、重大な閑却であったといえる。然して、そこにおいて問題となるのは、マルクスの場合、かかる「人間論」が十分体系的に展開されているか。そこでの人間は現実に即していかに把握されているか。その結果として、共産主義社会の実現可能性が「科学的」に論証されるものとなっているか、ということにある。

本論においては、マルクスにおける「人間本性」論の批判的検討をおこなう。その原点は、初期マルクスにおける「類的本性」「共同本性」と疎外された市民的人間の「利己心」＝self-love の理解およびその連関にあり、「利己心」の分析こそ問題把握のキイ・タームをなすものである。その際、本稿においては、社会生物学とりわけ現代進化論の視角からのアプローチを試み、そこでの知見を摂取しつつ、マルクスの所説の批判的再整理をおこなおうとするものである。さらに本稿の後半部では、前段で明らかにされた生物進化の理論と市場論およびアダム・スミスの思想・論理との相似性について比較・照合を試みる。敢えてここで、結論を先どりしていえば、進化生物学の知見およびスミス「利己心」[5]論の検討より、「利己性」もまた人間の自然的属性に外ならず、生命体である限り利己心＝自愛心＝self-love はなくならない。むしろ、それは人類進歩の動因ですらある。したがって逆に、「共産主義」社会がたんなるユートピアに終わらないためには、かかる論理をふまえた現実的な未来像が構築される必要があるということになる。

なお、マルクスの「利己心」および「共同本性」（あるいは「類的本性」）の概念の検討に際しては、社会生物学等においてほぼ同意義で代替的に使われる「利己性 selfishness」および「利他的 altruism」等の用語によって、考察をすすめる。

Ⅰ　マルクスにおける「人間本性」の把握

自由で自律的な「自我」「自己意識」の確立ということは、西欧近代の哲学思想の一貫した主題であった。自己を独自の個として自覚するということは、他の異なる自己＝非我との出会いにおいて、相互自己性＝他者性を承認することを意味し、それは、とりわけドイツ古典哲学においては、「全体」としての「共同体」（＝「国家」または「類的存在」さらには「共産主義」etc.）のうちに包摂された個、その共同体への回帰・一体化として展開されていく。ここに想起される自由な共同体および類的本性との連環的把握の問題は、現実の後進的ドイツにおける不自由なる人間的個我の反照として、カントからフィヒテ、ヘーゲル、フォイエルバッハまで、極めて強固な問題意識および希求としてあり、その発想の基底をなすものであった。マルクスの人間性把握が、かかるドイツに特有の精神的風土を継承しその上に受容・反撥・形成されたものであることは、その思想的成立の前提をなすものとして理解されておかなくてはならない[6]。

マルクスは、一八四三年春『ライン新聞』を辞去しパリに移住する。途中、クロイツナハにおいて、ヘーゲル法哲学の批判とともに、彼の最初の市民社会批判の書であり、また彼の人間論の原点ともいうべき、「ユダヤ人問題によせて」（一八四三年）が著される。同書によれば、市民社会の原理は「実際的な欲望、利己主義」であり、人間世界を互いに敵対し合うアトム的な個々人の世界にかえる。市民社会の「利己主義の神は、貨幣」であり、「貨幣は、人間の労働と存在とが人間から疎外されたものであって、この疎外されたものが人間を支配し、人間はこれを礼拝する。」「政治的革命は、市民生活をその構成部分に解消するが、これらの構成部分そのものを革命し批判することはしない。」[7]

ここでのマルクスは、かつてのヘーゲル的な「理性国家」の脱却の上に、『ライン新聞』時代からの懸案であった共産主義の評価の問題に、課題を焦点化しつつあることがうかがえる。たしかに、「共産主義」の語は未だ使われていないものの、いまや、「市民社会」の原理そのものが批判の俎上におかれ、そこでの「利己的な個人」とその神たる「貨幣」が問題とされる。したがって、マルクスにとって、かかる疎外からの解放は「類的存在」（＝全体としての共同体）への回帰よりありえなく、「政治的解放」すなわち政治的国家の下での国家と宗教の分離と自由、市民的貨幣神たるユダヤ教からの宗教的解放・政治的革命にとどまるものではなく、人間そのものの奪還すなわち「人間的解放」が目標とされるのである。人間としての「類的本性」への帰還、最終的な人間的解放という論理からみて、それは、後のマルクスの共産主義の核心にあるものと同一である。

パリ時代、マルクスは精力的に経済学研究を開始する。『経哲草稿』（一八四四年）はその成果をなすものであるが、A・スミスの国民経済学＝私的所有の経済学を批判し、「疎外された労働」について、①自然・労働生産物からの疎外、②人間自身・労働からの疎外、③類的存在からの人間本性の疎外、④人間からの人間的諸関係の疎外を摘出する。かくて「共産主義は、完成された自然主義として＝人間主義であり、完成された人間主義として＝自然主義である。それは、人間と自然とのあいだの、また人間と人間とのあいだの抗争の真実の解決であり、現存在 Existenz と本質 Wesen との、対象化と自己確認との、自由と必然との、個と類とのあいだの争いの真の解決である」[8]と。ここでは、「類的本性」を基軸に私的所有の支配する社会を批判し、類への帰還としての全般的解放＝「共産主義」を導出していることが明確になる。

また、『経哲草稿』とほぼ同じころ書かれた『ミル評注』（一八四四年）においては、「類的本性」にかわる「共同本性」（Gemeinwesen）という語彙への発展的使用が現れるが、『国富論』におけるキイ概念であり端緒範疇でもある「交換」（ないし「交換性向」）が、人間固有の「共同本性」からの疎外態であり、「利己心」を前提としたものだと批判される。

「国民経済学は、人間の共同本性を、いいかえれば、自己を確証しつつある人間本性、類的生活・真に人間的な生活のために人間が営む相互的な補完行為を、交換ならびに商業という形態でとらえている」[9]。言うまでもなく、それはマルクスにとっては、社会的交通の疎外された形態にほかならず、私的所有関係の内部での利己的で没社会的な人間の疎外された姿に外ならない。しかし、この段階でのマルクスには、資本家と労働者という対抗関係および剰余生産という理解が萌芽的にはあるものの、未だ「資本主義」[10]という用語もその概念的認識もない。前段での「市民社会」の上に経済学的認識としての「私的所有」が肉付けされた世界がとらえられているといっていいだろう。いずれにせよ、自分の生産物のなかには自分自身の対象化された利己心があり、また相手たる他者のなかに自分に無関係で疎遠な、対象化された利己心が見いだされるとする。

したがって、「人間の本性は、人間が真に人間的な共同本性にあるのだから、人間は彼らの本性の発揮によって人間的な共同体を、すなわち、個々の個人に対立する抽象的・普遍的な力ではけっしてなく、それ自体それぞれの個人の本性であり、彼自身の活動、彼自身の生活、彼自身の精神、彼自身の富であるような、社会的組織を創造し産出[11]」しなければならないとするのである。

要するに、マルクスにおいては、「人間本性」（＝人間としての本性）は「類的本性」「共同本性」に外ならないものとみなされ、また逆に、人間の「利己心」は疎外された市民社会の原理であると否定的に把握されていた。

利己心は、生命体としての人間の自然的属性ではなく、私的所有が生みだす特殊歴史的な社会的属性ととらえられていたがゆえに、一方では、利己心は私的所有の廃止とともに消滅し、他方では、共同本性が人間にとって本来的なものとして共産主義社会で実現する、と考えられた。しかし、そこには、経験的事実にもとづく分析を超越した、普遍的次元、人類史全体を抽象的に表現する、「類的存在」＝「共同本性」という観念的把握があるだけである。未来の共産主義社会において、利己心がどのようにして克服・止揚されるのかという重大問題についても、なんら説得的現実的論証がなされているわけではない。私的所有の廃止と資本主義の廃絶というネガティブな論理からの推論だけでは、ポジティブとしての「利己心」止揚の科学的な証明とはなりがたいこと、言うまでもない。結局のところ、「類的本性」―「利己心」―「共同本性」という弁証法的三段階論に照応する、人間の「類的本性」「共同本性」という概念が抽象的・理念的にあたえられているにすぎないといえよう。ヘーゲルの「否定の否定」の弁証法はマルクスの共産主義的人間論に継承され具体的分析を欠落させた、一つの「形而上学」的命題に転化していったといいうるのである。(12)

先の三著作に隣接する『ドイツ・イデオロギー』（一八四五年）においては、分業と私的所有とは同一のことを意味するとし、分業は生産組織と所有形態をつなぐ媒介環とされ歴史展開の素描があたえられる。したがって、「社会を共産主義的に組織するという任務」は、結局分業の廃止にかかっており、「私的所有はただ諸個人の全面的発展という条件のもとでのみ廃止される」とする。(13)つまり、「類的共同性」が「全面発達した個人」という分業・生産組織レベルにおいて、将来の共産主義社会と新しい人間類型創出の論理が緊密に結びつけられ提起される。この「諸個人の全面的発達」という命題は、その後、『哲学の貧困』や『共産党宣言』を経過し、『資本論』において、近代大工業制度の生産力基盤の上にマルクス独自の論理として十全に展開されることになること、前稿での既述のとおりである。かかる意味において、一八四〇年代前半のこの時期に、早くもマルクス共産主義論と人間論の原型が成立し、それが基本型として生涯貫通されることになるとみなされるのである。

最初にも述べたように、マルクス「共産主義」論の前提となる「人間本性」＝「共同本性」という把握は、カント以来のドイツ古典哲学の問題意識を継承するものであるとともに、後段で別の視角から究明することになるが、生命にとって本来的な独自の「利己性」という自然的契機・属性[14]が捨象された、極めて非現実的・観念的な形而上学的な思弁の上にたつものであったと言わなければならない。

Ⅱ　進化生物学における「自然選択」の論理と「利己性」・「利他性」

以下では、上述マルクスの「人間本性」の把握を批判的に検討すべく、その一つのアプローチとして、現代生物学における生命の進化と動態、そこにおける「利己性」という問題がどのように説明され解答を与えられているかについて、考察していきたい。

第一節　ダーウィン「進化論」と「自然選択」の論理

われわれ人類は生物の一変種である。人類が人間に進化したのは約一八〇万年前・新生代の第四紀であり、四〇数億年の地球的時間の中では比較的最近のことである。遺伝学的にみても、遺伝情報DNA塩基（A・T・G・C）の遺伝暗号表上におけるアミノ酸配列数一四一個は、哺乳類においては共通である。そのうち、われわれヒト（正確には現生人類ホモ・サピエンス）とウシ・ウマ・ウサギなどとは二〇個前後の配列・アミノ酸座位が異なり、ヒトとゴリラの場合には一箇所・二三番目のアミノ酸が異なるだけだという。生物と人間とは種の起源を共通しとりわけ霊長類は遺伝学的には遠い存在とはいえない[15]。とはいえ、動物の生態や行動様式が、人間の本性を考察する際に同一の基礎を提供することになるというわけでは決してない。過去の社会ダーウィニズムに照らしても、その社会への安易な適用はいましめられなければならないだろう。しかし逆に、人間の独自性に照明をあてることになる場合にさえ、生物学の知見や方法は大いに参考になるものがある。[16]

生物学の領域の議論においては、「利己性」（＝「利己心」）の問題は自明の前提とされ、およそ議論の対象にならない。むしろ反対に、理論的考察の対象になるのは、多くの哺乳動物や社会性昆虫にみられる「利他性」（＝「協同性」）の問題である。しかし、ここでは、利己性・利他性の問題を論ずる前に、その前提として、ダーウィン進化論における「自然選択 natural selection」の原理について、まずかんたんにみておきたい。

チャールズ・R・ダーウィンは、次の二つのことを明らかにすることによって、人類の上に偉大な貢献をした。一つは、地球上のすべての生物は共通の祖先を持ち、進化してきたということ、もう一つは、その進化のメカニズムを「自然選択」（＝自然淘汰）の論理によって説明したことである。「自然選択」とは、すべての生物種には個体的変異があるが、一定の自然環境の下では各生物種の多産と繁殖には限界があり、自然界の厳しい生存競争は環境に適応する有利な個体種だけを残すことになる。このような自然界の選択をとおして生物の進化はおこるとする考え方である。かつての世界「創造」説に対して、生物「進化」の理論は、ダーウィンに半世紀先立つJ・B・ラマルクのうちに、すでに体系的な形で見いだされる。しかし、ラマルク説にみられる、生物は単純なものから複雑なものへ発達するという「定向進化」説、および後天的な諸器官の発達・退化等の「獲得形質」の遺伝（用・不用説）という命題は、その後理論的・実証的訂正をうける。すなわち、形質（＝表現型）における機能上の変化・発達は遺伝子には影響をおよぼさない（セントラルドグマ）とされ、「進化論」のダーウィン以降の段階においては否定されていく。[17]

ダーウィン『種の起源』による自然選択の原理は、T・マルサスの『人口論』における「生存競争 struggle for existence」およびH・スペンサーの「最適者生存 survival of the fittest」等の社会科学理論の影響をうけて成立したことは有名であるが、[18] 当時の啓蒙的進歩主義や合理的演繹論の風潮に対し、主としてイギリス経験論の帰納と実験・検証の方法を積み重ねることによって、できあがったものである。本論においては、そこにみられるダーウィン独自の方法原理は、⑴有限性――生物にあたえられた厳しい環境と生存競争、⑵非完全性――完璧に設計された自然という観念の否定、⑶偶然性――適応度最大化をもとめての一回性の試行錯誤、の三点においてて集約されると考える。したがって、換言すれば、自然選択の論理においては、目的論的決定論あるいは必然性論は排除されており、生物体は目的意識的な行動によって環境への適応がおこなわれるのではなく、結果として、ア・ポステリオリに自然選択がおこなわれていくとされるのである（ラマルク説の否定）。したがってまた、上記三点に焦点をあて考察するならば、後述するように興味深いことには、自然選択のシステムと市場メカニズムの間には、極めて重要な原理的相似性が認められることである。

進化論の発展についてさらに付言すれば、ダーウィンとグレゴール・メンデルは同時代人であった。メンデルはダーウィンを知っていたがダーウィンはメンデルを知らなかったようである。ダーウィンは自然選択による生物の進化が遺伝の働きによると考えていたが、遺伝のメカニズムと「遺伝子」については知らなかった。オーストリアの小さな僧院の植物学研究者・メンデルの発見した遺伝の法則は、その重要性にもかかわらず長らく無視されたままであったが、一九〇〇年に三人の生物学者によってそれぞれ別に再発見され、さらにそのうちの一人H・ド・フリースは、翌一九〇一年不連続な遺伝性の変異すなわち「突然変異」を発表する。このようにして前世紀（二〇世紀）の始まりとともに、両学説の統合による新しい集団遺伝学・分子進化学が興り大きく発展することになる。前世紀の前半には「進化総合説」は隆盛をむかえ、前世紀後半には、突然変異の原因が遺伝子の偶然的浮動による（遺伝形質として重要なものほど頻度が少ない）ものと解明され、また同時に、突然変異に有利・不利の方向性はない、つまり自然選択に中立的である（頻度差はある、遺伝は概して保守的という）とする「分子進化中立説」が現れ、今日では定説となっている。[19]

第二節　「利己性」に基礎をおく「利他性」の三つのステージ

先にもふれたように、生物学においては利己性は自明の前提であり、一見利他的に見える生物の生態こそが解明すべき研究対象となっている。非利己的行動の説明は「社会生物学の理論的中心課題」といえる。ダーウィンにとっても、動物の「性選択[20]」と「利他行動」の二つの問題は最大の理論的アポリアとして、「自然選択」を基本原理としながらいかにこれらの問題を整合的に説明するかということが、彼をもっとも悩ませた問題であった。ここでは、われわれにとっての問題関心により、性選択の問題については省略し、利他性（＝協同性）の問題に限定して考察する。ここで、「利他性」＝「利他的行動」というのは、後にE・O・ウィルソンおよびR・トリヴァースにより、「他個体の利益のためになされる自己破壊的な行動[21]」あるいは「行為者のコストによって他個体に利益を授ける行動[22]」を意味し、そこにおける「コスト」とは、さしあたり一般的には、「コストは繁殖成功の減少として測定される」ことになると定義される。

遡って、この問題こそダーウィンを悩ませた難問であった。草原におけるジリス（リスの一種）の危険負担の多い歩哨・警声行動や社会性昆虫における姉妹不妊ワーカー等、多くの生物や動物にみられる利他的（＝自己犠牲的）行動を、どのように説明するかという問題として理論的・実証的に提起される。というのは、利他的に行動する遺伝子をもった個体ほど被捕食者・犠牲的消耗品となり易く、それゆえ再生産される確率が低くなり、それら諸個体からなる集団は子孫を残さず次第に淘汰され消滅してしまうはずである。つまり、むしろ生物界には「利己的」遺伝子のみが残り、逆に自然選択の結果として利他的個体がみられなくなるだろう。とすれば、今日あるような生態系は維持されなかったはずである。実際、ダーウィン自身の回答には多くの苦闘の跡や齟齬がみられる。しかし、上にも述べた二〇世紀以降の分子遺伝学の発達は、自然選択における個体単位から遺伝子中心（とはいえ、遺伝子の培養器としての単位はやはり個体である）への理論的旋回がおこなわれることにより、この問題に対する明快な解答があたえられていくのである。

おいている。

「利他性」の問題は、主として以下の三つの方向・ステージにおいて解決されている。⑴血縁性、⑵見返り効果、および⑶寄生現象の論理的説明、がそれである。いずれも遺伝子レベルにおける「利己性」の理論に基礎をおいている。[23]

⑴　血縁性の利己的遺伝子理論

社会性昆虫といわれる膜翅目（アリ・ミツバチ・アシナガバチ）と等翅目（シロアリ）には、自ら直接には子孫を残さず、他個体の子育てを手伝いコロニーを防衛する不妊カースト（働きバチ・兵隊アリなど）があることは、よく知られている。この不妊ワーカーの自己犠牲の見返りは何なのか。彼らの形質はどのように受け継がれていくのか。これらのことは、長い間大きな謎であったが、現在では、遺伝子中心の分子遺伝学理論において、以下のように解明・説明されている。

すなわち、有性生殖する大部分の動物（人間をふくむ）は、二倍体の性決定システム（男のX・Y、女のX・Xの性染色体）をもつが、膜翅目の性決定システムは半倍数性という特異なものであり、非対称的な血縁関係をもたらす。たとえば、アシナガバチの巣には、一般に一匹の女王バチがおり、彼女は一度の新婚飛行での雄バチとの結合（雄バチは交尾時に死亡）によって精子を胎内に獲得・貯蔵し、残りの生涯（約一〇年あまり）をその時の精子の一定量をつかい産卵をくりかえす。その場合、すべての卵が受精されるわけではなく、雌は受精卵から発生し通常どおり二倍体となる（両親それぞれからもらった染色体を有す）が、雄は未受精卵から発生し一倍体（女王バチである母親からの染色体だけを有す）となる。つまり、遺伝学的に雄は母親をもつが父親はもたず、したがって、姉妹と兄弟は遺伝子の四分の一を共有するだけである（膜翅目は女性社会である）。それに対し、姉妹の間では四分の三の遺伝子（半数体である父親の遺伝子の一〇〇%と母親ゆずりの五〇%）を共有することになるが、そこでは興味ぶかいことに、姉妹の血縁関係が実に母娘の遺伝子の共有度二分の一よりも血縁度において濃密となる。かくて、不妊ワーカーたちは自分の子どもを生み育てるよりも、女王の産む自分たちの姉妹を育てる方が、遺伝子的には自己の利益となる[24]。

このような特異の有性生殖のシステムがどのように進化してきたのか等、多くのことがいまのところ分かっていない。しかし、ある一定の稀少で有限な環境条件と、社会性昆虫のあまりに高い繁殖速度（地球上の生物種の四分の三は昆虫であり、南北両極をのぞく全域に生息）との間に自然選択が働いて、多産を抑制すべく、利他的な不妊ワーカーを生みだしたのではないかとの考えがある。現代分子進化論の遺伝子中心の理論においては、個体は遺伝子を宿す仮の器でありやがて死滅するものであるが、遺伝子こそは諸個体をこえて永続的に存続するものであるとされる。いずれにせよここでいえることは、その基底には、各個体の血縁性を媒介とした「利己的遺伝子」がプログラミングされており、その働きによってかかる一見利他的な生態行動がみられることである。

(2) 「見返り」効果——互恵的利他行動と進化のゲーム理論

動物（人間を含む）の世界は天使の集まりではない。先述のように、利他的行動＝協働関係も、各個の利己的欲求の追求の結果として生じたものである。それでは、利己的行為がなぜ利他的行動につながるのか。上述の(1)血縁性の利己的遺伝子理論においては、遺伝子の共有度を基底とする血縁的信頼関係が基礎にあることをみた。その場合、血縁の濃密度＝「近縁度」（例えば、兄弟は二分の一、祖父は四分の一、イトコは八分の一である等）に従って、遺伝子保存の利益と自己犠牲の対価がつり合えば、利他的コストが費やされても勘定が合うことになる。すなわち、近縁度をr、利益をB、コストをCとし、Br＞C（ハミルトンの不等式）が成り立てば、一般に利他行動が遂行されうるとされる[25]。子、孫、イトコ、友人、隣人、ただの通行人等、近縁度と関係性が薄くなるに従って同心円状に拡散し、自己犠牲＝利他的行動がみられなくなるということである。もちろん、個々の動物（人間も）が、その都度このような打算的で複雑な計算をするわけではなく、プログラム化された遺伝子の指令にそい、いわば本能的な行動としておこなわれることはいうまでもない。

C・ラムズデン＝E・ウィルソンによると、生物の社会性、すなわち協働・利他行動・分業・統合性等は、進化過程からみて四つの頂点・段階に画されるという。(26) ①群体性の無脊椎動物（サンゴ・クラゲ等）、②社会性昆虫（前出）、③ヒトをのぞく社会性の哺乳類や類人猿、④ヒト。このうち、①は単一の受精卵に起源し、各個体はまったく同一の遺伝子的構成からなる。したがって、個体の自然選択は容易に血縁選択と同化する。②の社会は、①と比べると統合度が高いとはいえないが、③・④の社会よりはるかにまとまっている。③の哺乳類社会の成員については、かなり独立性が高く自己中心的であり争いや殺戮もしばしばおこる。④についてはひとまず保留するが、概して、進化につれて小規模集団から大規模の集団へ発展するとともに、血縁的関係が希薄化していくと見うけられる。それにもかかわらず、血縁関係をこえて集団＝社会を形成していくのは、主として捕食者および競合相手から自らを護り生存を維持・再生産するためだと、とらえられている。その場合、問題は、そこにどのような統合と秩序形成の論理が働いているかということである。

哺乳動物や霊長類・類人猿においては、敵に対する防衛や攻撃あるいは身うち内での結託・報復・連合行為など、広汎な社会性的関係とそれにともなう利他的行動も観察されている。(27) とはいえ、あらゆる個体に無作為におこなわれる純粋な利他行為の例はほとんどなく、そこには相互に自己利益をもたらす何らかの互恵的関係が認められる。それはもともと、小規模集団内における血縁性（ネポティズム）から派生したものだと考えられるが、ともあれ、血縁関係のない個体間における相互社会的な互恵的行為は、人間社会においては顕著な特徴としてみとめられる。しかし、これら発達した利他主義＝協力関係の場合にも、社会的規模やサイズにみあった利己主義があり、お返しや見返り＝互恵関係に対する期待が絡んでいることである。したがって、R・トリヴァースによって、「互恵的利他主義 reciprocity altruism」（＝互酬制）とは、「その行為によって、最初のコストを上回る見返り利益がもたらされるときに生ずる」協力的な行動、と定義されている。(28)

互酬制のシステムあるいは協調関係に関する理論モデルとして、「囚人のジレンマ」ゲームがあることは有名である。ゲーム理論は、もっとも簡単には、二人の囚人による「協力」と「裏切り」という対称的な戦略の下での利得をシミュレーション比較するものであるが、いずれを選択するにせよ、要は各自の利得の最大化が企図される。上記のもっとも簡単なモデルでは、両者の選択の組み合わせの結果は四通りとなるが、周知のように、利己主義を貫いた「裏切り」戦略が最高の戦略となる。[29] ところが、コンピュータ・プログラムを使った同じゲームを、一回限りでなく回数を決めずに繰り返しおこなう（実際には約二〇〇回、参加人員二六名・対戦数計一〇〇万回超）、「反復囚人のジレンマ」ゲームの全米選手権大会では、全二回とも「しっぺ返し Tit for tat」という戦略が優勝している。「しっぺ返し」戦略は、第一手は「協力」を選びそれ以降は前の回に相手が選んだ同じ手を使うという簡明な戦略であるが、全面「裏切り」戦略やその他高度な戦略の優位にたつことが、明らかになっている。すなわち、互恵制を基礎においた「しっぺ返し」戦略は、ゲーム理論の生物進化学への適用において、「進化的に安定な戦略（Evolutionarily Stable Strategy = ESS）」[30] といわれる。

互恵制＝相互的利己主義のもとで、自己利益を実現しながら同時に協力関係が進化するとすればある種の理想的均衡状態にあるが、このシステムの問題点は、お返ししないで背信する「食い逃げ」等のシステム撹乱の誘惑がつきまとうことである。「見返り」＝「しっぺ返し」戦略の特徴は、自分の方から裏切らないこと、裏切りに対しては見過ごさず果敢に反撃・阻止すること、協力関係の回復に寛容に対処すること、しかも発達した頭脳を必要としないことによって、[31] ＥＳＳ＝互恵的利他主義を可能にすることである。しかし、かかる戦略が有効であるためには欠かせない必要条件がある。背信者の識別と裏切りに対する報復のチャンス、とりわけ後者に関連するつき合いの長期性の問題は、安定的な協調関係を進化させるうえで、不可欠な要件となる。もとより協調とは無条件の協調ではなく、その点では、「お人よし」戦略は協調関係＝互恵関係を進化させるものとはなりえず、また長期的には、相手がエゴイストであることは必ずしも致命的な障害ではない。したがって、「進化のゲーム理論」が導く協同関係の基本戦略は、信頼関係でも利他主義でもなく、安定した互恵主義＝ＥＳＳの継続である。つまり一回限りではなく長期的な相互関係が互恵主義を生み育てる、といえる。それは、永続的に存続可能な利己的な遺伝子レベルの進化として達成されるのである。道徳や文化などよりはるかに長く強固な、いわば無意識下の自然的・本能的・生得的性向として、われわれのなかに受け継がれているのである。

(3)　寄生＝相利共生現象

植物と動物が共生・合成して生成した原生生物ミドリムシ、菌類と藻類がいっしょになった地衣類、アリアカシアと共棲するアリ、哺乳動物やヒトの体内にすむ腸内細菌等、生物界には、宿主（ホスト）と寄生者（パラサイト）の間になんの血縁関係もないのに、お互いに利益を得ながら「相利共生」している、いわゆる「寄生＝共生」現象が多くみられる[32]。最近の進化生物学においては、これら共生関係はきわめて注目されており、生物の発生とともに古いのではないかといわれている。寄生＝共生関係はたんなる外面的関係でなく、またたんに平和的な互恵関係でもなく、それぞれの行為者は自己の利益にもとづいて行動しており、相互の利益が衝突し様々な問題（ガン・免疫不全の発生等）がおこることも知られている。いずれにせよ、ここにみられる現象にはきわめて興味ぶかい問題があるが、基本的には、上述の遺伝子を中心とする互恵的利他行動と同一の論理の枠組において解析されるものであり、これ以上の重複する諸問題についての論及は省略したい。

以上要約すれば、生物界に広くみられる利他的形質は、既述の(1)血縁性、(2)見返り効果、(3)寄生＝相利共生、の道筋をたどって進化してきたものである。いかなる生命の営みも、かくいう「利己性＝利他性」という形での、秩序の編成と一つの「統合」の世界を成立させているのである。

Ⅲ　自然選択と市場システムおよびスミス「利己心」の体系

第一節　自然選択の原理と市場システムの「相似性」

先にも述べたように、自然選択の原理と市場メカニズムの間には、極めて重要な論理的「相似性」が認められる。すなわち、本論にいう⑴有限性、⑵不完全性、⑶偶然性の論理である。以下順を追ってみていきたい。

まず第一に、前者すなわち自然選択の原理においては、人間・生物世界の「有限性」が論理の前提とされており、その前提の上に、生存をめぐっての競争と最適者生存の理論が導きだされその不可欠な構成部分とされている。また、後者の市場原理においては、その基本的前提・方法・出発的制約として「希少性」の論理と「限界原理」がおかれ、それが人間行為の普遍的出発点・大前提とされている。経済学のいう市場システム下における合理的「経済人」（ホモ・エコノミクス）の行動、すなわち「経済 economy」＝節約の原義は、言葉と視点をかえていえば自然選択の原理と同様の、かかる有限的前提条件の下における論理的メカニズムを問題にするものにほかならない。

第二に、上記とも関連し、自然選択下にある生物諸個体は、意識的計画的に外的環境条件への最適者になろうとして行動するわけではなく、ただ所与の条件下において食餌（生存）と生殖（繁殖）の自己拡大要求にもとづいた、必死で盲目的な行為者として存在するだけである。したがって、目的論的に合理的なもの・完全なものが生き残るわけでは必ずしもなく、結果としての適者生存に落ち着くといえるだけである。生物界およびわれわれの社会の実相は「非完全性」の社会にすぎない。個体としての生物は「進化」を望んでいるわけではなく、不完全であればこそ進化するのだといえよう。市場参入者の個々の欲求最大化・利潤最大化にもとづく行動についても同様であり、行為者の願望の行方および全社会的均衡・社会的最適配分の成否は、必ずしも当初の企画の限りではない。

したがってまた、第三に、生物・人間諸個体は人為的計画的な所産としてではなく、見えざる「偶然性」の世界に生きてきた。機能上の変異や変型はあるにせよ、進化の基本過程はそれを構成する素材と成分、遺伝子の組合わせという、偶然性が組み込まれた遺伝子プログラミングの分子的作業に制約されている。カエルの子はカエルであり人間としての個体が鳥のように自由に空を飛べるようになるとは考えられない。たしかに人間は自由で主体的な存在であり、文化的・学習的・意識的行為の広汎な領域があるにせよ、(33)何十億年もの歳月をかけ選択と適応をくり返してきた生物と人間の世界は、上記の文化的領域をふくめ、遺伝子の長期的に安定的な基本設計のプログラムのもとに、その同一性が保持・再生産されているのである。たんなる理性的・人為的な革命の数十日・数年間では変わりえない次元の問題がある。市場システムにおいても、長大な進化史のなかでは未だはるかに短命であるといえ、自然選択と同様の、試行錯誤と偶然性が組み入れられた生きた秩序世界の、かかる編成原理として存在しているのである。

それに対し、マルクスの共産主義像においては、全面発達した個人と全社会的な計画的統御、直接・事前的一致という有限性を超越した理性的な完全性の社会、さらにまた、「自然史的必然性」とその必然性を超えた「自由」の世界として描かれる。しかし、すでに述べてきたように、後期マルクスが、『ゴータ綱領批判』において描出するような、泉のように湧きあがる生産力、諸個人の全面的発達等、偶然性を超越した社会とは、所詮、現実には到達不能な形而上学的ユートピアにすぎないといわざるをえない。全宇宙の創造物である人間は、残念にもというべきか、そのようなものとして遺伝子的にプログラミングされ存在しているのではない。われわれにとって可能にして確かな理想とはかかるユートピアではなく、たとえ仮に夢に欠けるとしても、現にある人間本性にみあった理想・未来として提示・追求されなければならないであろう。

ここにあらためて、上述の(1)有限性、(2)非完全性、(3)偶然性、という論理構造を、市場システムと自然選択のもとでの協同関係＝利他主義の相似性という観点から、再度考察しておきたい。すでにみてきたように、協調関係の進化にとって不可欠の必要条件は安定した互恵主義の継続であった。すなわち、背信者の識別と裏切りに対する報復のチャンス、つき合い・関係行為の反復性と長期性の問題であった。人間をふくむ高等動物と下等動物を分かつ分水嶺は、この認識・識別能力＝脳の大きさにあり、脳内の枢要かつ少なからぬ部分（大脳新皮質）がその処理のためにあてられているという。[34] 進化史を顧みれば、次第に生活する集団の規模は大きくなり個体の識別能力を越え、個体相互がいわばたんなる「他人」になるとき、それを代位し補完するなんらかの機構・システムが必要となる。市場とは、まさにこの難問を解決しており、安定的に協同関係が進化するための、一つの自然史的な補完機構とみなすことができよう。

市場機構は、個々の市場参入者をその都度識別できないとしても、時間的・空間的に再びつき合う確率を高め、また社会的慣習や制度的な契約規範を発展させることにより、安定した社会的互酬＝協同の場をいわば自生的につくりだす。市場における行為者は、必要とするもの・与えるものが各自異なる（異質性の変換）ゆえに、その基盤の上に各々自分が与えたものと同等の見返りを期待し、それは互恵の場としての市場において実現される。その際、貨幣は、たんなる交換の媒介者としての役割だけでなく、背信・「食い逃げ」は無論のこと、お返しの過少、公正の欠如（ケチ・ダマシ等）を質的・量的に量ることにより、互恵的利他主義を代弁する。往々いわれるように貨幣は利己主義の権化であるとともに、むしろ互恵主義的公正性、安定した利他的交換の象徴として機能する。[35] 人類史をたどっても、その進化史の大半は小さく固定した地域や集団の中で生活しており、互恵的利他主義が広汎にして真に展開される場は、[36] 近代社会の誕生までまたねばならず、歴史の実相としては、市場システムのもとでその実現をみるのである。市場とは、あらゆる個体に対し、無作為・広範囲に利己的にして利他的な互恵的交換がおこなわれる場に外ならない。それは動物にはみられない、人類進化の創造物といえよう。

現実は必ずしも一回・一日限りのゲームではなく、むしろ行き先の見えない行為の繰り返しからなり、また、プレーヤーも我と汝の二人の対決ではなく不特定多数の関与者によるゲームからなる。現在の欲求の大切さは未来への期待を上回るとはいえ、反復による安定の進化のなかでは、一は他に未来は逆に現在に影響を及ぼし、互恵的利他主義を育てずにはおかない。日常生活の多くは、ゼロ・サム的状況つまり勝者が一人だけの最大得点を目指す競技とはかぎらない。むしろ現実的には、容赦のない二者択一的で排他的関係よりも、互恵的協調から複数の参加者がそれぞれ一定の利得を引きだすような場合の方が、圧倒的に多いといえよう。まさに競争的市場においては、近代的（経済人の）合理性＝最大化基準は進化的な安定性概念におきかえられなければならない。要するに、生命あるものは、眼前の現実たる有限の自己と偶然的な外的制約のもとで、長い自然史のなかで身につけた各個体の自然的・必然的努力において、不完全な利己性を基礎としながら、自己の外なる他の同様の利己性と協同することによって、自らの生命を維持・再生産していくという。それが、ダーウィンの自然選択と拡張された現代進化論の論理であるとみなすことができる。

第二節　スミスの「自然的自由」の体系と「利己心」

すでに市場システムと自然選択原理の相似性をみてきたわれわれには、容易に推察されるところであるが、経済学の父・アダム・スミスの説く思想・哲学は、驚くほど自然選択の論理に近似していることが分かる。スミスの生きた時代はダーウィンより一〇〇年近く先立ち、いわば近代産業資本主義の揺籃期にあったが、彼は、イングランドへの吸収・合邦（一九〇七年）後におけるスコットランド啓蒙運動の基本主題である、新たな市民社会理論（F・ハチスン、D・ヒューム、A・ファーガスン等）の構想をふまえ、また、師ハチスンの「人間的自然」や仁愛の道徳哲学を継承・批判・超克しつつ、人間の本性を究明し、その基礎のうえに安寧と富裕な社会秩序を考究しようとした。その成果と結晶が、かの『道徳情操論』（初版一七五九年、最終第六版一七九〇年）[37]および『国富論』（一七七六年）の二大著作である。

スミスは『道徳情操論』において、人間にとって本源的な「利己的情感 self-love, self-interest, selfish passion」と、人間社会におけるその発露の不可避性をよく洞察しており、それゆえそれに偏しないような慎慮、自制、中庸という人間関係の在り方を称揚し、その判断を公平無私の「観察者 spectator」にゆだねる。かかる利己的人間の他者との協同すなわち社会的交通の手がかりは、仁愛 venevolence や理性 reason にではなく、他者にたいする「同感 sympathy」に求められることになる。[38] この場合、同感とは、自他の「想像による立場の交換」を意味するが、利他的に他者の立場に没入すること（それは何人もなしえない）ではない。「人類 mankind は、他人の身の上に起こった事柄に関しては、主たる当事者を興奮させるのと同程度の情感を感ずるということは決してありえない」。当事者「原本の悲しみ」と第三者の「憐憫・同憂の情」は正確には同じものではない。とはいえ、「二つの情操は、社会の調和を維持するに必要な程度において互いに一致しうる」[39]のだとする。あくまでも、同感の基礎は自己にありながら、同感＝交換を媒介として本論にいう「互恵的利他性」となり、かくて社会秩序が担保されるとするのである。

スミスの場合、上記に関連して重要なことは、人間本性とその社会的編成・秩序の方法論的出立点をダーウィンと同様、「不完全な被造物 imperfect creature」[40]としての個体たる個人においていることである。したがって、T・ホッブスのように社会形成の端緒に社会契約を必要とせず、また、正義や公共の安全についても、個人に先だつ全体としての社会を必要としない。周知のように、公共の福祉については社会の存立にとって必要最小限でよいというのが、スミスの見解である。「社会の異なる成員の間に何ら相互的な愛着や情宜が存在しないとしても、……社会は分解するとは限らない」「個体に対するわれわれの関心は、全体に対する関心からは起こらない。……全体に対するわれわれの関心は、その全体を構成している異なる個体に対してわれわれが感ずる特定の関心から合成され、できあがっている」[41]という。

スミスが目指したものは、マルクスのいうような一つの有機体的な完全性の全体社会ではなく、「事物自然の成行き natural course of things」あるいは「自然的自由の体系 natural system of liberty」と呼ばれるものであった。『国富論』においてはそれが社会経済学的にさらに具体化されるが、ともあれ、一八世紀中葉の産業の揺籃期における社会秩序と編成・統合、したがって換言すれば、それら社会的秩序と繁栄の基礎にある「勤勉と怠惰」の問題についても、スミスは個人的人間の利己的本性から説いていく。「自分の生活状態をよくしようとする各個人の自然的努力は、自由安全に活動することを許されるなら、きわめて強力な原動力であって、それだけで、なんの援助もなしに、社会を富裕と繁栄に導くことができる」[42]。些か楽観的に過ぎるようだが、スミスにおいては、諸個人の利己心を強力な誘因とする勤勉と努力は、いわば自然の摂理として、私人の富裕とともに社会の活性化と繁栄の礎であるととらえられているのである。

かくて、『国富論』冒頭篇（第一篇第二章）の有名な章句において、スミスは次のようにいうのである。「人間は、仲間の助けをほとんどいつも必要としている。だが、それを仲間の博愛心にのみ期待しても徒労である。むしろそれよりも、もしかれが、自分の有利になるように仲間の自愛心 self-love を刺激することができ、そしてかれが仲間に求めていることが仲間自身の利益になるのだということを、仲間に示すことができるなら、その方がずっと目的を達しやすい。……われわれの食事とその備えは肉屋や酒屋やパン屋の博愛心によるのではなく、かれら自身の利害 their own interest にたいするかれらの関心による。われわれがかれらに呼びかけるのは、かれらの博愛的な感情にたいしてではなく、かれらの自愛心にたいしてであり、われわれ自身の必要についてではなく、かれらの利益についてである」[43]と。

おわりに

以上考察してきたように、諸個人の行動は、有限で不完全な制約条件のもとでおこなわれるのが常態であり、それゆえ、善くも悪しくも、諸個人every manの主観的意図とその社会的結果の直接的事前的一致はありえず、いわば「見えざる手invisible hand」に導かれた自然と、偶然的な諸結果に帰結せざるをえない。本論の中心テーマにもどれば、本源的に利己性が個体としての人間の基礎にあるとしても、自己の存続のためには他者の存在は有利にして不可欠であり、まさにその結果として互恵的利他性が生みだされていく。したがって、人類史の長い歴史的プロセスを通観してみても、両者は必ずしも矛盾するものではなく、相互依存の関係にあり、どちらも一面的に否定されてはならないしされるものではありえない。その限り、マルクスの市民社会における「利己性」論と、その反措定としての、未来共産主義社会における人間本性＝「共同本性」論は、現実に生活する生きた人間の営み、そこにおける不可分の両者をいわば分断するものであり、かかる意味において、未来社会の基礎的「人間性」論とはなりえないだろう。いかなる歴史的社会形態においても、「利己性」と「利他性」＝「共同性」は、マルクスのいうように二項対立においてとらえられるものではありえない。

われわれが生活する社会は、聖人・君子の集まりからなるわけではない。美味しいものが食べたい、賢い子どもを育てたい、少しでも快適なところに住みたい等の、欲求と願望に囲まれて日々の生活が営まれていく。それは、恐らく、共産主義の社会でも変わらない。もちろん、ときにはわれわれ凡夫にも、釈迦やイエスのように、私心を超えて他人や社会のために自らの命をなげうってと想える崇高な瞬間がないわけではない。しかし、それはほとんど一瞬であり長続きはしない。誰しもまずは自分のことを考える。逆に、この世の中がみな聖人・君子（＝優等生）をめざすものばかりであるとしたら、僅かな個人主義の過剰が咎め立てされることになりかねず、むしろ、ゆったりとくつろげる快適な世界となるどころか、われわれの意に反して、羽目を外すこともない無味乾燥した退屈で窮屈なものとなるかもしれない。そのような「理想社会」を唱道することは、宗教家や道学者の仕事に任せておけばよい。

社会科学の任務は、「利己心」＝「自愛心」をもったごく普通の当たりまえの人間、かかる平凡な人間が織りなすリアルな現実を前提とした上で、どうしたらよりよい社会（過剰なエゴイズムは抑制する等）を築けるか、どのような実現可能な社会システムがありうるか、適切なのかを、求索することにほかならない。出発点はあくまで生きた人間諸個人である。諸個人は利己心を基礎としながらそれと共生しそれを互恵的関係に転生させることこそが目標となる。したがって、利己心を人間の本性として承認するかしないかによって、人間の未来社会の在り様＝「青写真」がまったく異なるものとなること、もはや多言を要しないだろう。

「利己心」を否定し「人間本性」を追求する思弁哲学や、総ての判断基準をマルクスの片言隻句に求める発想法からは卒業しなければならない。共産主義の未来を語るにしても、本稿に即していえば、われわれの生の現実性においては、人類の一つの知的達成としての、ダーウィン進化論における「自然選択」の論理やスミスの「利己心」の体系は安易に投げ捨てられるべきではなく、ポジティブな意味合いにおいて再検討される必要があるだろう。マルクスとの関連において、わが国ではこれまでもヘーゲルの弁証法や歴史哲学については、十分に研究・受容されてきた。改めて論ずるまでもなく、マルクスの近代資本主義批判の深さと鋭さの意義を減ずることにはならないが、ダーウィンによる生命進化のナチュラル・ダイナミクスと諸個人の自律性と発展を基軸にすえたスミスの歴史的パースペクティブは、そのブルジョア的狭隘性を批判したヘーゲルはもちろんマルクスのそれよりも、意外にも、遙かに遠く広い視野をもっていたといえるのではなかろうか。

とはいえ、眼前の資本主義経済とその基礎にある市場システムに限界があることは誰の眼にも明らかである。その限界性をのり超えようと苦闘した先人社会主義者たちやマルクスのいわばユートピア的代替案を、より現実的で実現可能なオールタナティブにかえていくことは、二一世紀世界の歴史的要請といえる。およそ社会革命というものが、その基底としての人間革命をともなわざるをえないものである以上、歴史上はじめて諸個人の自由と尊厳を希求しえた近代民主主義とその革命的な思想と精神を、爾後の革命（プロレタリア革命であれ何であれ）において、その制限性を一面的に否定するよりさきに全き意味において包摂し、なおさらに、より明るい豊かなそして実現可能な未来社会へ前進させていくことは、類としての人間の知恵として至極当然のことであろう。

注

（1）マルクスには、たしかにホッブズ『リヴァイアサン』（一六五一年）第Ⅰ部「人間について」、D・ヒューム『人生論』（一七三九年）やスミス『道徳情操論』（一七五九年）のような、一つの体系的な「人間論」の著作はないとはいえ、後論に示されるように、決して社会科学の基礎としての人間に関する洞察がないわけではない。断片的ではあるが、とくに初期マルクスにおいては、本稿にいう「人間本性」の探求がみられ、その論理は、基本的に後期においても貫通している。

なお、「人間本性」とはドイツ的な耳慣れない言葉であるが、マルクスの用語 das menshliche Wesen の Wesen の意を汲みとろうとしたものである。一般的には「人間性」という言葉に通ずるものであるが、初期マルクス特有の理性による理解＝「概念的把握 Begreifen」の意義内容を伝えるべく、敢えて「人間本性」とした。単に本質把握された人間性というほどの意味と考えてよい。

（2）拙稿「アソシエイションとマルクス」花伝社、二〇一一年一二月。

（3）マックス・ウェーバー『プロテスタンティズムの倫理と資本主義の精神』（一九〇五）岩波文庫、一九五五年、同上『プロテスタンティズムの教派と資本主義の精神』（一九二〇）、『世界の大思想三〇―ウェーバー宗教・社会論集』河出書房新社、一九七四年、およびR・トーニー『宗教と資本主義の興隆』（一九二六）岩波文庫、一九五六年。

（4）従来のマルクス研究の通説的見地を超えて、マルクス社会主義論そのものを批判的に検討したものに中野および千石等の著作があるが、また、とくにマルクスの「人間論」に照明をあてたものとして山本の論稿がある。参照されたい。中野徹三『社会主義像の転回』三一書房、一九九五年、千石好郎『マルクス主義の解縛』ロゴス、二〇〇九年、および山本広太郎「スミス・マルクス・社会主義」『経済研究年報』（大阪経済法科大学）第一五号、一九九六年一一月、同「マルクスの資本主義批判と共産主義」『経済学論集』第二七巻第一号、二〇〇三年七月。

（5）A・スミスの self-love は、「利己心」と邦訳されてきたが、日本語で「利己心」というと「自分の利益だけを念頭において、他人の迷惑を考えようとしない心」（『広辞苑』）と一般に理解されている。しかし、スミスの self-love は、社会的広がりを排除するものでなく、諸個人は自分のことをまず第一に考え、そうすることによって全体としての社会は調和するという意であり、近代的自立的個人からなる社会を想定したものである。その点については、すでに社会科学者の間では広く了解されており、本稿でもそのような意味で「利己心」という言葉を使用する。

（6）ここでは、紙幅の制約等より詳論できないが、個人と全体社会（＝共同体）との連環および回帰への性向は、近世フランス唯物論やイギリス経験論には見かけなく、ドイツ古典哲学にとりわけ顕著な傾向として認められる。マルクスもそうした思想史的系譜の上にあったといえよう。ここで注目すべきは、カントにおいての近代の自律的個我は肯定的色調でとらえられているが、マルクスの場合には否定的ニュアンスに反転し、諸個人の自己性は止揚・変革の対象としてとらえかえされていることである。

関連して、すでに戦前期、わが国における創造的唯物論者戸坂潤が、次のような注目すべき問題提起をおこなっている。すなわち、社会科学の方法においては、社会が階級にあるいは個人に分割・還元されていく。「個人」を以て In-Dividum ＝分割不能とされ、社会は一つの普遍者、個人はその普遍性をになう特殊とされる。「だがこの一般的個人は、まだ決して『自分』（『私』『我』『自我』等々）ではない。」「何人も『自分』の自分を他人の自分ととり換えることは出来ない。……個人はなお一般的だ、従って『自分』こそ最後の特殊なもの」であり、探求の対象とされなければならないものだ、と。

なお、着目すべきは、マルクスにおける個人は、万人としての個人（all men）、個人は万人の中の一人であるのに対し、後述スミスの個人は、文字通り各人としての個人（every man）であることである。この方法論的起点の相違は重要であり、今後さらに検討されてよいであろう。

なおまた、二〇世紀以降の臨床的精神分析学においても、上記に関連する問題関心がみられる。すなわち、医師である臨床分析家がクランケとの応答・診療より、様々な精神疾患の根底に「自己が自己であることの不成立」、「自明性の喪失」という症候があることを析出していることである。ここでの「自己」は、たんなる一般的な個人ではない、障害に苦しむぬきさしならない個別具体的な個人である。つまり、局面こそ違え、往々われわれが陥りがちな全体のなかでの個人・全体を前提とした個人、したがってまた図式的・平均的個人においては、生活者としてのかけがえのない一人一人の人間がとらえられないという問題が、掘り起こされているといえよう。今日、人間の営みということを考えるとき、上述の戸坂の「自分論」（戸坂自身の言葉ではない、本稿のもの）および精神病理学の知見は、「自分」をふくむ社会システムの問題として、重要な示唆を内包していると言わねばならないだろう。

戸坂潤・岡邦雄『道徳論』三笠書房、一九三六年、およびL・ビンスワンガー『現象学的人間学』みすず書房、一九六七年、W・ブランケンブルク『自明性の喪失』みすず書房、一九七八年、竹田青嗣「エロス的幻想としての人間」、ジークムント・フロイト『自我論集』ちくま学芸文庫、一九九六年所収、木村敏『自分ということ』第三文明社、一九八三年、板倉昭二『「私」はいつ生まれるか』ちくま書房、二〇〇六年。

（7）マルクス『ユダヤ人問題によせて』（一八四三）『M・E全集』第一巻。

（8）マルクス『経済学・哲学手稿』（一八四四）『M・E全集』第四〇巻。

（9）マルクス『ジェームズ・ミル「政治経済学要綱」抜粋』（一八四四）『M・E全集』第四〇巻。

（10）マルクスの「資本主義」の概念については、重田澄男『資本主義の発見』がきわめて有益である。なお、「資本主義」なる語を精密な概念に仕上げたのはマルクスであるが、この語を最初に用いたのは、恐らくルイ・ブランである。因みに、「社会主義」の語を初めて用いたのは、ほぼ同時代のピエール・ルルーであるといわれている。重田澄男『資本主義の発見』（改訂版）御茶の水書房、一九九二年。

（11）前掲（9）。

（12）「形而上学」とは、神・不死の魂・虚無・自由等、われわれの日常的感覚や知覚をこえる超越的な存在・極限への問いであり、悟性概念ではなく理性概念ないし理念（イデー）の問題が扱われる。それは普遍的にして先験的で認識不可能なものであり、ある意味ではわれわれの経験を超える理性の「仮構」にすぎない。

「マルクス主義は宗教であり、マルクスはカリスマである」という批判をよく耳にする。たしかに、キリスト教の「神」もマルクスの「共産主義」も経験的現実を超越した一つの理念であり、それを信ずる者の主意主義と信仰箇条への傾斜という意味合いにおいて、共通の形而上学的論理構造を有しているかに見える。過誤なき人間は神であり、過誤なき理念は宗教となる。両者の理論的構成図式をみても、一方のキリスト教における、①創造――②堕落――③救済のシェーマは、他方の主意主義的革命思想における、①原始共同性――②現存の疎外状況――③解放・革命というわば共通のシェーマとなる。ある種の終末論的緊張とダイナミズムに転成し、形而上学的な思想・論理に通底する歴史的な神秘化・理念化・教条化がおこなわれていく。すでに弁証法的三段階論の死角については先に指摘してきたが、ここでは、マルクス主義における形而上学的な主意主義の陥穽を、批判的に剔抉しえよう。「地獄への道は善意で敷き詰められている」。

アルベール・マチエ『革命宗教の起源』白水社、ジェームズ・L・アダムズ『自由と結社の思想』聖学院大学出版会、一九九七年、等参照。

（13）マルクス・エンゲルス『ドイツ・イデオロギー』（一八四五）『M・E全集』第三巻。

（14）社会人類学者マルセル・モースは、自我あるいは「人格」というカント的な問いに社会学的なアプローチを試み、「自分の身体についてのみならず、精神的かつ肉体的な自分の個体性について感覚をもたない人間など、かつてこのかた存在したためしがない」という。すなわち、人格概念の社会性の側面と人間ならばだれにでもある自己意識を区別し、後者こそ基礎的普遍的なものと考える。要約敷衍すれば、普遍的・生物学的な「自己意識」が基礎にあり、その上に歴史社会的な「人格」の概念が成立し、さらにその特殊近代・資本主義的な形態として「個人主義」が形成され、そしてまた、その個別現象的なものとして「利己主義」が現れる、と。したがって、「個人主義」「利己主義」とは、歴史としての近代において顕著になる現象だとしても、それは人間としての普遍的・生物学的な根をもって存在しているものだと解される。

マルセル・モース「人間精神の一カテゴリー――人格および自我の概念」、M・カリザス、S・コリンズ、S・ルークス編『人というカテゴリー』紀伊國屋書店、一九九五年。

(15) 木村資生『生物進化を考える』岩波書店、一九八八年。

(16) C・ダーウィンの主著『種の起源』(初版一八五九年、第六版一八七二年)は、発刊以来ベスト・セラーとなったが、その後何度も改定が試みられ各版にはそれぞれ異同がある。例えば、「最適者生存 the survival of the fittest」の語は第五版以降追加されたものであり、また必ずしも最終第六版がダーヴィン理論の到達点を意味するものとはいえないといわれる。本稿では、岩波文庫版(八杉龍一訳・初版)およびリチャード・リーキー篇「簡約新版・第六版」(東京書籍、一九九七年)を用い、同時に英語原書(リプリント)第六版 "THE ORIGIN OF SPECIES", Published in Cambridge University Press, New York を参照した。

なお、本論に関連しては、さしあたりE・O・ウィルソン『社会生物学』(一九八三―八五)思索社、一九八三年、コンラート・ローレンツ『自然界と人間の運命』思索社、一九八三年、八杉龍一『進化論の歴史』岩波書店、一九六九年、真木悠介『自我の起源』岩波書店、一九九三年等を挙げておくが、その他にも膨大な関連図書がある。

(17) ラマルクの「獲得形質の遺伝」という考え方は、一九五〇年代の分子生物学の発展による「セントラル・ドグマ」により、決定的に否定される。「セントラル・ドグマ」とは、遺伝情報は分子以下レベルの事象であるが、情報の流れは一方向的であり、DNAの指令的情報は生物の形質＝表現型を規制するが、逆に、身体を形成するタンパク質の特質(表現型)はDNAには伝達されえないことをいう。つまり、後天的獲得形質は遺伝されえない。なお、ラマルク説は、啓蒙主義とりわけマルクシズムの外因説＝環境決定論および目的論的決定論と親近性があるといえ、これがスターリン時代の政治的状況とも結びつき、いわゆる「ルイセンコ学説」となって一世を風靡し科学界に混乱をもたらした。E・マイアー『ダーウィン進化論の現在』岩波書店、一九九四年、前掲(15)木村、等。

(18) ダーウィンは『種の起源』「序言」等の箇所で「マルサスの原理を全動植物に適用した」と明言している。なお、ダーウィンとマルクスは同時代人であり、奇しくも『種の起源』とマルクスの『経済学批判』はまったく同じ一八五九年の刊行である。さらにスミス『道徳情操論』はその丁度一〇〇年前の一七五九年の発刊である。なおまた、その後、マルクスが『資本論』の英語版をだすにあたって、その書にダーウィンへの献辞を記すべくエンゲルスを通じ許諾をもとめるが、ダーウィンは、上記の方法的相違を意識してかその申し出を辞退したという。同上、E・マイヤーおよび前掲(16)八杉。

(19) 木村・向井・日下部『分子進化の中立説』紀伊國屋書店、一九八六、前掲(15)木村。

(20)「性選択」とは、雄のクジャクの羽や鹿の角など、動物界における雌雄の顕著な差異や、雄の形質が食餌や捕食者にたいして防衛上不利であると考えられるものが、なぜ自然選択の結果として生き残ったのかという問題。ダーウィンを悩ませるとともにその後の生物学研究者の関心と議論の対象となってきた。G・ブロイアー『社会生物学論争』どうぶつ社、一九八八年、ヘレナ・クローニン『性選択と利他行動』工作舎、一九九四年。

(21) 前掲(16)O・ウィルソン。

(22) ロバート・トリヴァース『生物の社会進化』(一九八五)産業図書、一九九一年。

(23) 同上。

(24) リチャード・ドーキンス『利己的な遺伝子』(一九七六)紀伊國屋書店、一九九一年。

(25) 同上、R・ドーキンス、前掲(22)R・トリヴァース、(20)H・クローニン。

もちろん、「遠くの親戚より近くの他人」という諺があるように、ここにいう「近縁度」とは一つのモデルであり、たんに血縁の濃淡だけでなく付き合いの長期性等、実際にはさらに複雑なものとなる。

(26) C・ラムズデン=O・ウィルソン『精神の起源について』思索社、一九八五年。

(27) F・ヴァール『利己的なサル、他人を思いやるサル』草思社、一九九八年、伊谷純一郎『霊長類社会の進化』平凡社、一九八七年、開一夫・長谷川寿一編『ソーシャルブレインズ』東京大学出版会、二〇〇九年。

(28) 前掲(22)R・トリヴァース。

なお、トリヴァース「互恵的利他主義」のいう「互恵性」と人類学で使われる「互酬性」の語は、ともに"reciprocity"の訳語だが、言葉のニュアンスがかなり異なる。進化生物学の「互恵的利他主義」の場合には、たんなる互酬性一般のことではなく、行為する個体が自らの適応を有利にすべく互酬関係が行使される、すなわち「利己性」が基礎にあると考えられている。

(29)「囚人のジレンマ」ゲームを変形し分かり易く例解した以下の青木のモデルがある。

まず、ヒトAとBのいるところに一匹のヒョウが襲うと仮定する。AとBの選択肢は力を合わせて戦う（協力）か逃げる（非協力）かのどちらかを選ばなければならない。四通りの組み合わせができるが、A・B両方が戦った場合（左列上段）には、なんとかヒョウは倒され、また、一方が戦い他方が逃げた場合（AまたはB）は、戦った方がヒョウに殺され逃げた方は助かる、さらに、両方とも逃げた場合（右列下段）は不運な方がヒョウに殺されもう一方は助かる可能性がある。話をすすめ、それに加点を付した〔表〕個体Aの生存率、を作ると例えば下記のようになる。

AとBは対称的であるが、この表の数字は、分かりやすく個体Aの生存確率を表したものとなっている。Aの立場からみれば、相手Bがどのような出方にでるかにかかわりなく、逃げる＝非協力（下段の数字）の方が有利であることが分かる。ただし、A・Bともに逃げるよりは、ともに戦った方が両者の生存率は相対的に高くなる。ここに、利己性（＝非協力）と利他性（＝協力）の間でのディレンマが存在する。

〔表〕個体Aの生存率

A ＼ B	戦う	逃げる
戦う	70%	20%
逃げる	90%	40%

引用）青木健一『利他行動の生物学』海鳴社、1983年

(30) J・メイナード・スミス『進化とゲーム理論』産業図書、一九八五年。

(31) 細菌バクテリアには知能はないが、化学的環境や他の個体等に対し、状況の変化におうじて敏感に反応・適応し、親から子へ遺伝子を温存・継承していく。もちろん意識的にゲーム論的対応をしているわけではないが、原生的な細菌にして、すでに戦略的な基本的能力を備えているといえる。R・アクセルロッド『つきあい方の科学』ミネルヴァ書房、一九九八年。

(32) リン・マーギュリス『細胞の共生進化』学会出版センター、一九八五年。

(33) なお、生物学およびその広大な関連領域における、人間本性についての究明は、少なくとも現段階においてはなお未解明であるというほかない。ダーウィン進化論については基本的に承認されながらも、一方では、人間独自の意識性や文化性に注目する、E・O・ウィルソンの「遺伝子＝文化共進化理論」およびJ・C・エックルスの「意識の創発」の理論等があり、他方では、「人間文化は、生物界に比類ないものにせよ、本質的には表現型の一種、したがって遺伝子の手段にすぎない」（R・アレグザンダー）、最も知能の高い動物でさえ自由な意志決定の領域はごくわずかであり、道徳性・文化性も「やはり自然選択の産物のひとつである」（F・ドゥ・ヴァール）等の相異なる見解がある。しかし、今日の生物学の世界では後者の見解が主流をなしており、前者の議論は、ミクロ的基礎（分子遺伝学理論）なしの全体論（ホーリズム）であり科学的根拠

に欠けると受けとられている。

　すでに掲示してきた文献以外に、O・ウィルソン『人間の本性について』思索社、一九八〇年、J・C・エックルス『脳の進化』東京大学出版会、一九九〇年、F・ドゥ・ヴァール『政治をするサル』どうぶつ社、一九八四年、R・アレグザンダー『ダーウィニズムと人間の諸問題』思索社、一九八八年、等の有力な議論がある。

（34）同上、J・C・エックルス、前掲（31）R・アクセルロッド。

（35）同上、R・アクセルロッド、前掲（24）R・ドーキンス。

（36）新石器時代的な狩猟採集生活を営むクン族のブッシュマン（オーストラリア）やヤノアマ・インディアン（ベネズエラ）には、一定の交換的行為が観察されるが、その場合にも、素性の知れないもの、血縁関係がわからない人物とはめったに「取引」をしないという。すなわち、あらゆる個体にたいし無作為にまた広範囲に利他的関係行為＝互恵的交換がおこなわれる場は、むしろ、近代の市場システム以外にはほとんどみられないということになる。前掲（33）R・アレグザンダー参照。
　なお、K・ポランニーは、社会的統合の諸形態として、互酬（reciprocity）、再配分（redistribution）、市場交換（market exchange）という三つの社会経済行為のパターンを示し、現在の支配的形態である市場システムを相対化する視点を提起している。きわめて興味ぶかく有益な議論である。しかし、その一つの例解として、市場メカニズムをもたない一八世紀西アフリカにおけるダホメ王国の史的分析をおこなっているが、あまり説得的であるとはおもわれない。第一に、ダホメ王国の統合システムは、類型論的には再配分と互酬制および家族経済を組合わせたシステムにあったが、市場メカニズムに比べ、むしろ、単純で機能的というよりもまことに煩雑で厄介なシステムにおもわれる。第二に、上記とも関連し、ダホメ王国は歴史的に隆盛の時期はあったものの、結局は、市場システムにのみこまれていくのはなぜか、そのことの理論的解明がない。つまり、歴史的に、市場システム以外の統合システムが存在するということの説明としては成功しているが、市場システムそのものの史的必然性とその意義については、十分に論究されていない。

　なおさらに言えば、市場システム（あるいは国家）をもたない歴史的社会があったことは了解するとしても、しかしだからといって、かかる「疎外態」をもたない原古の状態に帰還するとするのは、稚拙で早計な論理というべきであろう。例えば、同じように、言語体系の発生を考えてみれば、一度形成された（それが生まれるには生まれる理由があった）ものが、今度は逆に反転して、再びそれら（言語等）なしの高次社会に史的必然的に回帰するというわけではありえない。マルクスの「否定の否定」の弁証法的三段階論の方法の考察においても、批判的にあてはまるといえよう。

　カール・ポランニー『大転換』（一九五七）東洋経済新報社、一九七五年、同『経済と文明』サイマル出版会、一九七五年。

(37) アダム・スミス『道徳情操論』(一七五九) 未来社、一九六九年。
本稿での引用等は、概ね上記邦訳第六版(一七九〇、米林富雄訳)を用い、また、邦訳諸版においては基本的な訳語および訳文が相当異なるゆえ、原書(リプリント)"The Theory of Moral Sentiments" Dover Publications, Inc. New York を参照した。

なお意外なことに、A・スミス自身は、不朽の大著『国富論』より『道徳情操論』の方に愛着をもちはるかに優れた作品だと考えていたようである。それを裏づけるかのように、彼は死が訪れるその年その近くまで、『道徳情操論』(第六版、一七九〇)の改訂にとり組んでいた。ジョン・レー『アダム・スミス伝』岩波書店、一九七二年。

(38) 同上、『道徳情操論』。
「同感」の概念は必ずしもスミスに特有のものではなく、すでにイギリスにおいてはシャフツベリ、ハチスン、ヒューム等の道徳哲学の系譜があるといわれるが、スミスの独自性は「利己心」をその前提において体系化していることであろう。また、フランスにおいても一八世紀前半~七〇年代にかけて、宗教道徳を否定し世俗の幸福と利己的欲求にもとづく新しい道徳を求める動きは、ヴォルテール、コンディヤック、エルベシウス、『道徳情操論』の仏訳者コンドルセ夫人、「百科全書」派ディドロなどのフランス唯物論者の活動として展開されている。しかし、フランスの場合、一八世紀末、革命後における近代的な法秩序の整備がすすむなかで、利己性と同感概念の社会的統合機能としての思想的役割は失われていくという。旧秩序の解体をおし進めてきた利己心および同感の理論は、革命後は一転して社会秩序を脅かす情念とみなされ、警戒・抑圧の対象となっていく。前稿でも述べたアソシアシオンの命運と重なるところがある。

水田洋「十八世紀思想とアダム・スミス」、大河内一男編『国富論研究Ⅱ』筑摩書房、一九七二年、安藤隆穂「フランス啓蒙思想における同感概念の展開」『社会思想史研究』第四号、一九八〇年、上山春平「イデオローグの思想と行動」、桑原武夫編『フランス革命の研究』岩波書店、一九五九年、正田庄次郎「アダム・スミスの『道徳感情論』における『理性』批判について」『北里大学教養部紀要』第一三号、一九七九年三月。

なお、スミスが『道徳情操論』の中で、「哲学」という言葉を使うとき、そこには批判的なニュアンスが込められていることが多い。スミスの批判の中心点は、旧来の二大哲学、合理論的な理性の哲学と仁愛を説く宗教的道徳哲学にあることは周知であろう。翻って、『道徳情操論』におけるスミス自身の基本的見解はといえば、「人間本性にもとづく学説」であると自己認識しているようである。進化論と自然選択の論理に近似し、むしろ後のダーウィンに影響をあたえそれを先取りしているかの観がある。

(39) 同上、『道徳情操論』。
スミスはJ・J・ルソーの『人間不平等起源論』(一七五五)から大いなる触発を受けており、「同感 sympathy」の概念もルソーの「憐憫 pitié」に啓発され再構成されたものだといわれる。しかし、ルソーの「憐憫」が生得的な情念として自己の内にあり、それが想像力によって自分を自分の外に移し、他者と同化することを意味するのにたいし、スミスの「同感」においては自他の区別は最後まで残され、社会関係のなかから自他の交流・交換を通じてのみ成立するものだといえる。したがってまた、後掲中村においては、スミス的概念の拡張により、「フロイト以降の精神分析の理論に照らしてみても、現実社会との関係において、はるかにリアリティと妥当性をもつ」ものだと評価されている。

A・スミス「『エディンバラ評論』同人たちへの手紙」(一七五六)、アダム・スミスの会監修『アダム・スミス哲学論文集』名古屋大学出版会、一九九三年、および中村秀一「情念論におけるルソーとスミス」『東京経大学会誌』第一三号、一九八三年三月。関連して、内田義彦『社会認識の歩み』岩波新書、一九七一年、木崎喜代治「ルソーとスミス」季刊『社会思想』第三巻第一号、一九七三年、等参照。
(40) 同上、『道徳情操論』。
(41) 同上。なお、注(6)を再度参照されたい。
(42) アダム・スミス(大河内一男監訳)『国富論』(一七七六)中央公論社、一九七八年。
(43) 同上。

第五章　後期マルクスにおける革命戦略の転換〈1〉

はじめに

マルクスおよびマルクス主義の理論において、理論と実践を統一する体系の中心部分をなし、時代の変遷の中で最も論争と抗争の的となってきたのは、「革命と改良」をめぐる問題、すなわち将来社会に向けての「革命戦略」の問題であった。マルクスの学説が、資本主義社会の革命的否定の上に新たな社会主義社会の到来を展望するものであり、それはたんに理論の問題にとどまるものではなく実践的に検証されざるをえない使命をもつものである以上、一九世紀末における修正主義論争、前世紀（二〇世紀）の中ソおよび国際論争等、変革過程の道筋と方法をめぐる問題は不可避の論点として激しい紛争と分裂を繰り返してきた。それはまた、マルクスおよびエンゲルス生存中の苦闘と努力にもかかわらず、彼ら体系的創始者が遺した原典自体の中に、緊張や矛盾そして未解決の問題が残存するがゆえに、新しい時代の到来と新たな歴史的事態の出現のたびにそれら問題は増幅され、偉大な古典的草創時代の終焉以後、批判や論争、修正や改良の試みが絶えず現れざるをえなかった。

たとえば、マルクスの古典的著作集を多少とも読んだことのある者なら、必ずぶつかる基礎的理論問題の一つに「共産主義」と「社会主義」の区別の問題がある。(1)すでに前々稿等において言及してきたように、(2)マルクスの共産主義・社会主義に対する考究は『ライン新聞』時代末期から始まる。それまで急進的民主主義者であったマルクスは、エンゲルスとの二度目の邂逅（一八四四年八月）以降急速に革命的共産主義者への転身を完成させ、以後、生涯共産主義の立場を一貫する。それ以前の『ヘーゲル法哲学批判序説』『ユダヤ人問題によせて』および『経哲草稿』等の、いわゆる初期マルクスにおいては、未だ共産主義への移行が成就されていない。それに対し、『ドイツ・イデオロギー』および『哲学の貧困』『共産党宣言』等一八四〇年代後半以降の、史的唯物論確立期の文献においては、「社会主義」すなわちJ・グレイやJ・ブレイのリカード派社会主義、P・プルードンの社会主義等が、嘲笑的に採りあげられ俗流的なものと批判されているのをみる。つまり「社会主義」とは、マルクスにとって、資本主義の基礎たる商品・貨幣関係、市場および競争、さらには私的所有(=小所有)を温存したままの不徹底な社会改革理論・運動として、自己の「共産主義」と峻拒され批判の対象とされているのである。『共産党宣言』(一八四八年)の命名は偶然ではない[3]。

ともあれ、マルクス・エンゲルスが初めて参加した一八四八年の革命は、フランス・ドイツにおいて敗北し、マルクスは一八五〇年代以降、旧来の革命戦略の再検討をおこなうとともに経済学研究(中期マルクス)に沈潜していく。その間一八五〇年代から六〇年代にかけて、マルクスにとって〈恐慌ー内乱ー革命〉再来の予測は何度も裏切られる。かくて、一八六〇年代後半『資本論』(第I部)の刊行(一八六七年)と第一インターナショナル(国際労働者協会、一八六四ー七六年)期以降の後期マルクスにおいては、五〇年代とは異なる革命の戦略構想への転換が図られていった。要言すれば、革命情勢・構想の長期化、過渡的・改良的展望の採用、合法的・平和的可能性の追求等の、重大な戦略的・戦術的転換がおこなわれていく。上述の「社会主義」「共産主義」の問題について関説すれば、革命過程の長期性・漸進性の認識と関連し、来るべき共産主義を低次・高次の二段階に分け、『共産党宣言』にもある固有の「過渡期」の規定とは別に、資本主義からなお生まれたばかりの「旧社会の母斑」をともなった低次共産主義(=社会主義)の段階を設定する。このことは、ある意味では、それ以前のマルクス革命戦略の根本的修正といえるものであり、漸進的・改良的戦略の導入といえるものであった。歴史の現実は、共産主義的理想社会に一挙に飛翔することはできないという認識の発展・転換を意味した。

この転換がマルクスにとって何時おこなわれたか、研究の現段階では明示的に示すことはできない。しかし、マルクスのロンドン移住以後、恐らくおそくも一八六〇年代半ば（後述第一インターナショナル期）には形成され、パリ・コミューン（一八七一年）の深刻な教訓を間にはさみ、さらにその後彫琢され仕上げられ、かの『ゴータ綱領批判』（一八七五）においては明確な定式化が与えられたとみることができる。それに隣接するエンゲルスの『反デューリング論』（一八七六―七八）においては、「社会主義」の語が「科学的」という形容詞をつけて、積極的・肯定的に使用されていること、周知のところである。

ところで、問題の視角は多少異なるが、上述の後期マルクスにおける革命戦略の転換の問題に照明をあてたものに、スタンリー・ムーア『三つの戦術』[4]とロイドン・ハリスン『近代イギリス政治と労働運動』[5]がある。両者はそれぞれ別個にではあるが、一八四八年の『共産党宣言』と一八六四年の『国際労働者協会創立宣言』[6]（第一インターの『宣言』、以下本稿では第二の『宣言』と略称）の間、つまり、マルクスによる二つの『宣言』間の異同に注目し、そこにおける革命戦略の「転換」について論じている。上記両者によれば（以下の論理は本稿の問題意識に組み替えられ、ムーアの用語や論理からは改変されている）、マルクス革命論の綱領的文書たる二つの『宣言』の間には、両立しがたい「転換」があるとされる[7]。

Ｓ・ムーアの『三つの戦術』によれば、一八四八年二月革命当時のマルクスの革命戦略を特徴づけるのは「永続革命」論にあるが、後期マルクスすなわち六四年第二の『宣言』においては、そこに改良主義的革命戦略が浸透・採用されることにより、以後前者は次第に消去されていくという。二つの革命戦略の相違（後述［Ａ］、［Ｂ］）を区別するものは、内容的にみれば、資本主義的生産様式の内部において、新たな所有形態・生産組織の生成・確立の可能性を認めるかどうかにある。また、形式的には、政治革命と社会主義的変革の相互的位置関係によって画然と区別される。前者［Ａ］の革命戦略は、まず政治革命による権力の奪取により始まり、次いで社会の変革がおこなわれ、その結果として最後に多数者の獲得が実現されていく（［Ａ］①権力の奪取→②社会の変革→③多数者の獲得）。それに対し後者［B］においては、最初に資本主義の枠内での多数者の獲得と社会の改造・変革が漸次的・並行的に始まり、最後に社会主義権力の確立（［B］①多数者の獲得→②社会の変革→③権力の掌握）をみる。したがって、［A］、［B］両者の区別とりわけ［B］の戦略を成立させるものは、さしあたりは、政治革命＝権力の掌握に先行する多数者の獲得と改良主義的戦略・政策の追求・挑戦にあるといえるが、そこには二つの問題が生起する。すなわち、そもそも政治革命に先立って社会主義的な改良政策が資本主義の枠内で実施可能かどうかという問題に関わるものであり、これを社会主義革命の〈開始命題〉という。またさらに、政治革命なしに改良主義的政策を続けていくことにより、最終的に社会主義・共産主義社会に到達できるかという問題がある。これを社会主義革命の〈終結命題〉という。(8)

上記両命題がいかなる条件の下で成立するかどうかは、社会経済過程の成熟度や国家権力・軍事制度さらにまた革命主体の形成状況如何等、多くの要因に依存することは言うまでもない。旧来の古典的マルクス主義の社会主義革命論の定説＝「永続革命」論においては、封建制を打倒するブルジョア革命の場合は、旧社会の胎内にすでに新しい商品生産・資本主義的生産関係が胚胎され、政治革命はその完結を意味するものであった。それと対比し、プロレタリア革命の場合には、政治革命がまず先行しなければならず、無所有のプロレタリアによる権力の掌握下において初めて、所有制の変換等の社会主義的変革が徹底的に開始・遂行されうるとされてきた。いわばそこに、「革命と改良」を分かつキイ・ポイントがあったといってよい。

しかし、一般に、現代の先進資本主義国における革命の展望を考察する場合には、永続革命論すなわち革命の強行的突破・政治権力の掌握を最優先課題とし、一揆的少数者革命＝暴力革命＝プロレタリア独裁を必然的にともなう革命戦略は、すでに過去のものとなっている。民主主義的な多数者革命の戦略、合法的・平和的革命戦略およびそれらと関連する新しい「社会主義」像の定立は抗しがたい流れ（英・独・北欧等先進資本主義諸国における社会民主主義政権、および仏・伊・西、日本を含むいわゆるユーロ・コミュニズムの潮流等）となっている、とみなされよう。二一世紀的世界の現実を所与の前提とするとき、およそ民主主義と議会制度が高度に発達した資本主義先進国においては、長期にわたるねばり強く実現可能な合法的・平和的社会変革の道、あるいは民主的・漸進的な所有制改革をふくむ高次福祉型の未来社会主義像の模索、それ以外の「革命戦略」は考えられないだろう。敢ていえば、今日の先進資本主義諸国の革命戦略およびその社会主義的変革においては、マルクス・エンゲルスによる四八年革命・第一の『宣言』前後の戦略論は、およそ採用されえないことは明白である。

一九世紀の末から第一次世界大戦前後にかけては、上述改良主義的戦略の〈開始命題〉が改良主義と革命的社会主義を分かつ抗争の中心点をなしていた。しかし、さらに第二次大戦後とりわけ二一世紀を展望する現局面においては、論争の焦点は〈開始命題〉から〈終結命題〉に移っている。要するに、いまや古典的定説は、歴史的に変更・修正が許されえない「聖なる」定説といえるかどうか、きわめて疑わしいものとなっている。したがってまた、歴史的に遡ってマルクス・エンゲルスにおいては、これらの理論的諸問題がいかに認識されいかに対処されてきたかが、改めて問題とされる。

本稿においては、一九世紀以降の歴史的道程と今世紀世界への歴史的射程を見据えることにより、これら一連の問題に対し批判的考察をおこなっていく。なぜなら、今日依然として、マルクスおよびマルクス主義に対する教条主義的理解とシンパシー、あるいは〈理論的総括ぬきのなし崩し的「修正」〉があり、それらを克服しのり超えることは、未来への確実な前進のための重要にして不可欠な予備作業だと考えるからである。予め結論を先取りして言えば、〈後期マルクスにおいては、新時代の到来を感じとりそれに対応する現代革命戦略への転換が図られるが、彼ら自身の方法論的・歴史的限界とも関連し、究竟において、その仕事は完遂されることがなかった。課題は後継者に残され、託されざるをえなかった〉。

本稿における論述においては、後期マルクスの現代革命戦略への転換について、以下の三つの問題に焦点をあて、考察していきたい。すなわち、多数者革命の戦略、合法的・平和革命の戦略、および新しい社会主義像の提示という視角がそれである（本稿では、紙幅の制約上、後期マルクスの戦略転換のうち、多数者革命戦略への転換の問題に限定せざるをえない。関連するその余の問題は続稿の課題とする）。

なお、R・ミリバンドもいうように、「改良主義」を定義づけるのは改良の追求ではない、いかなる革命の戦略においても改良の試みは不可欠であり、多様な戦線において実行されうる。したがって、「それ（改良の戦略）は、依然、闘争の政治なのである」[9]。重要な点は、民主主義的システムを最大限活かした長期的な政治戦略であり、かつまた必ずしも目標を手段に解消しない戦略を含意したものといえよう。それゆえ、本論では、ムーアやミリバンドにならって、「改良主義」という言葉を、言い訳がましくもしくは侮蔑的な意味合いにおいて使うことを止め、言葉の本来の意味における、「改良」を目指す一つの歴史的な「代替戦略」として使用する。

Ⅰ　「永続革命」論から多数者革命戦略への転換

既述のように、本稿においては、後期マルクスにおける革命戦略の転換について、まずはその多数者革命戦略への転換に焦点をしぼり検討する。したがって、最初にマルクス・エンゲルスにおける、Ⅰ．永続革命戦略から多数者革命戦略への歴史的転換をたどり、次いでその転換の内実を、Ⅱ．「労農同盟」論、さらにⅢ．「協同組合」戦略の問題を主たる素材として、歴史的・批判的に考察・検証していきたい。

一八四八年二月革命前後のマルクスの革命戦略、したがってまた四八年『共産党宣言』および五〇年『フランスにおける階級闘争』[10]（以下では『階級闘争』と略称）等における革命戦略の構想は、「永続革命」論と呼ばれるものであった。マルクス・エンゲルスにとって初めて直面したこの革命における戦略構想の雛形は、必ずしも彼ら二人のオリジナルではなく、フランス革命の伝統――バブーフ、ブオナロッティ、ブランキ――に強く影響されるものであった。後にマルクス・エンゲルスによって変更・改作されていくが、典型的には「ブランキズム」の名に象徴される「永続革命」論は、なによりも①少数冒険主義的戦術・②終末なき革命の急進化・③プロレタリア独裁論として特徴づけられる[11]。換言すれば、政治的経済的条件が未成熟であるにもかかわらず、強行されるプロレタリア革命の戦略であり、それゆえまたその不燃性のために上記三点の特徴に収斂していかざるをえないものであった。

当時のブランキとマルクスの関係は、先のマルクス『階級闘争』における次の言明からも明らかである。マルクスはまず「空論的社会主義」を批判したのち、プロレタリアートはますますブランキの周りに結集しつつあるとし、次のようにいう。ブランキの「共産主義」すなわち「革命的社会主義の主張するところは、革命の永続宣言であり、かつまた階級差異一般の廃止に、階級差異の基礎である一切の生産関係の廃止に、これら生産関係に照応する一切の社会関係の廃止に、そしてこれら社会関係から生ずる一切の観念の変革、そのための必然的な過渡点としてのプロレタリアートの階級的独裁である[12]」と。マルクスはこの時点ではブランキをもっとも畏敬しており、かくて四八年革命に際しては、ブランキ、バルベスらによる「季節社」とマルクスらの「共産主義者同盟」の二つの組織は、少数の陰謀的革命家による急襲突破の革命戦略、闘争目標の急進・強行による革命の永続化を目指して、同じ戦線（「万国革命的共産主義者協会」）でともに闘ったのである。

革命はフランスにおいてもドイツにおいても挫折・敗北する。上述の『階級闘争』と同じく五〇年三月の「中央委員会からの同盟員への呼びかけ」（以下略称「第一回状」）、同六月の「第二回状[13]」は、時期的にも彼らの永続革命論の観点が最も鮮明に顕れたものである。ドイツ三月革命は四九年初頭の南西ドイツの蜂起を最後に敗北・終結がはっきりするが、マルクス次いでエンゲルスがロンドンに亡命した上記二つの「回状」の時点においても、なお革命の続行が主張されている。とはいえ、五〇年の夏ごろから、革命の早期再燃の見通しは根拠のないことを認識するようになり、二人の共同責任の下に書かれた「評論一八五〇年五－一〇月」（以下略称「評論」）においては、すでに四七年恐慌の時期は過ぎ去ったという分析・評価とともに、以下のような有名な論述と思想的転回が現れる。すなわち、「このような全般的好況の場合は、ブルジョア社会の生産力がおよそブルジョア的諸関係の内で発達しうる限りの旺盛な発達をとげつつあるのだから、ほんとうの革命は問題にならない。かかる革命は、この二要因、つまり近代的生産力とブルジョア的生産形態が、たがいに矛盾に陥るときにだけ可能である。……新しい革命は新しい恐慌につづいてのみ起こりうる。しかし革命はまた、恐慌が確実であるように確実である[14]」と。

かくして、四八年革命の手痛い敗北からのマルクス・エンゲルスによる総括は、主として二つの論点に結晶していったとみることができる。一つは、永続革命論の諸要素のうちとくに上述①の少数冒険主義的戦術に係わる問題であり、もう一つは、恐慌と革命つまりは経済的関係と政治的革命の相互関係に係わる問題であった。まず第一の問題についてみるならば、後年のエンゲルスによる『ブランキ派コミューン亡命者の綱領』(一八七四年)および『共産主義者同盟の歴史によせて』(一八八五年)によれば、当時のブランキ的革命戦術は「革命をわずかな革命的少数者の急襲とみな」すものであり、たとえ暴動による急襲が成功したとしてもプロレタリアートの独裁ではなく少数者の独裁に結果するだけだったとする。したがって、「ブランキは過去の世代の革命家である。……少なくともドイツの労働者にとってはとっくに時代おくれとなった[15]」ものであるとされる。さらに、エンゲルス最晩年・一八九五年の『マルクスの「フランスにおける階級闘争」への序文[16]』(以後、『階級闘争・序文』と略称)においては、総括はさらに自らにも向けられ主体的に深められる。「歴史に照らして、われわれもまた誤っていたのであり、歴史は、当時のわれわれの見解が一つの幻想であったことを暴露した」とされるとともに、例のバリケードによる市街戦の時代は終わったとする根本的な戦略転換の提起へと到る。話を五〇年代前半期にもどせば、組織的にも少数陰謀家的秘密結社からの離脱が図られ、この時期以降ブランキ派とは決別し、かかる組織戦略をめぐり共産主義者同盟自体も分裂し最終的には解散に至る。上記の回顧はあくまで後年のエンゲルスによる省察と方針転換をふくむ評価であるが、先にも述べた『評論』その他の文献資料より、両者にとって永続革命論から多数者革命論への貴重な一歩が踏みだされたとみることができよう。

次に第二の問題についてみれば、マルクスは当時「エコノミスト」紙（ロンドン）等を利用して商業恐慌の詳細な研究に着手しつつあったが、経済情勢とは関係なく革命的行動に走るブランキ主義を精算し、先述『評論』における、経済的諸関係と革命の相互関係に関する認識に到達する。しかしながら、「革命はまた、恐慌が確実であるように確実である」との言説や、さらに同じ『評論』中における、「一八四八年に始まる産業発展の新しい循環が、一八四三－四七年のそれと同一の経過を追うとしたならば、恐慌は一八五二年に勃発するであろう」(17)との予言にみられるように、この時点ではなお革命熱は払拭されていないといえる。後に二人は、当時の自分たちが余りに楽観的すぎたことを認めるが、彼らの注意は、イングランド銀行からの金の流失・ハンブル銀行の倒産・フランスやアメリカでの凶作等、経済恐慌の徴候を見つけることに精力を注入しその兆しを探しては一喜一憂している(18)。だが彼らの期待に反して、本格的恐慌は一八五七年まで待たねばならず、またついに到来した五七年の恐慌においても革命的騒乱への発展はみられなかった。五〇年代後半以降、不可避的な革命的「危機」についての言及は極度に少なくなり、プロレタリアートによる政治権力の獲得と独自の労働者党の建設の問題に強調点が移されるようになる。

したがって、先のムーアらによれば、これらの事情より勘案し、前段で述べた①少数冒険主義的戦術は放棄されるが、それは必ずしも永続革命戦略そのものからの分離・脱却を意味するものではなかった、とされる。五〇年代前半の時点で否定されたのは①の少数尖鋭的革命論であり、その多数者革命論への方向転換・その一定の萌芽であって、②急進的革命戦略および③プロレタリア独裁論は相変わらず保持されており、いずれもいわば突発的な早期における急激な革命情況の予想と期待そして実行という点では、変化していないと考えられる。とりわけ、プロレタリア階級による国家権力の掌握が、経済の社会主義的変革に先行しなければならないという定式（前述の戦略［A］）は堅持されている。政治革命の急進化・永続優先、その第一義性の確認こそ、ブランキーマルクスを貫く永続革命論の核心的原則をなすものであった。さらに言えば、永続革命論が多数者革命戦略に変容しつつも、階級闘争激化論と経済関係決定論が相互に結びついて、その補強が果たされていたといえる。革命情勢の成熟は恐慌の到来如何に規定されるという経済還元論的把握と、またそれに規定づけられる「窮乏化」理論および「階級分解」論によって「階級闘争激化」論が導出されるという論理構造により、マルクス的な「永続革命」論が成立していたといってよい。すなわち、プロレタリアのみならず農民層・中間階級の急速な没落と革命化を想定することによって、革命の永続・急進化の展望は支えられていたのである。プロレタリアの「窮乏化」と諸階級の「両極分解」という命題は、『共産党宣言』の中では繰りかえし登場し、『資本論』第Ⅰ部最終章の結論部においてもそれが再引用されている。

いずれにせよ、五〇年代半ば以降におけるマルクスの革命戦略は、狭義のブランキ的な永続革命論すなわち一揆的少数精鋭的革命論からは脱皮し、マルクスにより変更・修正をうけた広義の永続革命論ともいうべき多数者革命の戦略に転換しつつあったといえよう。もちろん、経済的な客観情勢と革命戦略の相互連関という視角は、永続革命論からの離脱の可能性をすでに萌芽としてふくむものではあるが、それが革命戦略の転換として結実していくかどうかはその後の展開如何によるといわねばならない。そこにおける新たな転回の中心軸となるのは、本論冒頭にも述べた、政治革命と社会変革の関連の問題であり改良主義的戦略の導入の問題にあるが、永続革命戦略と改良主義戦略の相互関係、両者の矛盾の解決は、後論にもみられるように、マルクスの生涯を通じ未解決のままに残された[19]。

その後、前世紀以降のヨーロッパ諸国（『資本論』なき革命といわれる一九一七年ロシア一〇月革命をのぞく）における歴史的現実のコースは、『共産党宣言』段階において想定された永続革命論とは全く異なるコースを辿ったといえる。しかも、「窮乏化」と「両極分解」の問題についていえば、その後の時代の変遷のなかで、労働者階級内部の質的構成の複雑化や生活状態の変容および国民経済中の新中生産者層の増大や諸階級の構成状況の変貌等、上記両命題の内実は、マルクスの予想とは異なる形でその様相を大きく変化させてきたことはいうまでもない。マルクス自身、第一の『宣言』の約二〇年後における、一八六四年『国際労働者協会創立宣言』すなわち第二の『宣言』においては、労働者大衆の窮乏の消失については断じて否認しているが、工場法の制定・適用や労働運動の前進による一定の名目賃金の上昇等、窮乏化の事実が深化・増大したとはとくに決定的なかたちでは語っていないのである。[20] 以上要約していえば、ムーアもいうように、四八年革命敗北の総括を通して大きな変化と前進があったにせよ、マルクス・エンゲルスにとって、永続革命戦略の命題は、なお最終的、完全には棄却されていなかったといえよう。

Ⅱ　マルクス・エンゲルスにおける「労農同盟」戦略の発展

上述の多数者革命戦略の問題に関連し、他の諸階級との連携とりわけ小農民との同盟＝「労農同盟」論、およびその協同組合化の問題について考察しておかなければならない。一八四〇－五〇年代の革命構想において、小農の国フランスや農民人口が圧倒的多数を占めるドイツにおいては、農民をプロレタリアートの周りに引きよせることが、革命の帰趨を制する必須の戦略問題であった。ここに後の中間層・統一戦線問題（農民・中小零細業者・インテリゲンチャを含む）と、さらには多数者革命（＝国民的革命）戦略のスタート台があったといってよく、まずはプロレタリア単独の革命ではなく、いかに「労農同盟」を形成するかという問題として提起される。この問題をマルクス・エンゲルスおよびマルクス主義の理論的発展に即してみるならば、歴史的に三つの段階に整理される。すなわち、⑴既述の一八四八年革命前後の段階、⑵一八六〇年代半ばからの第一インターナショナルの段階、およびマルクス死去（一八八三年）後の⑶一八九〇年代のドイツ社会民主党における農業論争の段階となる。なお、ここで後期マルクスという場合、一般に時期的には、上記⑵以降のマルクスをいう。

(1) 一八四八年革命前後におけるマルクス・エンゲルスの農民論

まず、一八四八年『共産党宣言』および五〇年代の、マルクス・エンゲルスの農民観および「労農同盟」の理解についてみておきたい。四八年の『宣言』では、資本主義制度のもとにおける「窮乏化」と「両極分解」を論じた後、農民については次のようにいう。「今日ブルジョアジーに対立しているすべての階級のうちで、プロレタリアートだけが真に革命的階級である。その他の階級は、大工業の発展とともに没落する。」「中間身分、すなわち小工業者や小商人・手工業者、農民、彼らがブルジョアジーと闘うのは、中間身分としての自分の存在を没落から守るためである。したがって、彼らは革命的ではなく、保守的である。それどころか反動的でさえある。……もし彼らが革命的になることがあるとすれば、それは、彼らがプロレタリアートのなかに落ちこむ時が迫っていることを悟った場合であり、現在の利益ではなしに未来の利益を守る場合であり、彼ら自身の立場をすてて、プロレタリアートの立場にたつ場合である[21]」。

みられるように『宣言』の観点はきわめて明瞭である。プロレタリア革命はプロレタリア自身の事業であり、農民はブルジョアジーに対立する階級であるとはいえ、保守的・反動的な階級とされている。したがって、農民の没落が不可避となり彼らが革命的未来の立場に立つ限りで一定の配慮を示すことはあっても、現状維持を図る現時点での農民に対する、農民固有の支援対策が用意されることはありえなくなる。このような観点からは積極的な意味での「労農同盟」の成立はきわめて至難なものとならざるをえず、その後の闘争と実践のなかで発展・変容していくものとはいえ、以後の二人の農民論の原型を刻印づけるものとなっていった[22]。

なお、先述の「第一回状」および『階級闘争』においても、農民は「文明のなかでの野蛮を代表する階級」と酷評され[23]、また、プロレタリアートの同盟者としての農村住民は、農民というよりむしろ農村プロレタリアートであり、さらに、農民内部の階層区分、「小農」独自の重要性の把握がない、等の問題があった。しかし、既述の〈恐慌－革命〉をめぐる新たな革命の展望とも関連し、五〇年秋以降一定の見解の変化が現れる。すなわち、

『ルイ・ボナパルトのブリュメール一八日』[24]（一八五二年、以下『ブリュメール一八日』）においては、ルイ・ナポレオンによる革命の成果の簒奪という苦い経験をふまえ、プロレタリアートの孤立とそれに対する労農同盟の戦略的必要性が認識されて、次のようにいう。情勢の推移によりやがてフランスの農民は分割地にたいする信仰を捨てるときがくる。その時、「プロレタリア革命は合唱隊をうけとる。この合唱隊のいないプロレタリア革命の独唱は、あらゆる農民国で弔いの歌となるであろう[25]」と。

上記『宣言』および『階級闘争』の見方とは大きな差異がみられよう。しかしながら、なお問題は解決されていない。ここにおける「合唱隊」＝労農同盟の提起はプロレタリアートの側からする必要であって、必ずしも農民の側からする要求とはなっていない。ただ単にブルジョアジーとの対立と農民の没落の不可避性をいうだけでは、農民をプロレタリアートの側に獲得することは依然難しいといわざるをえない。つまり、この段階におけるマルクス・エンゲルスの「労農同盟」論はいわば永続革命の手段にすぎず、したがって、未だ労農同盟論としての有効性をもたず、多数者「戦略」として機能しえない革命の戦術論であると、断ずる外ないものであった。

(2)　第一インターナショナル期における小農論

国際労働者協会＝第一インターナショナル（以下、第一インターと略称）は、創立大会（ロンドン、一八六四年）のほかに、六六年九月のジュネーブ大会から七二年九月のハーグ大会まで五回の年次大会を経験するが、そのうち三回の大会で土地所有の公有化＝国有化問題はしばしば論議されている。

まず、初めて土地所有および農業・農民問題の論争がおこなわれた六七年のローザンヌ大会（第二回大会）において、スイスの代議員C・ド・パープから土地の共同所有化の決議が提出される。これに対し、マルクス派（マルクス自身は後のハーグ大会以外の大会には出席していない）は、大規模農業優位論の立場から土地の共有化案に賛同していくが、プルードン派（フランス・スイスを中心に第一インターで約三分の一の勢力を保持、なおプルードンは六五年に死去）のH・トラン等は、農民的土地所有の擁護論を展開し、結局決議の採択は斥けられる。[26] しかし、総評議会（ロンドンにある第一インターのいわば中央委兼事務局）におけるマルクス派のエッカリウス、レスナーおよびドイツ語圏代議員のベッカー等による反論もあり、激論の末、次回大会での議題に付され収拾される。

翌六八年のブリュッセル大会では、正式議題としてド・パープの報告に始まり、プルードン派による農民的所有の擁護、共有地の農民への分与の主張も繰りかえされたが、ほぼ原案どおり土地共有化案は決議される。その議論のなかで、土地共有化後の受け皿＝共有の具体的形態が意識され、ここに初めて、社会主義農業経営の基礎単位としては農業協同組合の方向が提起・選択されていく。当時商工業分野においては協同組合はすでに大いに発展しており、プルードン派は協同組合運動と深い関わりをもっていたが、ここに両派の妥協の形で、土地公有化案と農業協同組合化の方向が定立されたといえる。しかしマルクス派からみれば、プルードン派の協同組合万能論は拒否されるべきであり、個人的所有の延長とみられる協同組合的所有を許容せず、収用した土地は国有化し、協同組合経営には国家からの土地貸与という形をとるべきだとする潜在的理解が含意されていた。したがって、ブリュッセル決議の段階においては、協同組合形態は必ずしも積極的に推奨されているわけではない。[27]

さらに翌々六九年のバーゼル大会においては、論争の火種はなお残されており土地問題は再び第一議題とされるが、結論的には、前大会の決議が再確認され第一インターとしての土地公有化問題は最終的に決着がつけられる。大会での論争点を再度整理すれば、一方には、多数派（マルクス派）の大規模優位論のベースの上に、土地収用後の土地は個別農民への貸与はもちろん協同組合経営でもなく、国営農場とするのが最も望ましいとする考え方があり、他方では、少数派（プルードン派）は小農擁護論をベースとして、小農的小所有維持の願望を温存しつつ比較的小規模な共有地に協同組合農場を組織するというものであった。バーゼル決議は、土地共有の必要と権利を共通認識とした上で、両者を混在させつつその妥協を図り、前者の主導の下にとりまとめられたものとみることができる。後論の問題とも関連するが、マルクスの認識には上述の協同組合に対する消極的ともいえる潜在的含意がふくまれており、一八七二年の手稿『土地国有化について』は、第一インター支部における農業問題をめぐるこのような混乱をふまえて書かれたものである。(28) この論文では、「生産手段の国民的集中」＝国有化路線が明確に主張されている。しかし、なぜか、後年におけるマルクス主義農業理論の発展においては、ブリュッセル決議およびバーゼル決議の方向が踏襲・流布されて、協同組合方式は農業社会主義化の基本戦略（恐らく、エンゲルス「フランスとドイツにおける農民問題」およびレーニン・ロシア革命ネップ以後）とみなされ今日に至るのである。

いずれにせよ、前者の論理の背景には「窮乏化」(29) と「両極分解」の理論があり、小農的生産様式に救いはなくその没落は必然であるとする「小農没落」論と、その出路は科学的方法と技術の応用による「大規模社会主義」農業以外にないとする論理があった。したがって、農業部面における革命の主体は、農民ではなくむしろ雇農＝農村プロレタリアに求められることになる。すでに前項(1)で考察したように、この論は、プロレタリアートの側からする経済学的な原理論にとどまっており、零細な小地片に執着する小農民の感情や情念と交錯しえない、抽象的・非実践的な「労農同盟」論であるといわざるをえないものであった。とはいえ、これら一連の論争を通じて、いまや農業・農民問題が革命戦略の重要な構成部分とみなされるようになり、とりわけ小土地所有と小農の問題が焦点化されたこと、社会主義農業の経営形態として協同組合化の方向が探索されていくことの意義は、極めて大きかったことが認められよう。このことは、本論のテーマとの関わりでいえば、多数者革命戦略と改良主義的戦略の道を一歩前に切り拓くことでもあった。

ところで、第一インター・バーゼル大会が開かれた直前の同じ一八六九年には、ドイツ社会民主労働党（アイゼナッハ派）創立の旗揚がおこなわれており、その勢いをかって（A・ベーベルとともに同党の創立者）W・リープクネヒトはこのバーゼル大会に参加している。かくて、翌一八七〇年のドイツ社会民主労働党シュトットガルト大会において、バーゼル決議を下敷きにした農業政策が決定されることになる。(30) しかし、農業問題においては

「土地の国有化が出発点」だとするマルクスに対し、理論的原則としては国有化の方針を踏襲するものの、大土地所有の収奪を明記せず、実践的には農業政策の重点を小農の獲得におき、むしろそのための実際的方策――農民債務の軽減、低利・追加貸し付け等――が模索されるとともに、土地所有関係に変更を加えないままの協同組合の組織化が提議される。ドイツの社会主義者たちにとっては、農業政策のポイントの置きどころがマルクスとは相違し、農業国ドイツにおける農業社会主義化の平和的・改良主義的な道（「社会主義者鎮圧法」下においては、その可能性は全くないとエンゲルスはいう）が追求されていたといえる。理論的論究とは別に現地ドイツの実践的現実的政策は、試行錯誤と妥協や改良主義的政策を胚胎せざるをえない。しかし、これは当然マルクス・エンゲルスの権威的原則的見解と対立を生じさせ、結果的には、上記改良的・過渡的路線の継続的模索はいわば双葉のうちに流産し事実上棚上げされることになっていった。

かくてまたそれは、その後、一八九〇年代のドイツ農業綱領論争および世紀末の修正主義論争に再び影を落とし、結局、ドイツ社会民主党は中間層戦略を欠落させたまま、ナチスの台頭・政権掌握前夜における一九二七年のキール農業綱領まで、「労農同盟」戦略を具体化したプロレタリア党による農民政策綱領をもつことはなかったのである。(31)

(3) ドイツ社会民主党の農業綱領論争とエンゲルスの「労農同盟」論

一八六〇年代末のドイツには二つの労働者党（一八六三年創立の全ドイツ労働者協会＝ラッサール派と上述のドイツ社会民主労働党＝アイゼナッハ派）があったが、七四年の帝国議会選挙における選挙協力を契機に合同が図られる（七五年ゴータ合同大会、社会主義労働者党）。これに脅威を感じたビスマルクにより一八七八年には社会主義者鎮圧法が制定されるが、社会主義労働者党は隠忍自重これによく耐え鎮圧法下においても着実に得票を伸ばし（九〇年二月の選挙では一四三万票・約二〇％）、ブルジョア急進派・左派とともに、ビスマルクの失脚と鎮圧法の撤廃を勝ちとる。ここに、一八九〇年には党名をドイツ社会民主党に改め（九〇年ハレ大会、以下SPDと略称する）、さらに、翌一八九一年には合法政党としてエルフルトに党大会を開き、マルクス主義的な綱領の典型的モデルとして盛名を馳せたエルフルト綱領を採択する。

いまや合法化されたSPDにとっては、エルフルト綱領の規定するところにより普通選挙制度を通じた闘いが第一義的課題となり、[32]議会の多数を獲得し「間近」に迫る政権奪取のために、社会的中間層とりわけ農民を味方に引きよせること、労農同盟が不可欠の要件とされる。ドイツのような農業国では、農民の意志に反しては、最終的に社会主義的変革を完遂することは不可能であり、したがって、日常的な農民対策としても改良主義的な農民政策を遂行せざるをえない。エルフルト綱領の原則をなす農民経営の必然的没落という理論は現実には妥当せず、また社会主義の彼岸における救済という約束はプロパガンダとしても有効ではない、という認識が起こってくる。かくて、一八九四年のSPDフランクフルト大会においては、シェーンランク＝フォルマル提案の農民保護政策に関する決議が絶対多数で可決され、次回大会において、農業綱領を作成すべく農業綱領委員会が発足する。しかしながら、翌九五年のブレスラウ大会においては、一転して、委員会の提案した農業・農民政策をもりこんだ農業綱領草案は圧倒的多数で否決され、逆に、カウツキーによる農業・農民綱領は不要であるとする決議が採択される。この一連の経過において、党執行部・ベーベルやリープクネヒトの態度は曖昧・優柔不断であったが、それはさておき、エンゲルスと彼による『フランスとドイツにおける農民問題』[33]（一八九四年、以下『農民問題』）の果たした役割はなんとも大きかった。[34]

すでに一八九三年の帝国議会選挙では、SPDは得票数と議席数を増加させたものの、農村地域では期待した成果はみられず、一定の限界にぶつかっていた。上記G・フォルマルは、小土地所有と小農の優勢な南ドイツ・バイエルン党組織の指導者として、早くも一八九一年の時点において、社会革命をプロレタリアのみでおこなおうとするのはブランキ主義である、原則拒否主義は現存体制の容認に通ずる外ないとし、農民の貧窮と困難に直接対応する農民的土地所有を積極的に承認し、窮状支援の現実的方策を提示していく。すなわち、エルフルト綱領[35]に対置・補足する「改良主義（Reformismus）」的方針転換を提起し、民主的な勢力の結集による議会活動と公共コントロールの強化を通して、漸次的に国家に対する社会主義の影響力を浸透・拡大させようとした[36]。また、農業における修正派の理論的代表者と目されるE・ダヴィドは、後に大著『社会主義と農業』（一九〇三年）を著すが、そこで「大規模農業優越」論および「小農没落」論に対し、五～二〇ヘクタールの小経営の増大と二〇ヘクタール以上の大経営の減少を統計的に論証することにより、大経営優越の法則は工業（「機械的生産」）にのみ妥当するが、農業（「有機的生産」）の特殊性は小規模経営の存続・発展を否定しないとし、農業に固有な社会主義への有機的・漸進的な進化・移行のモデルがあることを提唱する。かくて、ユンカーおよび主農派による農民のとりこみを阻止すべく、資本主義制度の枠内においても、農民自身が合理的な協同組合経営に着手・促進する前提条件があることを主張した[37]。

一八九四年のエンゲルス『農民問題』は、老エンゲルスの〈政治的遺書〉と呼ばれる前述一八九五年三月の『階級闘争・序文』（エンゲルスは同年八月に死去）とともに、〈第二の政治的遺書〉といわれ、一般に、マルクス主義農業理論・政策の最終かつ最高の到達点、労農同盟の基本戦略が明示されたものと、今日まで高い評価を受けてきた[38]。本稿では、すでにマルクス・エンゲルスの労農同盟論の変化と発展を考察してきたが、たしかに五〇年代から六〇・七〇年代にかけて、労農同盟の必要性の認識および協同組合化方針の容認など大きな転回と前進があったとはいえ、それはなお、小農民の没落不可避論として農民を吸引しうる労農同盟論にはなっていなかった。エンゲルスの密接な指導下に作成され最初のマルクス主義的綱領の模範といわれる、SPDのエルフルト綱領もまさにその地平にあったといえる。ところがマルクス亡き後九〇年代に入ると、フランス社会党のマルセイユ大会（一八九二年）やナント大会（一八九四年）においては、いわばエルフルト綱領と対置される形で農民保護政策がもり込まれ、さらに、中間階級としての農民と結びついた大衆政党たるべきことが宣言されていく。しかも、こうした動きはベルギー・イタリア・デンマーク等の社会主義諸党にも広がっていったのである(39)。

エンゲルス『農民問題』執筆の意図は、かかる動向を睨みながら、フランス社会党・ナント綱領の批判を問題導入のたたき台とし、第一に、その基調をなす改良主義的農民保護政策を批判し、社会主義的農業戦略の原則を確認すること、第二に、その正案を意味する積極的な農業・農民政策の方向を提示することにあった。前者は農村人口の階層分析をふまえた「小農没落」論によって(40)、後者はプロレタリア権力獲得後における協同組合化論によって果たされる。まず第一点について、小農獲得の緊要性にいまや注意を喚起しつつも、社会主義者の任務は「『個別的所有』が生産者に自由を与えるかのごとき幻想」を打ち払い、「もっぱら生産手段を〔生産者の〕共同所有にする」ことにあるとの原則再確認の上に、次のようにいう。小農は、「過去の生産様式の遺物」でありその没落は必然である、彼らは「未来のプロレタリア」である。したがって、「われわれは分割地農民にむかって、資本主義的生産の圧倒的な力にさからって個別的所有と個人経営を維持してやるというような約束は、断じてあたえることはできない。われわれが彼らに約束できるのは、彼らの意志に反して暴力的に彼らの所有関係を侵害することはない、ということだけである(41)」と。また第二点、協同組合化の問題については、「われわれが国家権力をにぎったときには、……小農にたいするわれわれの任務は、なによりも、力ずくではなく、実例とそのための社会的援助の提供とによって、小農の私的経営と私的所有とを協同組合的なものに移行させることである(42)」という。

要するに、エンゲルス『農民問題』においては、いかなる改良主義的な農民保護政策をもってしても小農の必然的没落は救いえないという不動の観点と、さらにその上に、協同組合の設立は権力獲得後の社会主義未来においてはじめて着手するとされ、現段階の農民の改良的運動としては位置づけられておらず、農業労働者を最優先するプロレタリア中心的な革命的戦略配置の展望が結びついていた。かくていう。「もしわれわれがエルベ以東の農村労働者を獲得するなら、たちまち全ドイツの風向きが変わる」「エルベ以東の農村プロレタリアを獲得することは、西ドイツの小農やいわんや南ドイツの中農を獲得することよりも、はるかに重要である。ここエルベ以東のプロイセンに、われわれの決戦場がある[43]」と。しかも『農民問題』の三カ月後のエンゲルスの絶筆『階級闘争・序文』を併せ読むとき、各種選挙での大躍進を背景に、「この勢いですすめば、われわれは、今世紀の終わりまでには、社会の中間層、小ブルジョアや小農民の大多数を獲得して、国内の決定的な勢力に成長し、他のすべての勢力は欲すると欲しないとにかかわらず、これに屈しなければならなくなる[44]」との、極めて楽観的な予測と連結していたことが分かるのである。

しかしながら、一九世紀末ドイツ農村の現実においては、両極分解が優勢にみられた資本主義の古典的段階とは相違し、マルクス・エンゲルスの想定とは異なる大土地ユンカー経営の衰退、農民経営の存続・増加という事態が出現していた。一八七〇年代以降の農業恐慌と世紀末「大不況」を契機に、世紀の転換点において資本主義は帝国主義段階に移行し、産業構造の変化・アメリカ農業の急成長等とも関連し、農業部面においてはかっての農民層分解には大きな変化が現れる。資本主義の発展とともに中間階級は衰退し農業においても資本家的経営が圧倒的となり、資本・賃労働関係は純化・単純化していくという古典的な歴史的展望は変質し修正されていく[45]。したがって、両極分化＝小農没落論と一体化した大規模経営優越＝協同組合化の戦略は、そのまま直線的には有効性をもちえなかったといえる。

かかる世紀末変革期の歴史的地盤の上で、諸階級・諸階層が必死の打開策を見いだそうとするとき、今日の窮状をまずもって解決することが緊要な零細農民にとっては、「遠い」政権奪取後の社会主義的未来の協同組合を描いたとしても、切迫した現実の小農経営にとっては説得力に欠けていたとしか言いようがない。農民にとって、長く伝習的で強固な土地執着と協同組合・大規模集団経営の科学的優越性なるものと、どちらが有力で魅力的であるかは分明し難い問題であった。しかし、いずれにせよ、「未来の」プロレタリアとしてではなく、「現在の」農民を農民のままで、獲得・連携することこそが求められていたのである。かかる情況と磁場と論理において考えるとき、修正派の改良主義的戦略路線への転換は、当面の政治化された論争の成否と決着は別として、その後におけるＳＰＤの戦略と運動の底流を形成していくことになることは、すでに否定しえなかったとは言わなければならないだろう。

なお、エルフルト綱領（理論部分）の起草者カウツキーもまた、その後、労作『農業問題』[46]（一八九八年）を世に問う。彼の立論は、基本的にエンゲルスの理論を最もオーソドックスに継承し敷衍したものだといえるが、修正派の具体的提案への正統派的な原則的立場からの否定と限定にあり、強いていえば、エンゲルスよりも明確に農民保護政策を拒否したことにあった。農業社会化・大規模化のコースが直接短絡的に構想されていたといえる。彼によれば、農業労働者の利益はすでにＳＰＤの労働者綱領一般の中に入っており、したがって、プロレタリア党としては、農業労働者とは区別された「農民の特別な利益を擁護」する、「一つの特別な農業綱領」は必要としないとされる[47]。エルフルト綱領のマルクス主義的一般原則を再確認したものといってよい。この点に関説していえば、農民の切実な土地要求と改良的諸課題をくみ取り、いわゆる「切り取り地」綱領（一九〇三年のロシア社会民主労働党綱領[48]）のかたちで、農民的土地所有の擁護と承認を、「過渡的綱領」として革命の展望の中に具体化（その後の実際的な実践の推移とは別）するのは、その限りではレーニンをまたなければならない。農民的土地所有を中心とする農民擁護政策の具体化、すなわち農民綱領を包摂したプロレタリア農業綱領、したがってまた、本来的な意味での真の労農同盟戦略の定式化は、むしろここに見いだすことができるといえよう[49]。

Ⅲ　マルクスの「協同組合」論と現代革命戦略への転換

前述した第一インター期の土地所有論争は、もともと協同組合に関する議題から派生したものであり、その後のＳＰＤにおける農業論争もたえず協同組合運動の問題と係わりがあった。協同組合の位置づけと評価に関する問題は、実際の商工・流通・信用部面における協同組合経営の目覚ましい発展とも関連し、五〇年代の協同組合に関するマルクスの評価と、六〇年代半ば以降の後期マルクスの認識の間には、その時間差以上に両者を大きく距てるものがある。それは、時代背景の質的変化とともに彼らの認識方法の転回とも関連しており、冒頭にも述べたように、彼らの労農同盟論＝多数者革命戦略の発展、それはまた、革命戦略における一大「転換」を予想させるものであった。そこにおける理論的発展史は、前節におけるマルクス「労農同盟」論の発展段階区分と概ね照応していると考えてよいであろう。以下、(1)四八年革命から五〇年代のマルクスの「協同組合」論、(2)六四年『宣言』段階における後期マルクスの「協同組合」戦略、そして(3)マルクス以後における模索、の三つの時期に分けて考察する。

(1) 四八年革命から五〇年代のマルクスの「協同組合」論

まず通説的には、マルクスは一貫して協同組合運動の発展に関心をもち、好意的であったとされているが、四八年革命から五〇年代のマルクスにおいては、概して、固有の意味での協同組合についての論及は極めて少なく、また積極的な位置づけがあたえられているとはおもわれない。『共産党宣言』においても、労働者の協同諸組織（相互扶助組織・労働組合・協同組合等）について一般的に言及することはあっても、狭義の協同組合について特定して語ることは皆無であり、プロレタリア権力獲得後の「一〇箇条の方策」においても、国有工場の増設・産業軍の編成・農工経営の統合は採りあげられているにもかかわらず、協同組合のことについては独自の構想が何ら示されていない。当時の社会主義諸派が革命の渦中にあって、それぞれの協同組合建設の具体的プランをもち互いに競い合っていたことをおもえば、マルクスにとっても決して無関心であったということではなく、むしろ、その役割に対し低い評価しかあたえていなかったということであろう。それを傍証するものとして、当時彼らと最も親密な同盟関係にあったブランキ主義等の革命的急進派の以下のような言説がある。「協同組合は、安楽な生活の幻想のなかにプロレタリアートを武装解除し眠り込ませる」「政治および宗教に関する無関心主義、資本の正当な利益の上に立つ協同組合、……〔その立場は〕プルードンとなる」[50]（ブランキ）。「共産制は、統一・友愛・連帯および平等を表現する」が、「協同組合は、諸利害の作用と均衡を組み合わせようとするだけ」であり、「分割・利己主義・個人的利益および不平等を表現する」[51]（ネオ・バブーフ派の『フラテルニテ』紙）等。

さらに、マルクス自身の論説をとってみても、前掲五〇年の『階級闘争』では、社会主義諸派（マルクスの言葉では「小ブルジョア社会主義」）による協同組合が主たる標的として論難されている。すなわち、それら協同組合運動に走る「空論的社会主義」は、「全体の運動をその契機の一つに従属させ、共同的社会生産の代わりに個々の衒学者の頭脳の作用とし、なによりも、諸階級の革命闘争とそれにともなう必然事をちっぽけな手品芸や大仰な感傷によって空想的にとりのぞくところのユートピア」にかえる、と断罪される[52]。また、五二年の『ブリュメール一八日』においては、「プロレタリアートの一部は、交換銀行や労働者協同組合のような、空論的な実験に熱中する。つまり、……古い世界を変革することをあきらめて、むしろ社会のうしろで、個人的に、プロレタリアートの限られた生存条件の範囲内で、プロレタリアートの救いを成しとげようとする運動、したがってかならず失敗するにきまっている運動に熱中する」[53]と。ここには、プルードンの交換銀行やルイ・ブランの国立作業場、P・ビュシェの労働者協同組合等のさまざまな社会主義的な試みが、「空論的実験」として共産主義とは厳格に対置され、革命の戦略的方向に反する個別的な些末事として、すべからく一刀両断にされていることが分かる。したがって、要約的にいえば、四八年革命から少なくとも五〇年代前半のマルクス・エンゲルスにおいては、当時の永続革命戦略の問題とも関連し、いわば改良主義的な互恵互助の色彩を併せもつ協同組合運動は、プロレタリア革命の戦略配置のなかから排除されていると言わなければならないだろう。

しかし、約一〇年余り後一八六〇年代半ば以降になると、マルクスの協同組合に関する論調は積極的なものに変わっていく。その前提的要因としては、先に述べた四八年二月革命以降の経験とともに、一方では、五〇年代後半から六〇年代にかけての経済学研究の深化があり、その成果はまずは『経済学批判要綱』（一八五七－五八年、以下『要綱』）に結実するが、『要綱』においては、資本主義の抽象的否定と頭の中だけの観念的な将来社会像の論域を脱して、「もし今日あるがままの社会のうちに、無階級社会の物質的な生産諸条件とそれに対応する交通諸関係とが隠されているのを見いださないならば、一切の爆破の試みはドンキホーテ的企てになるだろう(54)」という。すなわち、現実具体的な認識方法への一定の模索と転回がみられるようになる。それにもまして他方では、産業革命後の経済発展の中で、イギリスやフランスにおいてそしてドイツにおいても、株式会社や協同組合等の新しい経済形態の著しい発達がみられるようになる。イギリスのロッチデール先駆者組合はすでに一八四四年の創立であり、その後経営も軌道にのり、一〇年後の一八五四年には新たな運動段階が切り拓かれていた。ドイツのシュルツェ＝デーリッチュによる原料および信用組合も一八四九年には設立が開始され整備発展している。換言すれば、一方ではマルクスにおける主観的な世界である経済理論の前進と、他方における客観的な歴史的現実としての資本主義経済の発展が結びついて、来るべき未来社会実現の諸条件・諸前提（＝「アソシエイション」）が、資本主義社会の胎内において、その一形態としての株式会社および協同組合として、資本主義の発展とその経済的否定形が未来社会主義の肯定的実存形態として、用意され見いだされていくのである。

(2) 六四年『宣言』段階における「協同組合」化戦略

かくて、『資本論』第Ⅲ部における利子生み資本と信用の篇（第Ⅲ部「草稿」は一八六三－六五年に執筆）において、協同組合は株式会社とともに以下のように定式化される。

「労働者たち自身の協同組合工場は、旧い形態のなかでではあるが、旧い形態の最初の突破である。……資本と労働との対立はこの協同組合工場のなかでは廃止されている。……このような工場が示しているのは、物質的生産力とそれに照応する社会的生産形態のある発展段階では、いかに自然なかたちで一つの生産様式から新たな生産様式が発展し形成されてくるかということである。……資本主義的株式企業も協同組合工場と同様に、資本主義的生産様式からアソシエイション的生産様式への過渡形態とみなされるのであって、ただ、一方では対立が消極的に、他方では積極的に止揚されているだけである。[55]」

また、一八六四年の『国際労働者協会創立宣言』においても、一八四八年から六四年にいたる労働者運動の前進を総括しつつ、とくに一〇時間法案（および工場立法）の成功と協同組合運動の前進をあげ、後者は「所有の経済学にたいする労働の経済学」の勝利であり、「これらの偉大な社会的実験の価値は、いくら大きく評価してもしすぎることはない」と最大限の肯定的評価があたえられる。しかしながら、同時に、「協同組合労働は、もしそれが個々の労働者の時おりの努力という狭い範囲にとどまるならば、独占の幾何級数的成長を抑えることも、大衆を解放することも……決してできないであろう。」「したがって、政治権力を獲得することが、労働者階級の偉大な義務となった[56]」と宣言される。さらに、一八六七年の『国際労働者協会・暫定中央評議会の個別的指示』（一八六六年ジュネーヴ大会資料中の第五項、以下『暫定指示』と略称）においては、協同組合運動の戦略的方向性について、「若干の一般原理」に限るといいつつかなり立ち入った方策に論及している。この『暫定指示』は、上記六四年の第二『宣言』とワン・セットにおいて理解されるものであり、また、後期マルクスの協同組合運動に対する考え方が最も体系的に表明されたものでもあり、多少長文ではあるが以下に該当部分を抄訳・引用しておきたい。

「国際労働者協会の任務は、労働者階級の自然発生的な運動を結合し普遍化することであって、空論的な学説を運動に指示したり押しつけることではない。したがって、大会は特殊な協同組合制度を唱道すべきではなく、若干の一般原理を明らかにするにとどめるべきである。

(a)　われわれは、協同組合運動が、階級敵対に基礎をおく現在の社会を改造する諸力の一つであることを認める。この運動の大きな功績は、資本の専制を自由で平等な生産者の協同社会（Assoziation）におきかえることが可能だということを、実地に証明する点にある。

(b) しかし、協同組合制度が、個々の努力による零細な形態に限られるかぎり、それは資本主義社会を改造することは決してできないであろう。社会的生産を自由な協同労働の一体系に転化するためには、全般的な社会的変化が必要である。すなわち、社会の組織された力、国家権力を、資本家と地主の手から生産者自身の手に移す方法以外にはない。

(c) われわれは、労働者たちの消費協同組合(Genossenschaft)よりは、むしろ協同組合生産にたずさわることを勧める。前者は現在の経済制度の表面にふれるだけであるが、後者はこの制度の土台を攻撃する。

(d) われわれは、実例と教導によって協同組合工場の設立を促進し、協同組合の原理を宣伝すべく、協同組合の共同収入の一部を割いて基金をつくることを勧告する。

(e) 協同組合が中間階級的株式会社に堕落するのを防ぐため、すべての労働者は、株主であってもなくても、平等な分配としなければならない。一時的な便法として、低率の利子を株主に支払うことには同意する。[57]」

上記のように、四〇~五〇年代とは決定的に相違し、後期マルクスの協同組合論においては、新たな社会的生産形態としての協同組合の意義が積極的に評価され(上記『暫定指示』a)、社会変革における戦略的位置づけと役割がいまや明確にあたえられているといえよう。つまり、後期マルクスにおいては、協同組合制度への転回を必ずしも社会問題の窮極的解決形態とは考えていないものの、いまや一つの前進的な解決への「過渡形態」とみなすに到ったということができる。その点では、社会変革の根幹に抵触する生産点における協同組合の成長に期待をかけ、唱導(上述c)していることとも関連している。

しかしながら同時に、マルクスのコメントは、第一インターにおいて圧倒的影響力をもつプルードン派の「協同組合万能論」(マルクス側の評価)に対する牽制を併せもつ面があり、そこにおけるマルクスの強調点として注目されなければならない点は、協同組合は現在あるがままの狭く個別的な形態である限りでは、革命的な力にはなりえなく、それを可能にする「社会の全般的変革」、「国家権力」の獲得、すなわち政治革命およびその結果としてのプロレタリア権力の樹立が必須の要件・前提（上述b）だとされていることである。ここにマルクス「協同組合」論の本来的な傾向的性格を示す制限的な協同組合論がある。この論法は、先の労農同盟戦略における「小農没落」論と対応しており、ある意味での原則的・理想的な未来の小農あるいは協同組合を描くことによって、現実の（消費者）協同組合を革命戦略の、換言すれば統一戦線の外部に事実上放擲する可能性を含まざるをえなくする。それは、現にある資本主義の下での協同組合ではなく、プロレタリア革命後の社会主義的彼岸における協同組合に狭く限定することになりかねない。とりわけ、資本主義下における消費組合は労働者の小市民意識を培養するものととらえられていた。

前々稿「アソシエイションとマルクス」において考察してきたように、マルクスの求める協同組合は、むしろ一九世紀前半のオウエン的・共産主義的な協同組合共同体に近く、すでに一九世紀後半の歴史的現実的な協同組合は、近代ロッチデール型の消費者協同組合として発展しており、共同体建設の基金の問題（前述d）・利潤分配に対抗する平等分配の問題（同上e）等と併せ、協同組合運動の実際的経過の中で淘汰されていったものに外ならなかった[58]。ここに、永続革命戦略から多数者革命戦略への転換を意識し、かかる転換の端緒を切り拓きながらも、なお成し遂げられぬ、マルクスの超えられぬ歴史的限界があったというべきであろう。

(3) マルクスその後――現代革命戦略への胎動と挫折

以後、第一インターの分裂・解散（一八七六年）、マルクス自身の度重なる健康悪化やイェンニー夫人の死去等も重なり、晩年の数年間は執筆も少なく、とくに協同組合についての論究はほとんどみられなくなる[59]。さらに、ヨーロッパ先進諸国においては革命の展望は見いだせず、理論的に反転してむしろ後進地域に期待がかけられる。かかる世紀末の歴史と巨星その人の動向を反映してか、その後のＳＰＤにおいても労働組合運動と比して協同組合運動は反作用的に軽視されていく。ゴータ綱領（一八七五年）においてはまだしも協同組合についての論及はみられるものの、それは国家援助によるラッサール派的な規定であったし、かのエルフルト綱領（一八九一年）には協同組合についての字句が全くみられない。[60]さらに、翌（一八九二）年のベルリン党大会では、協同組合運動は労働運動を補足する限りで消極的に是認されるにすぎず、一八九四年のフランクフルト大会、九五年のブレスラウ大会における農業綱領論争の経緯については前述の通りである。そしてまた一九世紀末年一八九九年のハノーヴァ大会においては、折からの修正主義論争と相まって、協同組合は政治的には「中立的」なものすなわち労働者階級の解放に決定的意義をもちえないという、中央派（正統派）ベーベル主導の決議がなされる。[61]世紀末の農業論争・修正主義論争を通じて、新しい時代に戦略的に対応しようとするSPD党内の胎動も、むしろ正面からの理論的紛糾は回避され、論争の両当事者とも組織護持を至上命題とする理論的節制が優先され、これを以て革命戦略の理論的追究の道は公式的には斥けられたのである。

しかしまた、むしろそこで提起された現実的・改良主義的問題と運動は、いわば非公式的・実践的には浸透していき、協同組合の問題に限定していえば、H・カウフマン、F・シュタウディンガー、F・テンニース等によるハンブルグ系協同組合（一九〇三年創設）は、党指導部からは白眼視されながらも育成されていき、遅ればせながらSPDマグデブルク大会（一九一〇年）において、やっと、階級的政治闘争の有効な手段としての協同組合および消費組合運動が公認されるのである。[62]一般に、農業問題と民族問題はSPD（およびKPD）の弱い環をなすとされ、後のナチスに対する敗北の原因とされるが、実に協同組合運動もまたその弱い環を形成していたといえよう。長年月をかけた挑戦と貴重な犠牲と努力によって初めて、資本主義の枠内において、部分的にせよ資本と対決する漸進的系統的な改良主義的協同組合運動の戦略は、広範な中産層・市民を包含する多数者革命の戦略へと包摂され転換されていくのである。

もともと、労働者協同組合（とりわけ消費組合）における労働者は、生産点においては労働力商品の販売者として本来の労働者であるが、交換・流通面では消費者・市民一般でもあり、かかる意味では新たな市民社会の結節点・媒介者となる。生産の集積・集中がすすみ金融寡頭制の支配が成立する資本主義の独占段階（＝帝国主義段階）における現代の協同組合は、資本の有機的構成の高度化に対応して生産部面においては独占資本に対比すべくもなく、むしろ消費・流通・サービス部面においてその存在意義が発揮される。かかる新たな資本主義的経済構造の再編と動向に対抗して、独占価格の統制はもとより、商品の品質規制・投機行為の監視などとともに、生活消費財の供給・流通、その住民自らによる組織化、ネットワークの形成、政策実施機関への参画等、先進的な民主主義にふさわしい福祉と消費の多面性、個性ゆたかな諸個人の欲求を充足していく上で、大きな役割を果たしうるだろう。[63]かくて、これらの領域は、現代先進国革命における多数者戦略の論理を考えるとき、それは重要な一つの転回軸となる。古典的なプロレタリア革命のパラダイムは、漸進的・改良主義的な市民的＝国民的革命戦略の論理的パラダイムを包摂することに連なっていく。

おわりに

本論冒頭のムーアおよびハリスンの問題提起にもどれば、マルクスにおける第一『宣言』の段階における革命戦略と第二『宣言』の段階における革命戦略の間には、「断絶」とはいわないまでも大きな「転換」があったことは確かであり、その内実は革命および過渡期構想の長期化とそれによる漸進的・改良主義的戦略の浸透によるものであった。マルクスが、「旧い形態のなかでではあるが、旧い形態の最初の突破」、「今日あるがままの社会のうちに」宿る「新たな生産様式」、「過渡形態」というとき、そこには、権力の掌握に先行して、旧社会＝資本主義社会の胎内における変革の胚芽がすでに内包されることが示唆されていた。したがって、政治革命に先立つ社会主義的変革の実施可能性すなわち〈開始命題〉を承認していたかにみえる。というより正確を期せば、マルクスにおける〈開始命題〉受容の前兆をなすものであり、その採用の一歩手前まできていたことが確認されよう。続稿の課題となるが、マルクスより一〇余年長命であったエンゲルスは、さらにその先の現代革命戦略の方向を垣間観ることができた（前掲一八九五年の「政治的遺書」をみよ）。またさらに、彼らの弟子たちは、深刻な論争を経験しつつもその果てに、その戸口までたどり着いた。たとえばE・ベルンシュタインやR・ヒルファディング、O・バウアー、さらにはF・ナフタリ等においては、産業の進化・社会化と民主主義の不可避的結果がすなわち社会主義なのだという新しい捉え方があり(64)、たんに所有制度の改廃に終わらない独自の価値をもつ課題として、したがってまた、たんに権力基盤の問題としてではなく国民的な同意・集合の問題として、改良主義的戦略＝「社会化」と「民主化」を変革のプロセスの中に定位させようとする志向がみられる。約言すれば、〈開始命題〉と〈終結命題〉の両命題を肯定し、現代先進国革命の戦略方向を探究する道への準備が進みつつあったかにみえるのである(65)。

しかしながら、マルクスにおいては、自らその道を切り拓き先導し喫水の間にまで迫りながら、「社会の全般的変革」「国家権力」の獲得の優先先行、したがって、過渡期におけるプロレタリアートの独裁という命題を、最後まで変更することはできなかった。そこには、永続革命論からなお最終的に脱却しえず自己の知的発想法と原理原則を遵守し、むしろかかる「原則」的世界に止まった一人の巨人の姿をみることができる。その際の決定的な点は、過去の戦略との対抗ではなく現在の事実との対決にあったというべきであろう。彼をとりまく時代情況自体がなお歴史的転換の開始期にあり、その変換の未成熟性とも重なって、巨星マルクスを以てして、その最後の「柵《しがらみ》」をのり超えさせることができなかったのである。かくて揚言すれば、マルクスは、世紀の交錯点における資本主義的政治経済構造の全般的変動に先立って、かかる転換の胎動と課題を意識しその現代革命戦略への転換の端緒を開始するが、彼自身の方法論的・歴史的限界とも関連し、新しい政治的経済的な時代情況・構造変化に対応する、革命戦略の転換そのものには竟に到達しえなかったといわねばならない。課題は後継者に託されたのである。

本稿においては、「後期マルクスにおける革命戦略の転換」について、一八四八年『共産党宣言』の段階と一八六四年第二『宣言』の段階に焦点をあて、永続革命戦略から多数者革命戦略への移行・転換の問題に関して、漸次的改良主義戦略の浸透を論理的基軸としつつ、その労農同盟論および協同組合論を中心に考察してきた。しかし、本論の全体的テーマである後期マルクスの革命戦略の転換という場合には、なおそのほかの欠かせない枢要な論点として、平和的合法的革命戦略への転換の問題、およびそこに到来する新たな社会主義像への変換の問題が論じられなければならない。これら関連する諸問題については、紙幅の制約上、後続稿において果たすことにしたい。

注

（1）これらの問題は、いわゆる「過渡期」論争として、中ソ論争の重要な一断面をなすことになったが、本稿では、それについて、とくに改めて問題とすることはしない。

（2）拙稿「アソシエイションとマルクス」花伝社、二〇一一年一二月。

（3）後年のエンゲルスによる「『共産党宣言』一八八八年英語版序文」には、次のように書かれる。「この『宣言』がでたときには、われわれはそれを社会主義宣言と名づけるわけにはいかなかった。……〔社会主義者に対して〕、たんなる政変では不十分であると自覚し、社会の根本的改造を要求する部分、そうした人々は当時みずからを共産主義者と称した。……一八四七年には、社会主義は中間階級の運動を意味し、共産主義は労働者階級の運動を意味した。……それ以後もわれわれは、この名前を返上しようなどと思ったことはない。」

マルクス・エンゲルス『共産党宣言』（一八四八）、『マルクス＝エンゲルス全集』（以下ＭＥＷ、なお、訳文は異なることがある。〔　〕内は筆者補足）第四巻、大月書店。

（4）スタンリー・ムーア『三つの戦術』岩波書店、一九六三年。

（5）R・ハリスン『近代イギリス政治と労働運動』未来社、一九七〇年。
（6）マルクス『国際労働者協会創立宣言』（一八六四）、MEW第一六巻。
（7）上記S・ムーアにおいては、「戦術 tactics」と「戦略 strategy」は区別されず、両者を包括するものとして「戦術 tactics」という語が用いられている。ムーアの場合は、「革命パターン」の「移動」、ハリスンの場合はさらに「断絶」という言葉を使っており、「転換」という表現は本稿のもの。また、ムーアは、マルクスの革命戦術には対照的で両立しえない三つのパターンがあるとして、「永続革命・増大する窮乏・競争する諸体系」という革命的戦術モデルの類型化をおこなっている。本論においては、ムーアの問題意識を引照しつつも、用語および論述内容等異なる展開となっている。
なお、G・リヒトハイム、K・コルシュ等に依拠しつつ、マルクスにおける永続革命論からの転換を考察した淡路の著作がある。併せて参照されたい。G・リヒトハイム『マルクス主義』みすず書房、一九七四年、K・コルシュ『レーテ運動と過渡期社会』社会評論社、一九七一年、淡路憲治『西欧革命とマルクス、エンゲルス』未来社、一九八一年。
（8）前掲（4）S・ムーア。
（9）R・ミリバンド『マルクス主義政治学入門』青木書店、一九七九年。
（10）マルクス『フランスにおける階級闘争』（一八五〇）、MEW第七巻。
（11）前掲（4）S・ムーア参照。ここでいう「永続革命」論とトロツキーの「永続革命」（あるいは「永久革命」）論の関係については諸説（例えば、I・ドイッチャー『永久革命の時代』河出書房、一九六八年等）あるが、ムーアは両者をいちおう別次元の用語と区別している。
なおまた、ムーアは、永続革命論とプロレタリア独裁の関係について、「プロレタリア独裁は、少数者支配の最後の歴史的形態である」と規定している。
（12）前掲（10）。
（13）マルクス・エンゲルス「共産主義者同盟中央委員会の同盟員への呼びかけ」（一八五〇・三）および、同「呼びかけ」（一八五〇・六）、MEW第七巻。
（14）マルクス・エンゲルス『評論一八五〇年五－一〇月』、MEW第七巻。
（15）エンゲルス『亡命者文献―ブランキ派コミューン亡命者の綱領』（一八七四）、MEW第一八巻、同『共産主義者同盟の歴史によせて』（一八八五）、MEW第二一巻。
上掲のリヒトハイムによれば、ブランキの戦略は七一年のパリ・コミューンに先鞭をつけるものであり、マルクスはすでに革命戦略の転換を経過していたにもかかわらず、成熟したマルクスにして、一時的にせよ、パリ・コミューンに際してこの旧い永続革命の思想が再び甦った、という。ムーアおよびハリスンにも同様のコメントがある。パリ・コミューンに対し、最大級の賛辞を寄せたのは周知のようにレーニンである。レーニン『国家と革命』（一九一七）『レーニン全集』第二五巻。

なお、第一インターの分裂・解散の原因は、通常、マルクス派とアナーキストの組織的確執にあったとされているが、看過できないもう一つの原因として、インターが本拠をおくイギリスの改良的労働組合との問題がある。マルクスのパリ・コミューンへのコミットと『フランスにおける内乱』等の激烈な声明により、イギリスの労働組合主義者は反発・離反し、ためにマルクス自身が目指した国際的労働者の連帯の意味は失われていったことにあった。前掲（7）、（4）、（5）。マルクス『フランスにおける内乱』（一八七一）、MEW第一七巻。

(16)エンゲルス「K・マルクス『フランスにおける階級闘争』への序文」（一八九五年）、MEW第二二巻。
(17)前掲（14）。
(18)I・バーリン『カール・マルクス』中央公論社、一九三九年。
(19)前掲（4）ムーアおよび前掲（7）淡路、参照。
(20)前掲（6）。なお、上述プロレタリア階級内部の分化・多層化および新中産階級増大の問題は、革命の戦略配置の問題ともかかわって、先進国革命を展望する際の極めて重大な問題となる。この問題に対し、とりわけ前期マルクスにおいては、ブルジョアジーとプロレタリアート（あるいは領主と農奴、奴隷主と奴隷）という、生産関係を基底とする史的一元論を土台に、根元的な二分割階級論をもって分析しているが、今日の情況は単純な古典的二分割的階級把握では説明できない事態が多出しており、すでに数多の論争も起こっている。しかし、それら諸問題については、またの論攷の機会に期したい。
(21)前掲（3）。
(22)前掲（7）淡路参照。
(23)前掲（10）。
(24)マルクス『ルイ・ボナパルトのブリュメール一八日』（一八五二）、MEW第八巻。
(25)同上。
(26)G・エッカリウス「一労働者のJ・S・ミル『経済学原論』反駁」（一八六八）『マルクス・エンゲルス全集』第一六巻、改造社、一九三一年。

(27) 第一インターにおける土地所有問題の論争に関しては、星野が詳しく参考になる。また、小谷が同様の問題に対し共同体論争との関係から接近している。歴史的始源における本源的所有の問題等にかかわる小谷の論稿は極めて刺激的であり、併せて参照されたい。星野中「第一インタナショナルと農民問題」(一)(二)、『経済学雑誌』第八三巻第一号、第二号、一九八二年五月、同七月、小谷汪之『共同体と近代』青木書店、一九八二年、その他に、イ・ア・バーフ他編『第一インタナショナル史』(第一部第一巻)、刀江書院、一九六七年参照。

(28) 一九六八年ブリュッセル大会におけるド・パープ報告による、私有財産廃止後の土地所有形態は農業の協同組合的所有かそれとも土地国有化かという、未来形の問題提起を受けるかたちで、マルクスは以下のように回答する。「私は反対に次のようにいう。土地は全国民だけが所有できるという決定を、未来は下すであろうと。協同組合に結合した農業労働者の手に土地を渡すということは、生産者のうちのただ一つの階級だけに全社会を引き渡すことにほかならない。土地の国有化こそは、労資の関係に完全な変化を引きおこすであろう…」と。マルクス『土地の国有化について』(一八七二)、MEW第一八巻、関連して、マルクス、一八六九年一〇月三〇日付エンゲルス宛手紙、MEW第三二巻。

なお、前述マルクスの信奉者エッカリウス(前掲注26)は、J・S・ミルの小農的所有論を論駁しつつ農業協同組合化の方向を提示しており、したがって、第一インターにおける六〇年代末の論争の時点では、マルクス派内部においても意見は統一されておらず、マルクス自身もこの問題に対する完結整合した方案を未だもっていなかったことをうかがわせる。

(29) SPD内の正統派および左派には、その後の理論展開においても「小農没落」必然論だけでなく、さらに注目すべきは根強い「手工業没落」論があったことである。SPDのナチスに対する敗因として、一般に二大原因すなわち農民問題と民族問題の不在・弱点が挙げられてきたが、関連してSPDには中間層一般を獲得する明確な戦略に欠けていたことが指摘されなければならない。この問題は、労農同盟の問題に比し、従来あまり論じられてこなかったが、極めて重要な問題を内包している。とくに都市手工業者の場合にはプロレタリアートの利害と衝突する場面も多く、「没落し分解する手工業には存在意義は認められない」とする論となり、それは、「労農同盟」論→多数者革命→国民革命戦略論に反する逆認識に連なり、ドイツの歴史的命運を左右する重大な問題となっていった。鎗田英三「恐慌期におけるドイツ社会民主党の中間層観」『経営と経済』(長崎大学)第六三巻第三号、一九七九年三月、一九八四年一二月、および八木秀一「ドイツ中産層の歴史的把握をめぐって」『専修経済学論集』第一三巻第二号、一九七九年三月、山口定「ファシズムと中間層」(1)(2)『法学雑誌』第二四巻第三号、同二五巻三・四号、一九七八年二月、一九七九年三月等。

(30) 前掲(27)星野、前掲(28)およびW・リープクネヒト『土地問題論』(一八七四)改造社、一九二八年。

(31) 一八九五年のブレスラウ党大会以後の、ドイツ社会民主党（ＳＰＤ）における農業綱領不在の経緯およびキール農業綱領については、下記の豊永が参考になる。豊永泰子「ドイツ社会民主党と農業綱領問題」大野・住谷・諸田編『ドイツ資本主義の史的構造』有斐閣、一九七二年。なお、原田溥『ドイツ社会民主党と農業問題』九州大学出版会、一九八七年も参照。

(32)『共産党宣言』段階においては、文面からみる限り、普通選挙制度を通じた闘争にほとんど言及されておらず（一箇所だけ）、まして積極的な形では全く位置づけられていないといえる。またその後、普選問題に注意が向けられるようになった場合でも、ボナパルティズムの台頭にみられたように、むしろ保守派に有利にはたらくという見方からたんにアジテーションの場と捉えるきらいがあった。その点で、エルフルト綱領においては、総説に続く一〇項目の闘争課題の第一に普通選挙権の問題を掲げ、選挙闘争を政権奪取の重要な戦略と位置づけるようになっている。上記に関連して、第一インター時代のマルクスは、事情が許すかぎり普選問題については論及を避けていたという指摘もある。広松渉「マルクス・エンゲルス革命論の栞」広松渉・片岡啓治編『マルクス・エンゲルスの革命論』紀伊国屋書店、一九八二年所収。

なお、当時のドイツにおいては、農村部人口は全人口中の六五％を占め、またその四五％が農業人口であったという。

(33) エンゲルス『フランスとドイツにおける農民問題』、ＭＥＷ第二二巻。

(34) 山口和男『ドイツ社会思想史』ミネルヴァ書房、一九七四年、前掲（31）原田等。上記両著においては、エンゲルスの舞台裏での根回し的活動の果たした役割も検討されている。ここでは省略。なお、ドイツ現代史およびＳＰＤ史の一連の経過については、村瀬および安が詳しい。村瀬興雄『ドイツ現代史』東京大学出版会、一九七〇年（増補第九版、初版は一九五四年）、安世舟『ドイツ社会民主党史序説』御茶の水書房、一九七三年参照。

(35) エルフルト綱領の最大の問題点の一つとして、対農民政策が位置づけられていないことが指摘されるが、さらにまた後論と関連していえば、協同組合政策も空白のままに置かれていた。

「付・ドイツ社会民主党綱領」マルクス＝エンゲルス選集刊行委員会編『ゴータ綱領批判・エルフルト綱領批判』（国民文庫版）大月書店、一九五四年参照。

(36) 金子邦子「一九世紀ドイツにおける農業協同組合の理念」椎名重明編『団体主義』東京大学出版会、一九八五年所収、鍋谷郁太郎「ドイツ社会民主党における国家社会主義論争」『西洋史学』第一三四号、一九八四年九月。

(37) Ｅ・ダヴィドの『社会主義と農業』については、抄訳がある。森力（抄訳）『社会主義と農業』日本評論社、一九三一年。なお、カウツキー・ダヴィド論争の詳細については、横川の論稿を参照されたい。横川洋「エドアルド・ダヴィッド『社会主義と農業』における理論と政策」『茨城大学農学部学術報告』第二九号、一九八一年一〇月。

(38) マルクス主義正統派公認の見解は、旧ドイツ社会主義統一党中央委員会付属のマルクス・レーニン主義研究所MEW編集委員会による、MEW第二二巻注解（四二八）および同第三九巻（三二五）等によって示されるが、星野の前掲（27）において、第一インターとの関係や上記SPD大会における論争の事実経過、エンゲルス『農民問題』の評価など、そこにおける解釈は歪曲や事実誤認があまりに多いと異議が提出されている。

(39) 前掲（34）山口および前掲（7）淡路、（31）原田等。

なおフランス社会党は、J・ゲードとマルクスの女婿P・ラファルグを中心に創設（一八七九）されたが、創立時の「綱領前文」（一八八〇）はマルクス自らの口述筆記により作成されたものとして有名である。マルクス「フランス労働党の綱領前文」、MEW第一九巻。

(40) 労農同盟の戦略を科学的に確定する上で、農村人口の階層分析・区分はなによりも重要である。ここではその詳細は省略するが、『農民問題』においては、「小農」とは、「普通は自分自身の家族とともに耕せないほど大きくはなく、家族を養えないほど小さくはない一片の土地の所有者」と規定され、この人口は農村における基本的階級だとされている。なお、レーニンはロシアの現実をふまえ、多少ニュアンスの異なる独自の階層区分をおこなっている。レーニン「農業問題テーゼ原案」（一九二〇）『レーニン全集』第三一巻、拙稿「協同組合化」木原正雄・長砂實編『現代日本と社会主義経済学』（上）大月書店、一九七六年。

(41) 前掲（33）。

(42) 同上。

(43) 同上。

(44) 前掲（15）。

(45) 渡辺寛『レーニンの農業理論』御茶の水書房、一九六三年、大内力「解説」『マルクス・エンゲルス農業論集』岩波書店、一九七三年所収、等参照。

近年の見解では、農業生産の現実は、小農的経営様式が今日なお世界的に広く存在しており、典型的な両極分解をとげる資本主義農業のタイプは、一八～一九世紀イギリス農業のむしろ例外的経験であるとする理解が提出されている。玉野井芳郎・玉城哲「『資本論』と現代―広義経済学への展望」『現代思想』第三巻第一二号、一九七五年一二月等。

(46) カウツキー『農業問題』（一八九八）岩波書店、一九四六年。

(47) 同上。レーニンもカウツキーの「農業問題」については高く評価し、修正主義論争における正統派の立場を支持している。

なお、カウツキーにおいては、農業の資本主義化そのものの困難性・特殊性を捉えようとする視点もあったことは、公平な議論としておさえられておかなければならない。

(48) レーニン「ロシア社会民主労働党綱領」(一九〇三)『レーニン全集』第六巻。

(49) 革命的実践家にしてリアリスト・レーニンにおいては、マルクス・エンゲルスが見ることができなかった限界を大胆に修正・発展させていったことは特筆される。しかし、レーニンもまた、農業の社会主義への展望を十分つき詰めることができず、十分理論化できないままに終わった。未だ社会主義農業問題の最終的解決の出路は見いだされていないといえよう。

なお、もともと「労農同盟」の思想と理論は、すでにマルクス・エンゲルスの戦略思想のなかにあるにしても、正確には、この「労農同盟」という用語自体はレーニンのものである。マルクス・エンゲルスには未だみられない。

(50) A・ブランキ『ブランキ革命論集』(上)(下)現代思潮社、一九六八年。

(51)「フラテルニテ―協同組合と共産制について」河野健二編『資料フランス初期社会主義』平凡社、一九七九年。

(52) 前掲(10)。

(53) 前掲(24)。

従来、マルクス主義の協同組合論においては、マルクスは一貫して協同組合運動に対し好意的・積極的であったとする通俗的理解があるが、事実と異なること、必ずしもそうとは言えないことは、すでに論じてきた通りである。留意されたい。

(54) マルクス『経済学批判要綱』Ⅰ～Ⅴ(一八五七―五八)大月書店、一九五九～六五年。

(55) マルクス『資本論』第Ⅲ部、MEW第二五a巻。

(56) 前掲(6)。

(57) マルクス『個々の問題についての暫定中央評議会代議員への指示』、MEW第一六巻。

(58) 前掲(2)拙稿。

生産協同組合の重視という発想は必ずしもマルクスに始まるものではなく、オウエンからシュルツェまで初期の開拓者に共通するものである。マルクスの生産協同組合の推奨に対して、ベルンシュタインは早くも第一インター・ジュネーブ会議(一八六六年)において、消費・購買組合の方向を提議している。さらにまた、レーニンの場合も、新しい時代の転換の動向を見極めた上で、むしろ消費部面の協同組合に現実的有効性を認めていることが注目される。レーニン「コペンハーゲン大会のロシア社会民主党代表団の協同組合についての決議案」(一九一〇)、『レーニン全集』第一六巻。ヂード『消費組合論』(一九二四)、同文館、一九二七年、平實『社会政策的協同思想』ミネルヴァ書房、一九五八年等。

なお、近年、新たな協同組合の運動方向として、モンドラゴン（スペイン）協同組合複合体とそこにおける生産協同組合の発展が注目されているが、現代の国民的産業構造（地域的特殊性等も含めて）との関連、とりわけ当該工業部門における資本集約度＝資本装備率の問題等のかかわりがなお検討されていく必要があろう。ヘンク・トマス、クリス・ローガン『モンドラゴン―現代生産協同組合の新展開』御茶の水書房、一九八六年、W＆K・ホワイト『モンドラゴンの創造と展開』日本経済評論社、一九九一年、石見尚『第三世代の協同組合論』論創社、一九九八年等。

なおまた、モンドラゴン（バスク地方）をはじめ、現代においても協同組合運動が発達している地域は、イギリスを別として、奇しくも、プルードンやバクーニン等のアナーキズムないしサンジカリズム的傾向が強く残存するラテン系諸国およびアルプス地方等であることは注目される。

(59) 杉原四郎『ミルとマルクス』（増訂版）ミネルヴァ書房、一九六七年、および同「改良と革命―ミルとマルクス再論」『季報・唯物論研究』第六一号、一九九七年七月参照。

(60) エルフルト綱領については、前掲(35)。

また、「ドイツ社会主義労働者党綱領」（略称「ゴータ綱領」）については、D・フリッケ『ドイツ社会主義運動史』れんが書房、一九七三年において、全文（邦訳）が参照できる。なお、アイゼナッハ派とラッサール派の確執等については、山井敏章『ドイツ初期労働運動史研究』未来社、一九九三年、後藤洋「『ゴータ綱領』における生産協同組合論」『経済学論集』（鹿児島大学）第六〇号、二〇〇三年一一月、およびF・メーリング『ドイツ社会民主主義史』（一八九八）、ミネルヴァ書房、一九六九年参照。

(61)「中立的」という辞句には正統派ベーベルの微妙なニュアンスがこめられており、改良主義戦略に一定の共感を示しつつ、旧来の原則的教義を堅持せざるをえない党指導部としての立場が表れていた。しかし、後の協同組合運動発展の視点からみれば、結果的にもたらされた不偏不党の路線は政党からの自立をも意味しており、運動の大衆性をもたらすことに寄与したともいえよう。A・ベーベルによるSPDハノーヴァ大会（一八九九）における「修正主義に対する決議」、山本統敏編『第二インターの革命論争』紀伊国屋書店、一九七五年所収。

なお、当時のSPDにおける協同組合政策をめぐる思想的・理論的構図としては、極めて概括的ではあるが、全体としての革命戦略をめぐる論争と絡みあいつつ、協同組合運動に消極的な正統派（ベーベル、カウツキー等）および左派（ルクセンブルク等）と、積極的に推進すべしとする改良主義的修正派（フォルマル、ベルンシュタイン等）が、存在していたと考えられる。すでに挙げた文献以外に、カウツキー『消費組合と労働運動』（一八九七）叢文閣、一九二八年、およびR・ルクセンブルク『社会革命か改良か』（一八九九）『ローザ・ルクセンブルク選集』第一巻、現代思潮社、一九六九年、そしてE・ベルンシュタイン『社会主義の諸前提と社会民主主義の任務』（一八九九）ダイヤモンド社、一九七四年等があり、これらにより、一定の理論史的流れが鳥瞰され垣間見られよう。その外に、前掲（58）平、M・ブーバー『ユートピアの途』理想社、一九六九年、なおまたヘルムート・ファウスト『協同組合運動の先駆者たち』家の光協会、一九六一年、G・アシュホフ、E・ヘニングセン『ドイツの協同組合制度』日本経済評論社、二〇〇一年も参考になる。

（62）上掲、平、M・ブーバー等参照。

なお、ハンブルグ系協同組合の理論は、政治的中立性の原則を強力に推進するが、同時に、消費組合の発展が社会主義の実現に自ずから通ずるとする「協同組合至上主義」的傾向を併せもっていた。

（63）前掲（49）拙稿等参照。

（64）近年、レーニンによるロシア革命とは異なり、合法的・平和的・漸進的なオットー・バウアーらオーストロ・マルクス主義の流れを再評価しようとする酒井晨史、上条勇、村岡到等のアプローチがある。オットー・バウエル『社会主義への道』アカギ書房、一九四六年、上条勇「オットー・バウアーとオーストロ・マルクス主義」『金沢大学教養部論集』第二四巻二号、一九八七年三月、J・ブラウンタール（上条勇訳）『社会主義への第三の道』梓出版社、一九九〇年、村岡到『連帯社会主義への政治理論』五月書房、二〇〇一年等。

（65）前掲（4）ムーア、および前掲（61）ベルンシュタイン等。

ベルンシュタインの戦略論を協同組合運動の問題に限定してみれば、彼の見解は、プロレタリアートの政権獲得を専一の目標とするのではなく、むしろ第一次的には労働者の利益を達成すべく闘い、したがって、協同組合を以って一時凌ぎの「姑息的手段」（カウツキー）とみなすことなく、それは社会主義そのものではないにしても、「将来の大いなる社会組織の一礎石」と見做しうるとする立場であった。

第六章　後期マルクスにおける革命戦略の転換〈2〉

――平和的革命戦略への転換と民主主義――

はじめに

前稿(1)において、一八六四年『国際労働者協会創立宣言』(第二の『宣言』)に代表される後期マルクスにおいては、四八年革命前後のブランキ的「永続革命」論(四八年『共産党宣言』すなわち第一の『宣言』)からの変更・離脱がおこなわれ、少数隠謀家的革命戦術から国民的な多数者革命戦略への、歴史的転換がおこなわれたことを考察した。それは、前期マルクスにおける革命構想の失敗・挫折の経験と、歴史的な現実的情況の発展に照らした、漸進的・改良主義的革命路線の導入を意味するものであった。したがってまた、かかる多数者革命戦略への転換は、必然的に革命の合法的・平和的戦略への移動と転換、その探索をともなうものであった。

本稿においては、前稿の問題意識を継承しつつ、マルクス・エンゲルスにおける第一の『宣言』から第二の『宣言』の時期における合法的・平和的革命戦略への萌芽と転換に照明をあて、同時に、その延長線上に位置し、それを典型的に体現するエンゲルス最晩年(一八九五年)の〝政治的遺書〟について考察・検討する。その上で補論的にではあるが、一九世紀末・世紀の転換点において、マルクス主義における理論と現実の乖離に刮目し、上記〝政治的遺書〟の現実への適応と発展を意図した、E・ベルンシュタインの改良主義的戦略と民主主義論について論究する。

本論での論理を予め要約すれば以下のようになろう。「合法的」あるいは「平和的」というとき、両者は緊密な関係にあるとはいえ必ずしも同一の意味を指示するものではない。平和革命戦略は、一般に合法性を必要にして不可欠な条件・前提とするが、逆は必ずしも当てはまらず、合法性は平和的戦略の十分条件になるとは限らない。というのは、国民多数の支持の下に合法的民主的に新政権が樹立されたとしても、いまや少数派に転落した旧支配者・統治機構が反抗し、内乱・暴力（Gewalt）(2)に訴えてくる場合がありうるからである。この問題つまり軍事的官僚的統治機構等の権力問題をいかに解決するかは、平和革命戦略を推しすすめる際の重大ポイントとなる。マルクス・エンゲルスはこの問題を論理的に最大限つき詰めたが、時代的・方法論的制約ともかかわって、現代的な平和革命戦略の展望をなお明確に指し示すことができなかった。

結論的にいえば、現代社会における革命戦略の最大の決定因は、議会内外における国民多数の民主的合意と支持ということであろう。それはまた、国民最大多数の合意に基づく民主主義的・改良主義的戦略の選択に連なる。改良主義戦略と民主主義の問題は、来るべき新しい社会主義像すなわち民主主義を通じての先進的社会主義の提示という課題にかかわるが、その問題についてはこの連作の最終稿において果たしたい。

Ⅰ　マルクスとエンゲルスにおける平和的革命戦略への転換

(1)　マルクス・エンゲルスにおける平和的革命戦略への転換と模索

既に前稿において考察してきたように、『共産党宣言』の段階におけるマルクス・エンゲルスの革命論は、フランス革命におけるバブーフ等の伝統を受け継ぐ、ブランキ主義的な急進的「永続革命」論の系譜にあった。たとえば、一八四七年の『哲学の貧困』の末尾においては、「プロレタリアートとブルジョアジーとのあいだの敵対関係は、階級対階級の闘争、その最高表現に達すれば全面的革命となるところの闘争である。諸階級の対立に立脚する一つの社会が、最後の結末としての血みどろの矛盾、激烈な白兵戦に帰結する、ということに驚くべきことがあろうか？」と自ら問いつつ、「戦いか死か、血まみれの戦いか無か。このように、問題は厳として提起されている」と、ジョルジュ・サンドの引用を以て答えている。(3) また、上記と直近の四八年のかの第一の『宣言』においても、「共産主義者は自分の見解や意図を隠すことをしない。共産主義者は、旧来のいっさいの社会秩序を暴力的に転覆することによってのみ自己の目的が達成されることを公然と宣言する。支配階級をして共産主義革命の前に戦慄せしめよ。プロレタリアは、革命において鉄鎖のほかに失うものをもたない。得るものは全世界である。万国のプロレタリア団結せよ！(4)」という、有名な一句を以て宣言を結んでいる。

みられるように、四八年第一『宣言』段階のマルクス・エンゲルスは、合法的・平和的革命をできうるならば是としつつも、(5) 非合法的・非平和的な革命戦略を敢えて辞さず、一般的現実的には、来たるべき革命における暴力革命の形態・方向が鮮明に打ち出されていることは明白であろう。むしろ、「革命」＝「暴力革命」という認識にちかい。ここにこそまさにマルクス革命論の原型があり、後述のように、たしかに後期マルクスにおいては四八年当時の革命戦略に対する一定の反省と総括がみられ、さらに平和的革命戦略の追求・萌芽・変容がみられるようになるものの、いわばその発想の基底は基本的に終生変わることはなかったといえよう。(6) かくて、マルクス・エンゲルスにとって、プルードンの社会主義やラッサール主義者たちは、政治革命の暴力的形態やプロレタリア独裁を退け、平和的・漸次的な社会改良を目指すものとして、日和見主義と断罪されることになった。このことはまた、後論と重大な係わりをもつ普通選挙権と議会制度を通じた革命戦略が、『共産党宣言』においては全く論及されていないことと符合するものであり、革命過程および将来社会における民主主義の位置づけ、プロ独裁と民主主義、社会主義と民主主義の問題と関連するものである。

ところが、国際労働者協会（第一インターナショナル）における第二の『宣言』の時期になると、前稿でも述べた「永続革命」論の変更・修正および多数者革命戦略論への移行に照応して、暴力革命論から平和革命戦略への探索・転換がみられるようになる。すなわち、マルクスは一八七二年第一インター・ハーグ大会後のアムステルダムでの集会の演説において次のようにいう。「労働者は、新しい労働の組織を打ちたてるために、やがては政治権力を握らなければならない。……しかし、われわれはこの目標に到達するための道がどこでも同一だと主張したことはない。われわれは、それぞれの国の制度や風習や伝統を考慮しなければならず、アメリカやイギリスのように……オランダもそれにつけくわえるであろうが、労働者が平和的手段によってその目的を達成しうる国々があることを、否定するものではない(7)」と。なお、上記文言にすぐ続いて実際の演説においては、「〈しかし、これが正しいとしても、大陸の大多数の国々では、暴力がわれわれの革命の梃子とならざるをえないことを認めなければならない。労働の支配を打ちたてるためには、一時的に暴力にうったえるほかないのである〉」という重大な留保条件が付されており、それは新聞掲載時には検閲を考慮して削除されている(8)。

いずれにせよすでに一八七〇年代の後期マルクスにおいては、後にエンゲルスが明確化するような、多数者革命と平和革命戦略への転換の萌芽が形成されていたことをうかがわせる。もちろんマルクスが、各国における革命の多様な方式や、とりわけその平和的な戦略について直接論及した言説は必ずしも多くないが、上記の演説以外にも、マルクスの「『ザ・ワールド』通信員とのインタビュー」（一八七一）や、「社会主義者取締法にかんする帝国議会討論の概要」（一八七八）、イギリスの社会主義者Ｈ・ハイドマン宛ての書簡（一八八〇年一二月八日）、マルクスがフランス労働党のＪ・ゲードとＰ・ラファルグに口述の形で指導したとされるその綱領前文（一八八〇年）(9)の中に、同趣旨の普通選挙権の活用や新しい労働解放の可能性、すなわち革命戦略の新しい可能性にたいする模索と論究がみられる。ここには、多数者革命と平和的革命戦略に関連して、前期マルクスとは異なる後期マルクスにおける革命戦略の転換ないし模索と探求の断片がみられるといえようが、とはいえ、上述のマルクスの言葉からも分かるように、平和的な革命は望ましくはあるが、それは一般的原則としては認識されておらず、当時の歴史的情況とも重なって、むしろ特殊な例外的事例としてとらえられていたことが分かる。マルクスを以てして、なお時代的・思想的・方法論的限界が大きく立ちはだかっていたというべきであろう。

エンゲルスも、一八九一年の『エルフルト綱領草案への批判』（以下、『綱領草案批判』）において、「人民の代議機関が全権力をその手に集中していて、人民の多数者の支持を獲得しさえすれば憲法上なんでも思うようにやれる国なら、古い社会が平和的に新しい社会に成長移行してゆける場合も、考えられる。つまり、フランスやアメリカのような民主的共和国や……王朝が人民の意思にたいして無力であるイギリスのような君主国ならば、そういうことも考えられる[10]」と。しかし同時に、この時点のエンゲルスも、上記文章に後続して、「だが、ドイツでは、政府がほとんど全能で、帝国議会その他すべての人民代表機関に実権がない」、いわば議会は「絶対主義のイチジクの葉」に過ぎず、つまり、「公然たる共和主義的な党綱領を掲げることさえ許されない」ドイツにおいて、平和的な方法でことが進むことができるかのように考えることは「途方もない幻想である[11]」という。先のマルクスと同じように、平和的戦略の可能性に言及しつつも、それに留保条件をつけドイツを除外していることに注意をうながしておきたい。

また、視点は異なるが諸国民間の戦争の危険に際して、同じくエンゲルスの『ドイツにおける社会主義』（一八九二）においては、「ドイツの社会主義者としては、平和が彼らに約束する確実な利をえらばずに、戦争に一切を賭ける方策をえらぶのは、狂気の沙汰というべきであろう[12]」といっている。さらに、多少時間を遡るが一八八四年の『家族、私有財産および国家の起源』においても、代議制国家における普通選挙権の問題に関連して、一定の留保つきながら次のようにいう。「普通選挙権は労働者階級の成熟の測度計である。それは、今日の国家ではそれ以上のものとはなりえないし、またけっしてならないであろう。しかし、それだけで十分である。普通選挙権の温度計が労働者のあいだで沸騰点をしめすその日には、労働者も資本家も、どうすべきかを知るであろう[13]」と。この時点では、議会と普通選挙制度について、たしかにその意義を認めているとはいえ、未だ消極的な位置づけとニュアンスがみられる。

上記のエンゲルスの文章は、一〇年余り後、マルクス死後（一八八三年）において、マルクスの遺言執行を意識して執筆されたものであり、第二の『宣言』以降におけるマルクス・エンゲルスの平和革命戦略探索の跡を示すものであるが、その最終的到達点と目されるのが、一八九五年のエンゲルスによる『カール・マルクス「フランスにおける階級闘争」への序文』（以下『階級闘争序文』あるいはたんに『序文』と表記）である。

(2)　エンゲルス〝政治的遺書〟における平和的革命戦略

エンゲルスの『階級闘争序文』は、マルクスの『フランスにおける階級闘争―一八四八年から一八五〇年まで―』（一八五〇）の再刊（一八九五年）に際しそれに付された序文であるが、エンゲルスの死（一八九五年八月）の数カ月前に書かれたものであり、いわば彼の絶筆となったものである。それが、後にベルンシュタインにより「エンゲルスの〝政治的遺書〟」と呼ばれて以来、かかる別称を以てひろく膾炙されてきた。(14) それをここで採りあげるのは上述のような因縁だけでなく、その内容の重要性からくることは言うまでもない。ただし本論では、ここでのテーマと問題関心に関連して、概括的に、後期マルクス段階における革命戦略とりわけ平和革命論にかかわる論述に、考察の重点がおかれる。

①『序文』におけるエンゲルスは、まず四八年二月革命当時の戦略的誤りを認め、その大胆な清算の上に、新たな革命の戦略と方向すなわち「永続革命」論から「多数者革命」戦略を探索し以下のように展開する。

二月革命が勃発したとき、われわれすべてのものは「フランスの歴史的経験」（バブーフやブランキ）にとらわれていた。「歴史に照らして、われわれもまた誤っていたのであり、当時のわれわれの見解が一つの幻想だったことを暴露した。……一八四八年の闘争方法は、今日では、どの関係からも時代おくれとなっている。」「一度の打撃でもって勝利を獲得することは思いもよらず、きびしいねばり強い闘争によって陣地から陣地へと徐々に前進しなければならず、そのことは、一八四八年にかんたんな奇襲によって社会を変革することがいかに不可能であったかを、決定的に証明している。」さらに、それから二〇年経ったパリ・コミューンでさえ、「いまだ労働者階級のこうした支配が、いかに不可能であったかが、またもや示された」と。すなわち、あの旧式な反乱、「最後の勝敗を決めたバリケードによる市街戦は、はなはだしく時代おくれ」となっており、つまり、「奇襲の時代、無自覚な大衆の先頭に立つ自覚した少数者が遂行する革命の時代は過ぎ去った[15]」のであると。

② そのような変化が何によって起こったのかについて、エンゲルスは主として二つの点から説明している。一つは、経済関係の発達であり、産業革命とその結果としての階級関係の進化・明確化である。資本主義の終末ではなく、逆に、「歴史は、大陸における経済発達の水準が、当時はまだ到底資本主義的生産を廃止しうるほどには成熟していなかったことを明白にした。」一八四八年以来経済革命は全大陸を巻きこみ、そして、ドイツにおいても「漸くほんとうの大工場が根をおろし、第一級の工業国」となり、「ほんとうのブルジョアジーとほんとうの大工業プロレタリアートを生みだした」という。二つは、〝将軍〟エンゲルスの得意とする軍隊と軍事技術上の巨大な変化である。それにより「バリケードはその魔力を失っていった」という。しかし同時に、エンゲルスは、「市街戦の古典時代においてさえ、バリケードは、その物質的効果よりも精神的効果の方が大きかった。……将来おこるかもしれない市街戦の成功の機会について研究する場合にも、これが着眼すべき主要点である」と言うのを忘れていない。さらに、近代的軍隊における、一般兵役義務と財政破綻の相互不可避的増進という矛盾の累積による、いわゆる「軍国主義滅亡の弁証法[16]」についても論及している。要するに、「国民間の戦争の条件も変化したが、それにおとらず階級闘争の諸条件も変化した[17]」のである。

③ とすれば、四八年当時の旧い「永続革命」戦略に代わり、エンゲルスによって提起される新しい革命戦略とはどのようなものか。

イギリスはもとよりフランスその他の大陸諸国においても、歴史は「少数者の革命から多数者革命への転化」を促し、したがってまた、選挙制度の普及は「これまで欺瞞の手段であったものから、解放の道具に」かわり、かくて、「選挙権の獲得つまり民主主義の獲得を」戦闘的プロレタリアートのもっとも重要な任務としてきた。

ドイツの労働者と社会民主党は、「一八六六年に実施された普通選挙権を賢明に利用したおかげで、党の驚くべき成長」を示した。ビスマルクによる社会主義者取締法の下でさえ、普通選挙権は議会内の敵や議会外の大衆に話しかけることのできる演壇を開いてくれた。いまや「宣伝と議会活動という気長な仕事が」「プロレタリアートの全く新しい一つの闘争方法として」、「〈受動的なバリケード戦術よりも公然たる攻撃〉」として、敵を絶望におとしいれることに成功を収めつつある。すなわち、「ドイツの労働者は、普通選挙権はいかに使われるものかを、万国の労働者に示すことによって、一つの新しい武器を、もっとも鋭い武器の一つを供給した。」「ブルジョアジーと政府は、労働者党の非合法活動よりも合法活動をはるかにおそれ、反乱よりも選挙の結果をはるかに多くおそれるようになった[18]」という。

④　最後に、「〈それでは、将来においては、市街戦はもはや何の役割も演じないといえるのか？〉」

この問いに対し、エンゲルスは「〈断じてそうではない。〉」「われわれは革命の権利を放棄したわけでは決してない」と答える。しかし、「〈将来の市街戦〉」は、先にも述べた軍事技術の巨大化等の不利な状況を「〈別の諸契機で埋め合わせた場合にのみ勝つことができる。〉」投票を通じての国民多数の合意の獲得という「長い根気づよい仕事」がなによりも必要となる。その時、「世界史の皮肉は、すべてのものを逆立ちさせる。われわれ『革命家』は、非合法手段や転覆によるよりも、むしろ合法手段をもちいるときに、はるかに威勢よく栄えるのである。」自称秩序党は「合法性がわれわれを殺す」と叫ぶだろう。したがって、「もしわれわれが、彼らの気に入るように市街戦に駆りたてられるほど狂気じみていないなら、そのとき彼らとしては、結局、宿命的な合法性を自らぶちこわすほかなくなる。」「一方の側で契約を破ればその契約は全部解消して、他方の側でもそれに拘束されない。……〈諸君がドイツ国憲法を破棄すれば、社会民主党も自由になって、諸君に対して好きな行動をとることができる。しかし、そのとき党がなにをするか、――そいつはいまは諸君にもらせない！[19]〉」と。

(3) エンゲルスにおける転換への最後の挑戦

以上、エンゲルス『序文』=〝政治的遺書〟の骨子を概括的に述べてきた。エンゲルスにおいては、未だ必ずしも暴力革命を全面的に否定しているわけではないが、合法性の尊重、議会制度の重視という社会主義の漸次的拡大の可能性について、四八年革命当時の戦略はいうまでもなく晩年のマルクスと比べても、大きく革命情勢の評価と平和的合法的方向への戦略転換が、図られようとしていることが分かる。修正主義論争は、ベルンシュタインではなく実はエンゲルスにその端緒があるという論もあるように、二人の死を分かつ一二年の歳月は、世紀末の転換点における両者の現実認識の差として、端的にいえば、「社会主義鎮圧法の下で死んだマルクスと、同法廃止後の社会民主党の躍進を見ることのできたエンゲルス」[20]の隔たりとして指摘される。ビスマルクによる鎮圧法下における「アメとムチ」の政策は、その「アメ」の側面としては世界最初の社会保険法、労働者障害保険、養老廃疾保険等の実施となり、労働者階級の生活状態はまがりなりにも向上・改善されていく。また、普通選挙制度の施行とともに、すでに鎮圧法下の一八八七年の帝国議会選挙において七六万票・一一議席を獲得していたが、さらに社会民主党(以下SPD)は合法化され、九〇年には一四三万票・三五議席、九三年には一七八万票・四四議席を獲得、大躍進していく(以後も第一次大戦までほぼ選挙ごとに躍進、一九一二年には四二五万票・一一〇議席を獲りついに帝国連邦議会第一党となる)[21]。

ところで、先には、エンゲルスの九五年『序文』が革命の平和的移行の問題を、帝政下ドイツの情況をその射程に入れて論じているのに対し、その四年前の上述九一年『綱領草案批判』ではドイツについては除外されていることに注意を促しておいた。当時の帝国議会はドイツ「絶対主義のイチジクの葉」にすぎないと。とすれば、このエンゲルスの主張の変化は、いつ・どのように変わったのかが問題となる[22]。すなわち、結論的にいえば、最晩年のエンゲルスは、一八九一年から九五年にかけて、平和的合法的戦略の方向にさらに大きく舵を切ることによって、プロレタリア革命の新たな展望をきり拓き後継者に遺さんとした、とおもわれる。かかる意味で『序文』は、まさにエンゲルスの〝政治的遺書〟といいうるものであった。

まず、九一年三月のエンゲルスによるマルクス『フランスの内乱』（再版）への「序文」と九一年六月の『綱領草案批判』の間に、一つの大きな変化が認められる。前者において、エンゲルスは往時のマルクスの構想を敷衍しつつ、パリ・コミューンとプロレタリア独裁の関係について述べているが、従前の彼らの考えととりわけ異なるところはない。そこでは「民主的共和制も君主制となんら選ぶところがない。」国家のがらくたをすっかり投げすてた「パリ・コミューンを見たまえ、あれがプロレタリアート独裁だったのだ(23)」といっていた。それが後者では、「ドイツで共和制を、……平和的な道によって樹立できるかのように考えるのは途方もない幻想である(24)」と警告しつつも、「わが党と労働者階級とが支配権をにぎることができるのは、民主的共和制の形態のもとでだけである。この民主共和制は……プロレタリアート独裁のための特有な形態である」と、民主的共和制に対する評価を肯定的な方向に大きくかえている(25)。一つの重大な変化が看取される。ところがさらにまた、上述のごとく、九五年三月の例の『階級闘争序文』においては、上で否定されていたドイツにおける平和的合法的な道が、いまやドイツを含めて追求・推奨されているのである。ここには、民主共和制の積極的な評価と平和的な道とが重なることによって、革命戦略上瞠目すべき大きな変化が認められるといえよう。

この間の事情を説明するものに、九二年二月三日付のポール・ラファルグ宛書簡と翌九三年五月の『ル・フィガロ』紙特派員とのエンゲルスのインタビュー記事がある。エンゲルスは、前者において次のようにいう。「バリケードと市街戦の時代は永久に過ぎ去りました。もし軍隊が戦うならば、抵抗は狂気の沙汰になります。そこで新しい革命の戦術を見いだす義務があります。僕はしばらく前からこのことについて考えていますが、未だまとまっていません(26)」と。後者は、ドイツ帝国議会における軍事予算の問題および来る九三年六月の選挙戦の予想などについて、フランスの保守系新聞『ル・フィガロ』紙記者のインタビューに回答したものだが、彼はいう。「私からみると、わが党が政権を担当するように請われる日は近い。……今世紀の末ころ、恐らくあなた方はこの大事件が実現するのをみるでしょう[27]」と、ドイツにおける平和的合法的移行の可能性を念頭に、極めて楽観的に答えている。事実、少なくも九三年の選挙結果（とくに得票数）についてはエンゲルスの予測通り、先にも述べたように前回九〇年をはるかに越える一七八万票・四四議席を獲得し、総投票数七六七万票の約四分の一に迫る躍進を成しとげたのであった。

要言するに、一八九二・九三年の時期に、情況の進展と一定の確信のもとに、エンゲルスの最後の転換は開始されたといえよう。P・ラファルグ宛書簡の段階において、新構想への変換はすでにかなり煮詰められていたものの、「新しい革命の戦術〔は〕……未だまとまっていません」と回答していたものが、経済的・軍事的な現実的諸情勢の変化およびその分析と検証、あるいは合法化ＳＰＤの躍進に次ぐ躍進に媒介されて、『ル・フィガロ』紙へのインタビュー記事となり、また、前稿でも考察した『フランスとドイツにおける農民問題』（一八九四年）[28]＝〝第二の政治的遺書〟の執筆等を中にはさみ、最終的にエンゲルスの〝政治的遺書〟（一八九五年）に結実していったとみられるのである。それは、マルクス亡き後それをこそ自らの使命とした、まさしくエンゲルスを以てしかなしえない最後の営為、革命戦略の合法的平和的転換への最後の挑戦であった。

Ⅱ　エンゲルス『序文』における平和的革命戦略の歴史的位相

それでは、後期マルクスの革命戦略、その最終的到達点とみなされるエンゲルス『階級闘争序文』における革命戦略の構想は、どのように歴史的に位置づけ評価されるのだろうか。今日の先進資本主義国の社会主義的変革の観点からみた、先進国革命の現代的諸条件とどこまで合致し適応するといえるだろうか。最後に、平和的合法的革命戦略の視角からその歴史的位相について考察を加えておきたい。

既にみてきたように、後期マルクスおよびエンゲルスは、暴力を使うことなく革命が平和的に達成されるとすればそれに優ることはないとし、平和的合法的革命の条件と可能性を追求した。しかしながら、マルクスはもとよりエンゲルスも平和的革命の条件については、その可能性を決して一般化することはなく、むしろ一般原則としては、当時の歴史的情況の下では革命＝暴力革命ととらえ、その平和的可能性は特殊な例外的ケースととらえられていた。換言すれば、マルクスもエンゲルスもその拡張した一般化は厳に退け、革命の平和的可能性の最低条件としては、民主的共和制における立憲主義、憲法に基づく普通選挙権の施行、議会制度の下での政権交代の保証を要求しており、さらに特殊的にはその国の制度・風習・伝統と結びついた軍隊や官僚制の人民的編制を問題にしていた。それら立憲的・議会主義的諸条件は、当時とは異なり今日の先進国においては、なお歴史的・内容的に不十分といえども、基本的に、ほとんどの国において満たされている。しかし、エンゲルスは、さらに上記の条件と情況の下においても、旧支配階級が最後に必死の抵抗と反乱を起こすことを想定しており[29]、議会制度と普通選挙を通じた闘いを当面の第一義的課題とおさえつつも、暴力と武装闘争の可能性を否定しておらず、むしろそれを不可避の「宿命」とさえとらえている。

たとえば、エンゲルスは先述の『ドイツにおける社会主義』において、次のようにいう。「合法性はかなりわれわれの役に立っており、それが続く限りそれを破るようなことをするのは愚かなことであろう。暴力によってわれわれを粉砕するため、真っ先に合法性を破るのはブルジョアとその政府ではないか、知りたいものである。それをわれわれは予期している。……疑いもなく、彼らがさきに発砲するであろう。[30]」そしてまた、『序文』においては先にも引用したが、「もしわれわれが、彼らの気に入るように市街戦に駆りたてられるほど狂気じみていないなら、そのとき彼らとしては結局、この宿命的な合法性を自らぶちこわすほかなくなるだろう」といい、すべからくプロレタリアートの強力部隊を「決戦の日」に備えるように促している[31]。したがって、エンゲルスは、当面、平和的合法的な闘いをすすめるとしても、議会的合法性の枠内でことは最終的に決着せず、敵の反乱によって「決戦」の日が来ることをおよそ不可避であると捉えていたことが分かる。かかる意味では、エンゲルスの平和的革命戦略が成就されるのは、当時の歴史的情況にも規定されて、事実上、極めて特殊例外的で希有なケースと論定されるものであったといえる。というよりさらに言えば、彼らのいう「プロレタリアートの独裁」は、もともと法的合法性の外部にあるもの、それを超越するものであり、その発想法の方法論的基礎からして、本質的には平和革命論の埒外にあるものであったということができよう。理想社会は本来的に法を必要とすることがなく、而して国家消滅への過渡をなす独裁国家も同様であるとの原理的認識があった[32]。

ここでは、上述の平和革命の発展の可能性を、年代記的順序とは関係なくその後のロシア革命におけるレーニンの経験を含め、比較史的に考察すればどのような歴史的位相をもって表れるか、さらに検討しておきたい。

(1) 一九一七年ロシア一〇月革命におけるレーニンの「平和革命論」

まず平和的革命戦略のうちその最左翼に位置するのはレーニンの平和革命論であろうが、レーニンも革命の平和的可能性を追求しないわけではなかった。しかしながら、レーニンは、「国家は階級対立の非和解性の産物」であり、国家は社会に対し外的な権力であるからして、プロレタリア革命は「ブルジョア国家機関を暴力的に破壊し、これを新しい機関に置き換えることなしには不可能である[33]」と言明しており、しかもさらにそれを普遍的原則とみなすに到る。たとえば、マルクスの先の平和的革命の可能性に関する言及に対して、カウツキーに反論しつつ、次のようにいう。マルクスが問題にしたのは、「前世紀の七〇年代のイギリスのこと、独占以前の資本主義が頂点に達した時期のこと、軍閥と官僚とがもっとも小さかった国のこと、労働者がブルジョアジーから『買いもどす』こと、社会主義の『平和的』な勝利の可能性がもっとも大きかった国のことである[34]」と。

マルクスのいうイギリスにおける平和革命の可能性の「一定の諸条件」を、一八七〇年代のイギリスに限定し、第一次大戦を直接的契機とする国家独占資本主義の成立と軍閥・官僚制度の肥大化がそれを不可能にしたという。資本主義の帝国主義段階は、経済における独占資本主義、政治における軍国主義と抑圧的官僚制度、労働運動における日和見主義の形成と発展によって特徴づけられる。それゆえ、「マルクスが七〇年代に、イギリスとアメリカでは社会主義への平和的移行が可能であると認めたことを引き合いにだすのは、詭弁家の論証である」[35]とカウツキーに反駁する。

とはいえレーニンもまた、ロシアの二月革命後、一〇月革命前夜の緊迫した情況の中で、革命の平和的移行の可能性について論及している。レーニンは、まず、一九一七年二月（二七日）から七月（四日）までの間、革命の平和的発展は可能であったとする。この期間、権力は臨時政府とソビエトの所謂「二重権力」の状態、すなわち一方において当時のロシアの国家権力は不確定で過渡的な動揺状態にあり、他方では武装した労働者・兵士・大衆からなるソビエトがあった。「武器は人民の手にあり、外部から人民にくわえられる暴力がなかったこと——まさにこの点に問題の核心があり」「全権力をソビエトに！」移すことを決断すれば、平和的発展の道を実現することができた[36]という。しかし、エス・エルやメンシェヴィキからなる当時のソビエト指導部はこのチャンスを逃し、七月になるとブルジョア的なケレンスキー臨時政府の大衆に対する武力弾圧、八月末にはコルニーロフの反乱が起こる。しかし、ペテログラードとモスクワ・ソビエトの反撃のまえに反革命は敗退し、再度レーニンは、九月から一〇月にかけて、躊躇せずに権力を掌握することを提起する。「今ならば、ただいまだけ、おそらく数日か、あるいは一～二週間のあいだだけ、〔プロレタリアートと貧農の〕政府をまったく平和的に確立することができるであろう[37]」と。エス・エルとメンシェヴィキはこの提案を拒否し、かくて一九一七年一〇月七日ボリシェヴィキは武装蜂起し権力を掌握する。

上述のレーニンの平和革命戦略の論理とその具体的実践の素描より、レーニンの平和革命論を以下のように特徴づけることができよう。第一に、たしかにレーニンも革命の平和的可能性を追求していたといえるが、その「平和革命」論はレーニン自身もいうように、「歴史上きわめてまれな、またきわめて貴重な可能性、例外的にまれな可能性[38]」と捉えられており、二〇世紀資本主義の帝国主義段階の現実においては、むしろ武装蜂起をもってする暴力革命こそ革命の一般的な形態だとされていることである。第二に、レーニンの平和的移行の具体的追求においては、上述二月から七月そして九月から一〇月の経過にみられるように、絶えず武装されたソビエトを背景とし前提とした限りでの平和的追求、あるいは僥倖としての平和的可能性というべきものであり、それは武力を背景とした暴力革命論の一変型形態とみなされるものであろう。第三に、レーニンの平和革命論は、一定の長期性をもって準備され遂行される平和的革命「戦略」というよりも、むしろ革命過程の短期的局面に照応して時々刻々変化するような、いわば平和的革命の「戦術」というべきものととらえられる。

したがって、要約すれば、レーニンの平和革命の「戦術」論は、後期マルクス・エンゲルスの探求した平和的革命「戦略」とは異質のものであり、当時の議会制民主主義の伝統に欠けるロシアの社会経済文化的後進性に強く規定づけられたものであった。敢えて言えば、その一般化はもとより少なくとも、先進資本主義国における現代革命戦略のモデルからは遠くに位置するものと結論されえよう。

(2) 後期マルクス・エンゲルスの平和的革命戦略

それではもう一度レーニンに対する上記考察(1)と比較しながら、エンゲルスの『序文』に即して、その革命戦略の歴史的位相について再審・総括しておきたい。

平和的革命戦略に関して、マルクス・エンゲルスとレーニンの最大の相違点は以下の点にあった。すなわち、上述のようにレーニンは、四八年革命前後の前期マルクスおよびパリ・コミューン期（前期マルクスの一時的再発）[39]の諸命題を原則的に護持しつつ、後期マルクス・エンゲルスによる平和革命の可能性については、その有効性を前世期七〇年代のイギリスに限定し、帝国主義の成立をみた二〇世紀においては妥当しえないものと、その戦略的発展の可能性を狭く封じ込めた。それに対し、マルクスとエンゲルスは、一八七〇年代においては当時未だ不十分であったにせよ、イギリスをはじめヨーロッパ諸国における民主的共和制の成立、および普通選挙権の普及と議会制度の発展に眼をむけ、そこに新しい革命戦略の前進の可能性を認めた。換言すれば、平和革命の発展の可能性に関する評価は、マルクス・エンゲルスとレーニンとは歴史の前進に対して全く逆方向にあったといえる[40]。確かにレーニンは、天才的な洞察をもってマルクスの資本主義分析を発展させ、帝国主義段階における独占の成立とその下における帝国主義的世界戦争の不可避性を論証し、後進国ロシアにおける革命を完遂した。しかし、その革命戦略は先進資本主義国においては、それを適用し成功させることができるものではなかったと言わなければならない[41]。

かかる意味では、後期マルクス・エンゲルスは、全体として、歴史の発展方向を見誤ることなくそれに眼をむけ、多数者革命戦略に基づく平和的革命戦略の方向を追求した。エンゲルス『序文』の論理を拡張・発展すれば、なお留保条件が付されなお未発展であったとはいえ、いまや革命戦略における合法的議会闘争の意義が確認されていた[42]。また、軍事的観点からも、新しい軍事技術・破壊的兵器の開発による悲惨な結末を避けるため、レーニンとは反対に、平和革命の戦略はますます多くの人々の希いとなり現実化されざるをえないものとみなされた。それは、「戦術」を超える長期的な「戦略」として定置されたものであった。

しかしながら、なお彼らのおかれた歴史的・方法論的限界のもとで、平和的合法的革命戦略の新しい可能性を全面的に展開することはできなかった。その一つの最大の制約をなした問題は、資本主義および資本主義ブルジョアジーの階級的本質の不変性という問題把握による、旧支配階級の抵抗・内乱の「宿命的」不可避性にかかわるものであった。本論冒頭にも述べたように、この問題は、確かに革命の究極的問題の一つであり、革命の最終局面におけるいわゆる「敵の出方」如何という問題として、二〇世紀以降の今日の革命戦略論においても、理論的にまたさらに実践的に、なお未解決の重大問題といいうる。エンゲルスのこの問題に対する回答は、レーニンの戦術的回答とは異なる意味において、階級闘争一元史観とも結びつき、平和的方向への転換においてなお曖昧さが残りなお過去の歴史的制約を引きずるものとなっていたといえよう。

たしかに多少過去に遡れば、ヴァイマル共和国の民主的憲法体制を崩壊させ、国会放火事件等のデマゴーグ・暴力・テロ行為と「全権委任法」（一九三三年）により議会制民主主義を圧殺したナチスの蛮行、比較的近くは、一九七〇年チリにおいて自由選挙により合法的に成立した社会主義政権・「人民連合」の首班アジェンデ大統領に対する、一九七三年九月、アメリカＣＩＡの後押しをうけたピノチェトの軍部・反革命クーデターによる政権転覆など、今日でも決して等閑視されえない問題がある。そのような事態に対し、本論は無抵抗主義を主張するものではない。人がその生命に危害が及ぶとき、何人にも自然権としての法的・人道的「正当防衛」の権利が存在するように、合法的民主主義の侵害に対しては、正当な自衛・抵抗・革命の権利があることはいうまでもない。それは、現代民主主義の立場からしても、放棄することも否定することもできない権利である。しかしながら、逆に、エンゲルス『序文』にいうように、旧支配階級による反乱を不可抗的なものとみて、同時並行的に「合法的」武装（＝「合法的」暴力革命）を準備するとする論理には、必ずしも直結しえないだろう。現代の国家と統治機構は当時と異なり、民主的勢力の力の結集如何によっては可変的でありうる。『序文』における「敵の出方」論・その「宿命」観は、主体がなお圧倒的に受け身な、当時の歴史的な条件に制約され規定された、「消極的」・ネガティブな平和的革命戦略といいうるだろう。

(3) 現代の先進的多数者革命戦略の探索

今日、世界の情勢は、一九世紀後半～末にかけてのマルクスやエンゲルスの時代はもとより二〇世紀初めのレーニンの時代とも、根本的に変わった。相変わらず資本主義は頑強に存続しているとはいえ、世界戦争（＝核戦争）回避の可能性はもとより諸体制の平和的共存、革命形態の多様性と高次社会組織への平和的移行の可能性等が、理論的に焦眉の課題として提起されている。[43] それら可能性はたんに可能性としてではなく現実性をもって議論されうる段階に到っている。民主主義議会制度は先進資本主義国の政治制度のなかに遍く普及し、国民多数の意思を表明する機関として定着している。民主主義と社会主義を目指す勢力ははるかに大きくなり、幾多の紆余曲折はありながらも、それは資本主義に変わる一つの重要なオールタナティブと目されている。労働者階級および勤労諸階層の生活と福祉は向上し、国民の多数意思のもとに議会を通じて、基本的生活・生産手段の社会化を実現する可能性はますます開けつつある。もちろん、議会制度は万能というわけではなく、議会外の広範な大衆運動・市民運動等および諸党派・諸団体による統一戦線の発展が不可欠であり、議会内外における安定した多数派を真に形成するときこそ、上記「敵の出方」に左右されることなく、「積極的」・ポジティブな意味での平和的革命戦略が成就されうるだろう。

かかる情況は一挙に現れるわけではなく、不断のねばり強さと着実で漸進的な、「陣地戦」[44]ともいうべき改良主義的戦略の積み重ねによって達成される。反独占の民主主義的基本綱領の下、国民主権の実体的回復と実現、行政官僚の監督と権限縮小、軍事部門の縮小ないし中立化、労資間企業経営関係の調整はもとより、独占的産業部門の民主的・国民的統制と公有化、公共部門の経済管理における勤労者のイニシアティブの発揮、小農民的所有並びに中小零細生産者の生活擁護等の諸変革が、自由と民主主義を絶えず拡大する方向でおこなわれていかなければならない。変革の方向性の是非とともに、国民多数の総意のもと勝利の帰趨が明らかなとき、多少とも理性ある人間ならば、誰しも敗北が約束された非合法の闘いは回避しようとするであろう。言うまでもなく、改良主義的政策や民主主義とはある意味では二面性をもち、それは現実的妥協（選挙協力・連立内閣・政権交替等）であり、たんなる譲歩とはいえない次善＝セカンド・ベターの選択である。社会の根本的変革を漸次的にできるだけ痛みを少なく平和的な道に沿っておこなうことは、民主主義と社会主義をのぞむ勢力はもとより、文字通り「全国民」の希いと利益にかなうことであろう。それは、たんに労働者階級だけの事業ではなく農民・中小業者・インテリゲンチャをふくむ、国民大多数の総意に基づく事業に外ならない。かくて、現代の先進的多数者革命論は、国民的多数者革命としてのポジティブな意味での平和的革命戦略となる。

すでに、旧来の社会主義を抜本的に見直す新たな胎動は、第二次世界大戦後の世界情勢の根本的変化を背景として、一九五六年旧ソ連共産党二〇回大会における「雪解け」に始まり、その後、「モスクワ宣言」(一九五七年)、「モスクワ声明」(一九六〇年)[45]において、新しい社会発展の可能性が萌芽的・先駆的に定式化され、先進的民主主義から現代的社会主義を目指す新しい運動として、一九五八年一二月「フランス・イタリア共産党共同宣言」、五九年四月「ヨーロッパ共産党六ヵ国共同宣言」、五九年一一月の「全勤労者・全民主主義者へのヨーロッパ資本主義〔一七ヵ国〕共産党のアピール」(「ローマ・アピール」[46])等に示されてきた。それらはなお端緒的であり必ずしも平坦かつ一極に収斂するかたちで進められてきたわけではなく、その後またユーロ・コミュニズム論争[47]等を経過し、さらに旧共産主義圏の全面崩壊を経験する中で、今日、原理的にして根底的な再検討が要請されているといえる。むしろ理論的にも実践的にも錯綜を重ねており、いずれにせよ未だ確たる方向性が見出されているわけではない。未来は多様にして豊かでありかつ不確定である。未来への主体的探索は決して完結することはない。人類としての歴史を巨視的にみるとき、よりよき社会に向けての探求は止ることはないといえよう。かかる意味において、ベルンシュタインのアフォリズムがわれわれの脳裏に甦る。「運動がすべてであって、窮極は無である[48]」。

Ⅲ 〈附論〉ベルンシュタインの改良主義戦略と民主主義論

一八九五年八月フリードリヒ・エンゲルスは七五年の波乱の生涯を終え、かねて有能な後継者と目され信頼がよせられていたエドゥアルト・ベルンシュタインに、アウグスト・ベーベルとともにエンゲルスの遺言執行人として遺稿の管理が託された。いまやマルクス・エンゲルス亡き後、運動の未来を担うものとして、翌一八九六年から開始されるベルンシュタインの連載論文『社会主義の諸問題』、および後に集大成されかの修正主義論争の発端となった『社会主義の諸前提と社会民主主義の任務』(一八九九)[49]は、当のベルンシュタイン自身の意図においては、二人の師の理論的遺産を継承しとりわけエンゲルス〝政治的遺書〟の延長線上に、変化する歴史的諸条件に合わせそれを発展せんとする使命感から出発したものに外ならなかった。その場合ベルンシュタインは、経験を重んじそれと合致しない空虚な理論や命題を排し、社会民主党の実践をなによりも現実に近づけようとした。[50]かくて、エルフルト綱領における公式理論と実践との落差、さらにはマルクスの理論的諸命題と現実との食い違いが問題とされる。

ベルンシュタインの論理は以下のようにたどられる。第一に、マルクスによる絶えざる「窮乏化」という理論的予言にもかかわらずむしろ労働者の名目賃金は不断に上昇していること、それどころか「アメとムチ」のビスマルク体制の下で世界最初の社会保険法・労働者障害保険・養老廃疾保険等の社会政策が整備されてきたこと、また、資本主義発展の両極分解論に背理して新旧中産者層の増大・再生産がおこなわれていること、さらにまた、恐慌はたしかに周期的におこるものの必ずしも先鋭化・険悪化する徴候はないこと等の、理論と現実との乖離が問題とされる。第二に、上記のごとき現実的情勢の下で、マルクス主義理論の説く窮乏と抑圧の結果としての、資本主義的生産様式のカタストロフ＝大破局が容易におとずれるものではないとすれば、社会民主党は危機的情況の待望による破局的革命よりも合法的改良主義の戦略こそが採られるべきであるとされる。第三に、社会主義到来の必然的決定論はマルクスによってなんら検証されておらず、「社会主義は思弁的理想主義という要素を内包していること、科学的に未証明なもの、あるいは科学的確認不能なものを含んでいる。」すなわち、社会主義の実現は「必然」(または認識・客観)の問題ではなく「倫理」(または意志・主体)の問題であるとされる。[51]資本主義の悲惨な結末と社会主義への希望の間には必然的な関係はない、と。

したがって、ベルンシュタインにおいては、後述の彼の民主主義論と重ね合わせるとき、現代の先進社会における社会主義的変革の活動と営為は、窮乏による生死の淵において起こるのでは必ずしもなく、むしろ資本主義の下での文明化作用による労働者の「市民化」と倫理的向上の結果として、主体的に選択・実現されるものと考えられた。かかる論理を基軸として、資本主義の枠内での社会主義の先行的選択、漸次的・改良主義的戦略選択が提起された。そこにおいては「〔改良主義的〕改革は、それが一層均整のとれたものとなるため、実際よりも緩慢なものにみえる。けれども、その方向は見まごうべくもなく」[52]、それゆえ歴史の逆行・後退はおこりにくい、と。かかる認識のバックグラウンドについて概括的にいえば、ベルンシュタインは、一三年に及ぶイギリス生活（国外での亡命生活全体は二一年）の経験とそこでの進んだ社会運動の理論を積極的に摂取し、そしてまた世紀の転回点における資本主義の新たな地平と発展傾向を観察することにより[53]、唯物史観の一元論的価値観を多元論的歴史観に、客観必然的決定論を主体的・倫理的選択肢に、終末論的な窮極的革命観を永続的な改良主義的戦略に転換させようとした。かくて、マルクスの権威的命題の批判と修正の上に、現代社会主義理論の核心部分にふれる大胆な問題提起をおこなったといえよう。

なお、ベルンシュタインは平和革命について、特別の一項を書いているわけではないが、破壊・暴力・独裁を排斥する彼の論理からして、平和革命論の立場にあることは自明である。ここではさらに、ベルンシュタインの改良主義の戦略提起とも関連する彼の民主主義論について考察しておきたい。

「民主主義とは、手段であると同時に目的である。それは、社会主義をかちとるための手段である。また、それは社会主義実現の形態である。」「民主主義とは、階級の事実的止揚ではまだないにしても、原理的には階級支配の止揚である。[54]」これはベルンシュタインの民主主義にたいする最も有名な命題であるが、民主主義をたんなる手段としてではなく、それ自体社会主義に通じる価値ある独自の目的・形態と明確に位置づけている点で、マルクス・エンゲルスとはニュアンスを異にする画期的な命題といいうる。また、民主主義とは、社会全成員の平等の権利という観念を包摂しており、語源的にも多数者である「人民の支配 demokratia」として理解されるが、ベルンシュタインにおいては、多数者による個人の抑圧・専制という非民主的観念も排除され、そこからマルクス・エンゲルスとは反対に、フランス大革命におけるジャコバン「独裁」のごときものは否定される。民主的な平等の権利が拡張されていけばいくほど、万人にとっての自由の実現可能性は拡がっていく。したがって、民主主義は思想的に平等および自由の概念と結びつくが、ベルンシュタインにおいては社会主義にとって自由こそ本質的なものだとされる。歴史的近代における自由主義は、たしかにブルジョア的所有権を擁護する自由放任主義として現れたが、「世界史的運動としての自由主義についていうならば、社会主義はたんに時間的順序からだけでなく、その精神的内容よりして、自由主義の正統の相続人なのである」[55]という。

ところで、民主主義はまずなによりも政治的概念であり、その近代的形態においては普通選挙権をふくむ政治参加の志向、議会制民主主義への具体的展開が含意されている。普通選挙権は民主主義の制度的一断片にすぎないとはいえ、何らかの大きな国民的公共事務が存続する限り、議会制度は立法行為に従事するとともに行政機構を鑑察する不可欠の国民的機関であり、議会における活動はその他各方面の議会外の活動を互いに結びつけ連関させる中心的役割をはたす。マルクスやプルードン（集権制と連邦制等、方向は相違する）が描出するように、民主主義の最初の仕事として近代国家制度および国民議会制度を廃棄するというのは、問題になりえない。未来の社会主義社会においても個別的利益と共同的利益の対立・葛藤はあり、それを社会的に調整するなんらかのセンター＝「管理体」は必要である。国家の代わりに社会あるいはコンミューンという用語を使っても事態は変わらない[56]、すなわち「国家死滅」説は否定される。言うまでもなく、地方や各単位の自治・自主的決定権を保証することは民主主義の不可欠の構成要素といえるが、地方団体や労働組合・協同組合等のいわゆる「アソシエイション」＝中間団体をもってきても、各々が独立的な利益代表機関である限りそれだけを以てしては解決されない大局的な残された問題がある。

マルクスによる資本主義の歴史理論（『資本論』第Ⅰ部最終章）は、「法則性」ないし「必然論」と主張されているものの、それはあくまで「傾向」なのであって、ベルンシュタインの現実的論理としては、純粋にその正反対の極まで貫かれるには及ばないという。資本主義的蓄積の下で仮に有産者（あるいは小資本家）が増えているとしても、社会主義の運動がなんら左右され不利になるわけではない。社会主義の勝利は社会の劣悪化に依存するわけではなく、社会的富ないし生産力の成長と労働者の知的・道徳的成長にこそ依存する。したがってまた、資本主義から社会主義への移行において、「社会民主党は、この社会〔市民社会〕を解消してその成員をことごとくプロレタリア化しようとするのではない。むしろ、社会民主党は、労働者をプロレタリアの社会的地位から市民のそれへと引き上げ、そうすることによって市民層あるいは市民的存在を一般化」しようとするのであって、市民社会にかえてプロレタリア社会を据えようとするのではない。「公民的自由の安泰は、社会民主党にとってつねにどのような経済的公準よりも上位におかれてきた。自由な人格を保証することは、すべての社会主義的方策の主要な目的なのである[57]」と。つまり、社会民主党が目指しているのは、近代の社会秩序から高次の社会秩序への漸進的交代を可能にする状態と前提条件を生みだすことであり、「プロレタリア」の一般化はもとより暴力的収奪や階級独裁は意味をなさないと繰りかえしいう。

その場合、これまで社会主義においては成員の権利の拡張のみが強調されてきたが、社会民主党が政権をとったからといって、現在の状態と根本的に変わることはない。大衆のモラルの向上・生産力の増大等が急激に変わるとは考えられない。企業を公有化してもその管理機構は依然必要である。すなわち、現在でも妥当している経済的自己責任の原則の上に、社会主義の制度下での義務は遂行されなければならない。さもなくば自己責任に代わるものは、完全な専制か社会秩序の解体かであろう。かかる意味では、社会主義は、階級的政治的特権の廃止という民主主義の原理の経済・産業面での適用にすぎない。生産の社会化についても上記のような制度的・倫理的前提が欠けていては、生産力のはてしない荒廃と、その帰結として無意味な実験に終わるだけであろう。それゆえ多くの工場群の国有化よりも、その生産組織の内実こそが問題だという。所有権の変更と生産様式の変更は概念的に区別されなければならず、配給制や無償の供給のみを社会主義とイメージするなら、それは粗野で空想的な社会主義であり手工業時代にふさわしいものとなろう。社会化の方法は生産手段所有権の変更以外にも多くの方法があり、工場立法の制定や労働組合の賃金協約、公共サービスの充実、学校教育制度の改革等、現存社会の枠内での改良政策の拡大と積み重ねは、社会主義への移行を実質的に準備する上で重要な意義をもつという(58)。

以上、ここではベルンシュタインの、彼らしいところを中心に考察してきたが、その枢要点を摘記すれば、社会主義運動における漸進的改良主義的戦略とは、資本主義の枠内において労働者の生活状態の改善を資本に迫ることによって、もとより貧困化の基準は進化する時代の要請に対応したものでなければならないとしても、長期的に歴史的にみて、労働者の生活は不断に豊かになり向上していくこと。つまり社会主義は、労働者の貧困化の結果としてではなく、なによりも労働者の物質的富裕化と精神的向上・成熟の成果として、倫理的に社会主義を選択しその実現に近づきうること、かかる戦略的方向・目標に外ならないことが明確に採りあげられていることであろう。すなわち、マルクス・エンゲルスにおける『共産党宣言』以来一貫する、貧困・抑圧・危機から発出する革命論に対し、資本主義社会をふくむ現代社会の文明化の動向を視野に入れ、その上でそれを超える革命戦略のパラダイム変換を図ったものであった。敢ていえば、それは同時に、プロレタリアート独裁下における労働者階級および社会主義国家の社会的管理・調整能力に対する陥穽・問題次元を先駆的に提出するものであったといいうるのである。

ここには現代の民主主義的・改良的革命戦略への大きな転換があったといえる。それは民主主義論の原理的構成に連関し、民主主義はたんに手段としてではなく独自の価値をもつ目標とされている。社会主義は民主主義や自由主義の正統な後継者として、歴史としての近代を確実に進化・発展させる使命を担うものであることが、現代的意義をもって表明された。それはまさしく、先進的民主主義から先進的社会主義へという現代社会主義の理論と実践の方向を考える上で、欠かせない視点というべきものであった。かくて、ベルンシュタインはいう。「民主主義とは、いつの場合でも、労働者階級がそもそもその知的成熟と、経済発展の高度とに応じて行使しうるかぎりでの、労働者階級による支配をいう[59]」と。現代の先進的社会における変革過程を考える上で、およそそれ以外の現実的で核心的な戦略方法はありえないだろう。労働者階級をはじめとする国民大多数の知的・精神的成熟なくして革命はありえない。たとえ成ったとしても、それは新しいより良い社会を永続的に建設していくことにはなりえない。かかる意味において、民主主義と社会主義の実現は、たんに生産手段の社会化によって事足れりとするものではなく、変革主体の自由と知的責任の達成度合に応じて実現するものに外ならないといいうるのである。

なお言うまでもなく、ベルンシュタインには致命的ともいえる欠点がないわけではない。一九世紀末から二〇世紀初めにかけての思想家として、帝国主義の侵略性（そして植民地問題）を誤認しその分析を欠落させていることはその最たるものであり、また、彼の民主主義論はその長所の裏面において階級視点からする権力論の希薄性が指摘されよう[60]。さらに、本稿の問題関心からすれば、マルクスの未来社会論にたいする経済理論的なアプローチを欠いている（最後の問題は、彼の実践的問題意識、至近未来に対する関心から問題の埒外にあったかもしれない）。換言すれば、社会主義と民主主義の関係については論じているが、社会主義（あるいは民主主義）と計画あるいは市場の原理的問題については、残念ながら立ち入った議論がみられない。これらの諸点において大きな不十分さと不満が残る、等の問題がある。

しかしながら、それにもまして、上述の基本的諸論点においてその積極的な理論的意義を見過ごすことはできないだろう。爾来、ベルンシュタインは「修正主義」というレッテルのためとかく忌避され（ベルンシュタイン自身は「修正主義」という言葉を否定していない）、彼の存命中は正当に評価されることなく、その理論体系も発展されることはなかった。たしかに、一九一四年第一次世界大戦の開戦にあたって、ベルンシュタインは戦時公債に賛成票を投じた。しかし、戦時予算に反対したK・リープクネヒトの党除名問題には反対し、翌一五年、議会での新予算案には少数の同志とともにＳＰＤ党指導部と主流派の見解に反する声明「刻下の急務」を発表し、反対票を投じている。かっての行動に関して、「当時の私は、そういう見方に反駁する大局的観点をすべて忘れていた。……〔ドイツ社会民主党が〕それまでヨーロッパの民主主義者の間で享受してきた大きな信用を、自分の手で剥奪してしまった」と深く反省する。[61] 戦時中は一貫して戦争に抵抗し、また実務的・妥協的な二代目党首F・エーベルトの下戦争に協力するSPDを脱党し、H・ハーゼ、K・カウツキー、R・ヒルファーディングらとともに独立社会民主党（USPD）の結成（一九一六年）に参加（大戦後、社会民主党に復党）している。ヴァイマル時代には、国民政党的性格をおしだした改良主義的なゲルリッツ綱領（一九二一年）の作成に尽力する（この綱領は短命であり、一九二五年には「原則主義的」なハイデルベルク綱領にかわる）が、A・ローゼンベルクによれば「時すでにあまりにおそすぎ[62]」、悔しくもナチスの政権掌握前夜一九三二年一二月、永遠の別れを告げる。

しかし、第二次世界大戦後のベルンシュタインは、民主主義の再評価という現代史の動向の中で、はじめて民主主義的社会主義の源流と見直され、大戦後の再建SPDはもとより西欧の社会民主主義諸党が復活・再生するとき、その思想的基礎となっていった。かくて、古典的マルクス主義と訣別する現代の新しい思想と運動の展開のなかで、ベルンシュタインの理論と思想は、「民主的社会主義」の思想的原点をなすものと位置づけられている。賛・否いずれにせよ、現代の革新的社会主義運動を展望するとき、ベルンシュタインの再検討は欠かすことのできないものであるとおもわれる。現代の先進国革命、漸進的改良路線、民主主義的社会主義の戦略は、その思想・理論を確実に超えたところで、はじめて成就されるであろう。

注

（1）拙稿「後期マルクスにおける革命戦略の転換〈1〉」『立命館経済学』第六一巻第六号、二〇一三年三月。

（2）法的政治的観点からは善悪の価値判断とは関係なく事実判断の問題として、革命とは、実力によって実定法体系（とくに憲法）の根本を覆す行為であり、したがって合法的革命は、法学的概念としては「革命」ではない。逆に、国民合意の力によるにせよ法の根本が破棄されたと認められる場合には、非暴力的・無血革命もまた革命である。

なお、ジョルジュ・ソレルは「暴力 Gewalt」の仏訳語として、「violence（暴力）」と「force（強制力）」をあて、マルクス『資本論』の訳語としても両方を用いている。彼の訳意としては、前者は下からの力、後者は上からの力の意義が付与されている。いずれも個人的なものではなく社会的な力の行使であることに変わりはない。本稿においては、両意義を捉えつつもとくに区別することなく、Gewalt の訳語としては基本的に「暴力」をあてる。ソレル『暴力論』（一九〇七）岩波書店、一九三三年。

（3）K・マルクス『哲学の貧困』（一八四七）、『マルクス＝エンゲルス全集』第四巻、大月書店（以下MEWと表記、なお、訳文は異なることがある。〔 〕内は筆者補足）。

（4）K・マルクス＝F・エンゲルス『共産党宣言』（一八四八）、MEW第四巻。
上述注（2）に関連するが、ここで「暴力革命」という場合その対語は「平和革命」であり、物理的力・武装力の発動をともなう革命をいう。向坂逸郎訳『共産党宣言』岩波文庫版（一九五一年）では、「暴力 Gewalt」の語がいずれも「強力」とされているが、一種の意訳であり適切とはおもわれない。MEWにおいても少数ではあるが、訳者によりGewaltを「強力」と訳した例がある。しかし、「暴力革命」を「強力革命」としたところでマルクス的意味で事態の真相はいっこうに変わらず、また、平和革命においても新たな立法措置をふくめ何らかの社会的強制、すなわち「強力」は作用する。訳語の変更を以って事態の真相を変えることはできない。

なお、向坂（および山川均）は、第二次大戦後いちはやく、日本における「平和革命論」を提起し先駆的役割を果たしたが、それが逆に『宣言』の訳語の選択に影響しているとおもわれる。なおまた、日本共産党は、ほぼ同時期に「占領下平和革命論」を唱えているが、両者ともGHQの権力的性格を過小評価している点では、共通していた。向坂逸郎「歴史的法則について―社会革命の展望」『世界文化』一九四六年九月、上田耕一郎『戦後革命論争史』大月書店、一九五七年等参照。

（5）エンゲルスは『共産主義の原理』の中において、「私的所有の廃止は、平和的な方法で可能だろうか？」との問いにたいし、「平和的におこなわれることは望ましいことであろう。共産主義者は疑いもなく決してそういうことには反対しないだろう。そして共産主義者は、あらゆる隠謀は無益なばかりか、むしろ有害でさえあることを知りすぎるほど知っている……」と補足的に答えている。
F・エンゲルス『共産主義の原理』（一八四七）、MEW第四巻。

（6）マルクスは後期『資本論』段階においても一貫して、暴力の社会的に積極的・革命的な役割を認めている。『資本論』第Ⅰ

部第二四章「いわゆる本源的蓄積」における「暴力は、古い社会が新たな社会を孕んだときにはいつでもその助産婦になる。暴力はそれ自体が一つの経済的な潜勢力なのである」という語句はとくに有名である。

マルクス『資本論』第Ⅰ部（一八六七）、MEW第二三巻、およびエンゲルス『反デューリング論』（一八七八）、MEW第二〇巻等参照。

（7）マルクス「ハーグ大会についての演説」、MEW第一八巻。
マルクスの平和革命論は、彼の亡命の地イギリスでの生活と経験から演繹されたものであったとおもわれる。その場合、そこにおける進んだ民主主義的議会制度等の合法的諸条件が一般に最大要因とされるが、同時に、歴史的に形成されたイギリスにおける労働者階級の心性と特質、すなわち、果てしないユートピア的革命の期待よりも、困難と困苦のもとでの自制心と忍耐、自己改善と法に対する信頼と改良主義的運動（a reformist Movement）の積み重ねという要因が、むしろ平和革命の可能性を規定するものであったといえる。そして、ブルジョアジーとその政府もまた暴力にかわる新しい選択を迫られ理解した、という。R・ハリスン『近代イギリス政治と労働運動』未来社、一九七二年、およびE・J・ホブズホーム『イギリス労働史研究』ミネルヴァ書房、一九六八年参照。

（8）同上、マルクス。
マルクスのハーグ大会での実際の演説においては、引用文中の〈　〉の部分（MEW注解にもとづき、筆者挿入）が存在したが、それが削除されその代わりに、新聞には「しかしながら、それはすべての国に当てはまるわけではない」という、簡単で差し障りのない言葉に置き換えられた。

（9）マルクス「『ザ・ワールド』通信員とのインタビュー」（一八七一）、MEW第一七巻、マルクス「社会主義者取締法にかんする帝国議会討論の概要」（一八七八）、MEW第三四巻、「マルクスからヘンリ・メアズ・ハイドマンへ」（一八八〇年一二月八日）、MEW第三四巻、マルクス「フランス労働党の綱領前文」（一八八〇）、MEW第一九巻、等。

（10）エンゲルス『社会民主党綱領草案への批判』（一八九一）、MEW第二二巻。

（11）同上、エンゲルス。

（12）エンゲルス『ドイツにおける社会主義』（一八九一）、MEW第二二巻。

（13）エンゲルス『家族、私有財産および国家の起源』（一八八四）、MEW第二一巻。
なお、不公平・不合理な三級選挙法にもとづくプロイセン邦議会（ドイツ帝国議会とは別）下院選挙について、社会民主党は当初ボイコット戦術をとっていたが、選挙ボイコットの停止・邦議会への参加・自由主義左翼党派との協定を党機関誌上においてはじめて提議したのは、ベルンシュタインであった。村瀬興雄『現代ドイツ史』（第九版）東京大学出版会、一九七〇年。

（14）エンゲルス『カール・マルクス「フランスにおける階級闘争」への序文』（一八九五）、MEW第二二巻（以下『階級闘争序文』あるいはたんに『序文』と略称）。

なお、この『序文』については、ドイツ政府当局の検閲を顧慮し、SPD指導部が『序文』中の革命戦略の非平和的・非合法的方法に抵触する部分を、エンゲルスの意に反して削除しそれにエンゲルスが抗議するという事件が起こった。また、後に『序文』自身の平和的・合法的戦略をめぐり、修正主義論争と「序文」論争は並行しつつ、E・ベルンシュタイン、K・カウツキー、R・ルクセンブルクらによる論戦が展開され、さらにその後、D・リャザノフおよび『全集』編集部の注解の解釈等、現在に至る解釈と論争のながい歴史がある。これら削除問題、とくに『序文』の提起する革命の新戦略をめぐる論争は、当時のSPDの動向ともかかわって興味あるところであるが、本稿では紙幅の都合によりこれ以上の論及は省略する。これら問題については、下記の淡路が詳しい。淡路憲治『西欧革命とマルクス、エンゲルス』未来社、一九八一年。なお、後述注（42）も参照されたい。

（15）同上、エンゲルス『序文』。なお、ここでエンゲルスが、パリ・コンミューンについて消極的な評価をおこなっていることに注意を促しておきたい。また既に前稿の注（15）において、マルクスはパリ・コンミューンに際会して、一時的にせよ、四八年当時の旧い永続革命の思想が甦ったが、しかし、コンミューン終熄後、二度とそこに戻ることはなかった、とのリヒトハイムの見解を紹介している。

なおまた関連して、マルクス後年（一八八一年）のニーウェンホイスへの手紙においては、パリ・コンミューンに対するきわめて厳しい評価が示されている。「パリ・コンミューンは……例外的条件のもとでの一都市の反乱でしかなかったことは別としても、コンミューンの多数者は決して社会主義派ではなかった」「彼らにいくらかでも常識があれば、全人民にとって有益な妥協を――その当時かちえることが可能であった」だろうと、否定的な回顧がなされている。マルクス「フェルディナンド・ドメラ・ニーウェンホイス宛の手紙」MEW第三五巻。

（16）前掲（6）エンゲルス『反デューリング論』。

なお、イギリスにおいては、一八二〇年代末から三〇年代にかけて、ロンドンにおいて従来の夜警のかわりに内務省直轄の首都警察軍が創設され、その後、統制のとれた能率的な職業的警察が地方都市にも導入されていった。いくつかの武力衝突とチャーティストの敗退の後、国民の自然権的な自衛権としての武装は、物理的・技術的にますます非現実的なものになっていったという。都築忠七編『資料イギリス初期社会主義』平凡社、一九七五年参照。

ドイツにおいても、一般兵卒の主要な供給源は東部地方の農業プロレタリアートであったが、軍政当局は秘密監視簿をつくり党関係者が指揮官に進級できないようにしており、首都や重要工業都市には内乱に備えて特別司令部等、厳戒体制が敷かれるようになっていたという。なお、エンゲルスは、国民皆兵義務を廃止し職業軍に改組しようとするプロイセン支配階級の意図に対し、軍事的・予算的および革命的観点から、むしろ逆に、「一般兵役義務は、普通選挙権の必要にして当然な補足物である」とそれに反対し、民兵制の存続を主張している。

エンゲルス『プロイセンの軍事問題とドイツ労働者党』（一八六五）MEW第一六巻、同『ヨーロッパは軍備を縮小しうるか?』（一八九三）MEW第二二巻等。浅井啓吾「晩年のエンゲルスにみるドイツ革命の戦術論」『経済系』第六八集、一九六六年四月参照。

(17) 前掲（14）エンゲルス『序文』。

(18) 同上。なお引用文中の〈　〉内は前掲注（14）の事情より、SPD指導部により削除された部分である。以下同様。

(19) 同上。

(20) 佐瀬昌盛「マルクス主義から修正主義へ」、民主社会主義研究会議編『大系民主社会主義　第一巻思想』文藝春秋、一九八〇年。関連してその外に、前掲（16）浅井啓吾、および吉村忠穂「エンゲルスの所謂『政治的遺言』（一八九五年）と現代革命」『亜細亜大学教養部紀要』第二六号、一九八二年一一月。

(21) A・ローゼンベルク『ヴァイマル共和国成立史』みすず書房、一九六九年、および前掲（13）村瀬、安世舟『ドイツ社会民主党史序説』御茶の水書房、一九七三年等参照。

(22) エンゲルスにおける戦略転換の時期設定という本節(3)における叙述は、前掲（14）淡路の問題意識を参考としそれを基本的に踏襲している。

(23) エンゲルス『カール・マルクス「フランスの内乱」への序文』（一八九一）、MEW第二二巻。

(24) 柴田高好『マルクス国家論入門』現代評論社、一九七三年参照。

なお柴田は、マルクスとエンゲルスさらにレーニン三者の国家論を考察しているが、なかでもとくにマルクスとエンゲルスの国家論の異同に焦点をあて、前者のコンミューン型国家論に対し後者の民主共和国型国家論の相違を対置させている。

(25) 前掲（10）エンゲルス。

(26) エンゲルス「ポール・ラファルグへの手紙」（一八九二年一一月三日）、MEW第三八巻。

(27)エンゲルス「『ル・フィガロ』紙特派員とのインタビュー」(一八九三年五月八日)、MEW第二二巻。
(28)エンゲルス『フランスとドイツにおける農民問題』(一八九四)MEW第二二巻。
(29)前掲注(16)と関連して、エンゲルスは、軍隊の三分の一ないし五分の二が社会主義的になるときを革命的情況の一つのエポックとみなすなど、軍隊と兵士の階級的編成に注目し、先にあげた『プロイセンの軍事問題とドイツ労働者党』、『ドイツにおける社会主義』、『ヨーロッパは軍備を縮小しうるか?』、『ル・フィガロ』紙へのインタビュー、そして『序文』等、いくつかの箇所で軍事問題に論及している。またそれらより、旧支配階級の内乱に対処する、「常備軍から、民兵に編成された国民武装への全般的移行」という表現のもとに、プロレタリアートの階級的な軍事組織を展望していたことがうかがわれる。エルフルト綱領における国民皆兵・民兵教育制度の提唱とも関連するとおもわれる。
(30)前掲(12)エンゲルス。
(31)前掲(14)エンゲルス。
(32)太田仁樹「マルクス主義思想史の中のレーニン」、上島武・村岡到編『レーニン 革命ロシアの光と影』社会評論社、二〇〇五年、森下敏男『ソビエト憲法理論の研究』創文社、一九八四年参照。とくに後者からは、プロ独裁と法理論の関係等について教えられることが多い。
(33)レーニン『国家と革命』(一九一七)、『レーニン全集』第二五巻、大月書店(以下『L全集』と表記)。
(34)レーニン『「左翼的」な児戯と小ブルジョア性とについて』(一九一八)、『L全集』第二七巻。
ここでの「買いもどし」という語は、元々前掲(28)エンゲルス『農民問題』からのものである。
(35)レーニン『プロレタリア革命と背教者カウツキー』(一九一八)、『L全集』第二八巻。
(36)レーニン『スローガンについて』(一九一七)、および『全権力をソヴェトへ!』(一九一七)等、『L全集』第二五巻。
(37)レーニン『妥協について』(一九一七)、『L全集』第二五巻、および『革命の任務』(一九一七)、『L全集』第二六巻等。
革命の暴力的形態とプロレタリアート独裁の問題に関連し、レーニンは革命前の『国家と革命』において、「階級闘争の承認をプロレタリアートの独裁の承認に拡張する者だけが、マルクス主義者である」という周知の命題を提出しているが、革命後には、さらに『プロレタリア革命と背教者カウツキー』をふくめ、とりわけ新たな世界組織コミンテルンの結成に向け、プロレタリアート独裁がマルクス主義における階級闘争の学説の神髄であり、ボルシェヴィキ的基準であるとされた。一九一九年共産主義インタナショナル(=コミンテルン)創立大会に提案された二二箇条のテーゼは、レーニンのプロレタリア独裁論が、最も明瞭かつ体系的に展開されたものとみることができる。そこでは、独裁の擁護か民主主義の擁護か、ソビエト権力かそれともブルジョア議会かが問題の核心であるとされ、「ブルジョアジーの独裁か、あるいはプロレタリアートの独裁以外に、中間的なものはありえない」、最も深刻な革命・急激な転換は「ブルジョア議会主義的民主主義の古い枠のなかではおこなわれえない」等の命題がいわば「踏み絵」の形でもりこまれ、コミンテルンを通して普遍化されていった。

レーニン、共産主義インタナショナル第一回大会における『ブルジョア民主主義とプロレタリアートの独裁についてのテーゼと報告』（一九一九）、『L全集』第二八巻。レーニンの平和革命論に関連しては、富沢賢治「革命後のレーニンの先進国プロレタリアート独裁論」『一橋論叢』第六五巻六号、一九七一年六月、衣笠哲生「中ソ論争と平和革命論」『法政研究』第三二巻二―六合併号（下）、一九六六年三月等参照。

(38) 同上、レーニン『妥協について』。

(39) 前掲注（15）参照。

(40) 後掲不破によれば、平和的革命戦略をめぐるマルクス・エンゲルスとレーニンの乖離の原因について、レーニンは当時、マルクス・エンゲルスの上記問題に関連する以下の言説を知りえなかったことに一因があると、詳細に紹介している。①E『共産主義の原理』、②M「チャーチスト」③M「行政改革協会〔憲章〕」、④M「『ザ・ワールド』通信員とのインタビュー」、⑤M「ハーグ大会についての演説」、⑥M「社会主義者取締法にかんする帝国議会討論の概要」、⑦E『資本論』英語版「序文」（上記のEはエンゲルス、Mはマルクス）。このうち①、②、③、④、⑥の文献は、レーニン死後公刊されたものだという。不破哲三『レーニンと「資本論」』第五巻、新日本出版社、二〇〇〇年。

(41) 但し、最晩年のレーニンにおいては、一九二一年の新経済政策（NEP）への転換とともに、国際的にも、コミンテルン第三回大会（一九二一年）および同第四回大会（一九二二年）における、統一戦線戦術等先進国革命を視野においた戦略転換の試みがある。そこにおいては、ロシア的特殊性を一般化することなく西欧先進国における社会主義化の道等、多様な革命戦略探求の萌芽がみられるが、病魔との闘いにおいてそれを完遂・成熟させることなく終わった。

(42) エンゲルスの死後、『序文』の評価をめぐってベルンシュタイン、カウツキー、ローザ・ルクセンブルク等の間で論争がおこなわれているが、その受けとめ方は三者三様である。ベルンシュタインが、『序文』を普通選挙権と議会制を通じた合法主義の道を示した論文とするのに対し、カウツキーは、いかなる条件下においても革命的手段を断念する合法主義に終始するものではないと、『序文』と従来のエルフルト綱領の立場との整合性を主張する。注目されるのはローザであり、彼女は死の前年のドイツ共産党（KPD）創立大会での演説「綱領について」（一九一八年）において、『序文』を「議会主義一本槍」の論文と厳しく批判し、依拠すべき原点は四八年の『宣言』であり、マルクス・エンゲルスが四八年に立っていた地盤にもどるべきだとする。つまり、ベルンシュタインとルクセンブルクにおいては、『宣言』と『序文』の間に、ある種の断絶があることが認識されている。

なお、ローザは、ドイツ革命の際のＫＰＤによる国民議会ボイコット戦術を以って、彼女自身による思想・理論の帰結と誤解されているが、ドイツ共産党創立大会（一九一八年一二月～一九年一月）における彼女の報告「綱領について」をみれば、党内急進左派のボイコット戦術の主張に反対であったことが分かる。しかし、翌一九年一月一五日にはＫ・リープクネヒトとともに虐殺されており、それを是正する時間がなかった。なおまたその後、彼女ら練達の指導部なき後、ＫＰＤはコミンテルンの極左的政治方針に翻弄されていく。

ローザ・ルクセンブルク『ローザ・ルクセンブルク選集』第四巻、現代思潮社、一九六九年、富永幸生「ドイツ共産党創立大会」『現代史研究』第二四号、一九七〇年六月、吉村忠穂「ドイツ共産党の成立に関する一考察」『史学雑誌』第八一巻第八号、一九七二年八月、足利末男「訳者あとがき」、Ａ・ローゼンベルク『近代政治史』みすず書房、一九六八年所収、ケヴィン・マグダーマット、ジェレミ・アグニュー『コミンテルン史』大月書店、一九九八年等参照。

(43) 日本共産党中央委員会宣伝教育部編『八一カ国共産党・労働者党代表者会議の声明と世界各国人民への呼びかけ』日本共産党中央委員会出版部、一九六一年。

(44)「陣地戦」という理論と用語は、アントニオ・グラムシの市民社会と国家の関係の分析とともに、西方の発達した資本主義国における革命戦略を考察する際の中心概念であるが、すでに『序文』の中に萌芽的ながら同様の思想と言葉があることに改めて注目されたい。

(45) 前掲（43）。

(46) 石堂清倫編『現代革命と反独占闘争』合同出版社、一九六〇年所収。社会主義政治経済研究所『現代革命の基本問題』合同出版社、一九六一年、等参照。

(47) ジョルジュ・マルシェ『民主主義の挑戦』（一九七三）合同出版、一九七七年、エンリコ・ベルリングェル『先進国革命と歴史的妥協』（一九七三）合同出版、一九七七年、サンティアゴ・カリリョ『「ユーロコミュニズム」と国家』（一九七七）合同出版、一九七九年、不破哲三『人民的議会主義』新日本出版社、一九七〇年等参照。

上記不破においては、「プロレタリアート独裁」論がなお、護持されている。その後、「独裁 dictatura」の訳語が「執権」に変更（一九七三年）されるなど一定の経過があるが、（日本共産党）現綱領（二〇〇四）において、「プロ独」論が最終的に放棄されたのかどうか必ずしも明確でない。いずれにせよ、前掲注（4）「暴力」の訳語同様、「独裁」についても、訳語問題に終始している限りでは、ある種の問題回避につながりかねない。

なお、現代の世界規模での革新運動を展望するとき、第二次世界大戦後における西欧社会民主主義の運動に注目する必要がある。とりわけ現在のSPDは戦間期における手痛い敗北およびその反省と総括の上に、マルクス主義との関係を清算することにより民主主義を重視した新しい「民主的社会主義」の目標を設定し、「ゴーデスベルク綱領」（一九五九年）、「ベルリン綱領」（一九八九年）、および社会主義インタナショナル「ストックホルム宣言」（一九八九年）等のかたちで発展してきており、世界政治の中で動かしえない影響力を発揮している。いずれにしても、上掲ユーロコミュニズムおよびそれら政治的思想的潮流とその運動についての考察が必要であるが、それについては他日に期したい。

O・ラフォンテーヌ『社会民主主義の新しい選択』現代の理論社、一九九〇年、ホルスト・ハイマン『民主的社会主義と社会民主主義』現代の理論社、一九九二年、等参照。

（48）このベルンシュタインの警句は、これまで修正主義の改良主義的本質を語るものとして、最も攻撃の的となってきたものである。しかし、下記のエンゲルスの言葉と比べると、そこにはほとんど差異は認められないであろう。エンゲルスは未来社会の発展予測について次のようにいう。「われわれには終極目的などありません。われわれは進化主義者です。われわれには、人類に終極の掟を命令するつもりなどありません。」前掲（27）エンゲルス。

（49）エドゥアルト・ベルンシュタイン『社会主義の諸前提と社会民主主義の任務』（一八九九）ダイヤモンド社、一九七四年（佐瀬昌盛訳、以下『諸前提』と略称）。

なお、ベルンシュタインは正統派マルクス主義の支配的影響力に疎外されてのことか、比較的最近まで日の目を見ることが少なく、わが国においては上記主著、および『科学的社会主義はいかにして可能か』（一九〇一）、自伝的論著『一社会主義者の発展のあゆみ』（一九二四）（いずれも同上書所収）、他に『社会主義の過去及現在』（一九二二）日本評論社、一九三六年の邦訳があるだけである。したがってまた、そのような政治的・講壇的傾向と無縁ではないとおもわれるが、大方の研究はベルンシュタイン＝「修正主義」とする専ら批判的観点からの研究であり、彼の思想・理論を独自の客観的対象とした研究は少ない。かかる研究動向のなかで、本稿の補論は、初期的検討にすぎないものであるが、その理論的な積極的一断面に照明をあてたものである。

（50）ピーター・ゲイ『ベルンシュタイン』木鐸社、一九八〇年、関嘉彦『ベルンシュタインと修正主義』早稲田大学出版部、一九八〇年等参照。

（51）前掲（49）ベルンシュタイン『科学的社会主義はいかにして可能か』。

なお、ここに新カント派の社会主義に結びつく由縁があった。
(52) 前掲(49)『諸前提』。
(53) ベルンシュタインのロンドンでの生活スタイルは、自らに傾倒する一部の人以外には孤高の書斎人として閉じこもりがちであったマルクスに比べ、ベルンシュタインは偏見なしに思想の異なる人と交際し、経験に照らして自分の考えを修正していく実行の人であったという。イギリス社会主義の諸潮流のうちとりわけフェビアン社会主義者との接触・交流は、ベルンシュタインの思想形成に大きな影響を与えたといわれる。
前掲(50)P・ゲイ、関、および前掲(20)佐瀬、等参照。
(54) 前掲(49)『諸前提』。
『共産党宣言』には、「労働者革命の第一歩は、プロレタリア階級を支配階級にまで高めること、民主主義を闘いとること」とあるが、ここにおける「民主主義」とは、「永続革命」論の観点からの革命的小ブルジョアジーとの一時的同盟、多数派としての「民衆の支配 democracy」の形態のことであり、それは共産主義への過渡段階、その「第一歩」としての民主主義制度ないし民主共和制を指す。したがって、それは通過点における手段であって、独自の価値を有する共産主義としての最終目標をなすものではなかった。
(55) 同上。
(56) 同上。
(57) 同上。ここでのベルンシュタインの論旨は、市民社会および市民的人間の転変とそのアソシエイション的結合による社会主義という平田清明の議論に通底するものであり、平田がこれを意識していたかどうかは別として、ベルンシュタインの労働者の「市民化」論は、内容的にその先駆けをなすものであったといえよう。
(58) 同上、および前掲(50)関。
(59) 同上『諸前提』。
(60) 熊谷一男「ベルンシュタイン『修正主義論』の再検討」、井汲卓一ほか『講座現代のイデオロギー』第四巻、三一書房、一九六二年所収、佐々木健「E・ベルンシュタイン再考」、浜林・相沢他編『経済学と階級』梓出版社、一九八七年、浅井啓吾「ドイツ社会民主党の国家論」『経済系』第六二集、一九六四年一〇月、平子友長『社会主義と現代世界』青木書店、一九九一年、等参照。
(61) 前掲(49)ベルンシュタイン『一社会主義者の発展のあゆみ』。

（62）アルトゥール・ローゼンベルク『ヴァイマル共和国史』東邦出版、一九七六年、アーベントロート『ドイツ社会民主党小史』ミネルヴァ書房、一九六九年、ペーター・レッツェ、フランツ・ヴァルター『ドイツ社会民主党の戦後史』三元社、一九九六年、等。なお、アーベントロートの『ドイツ社会民主党小史』には、ＳＰＤ歴代の綱領・宣言等が付されている。

第二部　補　論

補論Ⅰ　中国社会主義について

第一章　中国における「四つの近代化」と「民主と法制」

――転換期中国社会主義の基本課題について――

I

「数ある勝利のうちでも、もっとも人間的な勝利、何のためらいもなく愛しうる唯一の勝利」[1]。五〇年代の初めＪ・Ｐ・サルトルが、中国革命の勝利によせて上のように書いたとき、この言葉は、同時代の多くの人々の中国革命に対する共通の感慨を代表していた。地球上の四分の一の人口が生活する広大な東方の大地に出現した新たな解放は、その解放過程の巨大なエネルギーとともに、新たな未来を照らしだしているかにみえたのである。

たしかに二〇世紀の丁度真中に位置するこの革命ほど、過去と未来の両方に視線を向けさせたものはない。一九世紀的西洋と闘争することを不可欠の構成部分としていたこの東洋の革命は、物質的には後進的であるとしても、逆に西欧近代の先進性を超克し否定することによって、一つの世紀に終焉を告げ、二一世紀的先進性を先取し、はじめて次の世紀における共通の世界史を形成する確実なモメントを切り拓いていくと、過大な期待がよせられたのである。ここには後進的なものが、その後進性を自覚するがゆえに、先進的なものを凌駕しようとする孜孜とした営みのなかから次代の先進性を生みだしていくという、いわば世界史における後進性の逆説ともいうべきものが存在するかにみえたのである。しかしながら、にもかかわらず革命中国は、依然として半文盲・半未開の農民国の出来事であった。そこには二〇世紀的資本主義世界の諸達成物を獲得しなければならないという切迫した必要性があり、しかもそれら諸課題は当初考えられたほど容易でなく、出口を求めての限りない模索、人々の献身、多大なエネルギーの消耗、後進性の逆説は少なからざる対価を支払うことによって歴史的存在を確保していかなければならなかったのである。

従来のわが国における中国研究もこうした二つの視角の狭間にあって、ある時には重い過去の遺産に驚転し別の時には未来を夢想するという二つの傾向をまぬがれなかったが、どちらかといえば後者に傾斜してきたかに思える。つまり、わが国の中国研究は、長い間、中国社会主義の行方に最大級の希望をよせ、逆にそこにおける後進性や未成熟性に対しては、それを無視してよいものとは言わぬまでも、少なくとも中国社会主義がもつ長所はそれを相殺するに十分足るものとみなしてきた。

想えば戦後日本の中国研究は、戦争責任の痛みをもって「アジア社会停滞論」に代表される過去の東洋史学と訣別し、アジアの平和と変革を希う中国人民革命への共鳴と連帯の立場から出発する。一九四九年中国革命の成功と五〇年代前半期までの中国における国内建設の比較的順調な進行および五六年スターリン批判に示された中国共産党の総括の在り方は、[2]中国への信頼をより高めるものにしていった。これらの諸要因が今日に至る戦後わが国の中国研究における方法的基調を形成してきたものだといってよい。しかしいまから振りかえるとき、戦後の民主的中国研究の骨格が形成されたまさにこの時に、すでに大きな弱点を胚胎していたともいえる。

五〇年代後半期の日本資本主義は、いわゆる「五五年体制」の政治的枠組に支えられ戦後国家独占資本主義の再生産軌道の定置・展開の開始をみるが、その対極において、戦後一定の昂揚をみた下からの民主化要求・人民的闘争は資本の運動のなかに包摂され、「高度成長」の論理にのみこまれていくかにみえた。また同じ五〇年代後半期において漸く戦後復興を了えたソ連・東欧諸国では、五六年スターリン批判にともない、ソ連社会主義建設史におけるさまざまの逸脱と欠陥が露呈し、「三〇年代集権体制」に再検討を加える新しい時代に入っていく。こう一方において資本の「高度成長」下での労働の疎外状況、他方において既成社会主義の権力的側面の露出。こうした五〇年代後半期以降の一連の歴史的社会的諸事件の推移のなかで、わが国の中国研究が、これら事態に対する論理的反措定を中国社会主義の理念のなかに求め、そこに自己確証の支点を見い出していったとしても不思議はなかった。

しかも、その延長線上、研究対象への思い入れと研究方法における自主性の喪失は中国研究においてとくに甚しいものとなる。研究対象たる当の中国におけるアウタルキー状況が研究における思考の「鎖国」状態に対応的に付加されたのである。中国社会主義研究においては、内容よりも形式、連続よりも断絶、特有の民族的伝統と地域的特殊性が研究の出発点でありまた終点となる。総じて世界史的普遍性の概念的把握は見捨てられる傾向にあった。かくて、しばしば後進性に附着する中国社会主義の特質はそのまま普遍化され、まさに普遍化されることによって中国社会主義は絶対的に特殊化され、奇妙にも後進的なものが共産主義的に進化したものと描かれたのである。

近十数年の中国における諸事件の継起は、こうした従来の研究方法に、内在的批判を迫るものであった。いまや世界史は、ロシア一〇月革命より三分の二世紀、中国革命からも三分の一世紀を経過し、二一世紀の門口に立ったが、現存社会主義においては、いままでのところたしかな未来を提示することができなかったばかりか、いまなお決して楽観的であることを許さない状況にある。そしてこのような事態は、従来の認識構造に対し重大な反省を求めることとなる。とりわけ中国においては、今世紀五〇年代後半期以降、政治経済過程の激しい変転と曲折があいつぎ、ついに政策的蛇行の極点は「プロレタリア文化大革命」（以下、「文革」と略称）において現われ、すでに二〇年余を経過した中国社会主義における、矛盾の存在とその深刻な様相を白日の下に明らかにしたのである。

周知のように中国における「文革」は「造反有理」「大衆奪権」を呼号し、当初、社会主義の歴史にとって未曽有の新生事物を生みだしたかのような期待をあたえた。しかしその実際的帰結は人民の民主的権利・生命の破壊および人民の福祉・生活水準の切り下げ以外ではなかった。出身階級あるいは政治的経歴を根拠に「階級敵」

と定義づけられた人々は、正規の司法手続きも保障されることなく拘留され、裁判にかけられ、処罰されていった。(3)李一哲の大字報によれば、「広東省一省だけでも殺害された革命大衆、幹部は四万人近く、投獄され、闘争にかけられた幹部、大衆は百万人に上った(4)」という。また政治至上主義的な経済建設路線とあいまって、労働生産性の上昇は停滞し、都市における労働者・職員の賃金昇給も六三年以来七七年まで実に一四年間も据えおかれ、その結果「文革」期の一〇年においては、年平均〇・五％の率で全国的賃金水準の逓減をみ、(5)農村においても一九七七年の全国一人当たり平均食糧は五五年水準（土地改革の終了・集団化の開始時点）にしか相当せず、(6)また個人年間平均収入五〇元以下の貧しい生産隊は二七・三％を占め、そのうちの一部は「解放初期の水準を下まわり」「衣食の問題は解決できず、単純再生産の維持さえ極めて困難」になっていたという。(7)かくて六六年～七六年にわたる「一〇年の動乱」は、中国社会を疲弊させ精神的にも深い傷痕と「社会主義」に対する問いかけを残して終わったのである。

「文革」が終熄して七年、「四つの近代化」を戦略的重点とする新しい方向性の確定をみてからもすでに五年が経過した。いま振りかえるとき、中国において「文革」を必然化した諸要因は、世界史の現段階としての中国社会主義をなお今日根底において規定しているだけでなく、たとえ負の方向においてであるにしても、現存社会主義における現象形態の近似性とそれら政策的試行錯誤の一つの帰結であったという意味において、中国社会主義における「文革」はやはり社会主義建設史一般の総括の一つにほかならなかった。したがってまた「文革」の総括は、中国社会主義建設史における特殊な誤謬を明らかにするだけでなく、現存社会主義としての今日の社会主義に共通な困難と基本課題を明らかにするものである。

それゆえ小論は、この時点において、もう一度「文革」の終結とそれからの「転換」の意味を探り、併せて中国社会主義の基本課題を考察しようとするものである。その場合、冒頭に述べた従来の中国社会主義研究の方法態度を念頭におくことによって、ここでは敢えて、現代中国の基本課題を現代社会主義の基本課題一般に収斂させ、いわばそこに共通な世界史的同時代性を見い出そうと試みるものである。

Ⅱ

一九七六年一〇月「四人組」政変以降七八年一二月中共第一一期第三回中央委員会総会（以下、11期3中全会）にかけての、天安門事件逆転判決、鄧小平および旧「実権派」幹部の名誉回復・職務復帰、「文革」否定、毛沢東相対化という一連の動向とその過程で明らかにされた諸事実は、中国における「文革」の一〇年がわれわれの推測をはるかにこえる問題性を有していたことを改めて明らかにするとともに、いまやその誤謬の総括をとおして、社会主義中国としての新しい建設原理への転換と模索がはじまったことを示している。第一に、これまでの「経済法則」を無視ないし軽視した禁欲的で閉鎖的な建設路線を放棄し、先進技術に学び、効率と経済合理性の追求をつうじて国民経済の近代化と人民生活の向上を図るという新たな建設方針をうちだしたこと、これが転換の一つの原理であり、「四つの近代化」(8)と呼ばれるものの基本的で中心的内容であった。第二に、これまで「大衆路線」「直接民主主義」という言葉で標榜されてきた事柄がまさしく人民の抑圧と無権利状態を結果してきたこと、したがって、社会主義的民主は一般的に人民の民主と人権を擁護するものであるだけでなく、法制によって支えられなければならないという「民主と法制」(9)の必要性の認識、これが転換の背後にあるもう一つのそして不可分の原理であった。

この過程がどのような激烈な政治闘争を内包しつつ進行したか、ここで詳らかにすることはできないが、いずれにせよ毛沢東死後二年余において、このようなドラスティックな転換を実現していった背景には、解放以来の歴史を貫通する中国民衆の切実で基本的な社会主義の未来に対する希求が存在したであろうことは疑いをいれない。この中国民衆の本質的希求の一つが、「民主と法制」の課題にあることは、七七年以来現われ七八年一一月には大きな高まりをみせた北京市西単の「民主の壁」が物語る。例えば七九年一月一日北京において成立したとする「中国人権同盟」と名のる非合法組織は、「第一条。公民は思想、言論の自由を求む。全国の思想、言論犯を釈放せよ。公民は神格化、迷信、偶像崇拝を除くことを求む」、以下全一九条に及ぶ「中国人権宣言」なるものを発表している。(10) その基調は、個人崇拝、一党独裁の否定の上に、公民の直接投票、全人代の傍聴、職業選択の自由、秘密警察の解散、貧困の除去と生活向上等々、社会主義制度下における公民の民主主義と人権の擁護を主張したものであった。要するに「文革」の総括は、党内民主の教訓を得ただけでなくより広範な人民の民主と憲法・法制によるその確固とした保証、換言すれば社会主義制度下における社会主義的民主主義の要求の存在をいまや明らかにしたのである。

ところで「民主と法制」の必要性は、党と行政当局の側からも認識されていた。その場合当局側の意図としては、「文革」時の「造反」「反潮流」の気風を一掃し国家の秩序回復・安定化を図るという実際的な思惑が優先していたことも無視できないが、いずれにせよ七八年五月一五日付『人民日報』は二二年前の董必武「国家の法制を強化し、社会主義建設を保障しよう」を再録し、(11) 法軽視の傾向にチェックをかけようとする。このように複雑な動きを孕みつつも、「民主と法制」の問題は「文革」総括の俎上にのせられ、その進行とともに、社会主義にとって本質的な問題として現われる。

同年七月一三日付『人民日報』掲載論文「民主と法制」は「文革」の本質・原因・教訓を公的に明らかにしようとしたものであった。(12) まず「文革」の本質について次のようにいう。かって林彪は「文革」のなかで「政権とは鎮圧する権力である」といい、張春橋はそれをさらに「全面独裁論」に拡張し、そうすることによって社会主義法制を破壊する理論的根拠としていった。かくて第一段階・「文革」初期に司法機関は破壊され、第二段階、彼らが権力を奪取して以後、「封建ファシズム」の無法な暴力的独裁が人民大衆に向けられることになったという。だが次に、それでは何故こうした事態がおこりえたのか。これについて論文は三点を指摘する。すなわち①

民主主義の伝統のない半封建半植民地のおくれた社会から社会主義に移ったこと、②したがって封建的イデオロギー・倫理道徳・伝統風習が社会生活のすみずみに根づよく浸透していること、③こうした封建的遺制の上に林彪・「四人組」の封建的ファシズムの独裁がおこなわれた、と。

この場合、悪者デッチ上げ的論理がみられないことはないが、いずれにせよ、この「封建的遺制」あるいは「小生産様式の風習と伝統」という問題については、『紅旗』馬文瑞論文[13]や九月二八日付『人民日報』特約評論員論文[14]も指摘し、その後のコンテクストのなかで定型化されていったものであった。以上の分析の上に先の論文は社会主義的民主の発揚と民法・刑法および訴訟法の制定を求めている。民主と法制の関連については、他の論文において次のように理解されている。「民主は法制の前提・基礎であり、法制は民主の成果を総括し、これに保障を与えるものである」[15]と。また『人民日報』転載の林春・李銀河論文もこの間の事情を痛切に明らかにしたものである[16]。次のようにいう。「四人組が大衆団体と青年の学習グループを勝手に反動組織に仕立てあげることができたのは、まさしく人民自らが結社の自由の権利をなお守りえていなかったからである。四人組が、敢然として独立に思考し真理を堅持する人々を投獄することができたのは、まさしく人民自らが思想の自由の権利をいまだ守りえていなかったからである。四人組およびその手下がいたる処私設の刑場をつくり、人命を塵芥のように扱うことができたのは、まさしく人民自らが人身の自由の権利をなお守りえていなかったからである」と。

振りかえりみるとき、ここには一〇年余の政治的激動をくぐり抜けた中国人民の深刻な教訓がうかがえるとともに、逆にまた人権・民主・法治ということがいまさら問題とされる中国革命および中国社会主義の実態といま提起される中国における「近代化」の質が量られるといえば言い過ぎであろうか。しかし同時に、この課題の登場は、中国革命と中国社会主義の歴史にとって決して事新しいものではなかったということも指摘されなければならない。遠く想起すれば中国において国家の富強と民主主義という課題が民族的課題として意識されるのは清末にまで溯るであろうが、少なくとも新民主主義革命の起点をなす一九一九年五・四文化革命においては、すでに「科学と民主」という明確なスローガンの提起をみる。[17] 当時それが未だ西欧思潮の借りものであったとしても、旧中国の封建的伝統・風習との切断を意識せずには成立しえないスローガンであったはずである。

約三分の一世紀後中華人民共和国は成立し、五四年の憲法は公民の権利を記し、この権利が具体的になんによって保障されるかについても記した。言うまでもなく、この権利を十全に享受することは、当時、過渡期の初期の状況において不可能に近かったが、それゆえさらに五六年の中共第八回大会はこの課題を一層現実的なものとすべく再度とりあげた。大会における劉少奇（中国共産党副主席）の「政治報告」は、革命の嵐の時期は過ぎ去り、闘争の任務は生産力の順調な発展をまもるということに変化してきたこと、そのため闘争の方法は変わり、いまや完備した法制が必要になってきたこと、今後いかなる諸機関・諸個人も厳格に法律をまもらなければならず、逆にまたすべての公民の権利は法によって保障されることなどについて論及したのである。[18] また先の董必武（当時国家副主席、最高人民法院長）も、法制整備の進捗状況を具体的に報告しつつ、さらに根づよい法制軽視の現象について次のように語った。[19]「わが国の社会諸階級のうちでは、小所有者階級が絶対多数をしめています。わが党の成員のうちでも小所有者階級出身の人がもっとも多いのであります。……レーニンの言い方にしたがえば、小所有は、一定の状況のもとでは、しばしば、極端な革命的熱狂をみせるが、しかし堅忍性、組織性、規律性および堅固な精神がみられません。あらゆる法制を軽視する気持ちは、小所有者階級の気にいりやすく、小ブルジョア思想はまた、無政府主義的な思想をうけいれやすいのであります。」

このように「民主と法制」の課題は解放以前にまで溯る中国人民の歴史的な希いであり、しかもそれは新中国の成立によっていまようやく実現するかにみえた。しかし非合法的・非平和的形態に依拠して革命闘争を闘いぬいた中国革命の伝統は、革命後、社会主義制度の下においてもなお法と政治の不可分離現象および「法的形態の大規模な非法的形態への転換現象」[20] を残し、かくてまた歴史の進行はさきの基本課題の提起に十分注意をむけることなくついには「文革」を発生させ、そしてこの動乱によって人民の「民主と法制」は完膚なきまでに踏みにじられていったのである。

Ⅲ

いまやわれわれは、社会主義変革後において、かくも大規模な「民主と法制」の蹂躙がおこった歴史的現実を直視するとき、半封建・半植民地のおくれた農業国において革命を成就させた中国革命における伝統の重さを再認識するとともに、しかも、その伝統を革命後において絶えず維持・再生産してきた小生産様式の広範な存在、生産力水準の低位性という抜きさしがたい中国社会主義の物質的基底にぶつかる。周知のようにレーニンは、革命後のロシアにおける「農民人口の圧倒的優勢」についてくりかえし言及し、「農民経済は、依然として小商品生産のままである。ここには、異常に広範な、きわめて深い、きわめて強固な根をもつ資本主義の基盤がある」(21)ことに注意を促した。そして「まさにこの農民と一般に小ブルジョアは、古いもの、しきたりとなっているもの、不変のものにだれよりもなずんでいる」(22)という一方における小生産者の変革の不徹底性と、他方では「小生産者の分散した、ばらばらな状態、その窮乏、非文化性、道路のない状態、文盲、農業と工業の取引の欠如、両者の結びつきと相互作用の欠如」等、小生産様式に固有の後進性が「官僚主義の経済的根源」になっている(23)という事実を指摘する。

おくれた小農的生産様式は、中国においてはさらに長期にわたる東洋的専制の基礎となってきたものであったが、王小強「農業社会主義批判」は、そこに不可避的に生ずる小農的平均主義思想を批判する注目すべき論文であった(24)。論文によれば、後漢の張魯から明末の李自成、清末の太平天国あるいは改良派康有為から革命派章炳麟、孫中山まで、中国の政治指導者は「程度こそ違えいずれも小農平均主義の理想に感化されていた。その原因を究明すれば、彼らの活動の舞台がみな広範に存在する小生産にあり、……自然経済という基礎上」にあったからだという。しかもこうした農業社会主義思想は社会主義革命後においても久しく影響力を保ち、そこにおいては「生産力が発展しようが発展しまいが、貧しかろうが貧しくなかろうが、どちらでもよく、ただ富が均等でありさえあれば、社会主義なのである」と。かくて毛沢東は、五五年下半期全国の農民を高級合作社に組織し、また五八年には人民公社化し、多くの地域で「共産風」をまき散らすことになった。そしてその幻想が破れた時、農業社会主義は、「平等を高らかに叫び、一般民衆には均等を強いながら、自らは封建的特権を享受」していく「あらゆる旧農民蜂起の必然的な変質の過程」をたどったのである、という。

分散した小生産様式こそ、自給自足の自然経済に固執し、人々の社会的交通を制限し、「資本主義を含むすべての現代文明に反対[25]」することによって、閉鎖的・保守的・家父長的な伝統を温存し再生産してきたのである。したがってこのような国における課題解決の方向についてレーニンはさらに次のようにいう。「小農民的な国では……国家資本主義が社会主義と闘争しているのではなく、小ブルジョアジー・プラス・私営的資本主義が、いっしょになり、一つになって、国家資本主義とも、また社会主義とも闘争しているのである[26]」、「資本主義は中世にたいしては、小規模生産にたいしては、小生産者の分散状態と結びついた官僚主義にたいしては、善である。……そのかぎりでは、われわれは資本主義を、小規模生産と社会主義のあいだの媒介環として、生産力を高める手段、道、やり方、方法として、利用しなければならない（とくに、国家資本主義の軌道に向けることによって[27]）」、と。資本主義をとび越して成立した社会主義は、その下にもち越されなお広範に存在する小生産・農民経営を一度は解放（土地改革・農民的土地所有の実現）し、その下で全面開花する生産力の上昇を汲みつくすとともに、やがて国家資本主義（あるいは協同組合）の軌道をつうじて組織化し、社会化大規模経営に誘導し、以って社会主義にふさわしい社会的生産力の拡張、大工業化を達成するという基本課題を果たしていかなければならなかった[28]。これこそ「四つの近代化」の課題と方向にほかならない。

先にもふれたが、すでに清末の開明的諸思想は中国の貧困と西洋諸国の富強を対比し、中国社会の後進性を打開する方図を真剣に追求する。西洋の機器・技術を採用しようとした洋務論、政体の革新を先決問題としていく変法論、そして革命論者孫文にあっては『建国方略』において「物質建設」の重要性を提示し、経済発展が今後の中国存亡の鍵であると把握していた。さらに五・四運動は、先にも述べた「科学と民主」のスローガンを提起することによってそれら先行諸思想を集約し、社会主義をその継承者と位置づけ、中国革命の前途に光明を照らしたのである。(29)その後、解放直前、「政治協商会議共同綱領」は中国工業化の展望を掲げ(30)、さらに五四年憲法は「中華人民共和国の成立から社会主義社会を築きあげるまでは、一つの過渡期である、過渡期における国家の基本任務は、国の社会主義工業化を一歩一歩実現し、農業、手工業および資本主義工商業にたいする社会主義的改造を一歩一歩完成してゆくことである」(31)と、過渡期における工業化と小生産様式の改造の課題を明確に位置づけた。さらにまた五六年中共第八回大会は、国内の主要矛盾を「すすんだ社会主義制度とおくれた社会の生産力とのあいだの矛盾」ととらえ、「当面のおもな任務は、力を集中してこの矛盾を解決し、できるだけはやく、わが国をおくれた農業国からすすんだ工業国にかえてゆくことである」と規定したのである。(32)

しかし、先にも述べたようにこの大会において定式化された諸課題はその後すぐ五八年「大躍進」のなかで空文化され、ついに顧みられることはなかった。周知のように、中国における「文革」はいわゆる「政治優先」、上部構造の革命、主観的能動性を一面的に強調し、中国社会後進性の物質的基底をなす生産力構造の変革を長期にわたって事実上放棄したのである。

一九七六年一〇月政変後とりわけ七八年一二月中共11期3中全会以後、「四つの近代化」と経済改革は本格的に発動される。そこで展開された中国における経済改革の実際と改革論議については、すでに多くの研究があるが、一言でいえば、すでにソ連・東欧諸国で試みられた分権化改革・市場原理を導入することによって、中国において五〇年代初期より採用されてきた従来の集権的管理制度の弊害と非合理性を除去し、国民経済の活性化・効率性の向上を図ろうとしたものであるといえる。

しかし問題は、集権的管理体制それ自体の問題であるとともに、むしろそれを必然的に生みだす小生産様式に特有の、一つの歴史的な物質的基盤が総体として問題にされているのである。先にも述べたように小生産の特徴は、分散的で狭隘な限界に固執し、社会的交通をのぞまず自給自足し、受動的で保守的世界に安住しようとする。しかも小生産者たちの小世界・共同体に属さない外部の事柄に対しては、「平然とこれらを傍観して、自然現象にたいするほどの関心しか」よせない「野蛮な利己主義」を併せもつ。(33) このような諸傾向こそが小生産様式の歴史的運命を規定するとともに、国家による上からの組織化・集権的統制を不可避なものとし、官僚主義を生じさせるのである。小生産の上に生まれる官僚主義は、小生産を隷属させるとともにたんに隷属させるだけでなく、小生産者たちの排他的な既得権益を代弁することによって彼らを隷属させる。かくて「牧歌的な村落共同体はたとえ無害にみえようとも、それがつねに東洋的専制政治の強固な基礎(34)」となっていくのである。

「四つの近代化」の渦中で現われた「鉄飯碗」「吃大鍋飯」「走後門」等、日本的に言えば「親方日の丸」的中国社会の実態は、まさにこうした小生産様式の伝統・風習から派生する諸現象にほかならない。しかも注目されるのは、これら諸現象が旧い小生産様式の単純な残滓というにとどまらず、むしろ新中国成立後、新たな形態をもって創出・再生産されてきたという事実である。例えば中国経済の基本的構成部分である中国の諸企業は、一般に万能型の企業形態(「小而全」「大而全」)をとり(35)、たんに生産に従事するだけでなく学校・託児所・病院を経営し、さらに消費物資の購入・保管まで扱う社会生活上の基礎単位、いわば企業「小共同体」=「単位体制」社会を形成している。成員は「小共同体」=「単位」の属人として衣・食・住の必要をみたし、退職時には自分の身代り(「頂替」)に子女を職場に残し(36)、生涯にわたってこの小共同体に寄生しつつ(「鉄飯碗」)、小共同体=小生産様式を再生産していく。小共同体の内部生活においては中庸と平均主義が貫徹するが、外部に対しては密室性と無責任性が現われ、排他的な既得権益を囲い込む構造をもつ。この場合特徴的なことは、中国社会においては、これら既得権益が商品的・物象的性格をとらず、しばしば行政的・属人的性格をとることであり、こうした共同体に固有の直接的人格的依存関係は、これら単位の既得権益を代弁する小ボス・親ボスを生みだし、家族・宗族から隣組・職場へそして中央政府のノーメンクラツーラに到る人脈を積み上げていくのである。

かかる小生産様式に立脚する前近代的構造こそ、中国において集権的体制を必然化したものであり、今日なお「四つの近代化」の進行を頑強に阻害しているものであるが、しかし同時に中国における「四つの近代化」への政策転換と経済改革は、いまや社会主義の初期段階をようやく脱することによって、工業化と大規模生産の確立を基軸に据えた国民経済の効率的再編、生産力の上昇という現代社会主義の基本課題を正面から取り上げうる歴史的段階に到達しつつあることの表現でもある。

Ⅳ

戦後復興を完了した一九五〇年代後半とりわけ六〇年代に入って、ソ連・東欧の社会主義国においては、かつての工業化の初期的段階を脱出し、一定の成熟した社会主義の建設を目標とする段階に入りつつあることを示すいくつかの兆候が現われてきた。すなわちスターリン批判を契機として、一方では社会主義の下での民主主義の課題の重要性が喚起されるとともに、他方では従来の集権的経済管理制度に代わる新しい経済論理が提起されてくる。(37) 周知のように一九三〇年代に形成された従来の経済管理制度においては、国家によって資金・物資の管理が集中的におこなわれ、企業はほとんど経済的権限をもたず、ただ国家より下達された指令性指標を達成するための半ば行政単位でしかなかった。したがって企業は、生産手段・投資の効率的利用や生産量・質の社会的需要とのバランスなど、国民経済の合理的運営に十分関与することはなかった。こうした集権的管理制度特有の矛盾は五〇年代後半になって顕在化してくる。当初は量的達成を一面的に追求する総生産高指標のもつ欠陥として論じられていたが、やがてその背後にある「三〇年代集権型管理体制」そのものの問題として把握され改革が志向されていく。改革への方向は農業管理制度改革、賃金改革および総生産高指標の原価指標への改更等の非集権的予備段階を経て、一九六二年のリーベルマン論文を契機とする「利潤論争」さらに六四年「注文生産方式」の実験を経過し、ついに六五年九月の経済改革の本格的開始を迎える。

六五年にはじまるソ連・東欧の諸改革がめざしたものは、さしあたりは①国家の指導性と企業の自主性の結合、②計画と市場メカニズムの結合、③道徳的関心と物質的関心の結合等社会主義経済運営の基本原則にかかわる制度上の転換にあったが、その背後には小生産様式になお基礎をおく社会主義の初期的段階から大工業の国民経済における基軸的位置への上昇・確立をみる社会主義の成熟した段階への移行と軌を一にして提起された、国家－企業－勤労者間の新しい社会主義的相互関係の模索がある。すなわち、生産手段の社会的所有が形式的に実現されれば事足れりとするのではなく、いまや小生産を基底とする形式的な社会的所有から一応脱皮しつつある生産力段階において、その社会的所有の構造と機能の具体的内実が追求され、国家－企業－勤労者各位層間における矛盾・対抗関係、つまり国家・社会的所有次元の形式的共同性と企業の占有・個人の労働次元の実質的非共同性との乖離・矛盾が意識され問題とされてきたのである。一方における社会的所有のなおつづく未成熟性のゆえに異位層間相互・同一位層間内部に生ずる矛盾・乖離を、他方における企業や勤労者個人、各単位の自主性を考慮にいれた民主性・効率性の把握によって再調整し、新しい生産力段階に対応していこうとしているのである。

したがって、このような新しい経済論理においては、総じて従来の上位からの集権的方向づけに対し、むしろ下位における企業の自主権や勤労者の管理参加、要するに分権化と民主的改革が主要な方向として目指されることになる。再度言えば、このような課題と方向は、現存社会主義がすでに小生産的遺制を広範にふくむ粗放的・外延的発展段階に終わりをつげ、大工業を基軸とする集約的・内包的発展段階を切り開きつつあることの兆候にほかならない[38]。そこにおいては、「民主化と効率化」は同時的に追求されていかなければならない。

いま中国で提起される「四つの近代化」と「民主と法制」の課題は、解放後三〇年余を経て、いまようやく効率性と民主主義という現代社会主義に共通な基本課題と正面から対決したことを告げるものであった。しかし言うまでもなく、このことは中国社会主義を一〇年余にわたって混乱に陥れた社会的要因が簡単に除去されることを意味するわけではない。中国における改革の現段階は、初歩的段階にあり、中国当局によって七九年春以降うちだされた調整の方針と「中国式近代化」「中国的特殊のある社会主義」という言葉が物語るように、その行方は模索をともなうものであり、今後なお極めて大きな困難を抱えているといえる。

第一に、人口が多く、（土地は広いが）耕地が狭く、資金が乏しいというマクロ経済レベルにおける中国の伝統的構造は依然として中国経済の基底をなしており、一方において近代的産業部門を有するものの、それはなお自律的再生産軌道を確立するに到っておらず、国民経済の過半はなお外延的発展段階を走り了っていない。この点では、内包的発展段階への移行と軌を一にして提起されたソ連・東欧の経済改革とは歴史的前提条件を異にする。またミクロ企業レベルにおいても、流通ルート、価格体系の不備、技術革新刺激システムの欠如等、改革の制度的前提条件は十分でなく、この点においてもソ連・東欧諸国とは異なる困難性を有する。ソ連においては、スターリン批判以後、六五年経済改革の本格的開始に先だつ、一〇年以上の非集中化の予備的段階があった。

第二に、企業・個人の自主性の発揮を主要契機とする改革が有効に作動するためには、勤労者に広範な活動の場が保障され、そこに生ずる建設のエネルギーの結集に成功しなければならないが、先にも考察したように、一方では農村における旧い小生産様式と都市におけるその再生による無自覚な排他的な「単位体制」＝小生産者的小共同性の現状は、「単位」相互間（極めて大きな格差と優劣がある）あるいはそこから排除・疎外されたものとの間に軋轢と確執を生みだし、他方では党・官僚機構もこれら諸小共同体の軋轢の上に聳えるそれ自身一つの特権的共同体として、自らの合理性・必然性を主張する「体制」として現われる。そこから「民主化」の動向は、国家によって規定された枠組の内においてのみ活動の余地を与えられ、むしろ変革の種子はいわば小共同体の外部において活動する。調整強化と連動する一九七九年春以降の「民主の壁」の撤去、民主化運動に対する規制強化、民主化リーダーの逮捕、あるいは労働組合および正規の労働者群（＝固定工）の一般的無関心は雄弁にこのことを物語る。ここに「北京の春」の現段階があるとともにその困難性がある。

しかしまた、それにもかかわらず、「四つの近代化」の前進は「民主と法制」を不可避とせざるをえない。党・官僚機構を頂点とする単位体制＝小共同体的社会主義は、「社会主義」の名のゆえに自らの既得権益を時には反古にする約束をし、それを政策化せざるをえない。また下からのラジカルな民主化要求は、政治的枠組の有無にかかわらず、一度水路が開かれるならば、たえず既成の水路から溢れ出、人民のエネルギー結集の可能性と展望を拡げていく。その帰趨を制するものはその中間に位置する一般の正規の労働者群であろうが、「四つの近代化」は物質的基盤から彼らの今日の生活圏をなす小共同体を解体することによって、小生産者的共同性を突破した大工業生産と社会的所有に基礎をおく全社会的共同性に向かわざるをえなくする。言うまでもなく道は遠く、この過程は緒についたばかりであり、変革の力はまだ極めて弱い。しかし現存社会主義とともに中国社会主義は、おくればせながら、その初期段階を了え、いままさにこの基本課題を真正面に据えるところにまで到達したのである。中国社会主義に今日現われる錯綜とした諸現象、矛盾と混乱は、かつての骨化した一枚岩の時代と対比し、むしろ転換期の苦悩の表明にほかならないのである。

注

（1）J・P・サルトル『シチュアシオン　V』人文書院、一九六五年、一七ページ。
（2）『人民日報』編集部「プロレタリア独裁の歴史的経験について」（一九五六年四月五日）、同「再びプロレタリア独裁の歴史的経験について」（一九五六年一二月六日）、および社会主義研究会編訳『スターリン批判と各国共産党』大月書店、一九五六年。
（3）アムネスティ・インターナショナル『中国における政治投獄』三一書房、一九七九年および加々美光行『資料中国文化大革命』りくえつ、一九八〇年参照。なお後者においては、中国における「血統主義」的階級論つまり「権力の正当性が血統主義によって保障されるような構造」として、その特徴が明らかにされている。
（4）チイ・ハオ、ルネ・ビエネ『季一哲の大字報』日中出版、一九七七年、五九ページ。
（5）中国経済年鑑編輯委員会『中国経済年鑑（一九八一）』香港現代文化企業公司（海外版）一九八一年、TV—一八〇ページ。なお七一年には昇給調整があったが、対象範囲が限定されていた。
（6）胡喬木「経済法則に基づいて事を運び、四つの近代化を速めよう」『人民日報』一九七八年一〇月六日。
（7）呉象「陽関道と丸木橋」『人民日報』一九八〇年一一月五日。
（8）「四つの近代化」とは、工業、農業、科学技術、国防の近代化を指す。「四つの近代化」の方針は、一九七八年一二月中共第一一期三中全会に先だち、すでに一九七五年一月の全国人民代表大会第四期第一回会議における周恩来の「政府報告」の中で提唱されていたが、文革の状況下では、今次の転換と改革まで実行されることはなかった。なお原語は「四個現代化」であり、「近代化」と訳すか「現代化」と訳すかは訳語の問題をこえて議論のあるところである。河地重蔵「中国の近代化認識と『四つの近代化』政策」『国際問題』一九七九年五月参照。
（9）「民主と法制」の課題は、一九七八・七九年の「北京の春」における民主化運動のなかで重大問題化されたものであるが、政府当局も取り上げ、「四つの近代化」にたいし「第五の近代化」といわれている。なお、中国において「法制」という言葉は、稲子氏によれば、「法律制度」と「法律をまもること」の二つの意味をもっているという。稲子恒夫『現代中国の法と政治』日中出版、一九七五年、二五八ページ。
（10）江頭数馬（解説）「資料・解説文革批判の軌跡」『世界』一九七九年三月、一六七～一六八ページ。
（11）『人民日報』一九七八年五月一五日。但しもともとは一九五六年中国共産党第八回大会における発言であった。『中国共産党第八回全国代表大会文献集』第二巻外文出版社、一九五六年、一〇〇～一二三ページ。
（12）特約評論員「民主と法制」『人民日報』一九七八年七月一三日。
（13）馬文端「民主集中制の優れた伝統を回復し発揚しよう」『紅旗』一九七八年第七期。
（14）特約評論員「社会主義的民主の原則を堅持しよう」『人民日報』一九七八年九月二八日。
（15）特約評論員「人民万歳」『人民日報』一九七八年一二月二一日。
（16）林春・李銀河「大々的に民主を発揚し法制を強化しなければならない」『人民日報』一九七八年一一月一三日、原載『中国青年』一九七八年第三期。
（17）『人民日報』社説「思想を解放し、自己の道をすすもう」、一九七九年五月四日。

(18) 劉少奇「政治報告」『中国共産党第八回全国代表大会文献集』第一巻、外文出版社、一九五六年、一〇三～一〇四ページ。
(19) 前掲(11)、一一六～一一七ページ。
(20) 浅井敦「現代中国法の認識」幼方直吉編『現代中国法の基本構造』アジア経済研究所、一九七三年、一二ページ。
(21) レーニン「プロレタリアート独裁の時代における政治と経済」『全集』三〇巻、九六～九七ページ。
(22) 同上、一〇三ページ。
(23) レーニン「食糧税について」『全集』三二巻、三七九ページ。
なお「今日の官僚主義は、当時のレーニンと同一の方法で説明することはできない。今日の官僚主義は、レーニンの時代には避けられなかった現象に対抗する闘争が成功を収めなかったこと、この闘争が逆に抑止されたことの結果としてのみ理解できる」とし、官僚主義の根源を、「指導党から統治党に変質した党のイデオロギー」にみる上島の見解がある。上島武『模索する現代社会主義』世界思想社、一九八一年、二〇四～二〇五ページ。確かに革命後すでに三分の二世紀を経過した社会主義の歴史を考えるとき、上島の問題提起の意味は十分理解できるとしても、なぜ指導党から統治党に変質したのかなど、問題は依然として残る。やはり今日においても社会主義になったとはいえ、小生産様式の存在とそこに特有の無政府性を、官僚主義の根源とみるレーニン的フレームワークは基本的に有効だといえよう。「現存社会主義」、とりわけ中国社会主義はそのような段階をなお脱却しきっていない。
(24) 王小強「農業社会主義批判」『新華月報(文摘版)』一九八〇年第五号、原載『農業経済問題』一九八〇年第二期。
(25) 同上。
(26) 前掲(23)、三五六～三五七ページ。
(27) 同上、三七八ページ。
(28) このような方向に対し、中国「文革」期における「五・七指示」(毛沢東、一九六六年)や「三大差別」の縮小・廃絶の動向を、「分業の廃棄」として過大評価し、共産主義への移行過程に位置づけようとする見解があるが、それを古典におけるマルクスの大工業理論との関連から、批判的に考察した拙論がある。参照されたい。拙稿「分業廃棄の理論とマルクスの大工業分析—山内一男『中国社会主義経済研究序説』の批判的検討」『経済論叢』第一一七巻第一・二号、一九七六年一月。
(29) 前掲(17)。
(30)「中国人民政治協商会議共同綱領」『新中国資料集成』第二巻、日本国際問題研究所、一九六四年、五九三～五九四ページ。
(31)「中華人民共和国憲法」、同上第四巻、二三七ページ。

(32) 中国共産党「第八回大会決議」、前掲(18)、一四六～一四七ページ。
(33) マルクス「イギリスのインド支配」、『全集』九巻、一二六ページ。
(34) 同上。
(35) 因みに中国の現有工業企業数は約三五万余と言われているが、そのうち大・中型企業は三千二百余にすぎず、残余の圧倒的多数が小型企業であり(企業数の九九%、従業員数では七五%、生産総額の五〇%余)、そのほとんどが「小而全」の万能型企業である。拙稿「中国社会主義企業の新局面」儀我壮一郎編『公企業の国際比較』青木書店、一九八二年、二八〇ページ参照。したがって、いささか単純化のきらいはあるが、全人口の八〇%を占める農民は言うに及ばず、都市人口の四分の三も小生産者的小共同体=「単位体制」の中で生活しているということができる。
(36)「重慶市のある工場では、女子労働者が退職時に息子を入れるため、紡績工場でありながら男子労働者の方が多くなってしまった」という。こうした「頂替」制度については経済学者や工場経営者の多くは反対であるというが、現場の雰囲気は逆で、この制度を強化する提案さえ出されるという。船橋洋一『内部』朝日新聞社、一九八三年、一一～一二ページ参照。なお同書は未公表の「内部」資料を利用しつつその他多くの前近代的社会現象を紹介している。
(37) 以下のソ連・東欧諸国における経済改革の歴史と論理については次の諸文献を参考にしている。芦田文夫『社会主義的所有と価値論』青木書店、一九七六年、小野一郎『現代社会主義経済論』青木書店、一九七九年、長砂・芦田編『ソ連社会主義論』大月書店、一九八一年。
(38) 資本主義的大工業は小生産を駆逐し旧来の社会的生産様式を不断の流動と変転の坩堝に投げこむことによって極めて革命的に作用する。しかしそれにもかかわらず資本主義は小生産を絶えず再生産し、それを搾取材料として温存・利用することにより小生産を最終的には廃棄しえない。この課題は社会主義の下にもち越され、社会主義的大工業の下ではじめて最終的に消滅することができる。ここに社会主義の歴史的な生産力基盤の一つがあるといえる。

第二章　中国における「小共同体」企業と「単位体制」社会

――経済改革・民主運動を規定する基礎過程の考察――

絶望とは虚妄にして、まさに希望と相同じ謂なり。

魯迅『野草』

一　はじめに

一九八九年晩春から初夏にかけて進行した中国における「民主と暴乱」は、史上例をみない中国共産党・解放軍・政府当局の血の弾圧によりひとまず終熄したかにみえるが、それにもかかわらず、学生・都市市民を主力とする今回の運動は、七九年「北京の春」および八六～八七年の学生運動を継承しつつ、はるかに凌駕する質的次元をもって新たな地平を切り拓き、一つの壮大な歴史的序曲を響かせることになった。すなわち、今回の民主化運動においてなによりも注目されるのは、四九年全国解放以降、（1）中国における初めての「下から」の自主的・自立的運動として現れ、逞しく成長していったこと、また、（2）前二回の運動にみられない一定の組織的結集を示し、全体として整然とした非暴力・平和的運動形態を展開しえたこと、そして最後に、（3）中国における現指導部を体制まるごと告発しつつ、自己の主体的モティーフを「自由・民主・法治・人権」のスローガンに圧縮し、歴史の上に明確に刻みつけたことである。ここにおいて、今回の愛国民主の運動は、まさに結末ではなく一つの再生への始まりとして、記すことができる。

とはいえ、戒厳令布告下の厳戒体制はいまなお続いている。その下で圧殺されたかにみえる中国の民主運動が、今後どのように多くの殉難をのりこえ、新たな理論構築をおこない、さらに大きな運動を展開していくことになるのか、現段階では不明であるというほかはない。しかしいずれにせよ、今回の民主運動が敢然と立ち向かい、なお敢えなくも敗れていったのは、極めて権威主義的な家父長的強権政治であり、それを許容・維持してきた中国共産党領導下の中国社会主義体制であった。またかかる特異な社会主義体制を生みだし、かくてその対極において、民主運動そのものの限界をも画することになった、中国に固有の伝統的・前近代的構造の牢固たる存在であった。したがって、民主運動の行方に立ち塞がる厚い壁とは、たんなる特権的指導集団の政治というよりは、民衆（「老百姓」）をその生活の根底から規定し支配する、それなりに強固な土壌に支えられた中国に独自の社会構造そのものにほかならないというべきだろう。

振りかえれば、かつて七八年転換と改革の開始時点、「文革」総括・毛沢東評価の俎上において、中国社会主義における封建遺制、家父長的伝統の問題が鋭く摘出されたことがある。八〇年代初頭の政治改革論議の中でも、中国に根強い官僚主義的作風、封建的土壌の問題性が強調された。そしてさらに、改革第二局面を画期づける、八四年一〇月「経済体制改革に関する決定」と「計画的商品経済」テーゼにおいても、商品経済の未発展と小生産様式・閉鎖的自然経済・封建残余等の社会経済構造における後進的二重構造の問題が検討されてきた。八七年中共第一三回大会における「社会主義初級段階」論は、まさにかかる後進的構造を把握したうえで、その克服を独自の課題とする相対的に長期的な歴史的段階設定の必要性を、総括的認識として示したものであった。想えば、さらに遡り四九年革命とその後における中国社会主義建設の歴史は、土地改革・社会主義工業化・「三大改造」等を通して、半封建半植民地の旧中国社会からの脱却と新民主主義社会の創造をすでに手がけてきたのではなかったか。

ここには、解放後四〇年を迎えた中国革命の自己総括の課題を沈潜させるとともに、いままた転換と改革の一〇余年を経過する現時点において、なお人権・民主・法治ということが問題とされる、中国における「近代化」の質と中国「社会主義」の実態が測られるといえば、言い過ぎであろうか。四〇年来の中国における歴史的改造の営為にもかかわらず、敢えていえば、諸変革は社会の表層の改変にとどまり、民衆の生活の基底にまで必ずしも到達することがなかったのではないかという、一つの重大な疑問を提示しえよう。否、より積極的にいうならば、改革一〇余年の時間的経過の中に現出した諸事象の根底には、解放以前に遡る封建的残滓、小生産様式から派生する伝統・風習とともに、たんにそれにとどまらず、むしろ、新中国成立後社会主義体制下において、「小共同体」企業・「単位体制」社会という社会構造・形態をもって、一つの「体制」的地盤が新たに創出・再生産されてきた事実が認められるのである。それら社会経済生活における基底的形態は、「総路線」「大躍進」「文革」等々の中国社会の表層における絶えまない政治的社会的激動をくぐり抜け、しかも深層においては依然として、固有の体制的枠組みを維持・再生産してきたことがうかがえるのである。

今回の民主化運動の背景として、インフレ・投機・汚職・腐敗等々の経済的諸問題が存在したことは広く伝えられている。改革・開放による投資膨張と消費膨張および経済過熱・需給不均衡・悪性インフレといった問題は、じつは八四・八五年段階、都市・工業改革を主内容とする中国経済改革の新局面から顕著に現れてきた問題であり、第二期改革の困難性を如実に見せつけることになったものである。周知のように、社会主義諸国における経済改革の基本課題は、一言でいえば、旧来の集権的経済構造の改変と経済の民主化・活性化・効率化にこそあるが、まさにその核心に企業の自主性創出の問題があり、そしてまた、上述「二つの膨張」をはじめとする経済的諸現象・諸問題も、改革展開中の企業の行動メカニズムを通して発現したものであった。いうまでもなく、これら改革に付随する諸現象は、必ずしも中国に特有の問題ではなく、ソ連・東欧諸国にも共通にみられた問題である。しかし同時に、中国においては解放以前に遡る伝統的・後進的経済構造および「供給制」を内含した伝統的・集権的社会主義の社会経済構造を背負った、中国の経済改革に固有の困難性の問題が検出されるのである。

本小論は、七八年以降中国経済改革の展開の中で現れた、上述インフレ昂進・住宅問題・「倒爺」「官倒」等の諸事象を考察の手がかりとしつつ、かかる諸現象と関連する改革下企業の新たな行動様式、構造的性格の分析を媒介として、さらに、中国国民経済の基礎単位をなす中国諸企業における「小共同体」的企業構造およびそれら諸企業＝諸単位を包括する「単位体制」社会の問題をとりあげ、以て中国経済改革の基礎過程および中国民主運動の成立基盤、総じて中国基層社会における社会編制の基底的構造、その構造的性格の一端を明らかにしようとするものである。

二　中国経済改革現局面の諸現象・諸問題

(1) 物価・インフレ問題と消費需要膨張のメカニズム

中国における経済改革とりわけその第二局面において急速に顕在化し、いまや経済的危機から体制的危機にまですすむことになった最重要の経済的要因として、物価高騰・インフレ昂進の問題がある。いま公式統計により小売物価指数をみると、八四・八五年段階から急上昇を開始し、ついに八八年には一八・五％という二ケタ台の悪性インフレを記録することになる。なかでも食料品とりわけ副食品価格の値上げは一段と激しく、ものにより地方によっては六〇～九〇％も上昇し、家計の約六割を食費に費やす中国の都市人口にとっては、耐えがたいものになっていった。各種日常品生産企業は、改革による企業自主権を発動し合法・違法の値上げをおこない、小売商店には一方的通告による価格調整表が連日のように送られてきたという。その結果、消費者は物価過敏症になり、ちょっとした噂でも買いだめに走り、買いだめ騒動から一触即発の暴動の危機が沈澱されていった。政府担当当局は、八八年年初計画において物価上昇率を七・三％に設定したが、同年三月第七期全国人民代表大会では一〇%に後退し、それさえ達成できず、所得格差拡大に不満をもつ都市住民とりわけ経済的にとり残された知識層の不公平感を増幅し、政府の政策ミスに対する指弾の声と党・政府への威信の低下を広めていった。

物価高騰・インフレ昂進の原因としては、政府の政策ミス・物価対策・大衆生活軽視の傾向をひとまず除外すれば、(1)改革による自主的決定権の下部移管にともなう企業・地方・部門の投資過熱と膨張、(2)各企業・単位におけるⅰ基本賃金・ⅱ奨励金・ⅲ福利基金とりわけⅲの急増による消費基金の膨張、(3)原材料・エネルギー・交通運輸等ボトルネック部門における生産の相対的縮小・停滞、があげられる。要約的にいえば、改革・開放に付随する(1)・(2)の膨張と従来からの(3)の供給不足が重なり、需給の不均衡を引き起こし、さらに財政赤字・通貨量増加と結びついて悪性インフレに帰結したといえよう。つまりインフレ昂進の起点には、経済改革による前述「二つの膨張」が析出される。しかも、近年においては(2)の要因が顕著となっている。したがってさらに、消費膨張の要因を検討していくと、①労働生産性上昇率を大きく上回る賃金総額((2)ⅰ+ⅱ、とくにⅱの急上昇)の増大、②諸手当・現物支給・福利保障支出((2)のⅲ)等、「隠蔽性」消費基金の増大がある。この場合、上述ⅱ・ⅲの支給は企業の自主的裁量に委ねられ、事実上、ⅱは不合理な放出が多く、ⅲは財務制約のさらなるソフト化に帰因する。かくて、「小賃金・中奨金・大福利」という形の消費基金の膨張が、国力・国民所得の成長率をはるかに超過して進行し、インフレの昂進に結果していった。

(2) 住宅問題と「集団投資」・「引合い競争」メカニズム

インフレのもう一つの起動因である投資膨張の問題をみると、現在の投資膨張の重要な特徴の一つとして、非生産性投資(文教・衛生・住宅・環境等、とりわけ住宅投資)の拡大が指摘される。すなわち、第五次五カ年計画期(七六〜八〇年)まではほぼ一〇〜二〇%台にあった、基本建設投資総額中の非生産性投資の比率が、第六次五カ年計画期(八一〜八五年)には四二・六%に達し、そのうち約五割を住宅投資が占めている。それでも積年の国民生活軽視の政策的反動から、中国の住宅環境はきわめて貧弱で、一人当たり居住面積でみると、四九年四・五㎡、七九年四・四㎡、八五年七・五㎡（因みに日本の七九年数字は一四・〇㎡）となり、世界的水準からも大きく立ち遅れている。その結果、三代同居はごく普通で、二家族同居・三世代同室・老朽危険家屋等の住宅困窮所帯が六八九万所帯、総所帯の三五・八％を占め、その上さらに一三一万のホームレス所帯を数える（七八年数字）。上海その他人口過密都市では「家を探すのは結婚相手を探すより難しく」、また逆に住宅分配の問題から結婚はもとより離婚もできない状況や、さらに二世代あるいは三世代同室から「団圓」（家族だんらん転じて性生活のこと）は事務所・倉庫・公園等で営まざるをえない状態であるという。

中国の住宅供給制度は商品・市場メカニズムとは切断され、非商品性の直接的行政的分配に依っている。いま武漢市における住宅管轄分布状況（七五年）をみると、各企業・事業単位の所轄約七〇％、住宅管理局所轄二〇％、個人所有一〇％となっており、大部分が、各企業・単位から無償（家賃もきわめて安い）で直接分配されるものである。それが改革による投資決定権の下部移管にともない、上述積年の欲求不満圧力と結びつき、各企業・事業単位による住宅および福利施設等の、いわゆる「集団投資」の盛行となってきた。この場合、各企業は、政府の規定する一般的ガイドラインを超えて、企業内留保利潤を奨励金や福利基金として追加支給ないし水増し配分し、さらに賃金形態部分を大幅に上回る非貨幣的供与を、現物支給および住宅・医療施設等の「集団投資」方式で実現しようとする。こうした経営者・従業員一体となった利益追求性向は、中国に特有の①企業の外部環境の不平等（例えば固定資産占有量、価格・租税体系等）、②格差平準化作用の没機能的構造（例えば労働力・資本の非自由移動・固定化等）の下では、企業・単位相互間の排他的な、ただたんなる追加所得の囲い込み合いとなっていかざるをえない。かかる労働生産性と経済効率の上昇に連動しない所得拡大化行動の作動様式を「引合い競争」（「攀比（バンピー）」）メカニズムという。その結果はやはりインフレ昂進に連結していく。

(3)「倒爺」「官倒」と「官本位」現象・封建的「家父長制」

さらに社会的混乱・憎悪の対象となっていった「倒爺」「官倒」の問題がある。「倒爺（ダオイエ）」とは、供給不足・需要超過の市場構造を背景に、製品横流し・価格つり上げ等の違法経済活動を行うブローカーのことであり、その中には「私倒（スーダオ）」（私的ヤミ商人）と「官倒（クアンダオ）」（官僚ブローカー）がある。かれらは飛行機とミサイル以外は何でも扱うといわれるが、それら商品の出所は、結局のところ商業・物資主管部門あるいは国営工商業企業の官僚ないし経営者層であり、したがって、「私倒」の背後には「官倒」が黒幕として存在する。四川省成都市でおこった三〇〇余万元のヤミタバコ横流し事件では、政府専用貨車が武装護衛兵ともども使われており、しかも民警本部の調査がヤミルートをいもづる式に解明していったところ、上級機関から圧力がかかり中止させられたという。民主運動中の「北京大学のビラ」によれば、「官倒」とは、国家権力を利用し、物資・外貨・借款・輸出入許可証等を入手し、外国貿易・国内取引により巨利を得る者を指し、「皇太子」鄧撲方（「康華発展公司」）はその典型として槍玉に挙げられている。いうまでもなく、大衆の怒りは、こうした経済的特権・汚職行為にだけ向けられているのではない。特権幹部子弟が党・政府・軍・公司等の要職につき、相互に姻戚関係を通じて強固な統治者層を形成している、前近代的・封建的な支配体制そのものの腐敗した構造に向けられているといえよう。

「官倒」の横行は、封建遺制・官僚主義が今日なお生きた土壌をなしていることを改めて示したものとみなしうるが、七八年転換以降何度もその一掃が叫ばれてきた。八〇年の『人民日報』論文は、それを中国革命の伝統に由来する封建的意識形態の現代生活への反映、プロレタリア階級の集中性と封建的家父長制の混同ととらえ、具体的には、①個人崇拝と家父長的指導、②党・政不分離と権力集中、③党内の派閥主義的関係、④幹部の特権化と生活の特殊化、⑤活動・作風上の官僚主義、⑥経済領域における行政命令主義、等の諸問題を指摘していた。最近の論文においても、中国に伝統的な宗法観念を投影した「家父長制」の存在とそれを体化した権力的依存関係・封建的位階制の問題がとりあげられている。会議参加・文献閲読から住宅・電話・車の利用、納骨墳墓に到るまでの「位階制別」待遇として、全社会生活に権力・位階が貫徹される「官本位」現象が論及される。しかもかくのごとき特権は、いまや本人個人の「職務」からではなく係累縁者にまで及ぶ一種の「身分」となっているという。こうした現象は、たんに統治者層・幹部だけの問題ではない。「一人官に就けば、九族天に昇る」という広範な民衆の意識構造と接続しているものであり、家父長（族長）による公産（族産）の管理を中心に血縁的一族・地縁的派閥が排他的人脈結合を保持してきた過去の遺制・遺風が、現に実態的にも生きているからにほかならない。したがって、かかる歴史的地盤の上では、官位による特典を一族・公産（共有態）に還元しない「清官」（清廉な官吏）は、利己的行為として倫理的に非難されて当然とさえいえるのである。

三　「小共同体」企業と「単位体制」社会

（1）中国経済改革・「供給制」・企業の「家族化」

周知のように、現今中国経済改革の目標モデルは、五〇年代初めソ連から移入した伝統的社会主義の集権モデルに対し、商品・市場関係をビルト・インすることにより、計画と市場の結合した社会主義経済モデルをうち立てることにある。ただしその場合、中国における改革移行前のモデルは、通常理解されているようにソ連型モデルと同一型ではなく、それに解放区以来の現物経済と「供給制」（一種の配給制）の伝統を加味したものであり、五八年「大躍進」以降の実践は「供給制」と過度集中の傾向をいっそう強めることになったといわれている。したがって、七八年以降の中国における改革の基本方向は、一方では伝統的集権的社会主義からの離脱と、他方では小生産・自然経済・封建遺制の一掃という二重の課題を、ともに商品経済の発展という目標に収斂しつつ遂行することにある。

ところで、先述「家父長制」は、家父の権威的統一による社会関係の家族的同一化と理解されるが、その経済的規定としては商品・貨幣関係の欠如が前提されていることにある。つまり裏返していえば、現物経済関係すなわち中国社会主義に特徴的な「供給制」にこそ経済的基礎をおくといえる。家父長制は、家族内の関係に止まらず社会主義的パターナリズムとも結びつき、一方では社会の表層における国家－企業の関係、他方では社会の基層における企業・単位内部の関係として、二重の構造をもつ。いま後者（「官本位」現象は主に前者）の問題に限定して考察すれば、さきの各企業・事業単位における消費基金の膨張、および「引合い競争」メカニズムにみられる現物供与・「供給制」が、各単位企業の「家族化」・家父長制を温存・強化することになる。すなわち、中国のような商品・市場関係の未成熟な社会では、福利厚生・社会保障・住宅供給等々の非貨幣的・派生的・第二所得の意義はきわめて大きく、国家から発給される基本賃金が、生活維持的最低限を保障する平等水準設定志向にあるとすれば、各単位企業による非貨幣的現物供与によって実質的社会的所得とその格差は決定されるといってよい。かくて、各単位における全構成員一体となった「引合い競争」メカニズムが熾烈に展開され、しかもそれは改革以降いっそう拍車がかけられることになっていった。

この場合、前述企業外部条件の不平等・生産要素の非自由移動という、市場での比較・競争・調整に媒介されない行政的・固定的システムの下では、労働・生産・経営等の経済的企業的努力よりも、硬直的な価格・租税体系および資金・物資の供給制度等、現行システムの政治的行政的側面に関与するロビー活動とビューロー化の連関によって、企業活動の成果が決定されることになる。しかも改革による企業経営システムの変化により、企業長の地位は、伝統的集権体制における上級主管部門の任命による国家的利益の代表者から、企業の独自的利益を代弁する新型の経営者に変化している。かかる事情は、企業長に対して、近代的「能吏」としての機能ではなく伝統的「家父」の権威を期待する、下部の民意をいっそう強める。かくて、社会主義の単位企業レベルにおける大家族化・家父長制（「大鍋飯」）が、伝統的意識形態と融合・癒着し、改革による経済的価値意識の覚醒ともあいまって、新たな形で継承・再編成され、既得権益を担い政治的交渉力を行使する小ボス・親ボスさらに中央政府のノーメンクラツーラに到る、権力従属的依存系列を積み上げていくのである。

(2)「万能型」・「多元型」企業と企業「小共同体」的構造

経済改革の進行の中で、国民経済の基礎的構成単位をなす、既存企業の再編の問題は重要な課題となっているが、その背景には、(1)小型企業の圧倒的存在、(2)「万能型」企業形態、(3)「多元職能型」企業形態、の諸問題がある。

まず、中国における小型企業の比重をみると、政策・路線の変化に対応して激しい消長がうかがわれるが、いま八二年数字によれば、全工業企業三八万八千余中、三八万三千余すなわち全体の九八・六%が小型企業で占められていることが解る。しかもさらに問題なのは、それら工業企業の大部分が「万能型」(「大而全」「小而全」)の企業形態をとり、専業化協業・企業連合等、企業相互の分業編成・経済技術的連関がほとんどみられない(その典型は「文革」後期の「五小工業」等)ことである。各企業は、関連工程の相当部分を企業内部に抱えこみ、そのため各種部品の内生化率はきわめて高くなっている。その結果、企業経営は非効率性を極め、①重複投資・重複生産・資源浪費、②適性技術選択・協業分業編成・規模経済の無視、③経済効率・経済採算性の無視、④行政的組織化・集権的家父長的指導等、経営管理上の欠陥にははなはだしいものがあり、むしろ効率的な経済的経営組織の態をなしていないといってよい。かかる企業形態は、必ずしも中国に独特のものではなく、原型はソ連社会主義の初期条件に規定されて形成されソ連から中国に移植されたものであるが、ソ連・東欧諸国では、すでに六〇年代初めから脱皮の試みが行われてきた。ところが中国では、七〇年代末経済改革の直前まで、「解放区」「大躍進」「文革」等中国社会主義に独自な歴史的要因と結びつき、いっそう強固な形で拡大再生産され温存されてきた。

中国の諸企業は、さらに、「多元職能型」企業という特徴的構造をもつ。すなわち、中国の諸企業は、①労働・生産の組織化等本来の経済的職能を果たすとともに、②衣・食・住その他理髪店から映画館まで、日常的サービスを提供する生活的職能に従事し、さらに③教育・保育・医療・保障から就業・婚姻・治安・戸籍管理に到る社会的職能を担い、そのうえなお④各級人民代表大会への代表選出等を行う政治的職能を遂行する。したがって、いわば一つの「単位」＝「小共同体」を形成しているといってよい。かかる中国に独自な企業構造を、既発表の私の論稿において、「小共同体」企業、またそれら諸企業＝単位よりなるその総体を「単位体制」社会と規定してきた。つまり各単位企業レベルにおいては、就業の獲得が同時に福利および保障の完成を意味し、それゆえ「失業」とはおよそ無縁な社会主義的パターナリズム・「家族的」完全就業形態（「鉄碗飯」）ともいうべき、就業・福利・保障の三位一体的企業構造を形造り、しかも企業構成員の子弟は相続的就業（「頂替（ディンティー）」）制度の踏襲によって、企業「小共同体」を再生産していくのである。

さらに、再三言及するが、中国では人的・物的生産諸要素つまり労働力移動は原則的に禁止されており、都市・農村間、大・中・小都市間、各種所有形態間の住居移動・就業変換は厳しく制限されている（とくに農村から都市への人口移入は厳格に取り締まられており、一週間以上の滞在は公安部門の許可が必要であり、不法滞留の場合は農村に送還される）。したがって、都市における（国家統一分配による）就業の獲得は都市戸籍（「城鎮戸口」）の確保を意味し、都市戸籍の確保は食糧・油料・衣料その他の配給および一定の社会保障の受給、すなわち国家からの「経済外的」供給による基本的生活権の付与を意味し、それゆえまた一つの階層身分的権利関係の具有を意味する。かくてまた中国の企業・単位は、行政的結合による就業・戸籍・身分の三位一体化した「小共同体」として現れる。

つまり、中国の諸企業は、たんに「企業」というにとどまらず、中国基層社会における経済的基底として、伝統的供給制モデルに由来する相対的に自足的な生活圏、国家の発給する低額の基本賃金とそれにプラスする前述単位企業における非貨幣的供与を結合した、「小共同体」的企業構造、延いてはその総体としての「単位体制」社会を形成していることが、その構造の基底において析出・把握されるのである。なおその場合、「単位体制」の外側からは奇異ともいえるこの構造は、往々、その中で日々生活している者にとっては、あまりの自明性、いわば日常的な当たりまえのことであるがゆえに、その実態の特異性がむしろ見えてこない、ということがある。それゆえまた、内部からは外側からの観察者のように、なかなか意識化・テーマ化されないという問題がおこりうる。しかし、一度その重要性・特異性が意識されると、実情をよく知るがゆえに極めて詳細かつ体系的に展開されることになる（後掲〔13〕路風論文等参照）。

（3）「単位体制」社会と中国社会主義

ところで、中国社会において「単位（ダンウエイ）」という言葉は、独特の重要性をもっている。たとえば、中国において初対面の人に最初に発せられる「你哪ル（ニーナール）」（あなたはどこの方ですか）という常用の挨拶語があるが、そこで問われているのは、個人名・出身地・居住地ではなく、一般的には所属する職場・組織・機関、すなわち「単位」を指す。具体的には、これまで考察してきた企業をはじめ商店・学校・病院・研究所から軍隊・政府機関（ただし党組織は全機関に随伴しいわば別格）まで、すべて「単位」という言葉で総称される。「単位」の印認がなければ、配給はおろか旅行から手紙の遣り取りもままならない。

要するに、「単位」は、一次的には勤務先・所属機関を意味するが、実際にはそれ以上に、中国における公民としての資格・権利の証明、さらには中国社会が依って立つ基礎そのものを意味する。「単位」の特徴についてはすでに「小共同体」企業の分析の折りに考察してきたが、再言すれば、全ての公民は「単位」に帰属することによって、前述のごとき経済的・社会的・政治的諸活動、生・老・病・死の過程が全うされ、「単位」から外れることは労働・所得・安全および公的人格としての証明の、全場面の喪失を意味する。かかる中国に固有の社会編制の在り方を「単位体制」社会という。

「単位体制」社会は、旧中国における国民的統一市場の未発達・欠如からくる国民経済の分散的・無政府状態、および商品・契約関係と個人的権利の未確立を背景に、革命戦争遂行・軍事「供給制」の必要から革命根拠地にその原型がうまれ、建国初期の軍事接収・管理、その後の外延的拡大工業化戦略の中で形成されてきた。党の組織形態がすべての組織・機関に延長され、党の一元的領導と直接的行政管理の下、主要農産物の統一買付、都市農村市場関係の切断、都市農村戸籍制度の分断により、経済的混乱・投機分子の渉猟等を抑え、都市・重点建設への集中が図られた。したがって、「単位体制」は、後進国における革命と社会主義工業化の歴史的要請からとられた、伝統的集中計画経済モデルの特殊中国的産出物だといえ、党による社会諸階級の代行、国家による社会の代位、直接的行政的管理、「上から」の強行的社会編成の、組織手段・基本環節の機能を果たしていったとみることができる。そこにおいては、分業および専門的特殊化ではなく、むしろ分業専門化（「又紅又専」）の否定が進行する。歴史的には、当時の計画経済の要請や財政事情とも絡み、一九五六年段階に確定されていくが、かかる社会編制を過渡期における一時的措置とみなすのではなく、「総路線・大躍進・人民公社」さらに「文革」の中で一つの「理念」にまで高め、「中国社会主義」の構造的基底として編成・形成されていくことになるのである。

「単位体制」社会における社会関係は、労働力の非自由移動・固定化を前提し、それゆえ「単位」への帰属は、いわば「小共同体」の属人、終身的単位身分の獲得を意味する。その行動様式としては、商品・物象的依存関係を欠く小生産様式、「小共同体」に特有の直接・人格的依存関係が貫徹する。内部的には中庸・保守性・平均主義、外部的には分散性・秘密性・無責任主義が現れ、内部の上向的競争は忌避され外部に対しては排他的な既得権益を囲いこむ、閉鎖的な構造（「単位主義」）を併せもつ。したがって、生産の社会化と諸個人および単位組織の自主性・積極性を抑制する「単位体制」は、改革の進行の中で、マクロ経済管理・ミクロ企業活性化に対する重大な阻害要因となっていかざるをえない。

しかも「単位」間には上・中・下、大・中・小の格差があり、党・政・軍各機関や優良大企業等「大単位」は資金が豊富で、住宅分配は多く、コネも強いが、小企業・サービス業・小中学校・研究所等では「単位」からの供給はきわめて貧弱なものとなる。かかる情況下において、いわば中核的社会層としての、優良・基幹部門＝国営大中型工業企業における正規雇用の労働者（「固定工」）群は、なお依然として、「小共同体」の既得権益に固執する受益者層をなし特権体制の基礎として現れる。ここには、「単位体制」そのものから生まれる深刻な矛盾・対立・軋轢があり、それは経済改革の進展とともに再編・溶解・激化する性質のものであるが、その発酵過程は始まったばかりでありなお十分には熟成していない。ここに、「中国社会主義」の動向と民主運動の行方を規定する基礎過程の現段階がある。

四　おわりに

七八年中国における「四つの近代化」と経済改革の開始からすでに一〇年余の年月が流れ、八四年改革の第二局面からもすでに五年が経過しようとしている。改革の一〇余年は、たしかに、さまざまの方面に大きな変化を引き起こしたが、それにもかかわらず、「単位体制」「小共同体」には根底的な変化はなく、依然として旧来の枠組みを保持しているかにみえる。とはいえ、冒頭にも述べた中国における今回の民主化運動は、改革と開放の進展を抜きにしては考えることはできない。改革による商品・市場メカニズムの導入は、閉鎖的で旧態固陋とした中国社会主義の社会編制に大きな衝撃をあたえ、その基礎にある「小共同体」企業とそれらを包括する「単位体制」社会に、なおわずかながら風穴を開けてきたといえる。すなわち、伝統的後進的小生産様式による「自然経済」と伝統的集権的社会主義の「現物経済」は、その相似性のゆえにともに共鳴しあい、商品・市場関係をかたくなに排斥し、中国社会主義に固有の体質を維持してきた。しかし、いまや改革による商品・市場関係の展開は、旧来の国家－「単位」－個人からなる、「タテ型」の伝統的集権的な従属＝依存の連関を解体し、市場を通して社会と「ヨコ型」の連合に向かう諸個人、「単位」の媒介を必要としない自立的な諸個人、社会主義的公民としての自覚した諸個人を生みだすことにより、「体制」をその基底から揺るがしつつある。しかし、この過程は進行中であり、なお道は遠く変革の力もまだ弱い。

中国における今回の民主化運動に対し、ハンガリー改革派の指導者L・ニエルシュ（社会主義労働者党議長）は次のようなコメントを寄せている。「一般論として、政治改革なしでは経済改革は完遂しない。だが中国の段階からいって、まだまだ経済の分野での改革が可能なはずだ」（『毎日新聞』インタビュー）と。ソ連の重圧の下で改革を進めてきたハンガリーの重い経験に裏打ちされた一定の含意が、ここには読みとれる。ともあれ、国内的にも国際的にも、中国は、もはや改革を後に引きもどすことができないところまできている。改革と開放の道を放棄しないかぎり、改革の進展は否応なく、所有・経営・分配の全領域にわたる新たな多元的諸形態の展開を不可避とし、それに照応するイデオロギーの多元化も容認せざるをえない。「四つの基本原則」とは原理的に抵触する、社会の多元的選択、政権交代の可能性、党機構の根底的変革を含む抜本的政治改革、政治的プルーラリズムはなおその先にあるとはいえ、やがて射程に上らざるをえないだろう。しかしまた、かかる中国社会主義の再生のためには、いまや改革の阻害要因に転化している「小共同体」「単位体制」をその構造の基底から変革し、前述正規の労働者群が、今日の自己の生活圏をなす無自覚で排他的な小生産者的小共同性を突破し、大工業生産と社会的所有に基礎をおく全社会的共同性の地歩に立ち、民主運動と強固に結合するとき、その時こそはじめてその現実的展望が開けていくであろう。

（一九八九年九月　稿）

参考文献

〔1〕拙稿「転換期中国社会主義の基本課題」『社会主義経済研究』創刊号、一九八三年九月、同上「中国経済改革の第二段階とミクロ企業構造の不適応」『社会主義経済研究』第一三号、一九八九年一一月。
〔2〕拙稿「中国における『四つの近代化』と教育体制の改革」『大阪教育大学教育研究所報』No.23、一九八八年六月、同「八五年『教育体制に関する決定』と八六年『義務教育法』」『大阪教育大学教育研究所報』No.24、一九八九年二月。
〔3〕刈間文俊・代田智明編『衝撃の中国・血の日曜日』凱風社、一九八九年、および『民主中国』創刊号、同第二号、一九八九年七月、同八月。
〔4〕中国経済体制改革研究所綜合調査組『改革：我們面臨的挑戦与選択』中国経済出版社、一九八六年。
〔5〕姫乃甫・陳芸『物価・物価』、朱剣紅・王国静『住房・住房』、邱永生・小林『倒爺・倒爺』、いずれも遼寧人民出版社、一九八八年。
〔6〕蔡徳容『中国城市住宅体制改革研究』中国財政経済出版社、一九八七年。
〔7〕薛木鐸「如何同官僚主義做闘争」『人民日報』一九八〇年四月二八日、特約評論員「封建主義思想遺毒応該粛清」『人民日報』一九八〇年七月一八日、および陳洪「〝官本位〟初探」『人民日報』一九八八年八月一日。
〔8〕孫炳燿・方明他「企業職能的改変与社区整合新模式的建立」『社会学研究』一九八八年第一期。
〔9〕毛利和子「中国政治における『幹部』問題」、衛藤瀋吉編『現代中国政治の構造』日本国際問題研究所、一九八二年所収。
〔10〕西村成雄「中国社会をとらえなおす」『歴史科学』No.118、一九八九年一〇月。
〔11〕座間紘一「中国における農村過剰人口の流出と戸籍管理」『山口経済学雑誌』第三七巻五・六号、一九八八年九月。
〔12〕木崎翠「中国における企業の役割」(1)・(2)『アジア経済』第二九巻三号、四号、一九八八年三月、四月。
〔13〕路風「単位：一種特殊的社会組織形式」『中国社会科学』一九八九年第一期。
〔14〕趙人偉・陳東・王忠民「市場化改革進程中実物化傾向」『経済研究』一九八九年第四期。
〔15〕張展新・張文中・李飛「公民本位論」『経済研究』一九八九年第七期。

第三章　中国社会主義の「社会体制」規定について

――中国は資本主義か社会主義か？――

はじめに

一九七〇年代に始まる新自由主義グローバリズムの国際的展開に、ある意味では対抗するかのように、近年、「国家資本主義」という概念が脚光を浴びている。イアン・ブレマー『自由市場の終焉―国家資本主義とどう闘うか』（二〇一一）、英国経済誌『エコノミスト』の特集「国家資本主義の勃興」（二〇一二）などが、新たに注目を集めている。(1) それは先進資本主義国とは対照的に、中国、体制移行中のロシア・東欧諸国、アジアの新興諸国等において、政府介入型の経済が急拡大し、世界の勢力図に異変が起きていることを背景としている。

なかでも最も注目されるのは中国であり、いずれの議論においても必ず登場し、その大胆ともいえる経済発展方式に論及されないことはない。日本のマスメディアや研究者の間でも、昨今の中国の様変わりと国家資本主義論が結びつけられ、中国社会主義の国家資本主義への「体制転換」が議論されている。いまや広い意味で、中国＝資本主義論の見解を採る論者の数は、マスコミはもちろん研究者の中でもはっきりと多数派を形成している。

周知のように、中国は、一九七八年一二月の中国共産党第一一期第三回中央委員会総会（以下、中共一一期三中全会）において、鄧小平のイニシアティブの下、それまでの「文革」路線から「四つの近代化」と経済改革への戦略方針の転換を開始した。それ以降今日まで、試行錯誤や近年の減速傾向をふくみつつも、ＧＤＰ年率一〇％を超える驚異的な経済成長を実現してきた。

対外開放をふくむ改革開放路線の政策的核心は、従来の集権的社会主義の硬直的な計画経済体制から、各経済単位・個人の自主性に重きをおく市場経済体制への方向がとられてきたことにある。農村では人民公社制度が個別農家請負制に変わり、都市工業部面でも国家丸抱え（「鉄腕飯」「大鍋飯」）の国営企業が株式会社に変わるなど、個別主体の利益と採算性を第一義とする経営の効率化と革新がおこなわれてきた。

かかる社会全般にわたる経済の自由化と市場化の進行は、一方で中国の経済的発展と富裕化、社会の多様性・活性化を促すとともに、他方で、日本や欧米の資本家顔負けの国有企業経営者のビヘイヴィア（行動様式）を生みだし、拝金主義的傾向（「向銭看」）、経済格差（ジニ係数）の拡大、桁外れの汚職・腐敗等を生み出している。このような現象を以て、中国はいまや資本主義に変わったという議論と論争が現れるのも、あながち故ないことではない。

しかし、ある一国の「社会体制」をどのように観るかということは、その国の性格規定の根幹にかかわる重要問題である。結論を先どりしていえば、本論は、中国＝「国家社会主義」論（マイナス・イメージにおいて）の立場に立つものであるが、かかる視角から「中国＝資本主義」論の検討をおこなおうとするものである。その場合、中国＝資本主義論といっても多様なバリエティがあることから(2)、それらの中で比較的精力的かつ系統的に議論を展開しているとおもわれる加藤弘之(3)の「中国＝国家資本主義」論を中心的に採りあげ、批判的に検討していくことにしたい。

Ⅰ　中国＝「国家資本主義」論の二つの特徴

1、市場経済＝資本主義という論理

上述のように、中国はすでに社会主義から離脱して資本主義に転換したとみなす見解は圧倒的多数派となって

いるが、加藤弘之を一つの典型とする中国＝国家資本主義論における、第一の顕著な特徴は、市場経済化＝資本主義化として、両者をイコール（等置）の関係にみていること（他の論者もほとんど同様）である。加藤の議論は、一般に、国有企業の形態的類別やその比重と実態等、中国経済の事実材料の提示については詳細であり大いに参考になるが、中国が国家資本主義であること（あるいは社会主義からの転換）の理論的説明については極めて不十分であり、単純にも市場経済化即資本主義化という論に等しい。さらにその論理構成においても、分析は経済の市場化等の経済体制の部面に限られ、中国におけるプロレタリア独裁等の、政治的規定要因の分析については無視ないし軽視されるという重大な欠陥がある。

確かに、市場システムは資本主義の下で最も発達するのは歴史的事実であり、また、資本主義の否定の上に社会主義を構想したマルクスにおいては、市場なき未来社会を描いていた（英仏の社会主義など全ての社会主義思想が市場の存在を否定した訳ではない）。マルクス主義的理念の圧倒的影響下、世界最初の社会主義国家を建設したソヴィエト社会主義は、当初、商品と貨幣＝市場なき社会主義を打ち立てようと必死に奮闘するが、それは実現不可能な試みであった。今から振り返るとき、結局、二〇世紀社会主義の歴史は、マルクスのユートピア的な「非市場性の社会主義」構想からの離脱の歴史であり、商品・市場関係の容認と導入の歴史であったと理論的に総括することができる。

歴史の流れをグローバルにみるとき、マルクスの構想する社会主義と市場の不可両立的関係（すなわち、「非両立性」命題という）に対する、最初の否定ないし修正の試みは、レーニンによる戦時共産主義からネップへの転換＝市場の導入政策、「迂回的社会主義」の戦略にみることができる（中国においても今次改革の初期、レーニン・ネップ論の再学習と研究がおこなわれた）。第二の大きな修正ないし変更は、第二次大戦後とりわけスターリン批判以降の、旧ソ連・東欧諸国における利潤導入等の一連の経済改革の実験である。当時のイデオロギー的環境の下では、マルクスの「非両立性」命題に対する正面からの否定は不可能であったが、様々な形で「市場社会主義」化の試みは進行し、事実上、上記命題は修正・否定されてきた。

そして、第三の画期的実験として、中国における一九七八年末以降の「四つの近代化」と「改革開放」の政策を位置づけることができる。中国においても改革の初期においては、計画を主とし市場を補とするハンガリー型の「計画的商品経済」論が改革の目標モデルとされた時期もある。しかし、中国独特の試行錯誤や曲折を経由しつつ、最終的に鄧小平の南巡講話により市場化改革の方向が優位を占めていく。かくて、一九九二年中共一四全大会（中国共産党第一四期全国代表大会）において、「社会主義市場経済」路線へと大きく舵が切られていったのである。さらにその後、この市場化＝「資本主義」化の過程は、加藤によれば二〇〇一年の中国のＷＴＯ加盟を以て、完了したとされる。

中国における転換初期においては農業部面の改革が先行するが、なによりも注目される都市・工業部面の改革、市場導入の問題においては、一般生産物市場、労働力市場が幅広く商品流通化されるとともに、ソ連・東欧諸国の改革においてはネックをなしていた資本市場の導入がおこなわれ、国有企業の株式法人化など、全く新しい改革の道が模索されてきた。中国における「社会主義市場経済」の方針は、旧来の社会主義体制下ではみられない斬新でプラグマチックなものであり、マルクスの「非両立性」命題を明確に超えた、その限りでは、世界史的に初めての未知の経済的実験がおこなわれているといえよう。

2、「伝統的社会主義」に対する幻想と固定観念

中国＝国家資本主義論の第二の見逃せない特徴は、半ば無意識的にせよ、「社会主義」の名辞に対する理想化され神聖化された幻想と固定観念があり、それが第一の市場＝資本主義理論と結びついて、中国の資本主義的体制転換論に帰結していることである。したがって、この二つの理論的根拠のない観念が消去されるとすれば、現に在るがままの理想化されない現存の社会主義（本稿では「伝統的社会主義」という）[4]が捉えられ、「あれが社会

主義だ」ということになり、その時はじめて現実が実態のまま捉えられることになる。

しかしながら、現時点ではなお、「社会主義」とは、資本主義の矛盾が止揚されたより高度な社会である、あるいは平等ないし共同を目指し実現する社会であるという、イデオロギー的理念に彩られた幻想やノスタルジーが残っており、それが歴史的・理論的に破産したマルクスの「非両立性」命題と結合することによって、「あれが社会主義であるはずがない」というかたちで中国＝資本主義論を成立させているといえる。その意味では、現代社会主義論の理論状況から後れた観念的残滓を引きずったままであるといえ、旧い固定化され美化された伝統的社会主義のイメージから脱皮できていない。それは、理論的にも実践的にも一九～二〇世紀の歴史的環境に規定され、後進国における特殊な社会主義として実態化されたものに外ならない。

前述の中国＝資本主義論に対し中国＝社会主義論を採る数少ない議論として井手啓二の論がある。(5) 井手は、すでに一九八九～九一年の東欧およびソ連社会主義の崩壊以前から、それら諸国における経済改革の動向を幅広くサーベイした上で、社会主義国における市場経済化の不可避性について論じており、中国の社会主義市場経済についても肯定的に論及してきた。したがって、中国をめぐる市場化＝資本主義化論の誤謬については、小島・矢吹・加藤・関ら一連の中国資本主義論に対し当然にも反対の立場となっている。ここでは繰り返さないが、その議論の核心は社会主義と市場の「両立性」の論証にあり、中国の社会体制規定をめぐる論争において、その限りでは先駆的であるといえ、井手の議論によって、「非両立」論に対する理論的批判はほとんど尽くされていると言ってよい。

しかし、敢えていえば、井手の理論は、社会主義と市場は矛盾しないという、社会主義の「社会体制規定」としてはいわば〈消極的〉議論に止まり、中国は現に社会主義で「あるということ」の、〈積極的〉な論理に欠けていると言わなければならない。経済の市場化を以て資本主義であるとする中国＝資本主義論に対する反論にはなりえても、中国＝社会主義と規定づける、明確で積極的な意味での肯定的（イデオロギー的価値判断とは関係なく）存在論にはなっていない。

現時点で求められるのは〈積極的〉規定であり（なお、井出においても前述理念的幻想への無視しがたい傾斜がみられ、また政治的考察もみられない。この点では、逆に加藤の方がイデオロギーへの拘りがない）、ここに論争の決定的ポイントがある。

Ⅱ　コルナイの「体制移行」の三つの基準

ところで、加藤が、すでに中国は国家社会主義から国家資本主義への移行を完了したとするとき、その理論的基準はコルナイ・ヤーノシュの体制移行論に求めている。次のように言う。

「コルナイは『体制転換』を示す指標として、次の三つを挙げている。

(1)共産党が政治的な独占的権力を失うこと。

(2)生産手段の大部分が私的所有で、私的セクターがGDPの大部分を担うこと。

(3)市場が経済活動の支配的な調整システムであること」[6]

確かにコルナイは、「社会体制」について、①政治権力、②所有関係、③調整メカニズムの三つの柱から捉えており、とくに東欧革命以後においては、①の問題を強調するようになっている。したがって、コルナイの論を一つの基準として、中国における体制転換の問題を加藤のように要約し具体的に論ずることは至当であるといえよう。コルナイ自身も、さらに上記に関連し、すでに東欧革命をくぐり抜けた二〇〇〇年の論文[7]において、ハンガリー市場社会主義の実践的指導理論となった「不足の経済」「ソフトの予算制約」等のミクロの経済理論をマクロ政治経済理論に拡張することにより、いまや体制転換をも視野に入れた、社会主義体制のシステム的特徴を明らかにしている。モデル化した図表1がそれであり、われわれの議論にとっても有意義であるとおもわれる。

図表1　伝統的社会主義の体制モデル

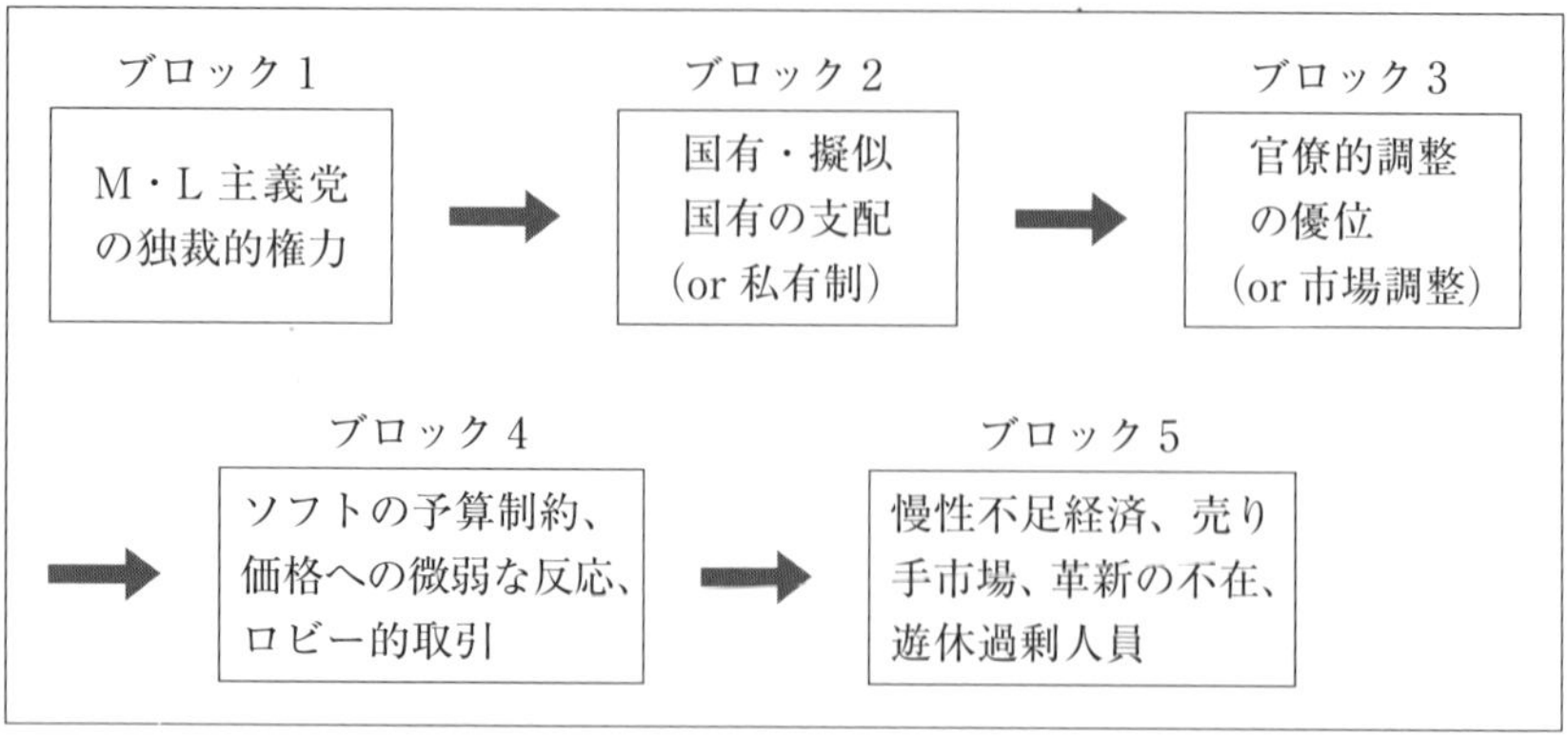

出所）Kornai Janos, 2000. 本論注(7)を一部改作

コルナイによれば、図表中のブロック1、2、3が社会主義体制の基本的構成要素であり、ブロック4、5はその現象面である。4はシステムの機能メカニズム、5はその機能障害を表す。一般に、経済改革はブロック2、3、4を対象とする。前述第二のソ連・東欧の改革（ハンガリーの市場社会主義でさえ）は、主として3、4の改革に限定されブロック1はもとよりブロック2まで及ぶことがなかった。所有制にまで到らない市場化は、両者の間に矛盾をきたしマイナーな改革として限界をもたざるをえない。それに対し第三の中国の実験においては、なお重大な制限を有するとはいえ、所有面（株式所有制）にまで改革が及んでいる点では画期的といえる。なおこの図から注目すべきは、コルナイの社会主義の体制認識においては、マルクスの史的唯物論のシェーマとは逆に、上部構造＝政治的決定が主導的要因（図中、矢印の方向）と捉えられていることである。とはいえ、いずれも、ブロック1の政治改革、政治権力の構成とりわけ統治党の問題にまで改革が遡行することはなかった。

　みられるように前述加藤の体制転換の指標(1)〜(3)が、上図コルナイのブロック1〜3に対応するのは明らかであるが、しかし、加藤の議論においては、ブロック1の問題は文化的伝統の相違という論理を以て全く捨象され、ブロック2の進行程度についても、「評価がむずかしい」「完全にはクリアしていない」とされている。結局、第三指標（ブロック３）についてのみ、「すでに中国はこの条件をクリアしている」とされるのである。言うまでもなく、加藤が立論の論拠とするコルナイにおいては、ブロック１、２、３が有機的にセットでクリアされることを以て、社会体制移行完了のメルクマールとされている。とすれば加藤の論は、豊富な事実材料の集積と実証にもかかわらず、方法論的にもなお性急で曖昧な議論だと言わざるをえないだろう。

関連して、中国＝資本主義論において奇妙におもえるのは、国家権力の経済過程への介入という類似性を以て、伝統的社会主義体制と発展途上国の「開発独裁」を区別せず、同じ「国家資本主義」として一括していることである。コルナイもいうように、ブロック２の私有制および３の市場システムに対して、ブロック１の統治党における上位権力が親近性をもつかどうか、そのイデオロギー的・制度的・組織的編成の相違が、下位要因との有機的連関を通して、社会体制の帰趨にとって決定的な問題となる。単に市場化という経済的同一要因のみを以て、そこにおける両者の差異を無視することはできない。

さらにもう一つ、中国がすでに国家資本主義であるというなら、中国共産党・政府権力は堕落・変質（それを否定しない）し、動乱らしきものもなく体制の平和移行（「権力変質」および「和平演変」論）を果たしたということになるが、それならそこに到る権力移動のプロセスを政治的にも説明する必要があろう。

Ⅲ　中国の政治経済体制と「国家社会主義」の現実

先にも述べたように、市場導入の論理を以っては社会主義であることは否定されえないとしても、かかる理論からする反論は、中国＝社会主義論としては〈消極的〉否定的規定でしかなく、したがって、逆に、中国の現実分析から社会主義といいうる〈積極的〉肯定的規定を提示していかなければならない。つまりは、いまや中国における市場の経済化が主要な論点（それは誰もが認める）ではなく、むしろ加藤や井手が無視ないし軽視したコルナイのブロック1および2、とりわけ加藤も評価が難しいとするブロック2の国有経済の位置、その所有関係と支配の実態こそ着眼すべき論点となろう。

別言すれば、現存の伝統的社会主義＝国家社会主義のメルクマールとしては、理想化され多分に脚色された抽象的理念を基準にすることはもはや問題にならず、したがって、「体制」の現実的基盤をなす(1)政治的にはプロレタリアートの独裁（以下プロ独裁、中国語は「無産階級専制」）、(2)経済的には生産手段の公有（国有）制の存在形態如何が問題となる。両者は、社会主義にとっては手段にすぎないものにしても、社会主義を実現するためには不可欠の出発点とされる。それゆえ本論の導論としては、上記の(1)プロ独裁の貫徹を前提として、(2)の中国国有企業の内実、すなわち、国有企業株式化の下における株式制特有の、「所有の分散と支配の集中」の実情に議論の焦点があると考える。さらに中国の現実に即して考察をすすめていきたい。

1、中国における人民民主主義独裁（＝プロレタリア独裁）の体制

中国は自らの政治経済体制を、国家の根本法規である憲法（現行憲法は一九八二年制定、その後一九八八年、一九九三年、一九九九年、二〇〇四年の四回、一部改正）において、「労働者階級が指導し労農同盟を基礎とする人民民主主義独裁、実質的にはプロレタリア独裁」の体制であると規定しており、その執行は「共産党の領導」下でおこなわれることを幾重にも強調している。また関連して、中国はなお長期にわたり「社会主義の初級段階」にあり、「中国的特色のある社会主義の道」をすすみ、「社会主義市場経済」の政策（一九九三年の憲法改正では「計画経済」の文言を削除）を実行していくとする。さらに、社会主義経済制度の基礎は生産手段の公有制にあり、国有経済は国民経済中の主導力量であること、同時に農村の集体経済、および個体経済、私営経済等の非国有経済は社会主義市場経済の重要な構成部分であると位置づけられている。(8)

独裁とは、一般にそれを制限する抑制メカニズムを内部にもたない絶対的権力であるが、社会主義の下でのプ

ロ独裁は、政治・経済・精神（イデオロギー）的権力を一元的に掌握することによって、他のいかなる種類の独裁にも比して絶大な権力を行使する。中国社会主義のプロ独裁も党・政・軍三権の完全掌握の上に政権交替はなく、党は全ての政策決定権を手中にしており、政府はその政策の執行機関にすぎない。例えば、全国人民代表大会（略称全人代、日本の国会に相当）は憲法では「国権の最高機関」とされるが、実質的には、共産党の決定の公的形式的な認証機関にすぎない。中央はもとより省（一級行政区）レベルの政治においても、№1は省党委書記であり省長（行政府の首長）は№2でその地位は一等級低い。また、彼らの選出は直接選挙に依るものではなく、上級である中央党組織（党中央委員会政治局）の任命による（以下順に基層組織まで同様）。

かかる組織中枢の人事権（職務・昇任・予算・賃金等級等）は非公開でヒエラルキー型の「ノメンクラツーラ」制（中国語では「幹部職務名単」）に基づいて、厳格に管理されている。(9)

「ノメンクラツーラ」とは、「幹部職名リスト」を意味するロシア語で、すでにレーニンにはじまるがスターリン時代に制度化され、中国においては一九五〇年代初めに導入されたものである。それは党書記局・組織部により秘密主義的に管轄・運用され、注目すべきは超法規的効力をもっていることである。しかも党組織だけではなく、国家諸機関、企業等経済組織、労働組合、大衆団体、学校、文化芸術団体等、社会のあらゆる分野に及んでいる。すなわち、社会主義体制下のプロ独裁とは、それを支えるノメンクラツーラ制と緊密不可分であり、かかる党官僚組織の濃密な網の目を通してはじめて具体化、実効化される。なお、近年、国家公務員選抜の公開化の方向が採用されているが、実際には試験による任用は、主任科員（日本の本省課長代理に相当）以下までで権力中枢には及ばない。

2、中国における国有企業および準国有企業の比重と位置

i　中国における企業類型と国有・準国有企業の比重

中国の企業は改革開放後大きく変容しているが、その鳥瞰的見取図は一九九八年国家工商行政管理局『企業登記類型の区分に関する規定』（以下、『規定』）に窺うことができる。しかし、中国企業の設立の事情とも関連し、企業形態の数は簡単に分類しただけでも二〇数種類に及び、また根拠法も複数あり複雑である。[10]したがって、以下では上記『規定』を大きく概括し、現在の中国の企業類型を、国有企業、法人企業、集体企業、私営企業、外資企業にまずは大きく類別（その外、それらの連繋による各種聯営企業がある）する。

さらに本稿でとくに考察の対象となるのは、このうち広義の国有企業および法人企業（また国有聯営形態もある、国有聯営企業とは国有と他の企業形態との共同経営を指す）である。その場合、元々の狭義の国有企業とは国有独資企業と国家機関・事業単位を意味するが、改革の進行とともに、国有企業の大勢が国有株式会社等の法人形態をとるようになっており、ここにいわば広義の国有企業の概念が成立する。したがって、ここでいう「法人企業」（＝「公司」＝会社形態）の概念には注意を要する。法人企業とは、一般に有限責任会社と株式有限会社（両者とも株式制。規模が異なる）からなるが、それは（日本と異なる点は）必ずしも全き意味での民間企業ではなく、むしろ多くは、国（および地方政府――中国ではそれも国有）からの資本（株式）出資を構成部分として設立される、国有株式会社等のいわば「準国有企業」であることである。すなわち簡略化していえば、大部分は従来の「国営企業」が、改革下の「政経分離」により所有関係（国有あるいは準国有）の内実はそのままで、効率と営利を目的とする現代的な株式制企業の姿に変わったものにすぎないといえる。[11]

多くの論者も指摘するように、確かに量的には、一九九二年社会主義市場経済路線の採択とりわけ二〇〇一年のＷＴＯ加盟前後から、国有企業および準国有企業の株式制化＝営利法人化は大きく進み、また個体経営、私営企業等の非公有経済も奨励・推進されてきた。その結果、国有・準国有の二者（＝広義国有セクター）がＧＤＰ

図表２　中国の国有・準国有企業

国有資本の比率	企業形態	産業部門
100％	①国有独資企業	国防軍事、原子力、航空　等
50％以上	②国有株式（絶対支配）企業	金融、石油、天然ガス、電力、鉄道、電信、等
50％以下（25、10％区分）	③国有株式（相対支配）企業	鉄鋼、非鉄金属、建設、機械、化学、自動車、水道、ガス、等
国有資本＜その他資本	④国有株式参加企業	一般製造業、労働集約的産業　等

出所）趙仲三編『中国国有企業改革全書』2003等より作成

に占める比率（企業数）は、約七割から四割に縮小してきたという。しかし、なお広義国有セクターはＧＤＰの約四〇％を保持しており、固定資産投資総額に占める比重は五七％にも達する。(12)

しかも、米国『フォーチュン』誌を賑わすような中国大企業のほとんどは中央管轄の国有株式企業であり、「企業数わずか六・一％の〔大型国有企業〕が……工業生産、利潤総額の四割、所得税の五割」を占めているという。(13)かくて、このような状況を承知した上で、加藤も指標(2)の未達成を認めざるをえなかったと考えられる。

ⅱ　国有企業の株式制化と経済的管制高地の掌握

上述の情況にもまして重要なのは、市場経済化および株式所有制の進展にもかかわらず、依然、社会主義体制・プロ独裁の下で、国有経済が国民経済の管制高地をコントロールする地歩を確保していることである。この問題に関連して、二〇〇一年中国のＷＴＯ加盟前後に、中国の国有企業を四類型に分け、各々の戦略的課題を明らかにした包括的研究(14)がある（一九九九年九月中共一五期四中全会における国有企業の戦略的再編に関する「決定」等も参照）。図表２をみられたい。

図中、企業形態①国有独資企業は国有資本一〇〇％の完全国有企業であり、国家の安全保障に関わる産業に配置するとされる。②～③は株式持ち合い型の法人形態による準国有企業である。②は国家が五〇％以上の株式を保有し絶対的支配権を行使できる企業形態であり、経済的安定に関わる産業および基幹的資源・エネルギー・インフラ・ハイテク産業に配置される（金融銀行関係は、別の法規により、外資の参入は厳しく制限されている）。③は国家が五〇％以下の出資（さらに産業部門により二五％、一〇％区分もあるようであるが、詳細は不明）であるが他の資本形態に対しては優位にあり、相対的支配の維持が要請される企業である。独占性が強く、国民経済に重要な公共財およびサービスを提供する産業部門である。すなわち、①～③までが国有・準国有企業である。最後に④は、競争性の高い労働集約型の企業であり、国有資本はなお模範を示しつつ一定の比重を占めるものの、民間資本の自由な参入を認めるとともに、むしろ国有資本は撤退すべき産業とされている。

総じて、中国の産業戦略においては、非国有資本の参入と私営企業が容認される範囲は狭く、依然として、資本の市場経済化にもかかわらず、国家所有の堅持と経済的管制高地の掌握が貫徹されていることが分かる。

なおまた、中国株式制企業の株式の場合、国有経済の所有・経営上の温存・安定を図るべく、株式は、国家株、法人株、従業員株、公衆株の四種類に分けられている。後二者は一般に流通可能な「流通株」（「浮動股份」票、市場の約八〇％以上は個人投資家の取引による流通株）であるが、前二者は「非流通株」である（非流通株の割合は全体の三分の二近くに及ぶという）。

「公司法」（前掲（10））においては株式譲渡の自由原則がうたわれているが、実際には、証券法や暫定条例等によって非流通株を放出・譲渡（とくに増資・合併・統合）する場合には、政府すなわち国務院・国有資産監督管理委員会（以下国資委、二〇〇三年国務院・関連省庁の機能を統合して設立、強力な権能をもつ）の厳格な審査を受けなければならず、事実上自由な流通は不可能である。但し、二〇〇六年以降、非流通株流通化の改革がおこなわれているが、実情はあまり変わらないという。つまり、市場経済化、株式制化したとはいうものの、依然、国家の強いコントロール下にあるといえる。

ⅲ　現代中国株式企業の所有構造＝「所有の分散と支配の集中」

中国の国有株式企業について、上述国資委（国務院より国有企業の所有権を授権）直接管轄下の超特大型企業（中央直轄企業＝「中企」という）一〇六社のリスト（二〇一五年時点）を抽出してみると、その大半は株式会社制度の下で（行政的色彩の濃い）企業集団を形成し「持株会社」（ホールディング・カンパニー）の機能を果たしている。注目すべきは、「中企」本体の生産額、資産、利潤、従業員規模の巨大さはいうまでもなく、さらにその傘下には一万社を優に超える子会社、孫会社等の系列会社があり、それらは株式の所有・持ち合い関係、また生産・流通上の上下関係や優位性等を通じて、傘下末端企業にまで直接・間接に支配が及んでいる（中国の場合、株式持ち合い関係等の実態は不明）。すなわち、所有（＝株式）は分散化・分権化しているが、依然、国有資本の支配は集中・堅持されている。現代株式制企業に特有の「所有の分散と支配の集中」の論理と構造が社会主義体制の下において貫徹しているのである。

いまや政治的権力が経済的権力に形を変え、最終的に国家所有の支配権が及ぶ範囲は、表面上の市場経済化・株式企業化による国有企業の退潮・株式分散化（「国退民進」）の現象とは裏腹に、その内実は想像以上に強大・堅固であると考えられる。しかも、中国人民銀行、国務院財政部、国家経済発展委、国家経済貿易委、国資委等（中国中央政府の部および委員会は、日本の中央省庁に当たる）、凡そいかなる資本主義国にもみられない国家諸機関・重要委員会の総動員体制の下、監督・管理・指導がおこなわれ、共産党の領導下、政治と経済は癒着どころか密着し、厳然とプロ独裁は執行されているのである。

おわりに

以上考察してきたように、中国は一九七八年一二月の戦略方針の転換以降、改革開放政策をすすめ、とりわけ一九九二年の社会主義市場経済路線の確定、二〇〇一年のWTO加盟と、紆余曲折を経験しつつも着実に前進してきたかにみえる。その間の詳しい経緯は紙幅の制約上割愛せざるをえないが、全体として、一方では、生産性向上と国際競争力強化のため改革と市場経済化を促進し、他方で、重要産業部門・国有経済の奥の院については政府の管掌を堅持してきた。両者は対立を内包しつつ強力に推進され、これまでのところ一定の成果を上げてきた。

したがって、中国は、(1)プロレタリアート独裁と(2)生産手段の国有制をなお固持しており、その限りでは社会主義と考えられ、資本主義に転換したとみなすことはできない。もとより本論は、中国が資本主義へ転化する可能性は必ずしも否定するものではないが、かかる断定はなお尚早といわざるをえない。

コルナイもいうように、先述のブロック1、2、3が有機的に結合することにより「体制」を構成し、その凝集性によって体制は安定する。しかし、古典的・伝統的社会主義体制の安定性に市場調整メカニズムが導入されるとすれば、そこには矛盾が生ずる。なぜなら、ブロック3の市場調整と2の国有制は親和的でないからである。

市場システムは意志決定の分散・自主性（あるいは民主主義）を保障する私有制とよりよく親和する。さらにいえば、ブロック2の私有制および3の市場調節と、意志決定の一元化を要求する1のプロ独裁とは親和しない。要するに、市場システムの導入により、プロ独裁と市場経済は「両立」不可能でないとはいえ、両者は親和せず矛盾・対立を孕むことになる。それは、政治権力主導による経済的権力との強制的凝集化に対して動揺と亀裂を生みだす。とはいえ、「地大物博」の中国の場合成長空間はなお広く、歴史的にみても政治的ソフトランディングの可能性は未だなくはない。しかし、いずれにしても、遅かれ早かれ、全体としての現「体制」ブロックの安定性は揺らがざるをえないことになろう。

かくて、現段階中国の「社会主義市場経済」体制は、必ずしも安定的ではなく大きな矛盾を抱えているといえる。振り返れば、一九七〇年代のアジアＮＩＥｓが「東アジアの奇跡」と謳われた背景には、その驚異的な経済成長とともに、単に経済的成長だけでなくジニ係数の縮小、それに伴う都市中産層の台頭と普通選挙・議会制の採用、政治的民主化の進展があった。そしてまた政治的民主化は経済成長に反作用した。ところが、中国の昨今の動向をみるとき、上記良性循環は実現されていないかに見うけられる。本論は、その最大の現れを、①経済格差（ジニ係数）の拡大と②民主化（民族自治・自決問題を含む）運動の抑圧にみる（別の機会の課題としたい）。かかる状況より、最後に中国の今後の展望についてふれておけば、以下の三つのシナリオが想定される。

①現在の延長・発展線上に伝統的国家社会主義がなお続くこと

②資本主義への転換の可能性。その場合、緩急は別としてなんらかの政変はあるであろう（一九七八年の路線転換前には文革＝「一〇年の動乱」があった）

③西欧型社会民主主義等、社会主義の「進化」（または「第三の道」）の可能性

いずれにせよ、中国は現在、世界史的に未曾有の実験をおこなっている。したがって、その行先がいかなる地点への着地となるか、上記のこと以上は、人智を超える未知未来の歴史的領域にかかわる問題であろう。注意深く見守っていきたい。

注

（1）イアン・ブレマー『自由市場の終焉―国家資本主義とどう闘うか』（二〇一〇）、邦訳二〇一一年、"*The Rise of State Capitalism*", The Economist（2012）。

（2）小島麗逸『現代中国の経済』一九九七年、游仲勲「中国の社会官僚資本主義市場経済」二〇〇六年、関志雄『中国経済革命最終章』二〇〇五年、呉軍華『中国静かなる革命』二〇〇八年、三浦有史「『国家資本主義』の挑戦と限界」二〇一二年、大西広「中国：社会主義をめざす資本主義」二〇一四年、中兼和津次『体制移行の政治経済学』二〇一〇年、坂田幹男『グローバリズムと国家資本主義』二〇一五年、等。

（3）加藤弘之「中国：改革開放三〇年の回顧と展望」『国民経済雑誌』二〇〇九年一月、加藤弘之・久保亨『進化する中国資本主義』二〇〇九年、加藤・渡辺・大橋『二一世紀の中国―国家資本主義の光と影』二〇一三年、加藤『「曖昧な制度」として

の中国型資本主義』二〇一三年。

（4）現存社会主義（伝統的社会主義）＝マルクス社会主義＝国家社会主義という概念的理解については、拙稿「『実現可能な社会主義』について考える」長砂他『ポスト資本主義を構想する』二〇一四年等、を参照されたい（ここでは省略）。

（5）井手啓二『中国社会主義と経済改革』一九八八年、同「市場と計画—社会主義の到達点」『経済理論学会年報』一九九二年、同「現代中国資本主義論によせて」『経営と経済』二〇一一年九月。

（6）前掲（3）加藤他二〇〇九年。加藤がコルナイの著作のどこから引用・要約しているかは不明。後掲注（7）の引用はみあたらない。しかし、下記のコルナイの論著からも同趣旨の言説が認められる。

コルナイ・J『コルナイ・ヤーノシュ自伝』（二〇〇五）二〇〇六年。

なお、最近の加藤は、中国資本主義における「曖昧な制度」を強調するようになっているが、それについてはまた別の機会に論ずることにしたい。

（7）Kornai Janos "What the Change of System from Socialism to Capitalism Dose and Dose Not Mean", *Journal of Economic Perspectives*, Vol.14 (1), 2000.

同論文では、資本主義体制のモデルも掲示されているが、紙幅の制約より省略する。

（8）『中華人民共和国憲法』新華書店、二〇一四年。

（9）矢吹晋「中国官僚資本主義体制の成立」*ICCS Journal of Modern Chinese Studies*, Vol.14 (2), 2012、山本恒人「中国観察のための基本的要件について」『東亜』No.543、二〇一二年九月。

（10）中国における企業形態の複雑さを考える場合、その背景として、この間の中国社会の激変がある。例えば、それを反映して憲法も一九九三年の改正では、「社会主義市場経済」の確立にともないそれを憲法の中に採り入れるとともに、「計画経済」「人民公社」「国営経済」の文言が削除されている。二〇〇四年の改正においては、私営企業の積極的容認と私有財産権の保護規定等が、憲法中に新たに採用されている。

また企業形態についていえば、改革開放以前は、都市部の全人民所有制企業と農村（および都市）の集体所有制企業というシンプルな構造だったものが、複数混合の「多元的な所有制」の経済となり、法体系も、企業設立・改変の事情とも絡み、略称『企業法』（一九八八年）と『公司法』（一九九三年）の二つの基本的企業法体系の併存という状況がある。

なお、論者により、国有企業の株式制化＝法人化を以て「民営化」「民営企業」とする論があるが、その実態は、国家が相当数株式を保有する国有株式企業＝準国有企業（日本的には第三セクター）への変化であることに留意すべきである。所有も経営も名実ともに「民営化」といえるのは、民間に払い下げられた小規模企業（数は多い）だけである。中国では、憲法等において「民営企業」の語句は使われていない。

中国の企業形態および『企業登記類型の区分に関する規定』については、伊藤・張の下記論稿が有益である。伊藤宣生・張侃「中国における企業形態」『山形大学紀要』第三五巻二号、二〇〇五年二月。

（11）一九九二年の中共一四全大会において、「国営企業」とは所有権・経営権がともに国にあり、「国有企業」は、所有権は国にあるが経営権は企業にあるとして、「国営企業」の「国有企業」への転換を指示した（九三年の憲法改正では「国営経済」の語句を削除）。その意味は、今後とも所有関係は国有制を堅持するが、経営についてはいわば私的企業と同様に、効率性と営利を目指す企業運営をおこなわなければならないというものであった。中国はこれにより市場経済化路線確立の中で、これまで国有企業の自主権拡大、納税制や請負制等の様々な試行的改革がおこなわれてきたが、国有企業改革の方向としては最終的に、所有と経営を分離する国有企業株式制の導入が選択されることになった。

（12）邵寧主編『国有企業改革実録（一九九八－二〇〇八）』経済科学出版社、二〇一四年等。

（13）前掲（2）三浦有史二〇一二年。前掲（3）加藤二〇一三年、および Huang Yasheng, *Capitalism with Chinese Characteristics*, 2008 等参照。

（14）趙仲三編『中国国有企業改革全書』（全四巻）中国労働社会保障出版社、二〇〇三年等より作成。

〔付記〕本稿の脱稿（八月一〇日）間もない本年八月三〇日、加藤弘之氏ご逝去の報に接した。在りし日の研究会や中国調査旅行のことなど元気なお姿が思い出される。もはや氏との応答もかなわないのかと想うと無念でならない。ここに謹んで哀悼の意を表しご冥福をお祈りする。

補論Ⅱ　宗教・国家・貨幣

第一章　宗教・国家・貨幣
——哲学の批判・政治学の批判から経済学批判へ——

I

マルクスの経済学は、市民社会における主体としての資本の運動を科学的に究明し、その内的構造の把握にたちむかっていったものであるが、それは同時に国民経済の編成原理である私的所有の経済学的分析を通しての、キリスト教という形態における宗教の批判および近代所有権法と代議制国家の批判を内在するものであり、したがって、近代市民社会を普遍的に被っている生活意識の諸形態を根底から批判しようとするものであった。マルクスの思想的理論的営為が宗教批判を出発点としヘーゲルの国法論批判を経過していることは周知であるが、宗教にたいする批判は宗教を必要とする社会の批判である外なく、近代法制度および国家にたいする批判は、近代国家の形成を必然的にする社会の批判である外はない。ここにマルクスにとって通過点をなす宗教の批判、政治学の批判が経済学批判として収斂されていく必然性がある。

このプロセスは、精神的・政治的・物質的な生活過程を一個の有機的統体として構想する史的唯物論成立のプロセスとまったく重なっており、『ドイツ・イデオロギー』（一八四五〜四六年）、『哲学の貧困』（四七年）、『共産党宣言』（四八年）はその確立のメルクマールとみなすことができ、したがって、一八四〇年代半ばは一つのエポックをなすといえよう。

しかし、その後とりわけ五〇年代に入ってのマルクスの経済学批判への重点の傾斜は、逆にこの移行過程の内的必然性を十分に理解しないものにとっては、マルクスにおける経済学の本来的課題＝性格が見失われることになる。マルクスが問題にし語ろうとしたものは、たんに経済学の範疇的な意味のほかに、宗教や国家をふくむ近代の市民的人間の生活と意識の在り様の問題であり、換言すれば類の個からの外化＝疎外によって生ずる物神性（商品・貨幣および資本等の物象化範疇に集約されていく。但しここではより広い使い方をする）の批判であって、それら物神性として概念的に把握《ペグライフエン》された疎外態——宗教・国家・貨幣——からの諸個体の解放、類と個の再統合ということであった。さらにいえばそれらを通じての新たな歴史・人間形象の提示ということであった。

本論文の課題は、以上のようなマルクスの思想的理論的営為を、史的唯物論確立以前すなわち一八四〇年代前半期のしたがって最初期のマルクス（主として『独仏年誌』のマルクスすなわち『ユダヤ人問題によせて』と『ヘーゲル法哲学批判序説』）に焦点をあて、マルクスにおける宗教・国家の批判はどのようなものなのか、それがなぜ貨幣の批判に収斂されていかなければならないのかを、再構成してみることにある。

Ⅱ

西欧近代のあけぼのは宗教改革と農民戦争にはじまる。一四世紀のジャックリー（フランス）、ワット・タイラー（イギリス）の乱、一四～一五世紀のウィクリフ（イギリス）、フス（ボヘミア）らの反教皇運動を先駆に、やがて一六世紀のルター、ミュンツァー（ドイツ）、カルヴァン派（スイス、フランス、オランダなど）の運動を生みだしていく。それは、名もない農民・中産者・一般民衆を主人公として歴史の舞台に登場させ、その宗教的言辞、封建的外衣にもかかわらず内側にはブルジョア的魂を宿し、精力的に闘った初期市民革命であった。それは、経済的未成熟の土台の上にしばしば原始社会への郷愁にいろどられていたが、現実にかれらが要求しているものは封建的秩序に対立する近代市民的秩序であった。しかし原始キリスト教の再現を夢想する宗教改革思想は、その夢想性と復古的性格が強ければ強いほど新しい生活をつくりだしていく力量をもちえず、しばしばその宗教的ヴェールに災いされて、挫折し敗北していった。

以来多くの歳月が経過し、ヨーロッパ諸国とりわけイギリス・フランスにおいては、宗教的外被はぬぎすてられ過去の伝統との完全な絶縁がなしとげられていくことになるが、それにたいしてマルクス、エンゲルスの母国、当時（一九世紀前半期）のドイツは、なおかっての課題が解決されずに残り、重苦しく暗い雰囲気のなかにあった(1)。後進国ドイツにおける近代化は、ナポレオン戦争による敗戦の打撃のなかから開始される。シュタイン、ハルデンベルクによって農奴解放がおこなわれ、まがりなりにも近代化への方向が示されるが、それは地主・貴族の主導する上からの近代化すなわち「プロイセン型の道」であった。

ドイツにおける啓蒙思想の継承者ドイツ古典哲学は、このような歴史的地盤の上に成立したものである。ドイツ市民革命の哲学的表現ともいわれるドイツ古典哲学は、カントにはじまりヘーゲルにおいて完成されるが、われわれが当面する一八三〇年代半ば～四〇年代前半期（いわゆる三月革命前期）には、老ヘーゲル（Georg Wilhelm Friedrich Hegel, 1770～1831）はすでに亡く、ヘーゲル学派は分解に向かっていた。

当時のドイツの知的青年は、マルクスやエンゲルスをふくめて、ヘーゲル哲学の圧倒的影響下にあったといわれるが、ヘーゲルの死後、「現実的なものはすべて合理的であり、合理的なものはすべて現実的である(2)」という周知のヘーゲルの命題の解釈をめぐって、ヘーゲル左派（あるいは若きヘーゲル派）とヘーゲル右派（あるいは老ヘーゲル派）に分裂していく。すなわちこの反省命題の前半を重視する右派によれば、現実的なもの、現にあるもの、プロイセン国家は、それが現に存在するからにはそれなりの合理性・必然性があるということになり、つまるところ「体制聖化」の理論を主張することになる。それにたいし後半命題を強調する左派は、たとえいまは存在しなくとも、その合理性が証示されるならば、やがて現実的なものにならざるをえないという、現在性をこえて未来に必然性をかける「体制変革」の理論に転化していく。

この論争は哲学論争の形式をとっていたが、論争の背後にあってヘーゲル学派のさらにいえばドイツ古典哲学の最終的解体を促進したものは、当時のドイツにおける歴史的現実そのものであり、ドイツ近代化をめぐっての思想的政治的対立の状況であった。さきにもふれたように当時のドイツは、宗教改革以後なお久しく残されてきたブルジョア民主主義的課題を達成すべく、四八年三月革命を社会的・政治的・思想的に準備していた時期であり、実践的には統一国家の形成に向かっての、絶対主義か立憲制かの政治的選択がその焦点にあったのである。キリスト教は国家イデオロギーのなかでなお中枢的役割をはたしており、ドイツにおいて市民社会を領邦制から解放しようとすることは、教会から市民社会を解放することでもあった。神学と国家からブルジョア的個人を解放すること、すなわち無神論（＝ヒューマニズム）と人民主権（＝立憲共和政体）こそ、青年ヘーゲル派が掲げた革命の目標であった。当時のドイツでは、政治の批判は宗教批判の形式を借りなければならず、それは同時にヘーゲル哲学の批判を意味していた。したがってヘーゲル左派はキリスト神学の絶対性を切り、同じ刃でヘーゲル哲学の絶対者を批判し、さらにそれによってプロイセン国家の絶対主義と闘争することになる。

ところでヘーゲル哲学は、一面ではフランス革命以来の市民革命の合法則的な歴史の前進の息吹を反映していると同時に、他面ではドイツブルジョアジーの後進性と階級的脆弱性を反映しているといわれるが、そうしたヘーゲル哲学の二重性は、弁証法的方法と観念論的体系との非両立的統一のうちに示される。

ヘーゲル哲学の積極面その合理的核心は、いうまでもなく弁証法的方法である。弁証法とは物事を有機的に、また発生史的に、したがってまた概念的に把握する方法であるが、そうすることによって個々の事物がよく整序された体系的一体のうちに位置づけられ、したがってまた物事を根底からつかむことが可能となり[3]、かくて「肯定的理解のうちに同時にまたその否定、その必然的没落の理解[4]」をふくむことになる。すなわち即自的・直接的なものとしてあたえられる事物の現在のすがたは、発生史《ゲネシス》において理解され、自己をのりこえる歴史的媒介過程のたんなる一契機としてつかまれる。つけくわえていえば、このようなヘーゲルの弁証法的方法は、理性的認識への限りない信頼と不可分に結びついていた。ヘーゲルは歴史の流れのなかで、意識的に時代の特質をとらえようとした哲学者だったが、[5]理性にたいする絶望がはばをきかせたり、心情や感激や偶然の直観、予言などをふりまわす当時の浅薄な風潮を批判し、事物の論理的本性をとらえることによって、真理への道は万人に開かれていると呼びかけている。[6]

他方ではヘーゲル哲学の消極面は観念論としてあらわれる。ヘーゲルにとって真なるもの＝絶対者は、自己発展する主体・普遍的な概念として把握され、この主体である概念は自己を否定して他者となり、他者のすがたをとった自己はさらに否定されて、自己自身に帰還するととらえられている。つまりヘーゲルは思惟の道程と実在の道程とを混同し、述語と主語、理念と現実とを逆立ちさせ、概念（思惟の道程）こそ自然と社会を産みだす絶対者であるとみなすのである。それゆえまた歴史全体が絶対精神の現れとしてとらえられる。この場合、宗教上の神が人間の外にあって超越的存在者であるように、ヘーゲルの絶対者も、人間の感覚や思惟の有限性をこえた無限者として示され、したがってこの点では同一の論理構造をもつことになる。要するにヘーゲル哲学における絶対者のとらえ方は、宗教と哲学を一体化することによって、宗教から神秘性をとりのぞき、神を理性化し合理化しようとした近代汎神論の系譜の上にあったといえる。

Ⅲ

すでに述べたように若きヘーゲル派は、ヘーゲル学派の解体のなかから、ヘーゲル哲学の批判に向かうが、歴史を担い歴史を展開させるのは人間の個別的自己意識（もはや絶対者＝世界精神ではない）であるという立場から離れず、その限りではヘーゲル哲学の体系の枠内にとどまっており、その思弁的基礎を粉砕することができなかった。彼らのなかでヘーゲルの絶対的観念論の体系そのものに決然と対決していったのは、フォイエルバッハ

(Ludwig Feuerback, 1804～72) その人であった。

フォイエルバッハは『ヘーゲル哲学批判』(一八三九)をはじめとして、主著『キリスト教の本質』(一八四一)、『哲学改革のための暫定的命題』(一八四二)、『将来の哲学の根本命題』(一八四三)、『宗教の本質』(一八四五)等の一連の著作を通じて、ヘーゲル哲学の思弁的構造を批判し、自然主義=人間主義ともいうべき独自の唯物論的見地をうちたてる。(7) このフォイエルバッハの「自然=人間主義的唯物論」は、まずヘーゲル哲学を最後の合理的神学として批判し、ついで宗教の本質は人間の自己疎外以外のなにものでもないことを明らかにし、最後に新しい哲学すなわち彼のいう「人間学」の性格を抽象的人間による愛の信仰として示す。

まずフォイエルバッハによれば、「近世の課題は、神の現実化と人間化―神学の人間学への転化と解消であった」(8)とし、「新しい哲学は、神学の人間学への完全な、絶対的な、矛盾のない解消である」(9)と自己の課題を言明する。その場合近世哲学の完成はヘーゲルによって代表され、ヘーゲルの汎神論は、神学の立場における神学の否定であるとともに、神学の最後のかくれ場所、最後の合理的支えであると位置づけられるから、上の課題はヘーゲル哲学の批判と結びつかざるをえない。そこでヘーゲル哲学=宗教批判という視角が措定され、フォイエルバッハは次のような批判をおこなうことになる。「ヘーゲル哲学を放棄しない人は神学を放棄しない。自然すなわち実在は理念によって定立されるというヘーゲルの学説は―自然は神によって、物質的存在は非物質的な、すなわち抽象的な存在によって創造されるという神学の合理的表現にすぎない。」(10)

ついでフォイエルバッハは、上述の神学の「人間学」への完全な解消という問題視角から、宗教の本質とその批判に向かっていく。フォイエルバッハによれば、「神学の秘密は、人間学である。」(11)「神的本質(存在者)とは人間的本質以外の何者でもない。またはいっそうよくいえば、神的本質(存在者)とは人間の本質が個々の人間―すなわち現実的肉体的人間―の制限から引き離されて対象化されたものである」(12)と把握される。つまり直接的・感性的な存在である人間諸個人は有限性のなかに制限されかつ分離されており、それゆえ諸個人は諸個人を超える人間としての類《ガットゥング》を追い求め、対象化し、そこに無限なものを意識する。この無限な類の意識こそ神の意識にほかならないという。

要するに神の本質とは、人間の自己意識が生みだしたものでありながら、人間の外にあって人間を超越する類的存在となっているということにある。いまや人間は自分の分離された本質を神のなかにみいだし、神が富み豊かなものであることによって人間は貧しく、人間が無であることによってはじめて全なる神が成立するのである。そうであれば逆にまた、宗教のなかに人間の生活ともろもろの感情や願望が映しだされ、まさに神は、人間の苦難のあるその同一の場所で生まれることになる。したがって約言すれば、「神自体が人間の自己が疎外されたもの」[13]であるということになる。かくてフォイエルバッハは、宗教のなかにある主語（主体）と述語（客体）の転倒[14]した関係・非人間的転倒性を批判し、宗教＝疎外された人間の本質という見地を定立した。

しかし、最後に、フォイエルバッハは宗教をまったく否定してしまったわけではない。つまり「宗教に対するわれわれの関係は決して単に否定的な関係にすぎないのではなくて、……ただ真なるものを偽なるものから切り離すだけである」[15]という。すでに明らかなようにフォイエルバッハにとって、「真なるもの」とは人間であり、「偽なるもの」とは神になる。したがってかれはつづいて次のようにいう。「もし人間の本質が人間の最高の本質であるならば、そのときは実践的にも最高且つ第一のおきては人間にたいする人間の愛でなければならない。人間は人間にとって神である（Homohomini Deus est.）これは最上の実践的根本命題であり、世界史の転回点である」[16]。ここにフォイエルバッハの新しい哲学すなわちかれのいう「人間学」＝愛の宗教が誕生する。[17]

ところでフォイエルバッハが、「真理は、思考のうちにあるのでもなく、知識それ自体のうちにあるのでもない。真理は、ただ人間の生活と本質の全体である」[18]といい、さらに「新しい哲学は、喜んで、意識的に感性の真理を承認する。それは感性的であることを少しもかくさない哲学である」[19]と宣言するとき、抽象的思考から出発するヘーゲルの観念論はまさしくひっくりかえされて、そこには直接的で実在的な生身の感性的人間がつかまれているかにみえる。しかしながら、ここで、フォイエルバッハが「人間の生活と本質の全体」（テーゼ五八）というとき、その言葉において一体なにが意味されているのかが問われなければならない。

フォイエルバッハは上記テーゼ五八とすぐつづくテーゼ五九および六〇で次のようにいう。「孤独な個人は、人間の本質を……自分のうちにもたない。人間の本質は、ただ、協同体のうちに、すなわち人間と人間との統一のうちにのみ含まれている。この統一は、しかし、私と君の区別の実在性にのみ支えられている」[20]（テーゼ五九）、「孤独は有限性と制限性であり、協同性は自由と無限性である。孤独な人間は普通の意味での人間であり、人間とともにある人間、私と君との統一は神である」[21]（テーゼ六〇）。

以上の文脈のなかでフォイエルバッハの言葉を理解するとき、かれのいう「人間の本質」とは、孤立した個人のなかにではなく、人間と人間との関係のなかに存在する何者かであることが解る。しかし同時に、人間相互の関係つまりかれのいう協同性はそれ以上深められることはない。フォイエルバッハにあっては、それは、たんなる私と君との関係、無規定で抽象的な一人の人間と一人の人間を結びつけ、統一させるもの（すなわち愛＝神）として把握されているにすぎない。したがってここでの人間性は、なんら社会的ひろがりと具体性をもたず、歴史的社会的実践と主体的に係わりをもたない空虚な内容としてあたえられているにすぎないといえる。

前述のようにかれの宗教批判は人間の主体性を奪還する努力であった。そしてたしかに、哲学改革をおしすめることによって宗教における人間の自己疎外の止場の道を提示した。しかし自己疎外の止場は、フォイエルバッハにあっては、依然として意識に内住する問題として示されたにすぎない。すなわち彼にとって新たに主語の位置を占めることになった人間の、類を構成するものは、依然として、感性、意志、愛等々であった[22]。これがかれの新たな「主体性」＝抽象的人間であり、これら抽象的人間を結合する愛の宗教である。

かくてフォイエルバッハの新しい「人間学」における人間は、後にマルクスが批判するように、「直観する唯物論が、いいかえれば感性を実践的な活動として把握することをしない唯物論が、なしとげうる最高のことは、

『市民社会』における個々の個人の直観である」[23]と規定づけられることになる。次節での結論をさきどりしていえば、このようなフォイエルバッハの人間把握は、もとより、かれの宗教批判の制限性にあらわれており、それと関連していた。

Ⅳ

若きマルクス（Karl Marx, 1818〜83）とエンゲルス（Friedrich Engels, 1820〜95）は、それぞれヘーゲル学徒として出発し、後にヘーゲル左派にくわわり、さらにフォイエルバッハの影響をうけ、さらにその後、彼らを超克することによって自らの新たな地平を切り拓いていく[24]。

さきにも述べたように、当時のドイツはブルジョア革命の前夜にあり、古典哲学のおしすすめた哲学革命はいわばその政治的序曲の役割を担っていた。一般に、思想・理論のその歴史的、階級的基盤について、下記のように位置づけられている。すなわち、ヘーゲル哲学がドイツブルジョアジーの思想的表明であったとすれば、フォイエルバッハの自然＝人間主義的唯物論はその急進的ブルジョアジーの哲学的表現であり、同じくヘーゲル哲学が最後の合理的神学すなわち「プロテスタント的中世」であったとすれば、フォイエルバッハの愛の「人間学」は革命期フランスの理神論とも共通する近代ブルジョア的人間観の一つの典型[25]である。

結局、フォイエルバッハが遂行したことを一言で要約するとすれば、なお神を保持するヘーゲルにたいし、人間の復位をかちとり、人間こそが主人公であることを高らかに宣言したことにある。神が人間を創ったのではなく人間が神を創ったという、いまでは自明な真理——真理というものは明らかにされれば平明なものにすぎない——は、哲学史上の巨大な転回点であった。しかし、このフォイエルバッハの宗教論は、依然として本質論的把握にあり、換言すればなお悟性的認識のレヴェルにとどまっていた。この限界性はマルクスによって初めてのり越えられることになる。

宗教や哲学など天空の問題を物質的利害の渦まく地上の問題として理解しようとするマルクス独自の視角は、すでに『ライン新聞』時代（一八四二～四三）の体験を通して認識されていくが、それが、理論的に消化され自己の思想に固められて、その後における史的唯物論の確立と経済学研究の本格的開始に連結され媒介されていくためには、初期マルクスの宗教批判は不可欠の通過点をなし、重要な意義をもっている。マルクスの宗教批判は、パリ時代（途中クロイツナハ）、『独仏年誌』の二論文すなわち『ユダヤ人問題によせて』（一八四三）および『ヘーゲル法哲学批判序説』（一八四三～四四）において、明確な形をとる。

マルクスはまず、「宗教批判はあらゆる批判の前提である」ととらえたのち、宗教の本質を次のように把握する。「反宗教批判の根本は、人間が宗教をつくるのであって宗教が人間をつくるのではない、ということである」「たしかに宗教というものは、自己をまだかちえていないか、あるいはかちえながらもまた喪失してしまった人間の、自己意識であり自己感情である」「宗教は、なやめるもののため息であり、心なき世界の心情であるとともに精神なき状態の精神である。それは民衆の阿片である。[26]」ここでのマルクスは、なお、フォイエルバッハの宗教批判の方法に学び、神と人間とのあいだにある主・述の転倒を明らかにしつつ、宗教とは、人間の自己喪失、精神なき状態の精神つまり人間の自己疎外のすがたに外ならないととらえ、宗教につきまとう仮象をはぎとることによってその本質（ないし実体）を把握している。さきに考察したように、この仕事は、すでにフォイエルバッハによって果たされているが、しかしフォイエルバッハはここから前へ進むことはできなかった。前進はマルクスによって成しとげられていく。

マルクスが問題にした内容は、宗教とはなにか（＝本質把握）ということにとどまらず、それはなぜ、どのようにして（＝概念把握）成立するのか、宗教の本質が明らかにされ批判されたあとでも、人々はあいかわらず信仰にたより、神の懐に抱かれているのはなぜなのか、その必然性を問うことだったのである。一般にマルクスにおける認識の科学性は、表象の世界すなわちたんに「ある」ということ（＝感性的認識）から、本質すなわちその「なに」を把握する（＝悟性的認識）にとどまらず、本質が「なぜ」そのように現象するのか（本質と現象の一致）という概念的把握《ベグライフェン》（＝理性的認識）をもって完結されることにある。[27]

これを宗教批判の問題に即していえば、たしかにフォイエルバッハは宗教的自己疎外、宗教的世界と現世的世界とへの世界の二重化という事実から出発し、主・述の再転倒によって、宗教的世界をその現世的基礎（実体あるいは本質）に還元する。すなわち、「なに」（＝本質）の問題を解決する。しかし、彼にはなぜ現世的基礎のなかから宗教的世界がうきあがり、自分を一つの独立の王国として固定させるのか（本質の現象形態への展開）という問題がまだ残されていることに気がつかない。言いかえれば、フォイエルバッハは、宗教的現象を人間的本質に解消した。しかし、宗教的心情そのものが一つの社会的産物であるということをみず、したがってかれにあっては、人間的本質は、多くの個人をたんに自然的に結合する抽象的普遍性としてとらえられるにすぎない。すなわち抽象的な一般的本質の把握にとどまって、それが宗教的心情、宗教的人間として現われる必然性が、つまり概念がつかまれていない。マルクスもいうように概念的把握つまり具体的普遍（現象と本質・個別と普遍の統一）のすがたにおいては、「人間性《ヴェーゼン》は個人に内在する抽象物ではおよそない。その現実性においてはそれは社会的諸関係の総体《アンサンブル》」[28]である。

以上の問題はマルクスによって、まさにこの世俗的基礎の自己分裂と自己矛盾からのみ明らかにされる。「この国家、この社会が倒錯した世界であるために、倒錯した世界意識である宗教を生みだすのである。」つまり、「宗教は、人間存在が真の現実性をもたない場合におこる人間存在の空想的表現である。」「宗教は、この世界の一般理論であり、その百科辞典的な綱要であり」、「それの道徳的是認」「おごそかな補完」「慰籍と弁明と存在との一般的根拠である。[29]」

たしかに飲みかつ食う人間とそれら諸個人が生活する市民社会の現実は、人々のあいだに対立や競争を介在させ、貧富の差や不平等を生産し、人間相互の関係を疎遠にし、それゆえまた己の人間性の確証の困難性等々の限りない疎外状況をうみだす。こうした果てしない分裂と人間相互の信頼と結合の喪失が現にあればこそ、人々は空想のなかで、類としての普遍性・共同性を求め、個々の個別的制限性をこえ、時・空をこえた普遍性と超然的力能・精神の専有者として神を成立させる。神のまえでは、富者も貧者も、賢者も愚者も、黒人も白人も平等であり、神の御名において人間相互の結合と統一がはかられる。

したがって、宗教はまさしく人間（社会）「統合の原理」[30]であるということができ、またその一般理論・一般的根拠をあたえるものであるといえる。しかし、それはいうまでもなく観念的世界のなかでの「統合」(Integration)にすぎない。あいかわらず市民社会の現実においては、対立や相剋・分裂の状況が厳存し、それらが克服されているわけではない。逆にいえば、それらが克服されていないからこそ、せめて頭（心）のなかで、観念的に人々を「統合する原理」の必要性が生まれるのである。くりかえしいえば、天上と地上に世界が二重化し、宗教的世界が人間の頭上に君臨するという事態は、地上における現実の市民社会の自己分裂と自己矛盾の結果に外ならない。したがって前者すなわち宗教的人間の自己疎外を廃棄しようとするならば、まず後者の矛盾がとりのぞかれなければならないことは明らかである。宗教的主・述の転倒を観念の世界の中で再転倒させるだけでは、問題は完結しない。宗教が倒錯した世界の理論である以上、倒錯した市民社会の現実の自己分裂が止揚されるとともにそれは自ずから崩壊することになる。

かくてマルクスはいう。「われわれは現世の問題を神学の問題にうつすのではない。神学の問題を現世にもどすのである」[31]「民衆の幻想的幸福としての宗教を廃棄することは、民衆の現実的幸福を要求することである」「批判は鎖にまつわる想像の花をむしりとってしまったが、それは、人間が夢も慰めもない鎖を背負うためではなく、鎖をふりすてて生きた花をつみとるため[32]」だというのである。

もはや多言は要しないだろう。マルクスは天上と地上とへの世界の分裂・転倒と宗教による人間の自己疎外の本質を明らかにし、さらに分裂・転倒の基礎が地上における分裂と自己矛盾にこそ起因することを剔抉し、したがって地上すなわち市民社会の矛盾を真実に認識し、しかる後その矛盾を現実的・実践的に止揚することが世界史の課題になったとみる。かくて彼岸の問題は此岸の問題に、神の批判は法の批判に宗教の批判は国家の批判にかわり、それら批判は市民社会の批判に収斂されていくことになるのである。(33)

注

(1)「大農民戦争のときからでは三〇〇年の歳月が過ぎ去り、多くのことが変わってしまっているが、しかし農民戦争と今日われわれの闘争とはたいしてかけはなれてはいないし、戦うべき敵はおおかたいまなお同じである」エンゲルス「ドイツ農民戦争」、『マルクス・エンゲルス全集』第七巻、大月書店（以下MEWと略記）、三三五ページ。

(2) 文献〔10〕二六九ページより再引用。ヘーゲルの原文（翻訳）では、「理性的であるものこそ現実的であり、現実的であるものこそ理性的である」と、前半命題と後半命題が逆順になっている。文献〔3〕一六九ページ。

(3)「体系を持たぬ哲学的思惟はなんら哲学的なものではありえない。非体系的な哲学的思惟は、それ自身としてみれば、むしろ主観的な考え方にすぎないのみならず、その内容から言えば偶然的である。いかなる内容にせよ、全体のモメントとしてのみ価値をもつのであって、全体をはなれては根拠のない前提か、でなければ主観的確信にすぎない」文献〔2〕八五ページ。

(4) マルクス『資本論』、MEW23a、二三ページ。

(5)「現代が誕生の時代であり、新しい時期に至る移行の時代であるのを見ることは、別にむずかしくない。……現存するものの中にはびこっている軽卒と退屈、未知のものに対する定かならぬ予感などは、何か別のものが近づいているということの前ぶれである。全体の相《すがた》を変えなかったこのゆるやかな瓦解は、電光のように一挙に新しい世界像をそこに据える日の出によって、断ち切られる」文献〔1〕一九〜二〇ページ。

(6)「真理の勇気、精神の力にたいする信頼こそ哲学的研究の第一の条件であり、……精神の偉大さと力は、それをどれほど大きく考えても、考えすぎるということはない。宇宙のとざされた本質は、認識の勇気に抵抗しうるほどの力を持っていない。それは認識の勇気のまえに自己をひらき、その富と深みを眼前にあらわし、その享受をほしいままにさせざるをえないのである」文献〔2〕上、一九ページ。

（7）後年エンゲルスは、フォイエルバッハについて、「ヘーゲル哲学とわれわれの見解との中間項となっている」と位置づけるとともに、当時、フォイエルバッハの『キリスト教の本質』があたえた衝撃について次のように述懐している。「（ヘーゲル的＝宗教的）呪縛は解かれた。『体系』は爆破され、わきへ投げすてられた。……一人のこらず感激した。すなわち、われわれは、一時、みなフォイエルバッハ主義者であった」文献〔10〕二六七ページおよび二六七〜二七七ページ。

なおここで、「自然＝人間主義的唯物論」とよぶフォイエルバッハ哲学の特徴は、次のフォイエルバッハの命題に端的にしめされる。「新しい哲学は、人間の土台としての自然を含めた人間を、哲学の唯一の、普遍的な、最高の対象とする。だから、人間学を、自然の学をも含めて、普遍学とする」文献〔5〕九二ページ。つまり、そこには歴史的社会的視点がないといえよう。

（8）文献〔5〕八ページ。

（9）同上、一一六ページ。

（10）同上、九〇ページ。

（11）同上、九七ページ。

（12）文献〔4〕上、六九ページ。

（13）同上、一〇〇ページ。

（14）「思弁哲学一般を改革的に批判する方法は、すでに宗教哲学に適用された方法と同じである。われわれはいつでもただ、述語を主語とし、かくして主語となった述語を客体、原理としさえすればいいのである。だから思弁哲学をひっくり返しさえすれば、われわれは蔽われない、純粋で、あからさまな真理をもつのである」文献〔5〕九八〜九九ページ。

（15）文献〔4〕下、一五三ページ。

（16）同上。

（17）「古い哲学が、思考されないものは存在しないと言ったとすれば、新しい哲学は、これに反して、愛されないもの、愛されえないものは存在しないと言う。ところで愛されえないものは、また崇拝されえない。ただ宗教の対象でありうるものだけが哲学の対象である」文献〔5〕七二ページ。

（18）同上、九四ページ。

（19）同上、七三ページ。

（20）同上、九四ページ。
（21）同上。つづいて次のようにもいっている。「真の弁証法は、孤独な思想家の独白ではない。それは私と君の間の対話である」（テーゼ六二）、「……真理と完全性は、ただ、本質上等しい諸存在の結合、統一だけである……。哲学の最高にして究極の原理は、したがって、人間の人間との統一である。すべての本質的関係、すなわち、さまざまな科学の諸原理は、この統一のさまざまな仕方にすぎない」（テーゼ六三）前掲文献、九五ページ。
（22）マルクスにあっては、人間の主体性、この主体性を担う活動が〝労働〟において、ポジティブな人間の類的行為としてつかまれることによって、自然（人間的自然をも含意する）の変革と疎外止場の実在的な展望がえられることになる。この点については、稿を改めて論及することになろう。
（23）文献〔8〕五ページ。
（24）ヘーゲル―フォイエルバッハ―マルクスの継承関係の評価については、ヘーゲル＝弁証法的見地を重視する「西欧的」初期マルクス解釈（G・ルカーチ、H・マルクーゼ等）と、フォイエルバッハ＝唯物論的見地を重視する「ソ連・東欧的」初期マルクス解釈（T・I・オイゼルマン、A・コルニュ等）の対照的な流れがある。なお近年の研究動向として、従来のヘーゲル―フォイエルバッハ―マルクスという単線的継承関係の理解に満足せず、ヘーゲル左派からマルクスへの批判的継承の流れを多角的にとらえなおそうという試みがある。その場合、従来からのフォイエルバッハ、エンゲルスのマルクスとの関係とともに、モーゼス・ヘスとマルクス、さらにヘーゲル左派に批判的だったウィルヘルム・シュルツとマルクスの関係などが注視され、再検討されている。邦文文献としては、文献〔17〕及び山中隆次「ヘスとマルクス」『資本論の成立』岩波書店、一九六七年、広松渉『マルクス主義の成立過程』至誠堂、一九六八、およびモーゼス・ヘス（山中・畑訳）『初期社会主義論集』未来社、一九七〇年等が参考になる。
（25）フォイエルバッハの唯物論における人間が、私的所有に立脚するブルジョア的個人すなわち原子（アトム）論的人間観であるのに対し、マルクスの人間観は、無所有の対極において類的本性＝共同性を体現するプロレタリアートの人間観であるといえる。「古い唯物論の立場は市民社会であり、新しい唯物論の立場は人間的社会もしくは社会的人類である」文献〔8〕五ページ。
（26）文献〔7〕四一五ページ。
　宗教は「阿片」であるというマルクスの言葉は、しばしばマルクスの宗教に対する不当な攻撃であるという誤解があるが、マルクスにとっては、宗教を強制的に廃棄することが問題なのではなく、「倒錯した世界意識である宗教」を不可避的に生みだす現実の世界における人間の自己疎外の根源をとりのぞくことが問題だったのである。むしろマルクスは、西欧近代の主体的形成要因としての、宗教改革および市民革命の意義を視野におさめ、そこから宗教にたいし正当な評価をあたえているといいえる。「プロテスタンティズムは課題の真の解決ではないにしても、課題の真の提出であった」文献〔7〕四二三ページ。

(27)「もし事物の現象形態と本質とが直接に一致するものならばおよそ科学は余計なものであろう」マルクス『資本論』、MEW25b、一〇四七ページ。

(28) 文献〔8〕四ページ。

(29) 文献〔7〕四一五ページ。

(30) 本稿の重要なテーマの一つである「統合の原理」という用語法は、最初期マルクスの思想的理論的営為――宗教・国家・貨幣の批判――の背後にあるマルクスの原モティーフであるといえるが、従来のマルクス研究においては十分に認識されているわけではない。その含意するところは、本稿の展開のうちに示されるが、さしあたり、「統合」とは、人間（＝類的存在）の社会的結合ないし共同的連関（＝交通関係）を意味する言葉である。なお、マルクス自身による言説としては、『ミル評注』（ジェームズ・ミル『政治経済学要綱』の抜粋）における、「交換すなわち交換取引は、私的所有の枠内での人間の社会的行為、類的行為、共同本質、社会的交通、統合である」という章句がある。ここでは、人間にとって不可欠な社会的相互関連の外在化した在り方として、「共同本質」Gemeinwesen、「社会的交通」Verkehr、「統合」Integration 等の語句が着目・等置され、最後に「統合」の問題として注視・集約されているといえる。
マルクス『経済学ノート』（杉原・重田訳）未来社、一九六二年、一〇一ページ。なお、拙稿「最初期マルクスにおける『統合の論理』」『大阪経大論集』第一六二・一六三号、一九八五年三月も参照されたい。

(31) 文献〔6〕三九〇ページ。

(32) 文献〔7〕四一五～四一六ページ。

(33) マルクスにおける国家の批判および貨幣の批判についての考察は、次稿以下の課題となる。

参考文献

〔1〕ヘーゲル『精神現象学』（樫山欽四郎訳）河出書房『世界の大思想』第一二巻
〔2〕ヘーゲル『小論理学上・下』（松村一人訳）岩波文庫
〔3〕ヘーゲル『法の哲学』（藤野・赤沢訳）中央公論社『世界の名著』第三五巻

〔4〕フォイエルバッハ『キリスト教の本質上・下』（船山信一訳）岩波文庫
〔5〕フォイエルバッハ『将来の哲学の根本命題他二篇』（松村・和田訳）岩波文庫
〔6〕マルクス『ユダヤ人問題によせて』、『マルクス＝エンゲルス全集』第一巻、大月書店（以下、ＭＥＷ1と略記）
〔7〕マルクス『ヘーゲル法哲学批判序説』、ＭＥＷ1
〔8〕マルクス『フォイエルバッハにかんするテーゼ』、ＭＥＷ3
〔9〕マルクス『経済学ノート』（杉原四郎・重田晃一訳）未来社、一九六二年
〔10〕エンゲルス『ルートヴィヒ・フォイエルバッハとドイツ古典哲学の終結』、ＭＥＷ21
〔11〕鰺坂・有尾・鈴木『ヘーゲル論理学入門』有斐閣、一九七八年
〔12〕ローゼンベルグ『初期マルクス経済学説の形成上・下』（副島種典訳）大月書店、一九五七年
〔13〕杉原四郎『マルクス経済学の形成』未来社、一九六四年
〔14〕平田清明『市民社会と社会主義』岩波書店、一九六九年
〔15〕高島・水田・平田『社会思想史概論』岩波書店、一九六二年
〔16〕大橋・島田『近代的世界観の展開』青木書店、一九六六年
〔17〕良知力『ドイツ社会思想史研究』未来社、一九六六年
〔18〕本田・江口・浜林『進歩と革命の思想（西洋編）上・下』新日本出版社、一九七二年
〔19〕G・ルカーチ『若きマルクス』（平井俊彦訳）ミネルヴァ書房、一九五八年
〔20〕T・I・オイゼルマン『マルクス主義哲学の形成　第一部』（森宏一訳）勁草書房、一九六四年
〔21〕A・コルニュ『マルクスと近代思想』（青木靖三訳）法律文化社、一九六七年
〔22〕カルヴァーノ・デッラ・ヴォルペ『ルソーとマルクス』（竹内良知訳）合同出版、一九六八年
〔23〕D・マクレラン『マルクス思想の形成：マルクスと青年ヘーゲル派』（宮本十蔵訳）ミネルヴァ書房、一九七一年

第二章　市民社会と国家
――宗教・国家・貨幣（Ⅱ）――

Ⅰ

前稿[1]において明らかにしたように、宗教は、人間が、私的エゴイズムの追求を支配的原理とする市民社会の生活環境のなかで、正義を信じ、未来を希求し、その祈りによって対立と貧苦のうずまく現実世界にうち克ち、生きぬこうとするさいの一つの精神的バックボーンであった。別の言い方をすれば、宗教とは、自己の人間的な生命的活動との根源的関係を断たれた諸個人が、信仰を「媒介」とし、神を「中間項」とする「回り道」[2]を経て、人間性の実現、人間相互の結びつきと共同性を奪回し、それによって人間の類的本性にたちかえることをめざしたものであるといえる。しかしそれは、同じく前稿で述べたように、市民社会の疎外の現実そのものにはなんら本質的に抵触することのない主観的で個人的な熱望にすぎない。つまり宗教は、疎外の枠のなかで疎外を、倒錯した非人間的な生活諸関係を自らにひき受けて、それを観念的領域のなかで超越し、「人間的」に生きぬこうとする諸個人の願望と努力の場において成立するものであった。

したがってそれはなお、疎外の内部における疎外の止揚、疎外された「統合」の形態であるといわざるをえない。諸個人は転倒した非人間的諸関係のなかで信仰によって「人間的」に生きるとしても、疎外された非人間的諸関係はそのまま存続する。したがってまた、そのようなものである限りにおいて、宗教における疎外の克服はみせかけのものにとどまり、むしろ不動な現実にたいし受動的な対応にとどまることによって、歴史的にも、しばしば客観的には体制の安全弁となることが少なくなかった。かくて宗教は、「幻想的な共同社会性」(3)として、まさに観念的な人間＝社会的な「統合の原理」(4)としての機能を担ってきたのである。

古代オリエント世界においても、古典ローマ帝国においても、そして暗く長いヨーロッパの中世においても、宗教は国家から公認され特権を与えられるとともに、逆に時の政治的統治を権威づけ正当化する役割を果たしてきた。宗教は国家と癒着し、政教未分離と諸個人の信教の不自由とがそれと対応するかたちで存続してきた。一六世紀の宗教改革も、国家と宗教の関係にかんする限り、とりわけドイツにおいてはルター派の領邦教会制が示したように、大勢としては政教分離ではなく新たな結合をもたらしたにすぎなかった。このような中世的束縛と桎梏のなかからの政教分離と信教の自由という国家－宗教関係における近代的解放は、一六世紀後半～一七世紀のカルヴァン諸派等による激しい宗教闘争と宗教寛容論の思想的展開のなかでかちとられていく。

さらにそれらが近代的憲法の基本原理として明確に定式化されたのは、一八世紀後半、アメリカ革命における「ヴァジニア権利章典」（一七七六年）、「合衆国憲法修正一〇ヶ条」（一七九一）、フランス革命における「人および市民の権利宣言」（一七八九）、同じく「人および市民の権利宣言」（一七九三年）等においてであった(5)。言うまでもなく無神論をもふくめた信教の自由は、思想・信条の自由、学問・言論の自由、集会・結社の自由、職業・移動の自由等の一般的な市民的自由と不可分の関連において、封建制の解体と市民革命の火をくぐりぬけはじめて誕生し、確保されてきたものである(6)。

西欧における近代以前の「国家」は、上述したように、なんらかの度合において宗教と結びつきそれに補完されることによってその統体制を護持してきた。そのような意味において、こうした「国家」を「キリスト教国家」あるいは一般的に宗教的国家または「未完成の国家」(7)とよぶことができよう。このような宗教的国家の直接的・自然的一体性のなかに無自覚に埋没している諸個人の個体性（＝ヒューマニズム）と市民的諸自由（＝立憲共和制）を、政治的に解放することがまさに市民革命における歴史的課題だったのである。

ホッブスやロック以来のイギリスの伝統的慣用において、「市民社会 civil society」、「市民 citizen」という場合の civil や citizen が、国政的なものに対する民衆的なもの、武官に対する文官という語義を含むとともに、宗教的なものに対しての世俗的なものを指し示すということからもそのことは解るだろう。このような世界史的に新しい「市民社会」あるいは「市民」という観念、そうした観念の具体化としての新たな社会関係・人間像は、フランス大革命において一つの完成をみたと考えられた。すなわち市民的人間の理性にもとづく自由・平等・友愛という啓蒙主義的理想社会＝国家がここに実現されたと考えられた。

周知のように一七〜一八世紀の思想家たちつまり市民革命を準備した人々は、理性を唯一の基準とし、旧来の神の摂理の下にあるとされたキリスト教的共同体・神学的国家・絶対君主政など存在する一切のものを容赦なく批判し、それにかわる理性社会＝国家の建設を訴える。いまや国家は神の創造によるものでなければ生来の身分によって秩序づけられたものでもなく、旧来の共同体から解き放たれた自由で平等な諸個人の理性と合意によってつくりだされる新たな政治的社会組織とみなされた。すなわちホッブス（Thomas Hobbes, 1588〜1679）にあっては自己保存のための信約 convenant により[8]、ロック（John Locke, 1632〜1704）においては所有権保護のための同意 consent にもとづき[9]、そしてルソー（Jean Jaques Lousseou, 1712〜78）にとっては自由と平等確保のための社会契約 contrat social によって[10]、国家が設立されることになる。

このようにニュアンスの相違はあるが、いずれにしてもかれらの唱える国家は、専制的な絶対君主や封建的諸身分にもとづく政治的支配に対抗し、「神の法」から区別された「自然法」（＝自然・人間の本性にもとづく法則ないし規範）にもとづいて「法の支配」が実現される政治的社会ととらえられていた。国家の下では、万人にとって共通の規範となった実定法により、いかなる諸個人も等しく権利を亨受しうるとともに普遍的に律せられる。要するに近代国家論の原点をなす社会契約論者たちの構想する国家概念は、人間としての諸個人の揺るぎない個体性を起点とし、それが諸個人の自由と自覚にもとづいた契約をつうじて理性国家に統合されていくと考えられている。したがってここでの国家概念は、自由と平等、理性と進歩を保証するものとして、きわめて理想化された楽観的な相貌においてとらえられていた。しかしこれら人間的理性の近代的表明も、結局は歴史的に制約づけられたものであり、社会的には、新たな生産力の上昇を背景にブルジョア的発展をとげつつあった中産市民・独立生産者＝勃興期ブルジョアジーの理想の表現に外ならなかったのである。

Ⅱ

旧制度《アンシャンレジーム》が瓦解し愈々フランス革命が理性国家を実現してみると、新しい諸制度はたしかに旧来の状態にくらべて合理的で一大進歩をもたらしはしたが、決して絶対的に理性的なものではないということが明らかになる(11)。いまやフランス革命への熱烈な感激と期待の反動として、啓蒙的悟性への不信、伝統への回帰、有機的全体への憧憬が人々の心をとらえ、こうしてフランス革命以後、一九世紀の全ヨーロッパの思想家にとって、なによりもまず対決しなければならない問題は、革命の諸成果をどのように評価するのかという問題となって立ちはだかる。この課題にとりくみ、とりわけ近代市民社会の問題性につまり市民社会と国家の分裂という問題に鋭くせまっていった思想家として、ヘーゲルの名をあげなければならないであろう。

ヘーゲルはアメリカ独立革命、フランス大革命、ナポレオンの栄光と没落、イギリス産業革命という激動の近代史を身をもって体験するが、彼の母国ドイツにおいても、フランス革命後の啓蒙的合理性への反動はドイツロマン主義の運動として台頭し、民族国家的統一へと向かうナショナリズムの機運と重なりあって、領邦的絶対主義による「上から」の近代化の波にのみこまれていく。カント（Immanuel Kant, 1724～1804）にはじまるドイツ古典哲学において表明されていた市民社会＝理性国家への志向は、一転して批判の対象と化すという激しい時代の転回のただなかにあった。ヘーゲルはこうした時代の緊張のなかで思索をすすめ、歴史の要請する新しい体系と秩序の構成を図ろうとする。ヘーゲルがとらえた近代における問題の核心は市民社会と国家の分裂という事態である。一九世紀一〇〜二〇年代の時点において、市民社会の矛盾をヘーゲルほど鋭利につきつめた思想家は恐らく存在しなかったといえる。当時においては、近代市民社会と近代市民の致命的限界性は、フランス的啓蒙の徹底化において、市民社会の論理の枠内で解決されうるという認識が一般的であった。

ところで、「市民 citizen、citoyen、Bürger、Staatsbürger」[12]、あるいは「市民社会 civilsociety、société、civil、bürgerliche Gesellschaht」[13]という啓蒙思想の政治的中心概念をなす言葉は、一三・四世紀より「臣民 subject、sujet、Untertan」の対立概念として日常的に使われだしたものであるが[14]、元々は古典古代における都市国家＝政治的共同体に起源をおき、その成員たる市民の具有する国政参画の権利・資格と一体のものと理解されていた。それが専制的教会的権威に対抗するいわば革命的概念としてひろく使われるようになるのである。その場合注意すべきは、アリストテレス以来の古典政治学の系譜のなかでは、市民社会（アリストテレスにおける koinonia politike、キケロにおける societas civilis）と、国家（同様に polis、civitas）とはまったく同一のものと了解されており、この市民社会と国家の等置・一体視が一八世紀中葉にいたるまで、すなわちホッブス、ロック、ルソーからカントにいたるまでの伝統的語法をなしていた[15]。

歴史的にも古典古代ポリスの都市民は、その個体的存在形態が共同体成員＝共同体内社会的分業の担い手であることによって、同時に政治的資格＝市民権をもった同市民関係のもとにあったし、中世における身分的階層的社会編成のもとでも、諸個人の社会的立場＝身分は政治的立場＝身分と直接に一致していた。こうした前近代社会における身分的編成原理＝社会的生活と政治的生活の直接的同一性は、フランス革命によって（政治的＝形式的に）自由・平等・人格の原理におきかえられ、市民社会における社会的生活を国家＝政治的生活にとってなんら関係のない私生活レベルの問題として、完全に分離したのである。すなわち市民的人間の自己解放は市民的人間の公民と私人への自己分裂でもあった。

ヘーゲルはこのような近代社会の分裂の認識、あるいはそれと表裏をなす近代市民的人間の自己分裂と苦悩を哲学的出発点とする。一九歳の神学生ヘーゲルが大革命の報を歓呼をもって迎えたというエピソードは有名だが、初期のヘーゲルにおいては、全体と個＝公と私の生き生きとした統一の原像・理想型を古典古代ポリスの共和制にもとめ、その「人倫 Sittlichkeit」[16]的再生をなおフランス革命に期待している。しかし、近代社会の体制的展開とそれへの認識の深化は、やがてそのような牧歌的歴史観への固執を許すようなものではありえない。

かくて後期のヘーゲルにおいては認識の歩はすすみ、市民社会は、一方では近代的諸関係の自己解放の相においてつかまれるとともに、他方では崩壊した人倫の所産という相においてつかまれる。換言すれば、近代市民的人間を貫く絶対的個別性の原理は、古典古代ポリスの人倫的一体性のなかには存在しなかった生の外化・自立性の契機として、分裂の多様性は多様性への分裂、より高い統一への前提であるとしても、失なわれた人倫・「理念の分裂態」[17]に外ならぬという。後期ヘーゲルのこうした市民社会概念の批判的再構成＝近代的再措定は、市民革命後の新たな歴史的現実をまえに、この語の近代的意義づけを獲得すべく、伝統的古典政治学および自然法思想との対決、とりわけジェームス・スチュアートやアダム・スミスによる国民経済学の受容をとおして達成されたものである。[18]その最後の表現を『法の哲学』（一八二一年）においてみることができる。

『法の哲学』の課題は、ヘーゲルの言葉を借りて一言でいえば、市民社会＝「理念の分裂態」の諸矛盾・諸対立を止揚するものとして、国家＝「人倫的理念の現実性」[19]を措定し、「国家を、一つのそれ自身のうちで理性的なものとして概念において把握し、かつあらわそうとするこころみ」[20]であるといえる。ヘーゲルによれば、現実的なものとしての自由の理念すなわち人倫は、（1）家族―（2）市民社会―（3）国家の三つの段階を通って展開し、[21]最後に「理念の真実態」としての国家にたどりつく。以下、その論理を追ってみたい。

（1）家族　家族は人倫の自然的・直接的一体性として愛を己の規定としている。諸個体は一個の独立の人格としてではなく成員として存在する。しかし家族は多数の家族に分かれていき、家族的統一のなかで一つに縛られていた諸契機が、それぞれ独立の実在性をうるにいたり、かくて自然的人倫の直接的統一性はやぶれ、特殊性と普遍性に分裂することになる。それが「人倫の喪失態[22]」としての市民社会である。

（2）市民社会　市民社会においては、一方において、諸個人は「特殊的人格として自分にとって自分が目的[23]」であり、そこにおいて己の諸々の欲求、偶然的恣意、主観的好みを自由奔放に満足させる。これが市民社会のいわば第一原理をなし、市民社会は「欲求の体系 das System der Bedürfnisse[24]」としてあらわれる。欲求は限りなく新しい欲求をよびおこし、市民社会はこうして生みだされる激しい諸対立とその縺れにおいて、放埒な享楽と悲惨な貧困、肉体的かつ倫理的頽廃の光景をくりひろげる。他方、特殊的人格＝個人は他の特殊的人格＝個人を通してはじめて己の利己的目的を実現する。つまりすべての特殊的人格にとっての「普遍性の形式」を通して自己を貫徹させなければならない。これは市民社会の第二原理をなし、「全面的依存性の体系[25]」を存立させることになる。この依存性は生計と福祉、権利のなかに編入され保障されていくが、重要なことは、第二原理はあくまでも第一原理を通じ第一原理のうちに映現するだけであり、両者の実体的一体性は内的必然性としてその限り偶然性に委ねられている。

（3）国家　しかし普遍性への志向は、市民社会内において「司法活動」「福祉行政」とりわけ「職業団体 Korporation[26]」を通じて国家の人倫的基礎を培っていく。すなわち市民社会の諸組織は特殊性に従ってさまざまな部門に分かれ、同輩関係の組合（もしくは団体）という形をとるが、このなかでは、特殊的なものをめざす利己的目的が同時に普遍的目的として理解され実証されていく。こうして職業団体における特殊的普遍性は、さらに官僚制や議会制をへて、やがては即自かつ対自的普遍性へすなわち国家的普遍性へ到達し、「国家はおのれが真実の基礎[27]」であることを明らかにするとされる。かくてヘーゲルにおいては、「理念の分裂態」としての市民社会に対し「国家は人倫的理念の現実性である」ということになる[28]。

マルクスは、すでに『ライン新聞』時代において、観念論から唯物論への、革命的民主主義から共産主義への移行を開始している(29)。この移行過程において、前述の市民社会と国家の分裂の問題認識は、彼の近代社会把握の中心的モティーフを規定したものであった。この問題認識が、ヘーゲル法哲学を継承しそれを一つの批判のステップとしていたことは、いまや明白だろう。繰りかえしいえば、近代国家論の原点をなす自然法思想あるいは社会契約論においては、近代市民社会の分裂の認識は不分明のままであったし、ヘーゲル自身がこの概念の獲得に際し多大の影響をうけたイギリス国民経済学においても、たとえばアダム・スミス（Adam Smith, 1723~90）において、市民社会の主要な原理を「利己心 self-love」(30)に認めつつ、なおそれを「自然的自由の体系 system of natural liberty」ととらえ(31)、社会経済過程への国家の介入を最少限に抑えるべきもの（国防、治安等のためには必要）とみなしていたことからも、ほぼ同様のことが解る。

　初期マルクスは、ヘーゲル出自のこの問題意識をうけとり、それを鍛えていくのである。マルクスによるこの批判的継承の作業は、『ライン新聞』の発禁・退職の後、「クロイツナハ草稿」＝「ヘーゲル国法論の批判」（一八四三年）を経て、『独仏年誌』の二論文――「ユダヤ人問題によせて」および「ヘーゲル法哲学批判序説」――に結実していく(32)。「クロイツナハ草稿」のマルクスは、「ヘーゲルにおいて比較的深いところは、彼が市民社会と政治的社会の分離を矛盾と感じている点(33)」にあると評価しつつ、その致命的限界性を、第一に方法論におけるその思弁的性格において、第二に政治的な現状弁護論としての性格において、批判する。

　すなわち第一に、ヘーゲルにとって市民社会は、前稿でも考察した理念の自己媒介・自己帰環の体系のなかで、はじめから国家によって否定され止揚されるネガティヴな概念として措定されているにすぎない。換言すれば、ヘーゲルにおける思惟の道程は、対象に即して展開されるのではなく、むしろ対象を自己完結的な理念にしたがって展開している。つまりは「主語と述語の転倒」、「固有な対象の固有な論理」の欠落、これがマルクスの批判の枢要点であり、当面の対象に即していえば、「家族と市民社会は国家の前提であり、それらは元々アクティブなものであるが、思弁のなかであべこべに」されているという。[34][35]

第二に、このような論理体系の思弁的自己完結性は、対立=仮象、統一=本質とみなされることによって、市民社会と国家との同一性の確認・和解に帰結せざるをえない。しかしそれは政治的には、シュタイン=ハルデンベルク改革によって「上から」の近代化の道をたどるプロイセン絶対主義下の「res publica〔共和国〕はドイツ語にはまったく訳せない」という状況に照応し、それを背定的に論拠づける実践的意味あいを担っていた。まさにマルクスのヘーゲル法哲学批判の核心は、一つの時代錯誤としてのこの立憲君主制の「ヤヌスの頭」を砕くことにあったのである。[36]

ヘーゲルを批判的に継承したマルクスの面目の躍如たるところは、ヘーゲルの法哲学がたしかに一面では、後進的プロイセン絶対主義の現状によって定位されたものであるにしても、他面それは、「歴史的同時代人ではないが、その哲学的同時代人」であること、つまり「公式の近代的な現在と平価（alpari）をたもっている」という歴史認識とそこからくる課題設定にある。マルクスがヘーゲル法哲学の批判において自らに課した課題は、たんに時代錯誤としてのプロイセン絶対主義の批判に終始することではなく、世界史的同時代としての近代を視野に収め、それを根底的に批判する視点を獲得しようとしたところにあった。[37]

「ユダヤ人問題によせて」および「ヘーゲル法哲学批判序説」においては、なお特殊ドイツ的ニュアンスをうかがわせるとしても、そこにおける宗教的国家と政治的国家、市民社会と政治的国家、私人と公民、政治的解放と人間的解放という対置の様式は、なおドイツの現実においては未展開のものでしかなく、したがってそれは、特殊ドイツ的思考をブルジョア近代の超克という世界史的普遍性に高めることによって、照射された問題認識の構えに外ならなかった。したがってこの課題の遂行は、マルクス自らの出立点をなす一つのドイツ的現実としての青年ヘーゲル派に対する批判であるとともに、「マルクス以前のマルクス」との訣別の過程をオーバーラップするものでもあった。具体的には、青年ヘーゲル派的な意識の内部における自己疎外の批判は現実的な批判へ、すなわち宗教の批判は国家の批判へ、そしてさらに近代の国家を生みだす政治的解放の歴史的限界性そのものが、批判の俎上にのせられるのである[38]。

以上のマルクスの理論的枠組は、上記「クロイツナハ草稿」による準備段階を経て、『独仏年誌』二論文に集約されていくが、以下では、本稿の主題に沿いつつその論理構成を追ってみる。

(1) 宗教的国家と政治的国家・政治的解放の関係

前近代におけるいわゆる宗教的国家は宗教の補完を必要とする未完成の国家であるが、市民革命＝政治的解放は、宗教を公法から私法の領域へ追いやることによって、人間を宗教から政治的に解放する。政治的解放の結果として成立する政治的国家においては、宗教は国家の精神であることをやめ、逆に国家は、自己の政治の遂行において宗教を必要としない。その意味で近代における国家＝政治的国家は、国家としての国家、完成された国家または民主的共和制である。いまや宗教の人間的基礎は現世的な仕方で現れ現世的な仕方で処理される。かくてマルクスは、「政治的解放は、たしかに、一大進歩である。それはなるほど人間的解放の最後の形式ではないが、しかし従来の世界秩序の内部における人間的解放の最後の形式である[39]」というのである。

言うまでもなく政治的解放は古い市民社会あるいは封建制の解体であるが、古い市民社会においては、財産・家族・労働等の私的＝市民的生活の諸要素が、領主権・身分・職業団体等の公的＝国家的生活の諸要素と直接に合体していた。政治的解放は、共同体から民衆を分離し、古い市民社会の政治的性格を揚棄することによって、封建社会をその基礎に、つまり市民社会の単純な構成部分である諸個人に解消する。「しかしそれは、実際にその基礎となっていたままの人間、利己的な人間への解消[40]」であった。

(2) 政治的国家と市民社会、公民(citoyen)と私人(bourgeois)への分裂

こうして古い市民社会においては一体となっていた普遍的事項と特殊的事項、一般的利害と個人的利害は分裂し、政治的国家と市民社会は分裂する。いまや政治的国家は人間の類的生活としてかれの利己的物質的生活に対立し、利己的物質的生活は国家の領域の外に、市民社会のなかに存続する。したがって「政治的国家が真に発達をとげたところでは、人間は、ただ思考や意識においてばかりでなく、現実において、生活において……二重の生活を営む[41]」ことになる。すなわち一方では政治的生活—公民(シトワイアン)として、他方では市民的生活—私人(ブルジョア)として。

「市民社会の成員としての人間は、本来の人間、公民(citoyen)とは区別された人(homme)」であり、「その感性的・個別的・直接的なあり方における人間[42]」、すなわち利己的な個人=私人(ブルジョア)である。そこでは諸権利は、人間と人間の結合にもとづくものではなく、むしろ人間と人間の区分にもとづいている。諸自由はかかる政治的権利に支えられた自由としてのみ定在する。つまり人間は宗教から解放されたのではなく宗教の自由を得たのであり、また所有から解放されたのではなく所有の自由を得たのである。しかしそれらは、マルクスのいうように、「孤立して自己に閉じこもったモナド〔単子〕としての人間の自由[43]」に外ならない。

(3) 政治的国家における疎外の構造と人間的解放の論理

それに対し真の人間・類的存在としての人間は、国家の内部において、政治的生活における人間において想像されている。しかし政治的人間は、現実的な個人的な生活をうばわれた、非現実的な普遍性における人間にすぎず、抽象化された人為的な人間=法人としての人間であり、抽象的な公民(シトワイアン)の姿における人間に

すぎない。逆に言えば、政治的国家における人間は、本来のあるがままの人間（オム）とは区別された抽象的な公民の姿においてはじめて、普遍的・共同的存在としてふるまうことができる。したがって、「人間」は、政治的国家のなかで、「自己自身と矛盾しながら、すなわちある抽象的な局限された仕方、部分的な仕方で、……国家という中間項をとおして、つまり政治的に自己を……自由にする(44)」のである。

こうして政治的解放は、徹底した矛盾のない、人間的解放と異なることが明らかとなる。マルクスによれば、全き解放は、人間の世界・諸関係を、人間そのものに復帰させることに外ならない。すなわち「現実の個別的人間が、抽象的な公民を自分のうちにとりもどし、個別的な人間のままでありながら、その経験的な生活において、その個人的な労働において、その個人的な関係において、類的存在となったときはじめて、つまり人間が自分の『固有の力（forces propres）』を社会的な力として認識し組織し、したがって社会的な力をもはや政治的な力の形で自分から切りはなさないときにはじめて、そのときにはじめて、人間的解放は完成されたことになる(45)」。

要するに、宗教的世界から政治的に解放された人間は、新たに国家のもとへ統合されること、すなわち市民社会と国家の分裂、私人と公民への分裂という近代的構造のなかで、普遍性・共同性を求める人間の類的本性は、抽象的な公民という姿においていまや国家に統合されることを知る。このような国家における「統合の論理」は、すでに前稿において考察した宗教的統合の論理構造とまったく同一の構造を示すことも了解される(46)。すなわち、市民社会の苛酷な現実の上にたつあるがままの利己的人間とあるべき類としての人間本性への二重化と分裂をまえに、祈りをとおして神にふれ、天上に投影された人間としての自己の本性に合体し、自己の承認と共同性への帰還をとげるという宗教的統合の構造は、いまや公民としての諸権利・資格の行使を通して国家の一員となり、政治的に敷衍された人間の概念に合致していくという、国家的統合の構造にそのまま再現されるのである。諸個人は、観念的にではあれ、神のまえでは区別なく平等な人間であったように、国家のまえでは、可能的・形式的に、抽象的諸権利を付与された公民として平等な存在であり、その限りにおいて類的共同性を獲得したとみなされる。
宗教的統合は、空想のなかでの天上における統合にすぎないといえる。つまり宗教的彼岸は此岸における人間の生活となんら現実的な交渉をもつものではなかった。それに対し、国家における統合は地上の政治的生活における統合であり、現実生活と実際にかかわりをもち、諸個人は、公民として、法・制度・権利・義務等々と交渉していく。したがって国家的統合は、観念的な宗教的統合の形態に対し「現実的」な統合の形態をなし、現実生活の歴史的前進を意味している。しかしそれにもかかわらず、国家的統合は、なお政治的形態における「抽象的＝形式的統合」であり部分的な統合の形態にすぎない。たしかに公民としては、法のまえでは平等な共同的存在として同じ一票の選挙権を行使し、自由と諸権利を普遍的に享受しうるとされたとしても、具体的＝現実的な市民社会の社会的実相においては、相変らず貧困と格差、対立と相剋が放置され現存する。

むしろ国家は、それら市民社会における諸区分・諸対立あるいは人間の自己分裂・倒錯状況を前提にすればこそはじめて存立し、宗教的統合のもとではなしえなかった、より一層の「強さと深さ」において人々の包摂を可能とし、人間＝社会的統合の原理を展開していく。つまり市民社会における市民的＝私的人間は、あるがままの人間として、直接的に普遍性・共同性に合体しえないがゆえに、いまや国家という「中間項」をとおして、「廻り道」をして類的存在にたどりつこうとするのである。かくて人間の類的本性はいまや自らと完全に分離し、逆に人間と人間の媒介者としての国家のうちに吸収され、一方では国家において生きた主体と化すとともに、他方では類としての統体性《トータリティ》を失ったみすぼらしい人間を客体として放置する。

したがって、国家は人間本性の疎外態であり、したがってまた国家における統合は疎外の内部における疎外の止揚にほかならず、それは近代市民社会の矛盾を現実的に止揚するものではありえない。それゆえ国家における統合はまた、人間＝社会的統合の仮象をなすにすぎず、真の統合、すなわち宗教および国家において疎外された類と個の再統合、すなわち全き人間的解放とは厳しく乖離し対決することになる。かくてまた宗教から国家へと展開されてきた批判は、さらに一歩前進し、それら「幻想的統合」の土台をなす現実の市民社会そのものの批判に向かわざるをえない。

注

(1) 拙稿「宗教・国家・貨幣」『大阪教育大学紀要』第三〇巻三号、一九八二年三月。
(2) 文献〔3〕三九一ページ。
(3) マルクス・エンゲルス『ドイツ・イデオロギー』(広松渉編訳) 河出書房新社、三五ページ。
(4) 前稿「宗教・国家・貨幣」の注 (30) を参照のこと。
(5) 高木・末延・宮沢『人権宣言集』岩波書店、一九五七年、一二二、一二〇、一三一、一四四ページ。
(6) 因に市民革命のイデオローグ＝啓蒙思想家たちは教育の役割をきわめて重視した (ルソー、ラ・シャロテー、コンドルセなど)。フランス革命後、革命政府によって宗教的権威から独立した自由平等な教育制度の立案が開始され、近代的国民教育計画の端緒が切り開かれている。「教育は、すべての者の需要である。社会は、その全力をあげて一般の理性の進歩を助長し、教育をすべての者の手の届くところに置かなければならない」。「人および市民の権利宣言」(一七九三年)、前掲 (5) 一四五～六ページ。
(7) 文献〔3〕三九五ページ。
(8) ホッブス『リヴァイアサン (二)』(水田洋訳) 岩波書店、二七ページ。
(9) J・ロック『市民政府論』(鵜飼信成訳) 岩波書店、一〇〇ページ。
(10) J・J・ルソー『社会契約論』(桑原・前川訳) 岩波書店、二九ページ。
(11)「封建社会の没落から生れた近代のブルジョア社会は、階級対立を廃止しなかった。それはただ、新しい階級、新しい抑圧の条件、新しい闘争形態を、古いものにおきかえたにすぎない」マルクス＝エンゲルス『共産党宣言』、MEW第4巻、四七六ページ。
(12) ドイツ語の Bürger はもともと中世都市 Burg の人という言葉から転じた特権市民というニュアンスが強く、同権市民という意味あいは希薄で、また Staatsbürger もいわば citoyen からの訳語であり、ドイツ語には citoyen に対応する内生的な言葉はないという。ロシア語にも同様に citoyen に該当する言葉はないようである。なおまた同じことが bürgerliche Ge-

sellschaft についてもいわれなければならないが、いずれにしてもそのような言葉の問題の背後に近代市民革命の在り方をめぐるプロイセン的バイアスの存在がうかがえよう。つけくわえて言えば、日本語にはドイツ語の Bürger ないし Bürgerliche Gesellshaft に相当する言葉も内生的にはないが、それは日本の近代化を暗示しているといえる。文献〔7〕、藤野渉「マルクスにおける市民社会の概念」『思想』一九七六年四月、日向健「市民概念と社会主義」『経済論叢』第一二〇巻第五六号、一九七七年一一月等参照。

(13)「市民社会」という言葉は、厳密には、この語の発生の地盤をなす歴史的条件の多様性により、またそれに規定づけられた各思想家の用語法の多様性により、きわめて多義的であるが、ここでは一応、以下の行論において主役が予定されるマルクスにおけるこの語の用語法を整理しておくと、広狭二義の使い方があるといえる。すなわち、広義としては各歴史社会の下部構造（あるいは土台）、狭義としては近代市民社会、が指示されていると理解される。

広義における使用例としては、下記の文章がそれに当たる。

「市民社会は、生産諸力の一定の発展段階の内部での諸個人の物質的交通の全体を包括する。……市民社会という言葉は、一八世紀に、所有諸関係がすでに古代的および中世的な共同体から脱却しおえたときになって現われた。市民社会が市民社会として発展するのはブルジョアジーを俟ってである：どの時代にも国家ならびにその他の観念的上部構造の土台をなしているところの、生産と交通から直接に発展する社会組織は、しかし、ひきつづき同じ名で指称されてきた」。マルクス・エンゲルス『ドイツ・イデオロギー』（広松渉編訳）河出書房新社、一五二～一五三ページ。

また狭義における「市民社会」とは、近代社会の物質的交通関係の総体を理論的（抽象的）に概括しようとした言葉として通常一般的に使用されているといえるが、さらに最狭義においては、歴史的（具体的）な資本主義社会と同義の概念としても使われており、周知の『経済学批判』序言における「市民社会の解剖学はこれを経済学のうちに求められなければならない」（マルクス『経済学批判』、MEW第13巻、六ページ）という章句はそれに当たると考えられる。

(14) 文献〔25〕三ページ、二〇〇～二〇一ページ。

(15) 文献〔12〕八一ページ、一五一～一五二ページ。なおルソーにおいては、市民社会と国家の分裂の認識は不分明であるものの、市民的人間における市民（シトワイアン）と人間（オム）の不一致、二重性格については明確に意識していたと考えられる。「自然人は自分がすべてである」（それに対して）「社会状態にあって自然の感情の優越性をもちつづけようとする人は、なにを望んでいいかわからない。たえず矛盾した気持ちをいだいて、いつも自分の好みと義務とのあいだを動揺して、けっして人間にも市民にもなれない。自分にとってもほかの人にとっても役にたつ人間になれない。それが現代の人間、フランス人、イギリス人、ブルジョアだ」J・J・ルソー『エミール上』岩波書店、一一七、一一八ページ。

(16) ヘーゲルにとってキイ・タームをなす「人倫 Sittlichkeit」（あるいは「倫理」）という概念は、分化・個別化をとげた近代の啓蒙的思惟に対する批判を通過することによって精神の豊かさと全体性を回復し「われわれである我と、我であるわれわれ Ich das Wir、und Wir、das Ich ist」（ヘーゲル『精神現象学』河出書房『世界の大思想』第一二巻、一一五ページ）という個別的にして普遍的な関係が成立することを意味する。したがってそれは通常考えられているように主観的な意志の在り方を意味した言葉ではなく、むしろカント的な道徳主義を超えたところに成立する、すべてが「宥和」した客観的な統一の状態を指し示す概念であるといえる。『法の哲学』に即していえば、「抽象法」の外面的世界と内面的な「道徳」の世界、その高次概念として両者の統一のうえに成立する普遍的共同性の世界、それが「人倫」であるということになる（『法の哲学』の編別構成については後掲注（21）を参照のこと）。

(17) 文献〔1〕四一四ページ。

(18) 文献〔11〕二七～二八、三九ページ、文献〔12〕八三～八五ページ。

(19) 文献〔1〕、四七八ページ。なお国家については、そのほか次のような定式化がみられる。「即自かつ対自的に理性的なもの」（四七九ページ）、「自由の実現態」（四八四ページ）、「地上における神」（五一九ページ）。

(20) 同上、一七〇～一七一ページ。

(21) ヘーゲルの体系は、一般に三分法《トリアーデ》の論理構成を特徴とするが、『法の哲学』においても同様である。以下に示される（なお、家族、市民社会、国家の内部でもさらに三分法にもとづく論理展開がおこなわれているが、省略する）。

Ⅰ抽象法　①所有　②契約　③不法

Ⅱ道徳　①企画と責任　②意図と福祉　③善と良心

Ⅲ人倫　①家族　②市民社会　③国家

(22) 文献〔1〕四一二ページ。

(23) 同上、四一三ページ。

(24) 同上、四二一ページ。

(25) 同上、四一四ページ。

(26) 同上、四七四ページ。

(27) 同上、四七八ページ。

(28) なおヘーゲルは、近代国家の構造について、「主体性の原理がおのれを完成して人格的特殊性という自立的な極点になることを許すと同時に、この主体性の原理を実体的一体性のうちへ連れ戻し、こうして主体性の原理そのもののうちに実体的一体性を保つということにある」(文献〔1〕四八八ページ)といっているが、この近代の主体性原理を包摂したところに成立する近代国家という把握には留意されたい。さしあたり本稿のテーマと関連して、宗教的国家の構造と対比するならば、まさに近代国家の「とてつもない強さと深さ」(同上、四八八ページ)の秘密が理解されるであろう。

(29) レーニン「カール・マルクス」『レーニン全集』第二一巻、六八ページ。

(30) A・スミス『諸国民の富(一)』(大内・松川訳)岩波書店、一一八ページ等。ここではself-loveが「利己心」ではなく「自愛心」と訳されている。適訳探求の試みといえるであろう。

(31) 同上書(三)五〇二ページ。なお、スミス-ヘーゲル-マルクスという「市民社会」概念の把握における継承関係には極めて興味深いものがある。すなわち、スミスにおける市民社会は、「自然的自由の体系system of natural liberty」として、ⓐ肯定的=楽観的色調においてとらえられ、ⓑ市民社会の矛盾は市民社会の内部で解決されると考えられている。それに対しヘーゲルはスミスから経済学を学ぶのであるが、その市民社会は、「欲求の体系das System der Bedürfnisse」として、ⓐ否定的=悲観的色調においてとらえかえされ、ⓑその矛盾は国家において、つまり市民社会の外側で止揚されると考えられている。

マルクスは、この二人の巨人の仕事をともに継承し批判的に改作して「物質的生活諸関係の総体」という市民社会把握を獲得していくが、あえて図式化していえば、ⓐについてはヘーゲルを、ⓑについてはスミスにたち返ってそれを引き継ぐというかたちをとる。詳細については別稿を用意したい。

(32) G・b・ヴォルペは、四三年『クロイツナハ草稿』(および『ミル評注』)と四四年『経済学・哲学草稿』を比較し、「この二つの著作のうちで重要なのは、われわれの意見では、『ヘーゲル国法論批判』のほうである。……にもかかわらずこれまで、イタリアにおいても他の諸国においても、『四四草稿』とはくらべものにならないほどわずかしか研究されていない」(G・b・ヴォルペ『ルソーとマルクス』(竹内良知訳)合同出版、一九六八年、一九四ページ)と主張している。

たしかに『四四草稿』における「疎外」論の盛行に対し、科学的社会主義・史的唯物論の概念装置の形成という視角からみるとき、拙稿の検討の対象とした四三年『ヘーゲル国法論の批判』から四四年『独仏年誌』二論文さらには『ミル評註』の時期において、全体としての社会編成原理・「統合」の論理における原型の成立をみることが注目されてよい。拙稿における①宗教・②国家・③貨幣についての批判的トリアーデは、①社会的意識諸形態・②法的政治的上部構造・③経済的構造=

実在的土台という史的唯物論における骨格的トリアーデとの対応関係を念頭においたものであり、まさにこの時期にこのような形で市民社会把握の基本的概念装置（＝「統合の論理」）が準備されていったと考えられる。

(33) 文献〔2〕三一四ページ。

(34) 同上、二一四、三三二ページ。

(35) 同上、二三六ページ。

(36) マルクス、一九四二年三月五日Ａ・ルーゲ宛書簡、ＭＥＷ第27巻、三四二ページ。マルクスが「res publica〔共和国〕はドイツ語にはまったく訳せない」というとき、次の事情が重なって考えられている。つまり「国家」という概念には以下の二系列があるという事情である。①権力機関あるいはゲバルトとしての国家―すなわちstate、etat、staat、Государство、②社会的公共機関あるいは統合機能としての国家―すなわちrepublicあるいはcommonwealth系の国家。この場合第②系列の言葉がドイツ語、ロシア語にはないという。前掲注(12)参照。

なお権力掌握直前に書かれたレーニン『国家と革命』（一九一七年）における「国家」が上記ロシア語の特異性とも結びつき、その後の解釈において前者の系列に傾斜し（例えば「階級抑圧の機関」「公的暴力」「武装した人間の特殊な部隊」等の国家把握――レーニンには革命後の諸著作においては後者に重点をおいたものもある）、マルクス主義国家論の理解あるいは社会主義建設の実践過程に一定の歪みをもたらす要因となることはなかったか。いずれにしてもマルクス国家論をその歴史的文脈のなかに正当に復元し、その全体性において理解する作業が必要であるといえる。

(37) 文献〔4〕四二〇ページ。

(38)『ユダヤ人問題によせて』は、直接的には青年ヘーゲル派の中心的存在であったブルーノ・バウアーの『ユダヤ人問題』（一八四三年）および『現代のユダヤ人とキリスト教徒の自由になりうる能力』（同年）を批判しようとしたものである。ユダヤ人の解放問題は当時プロイセンにおいて一般的関心をひきつけていた問題であったが、それに対応するバウアーの主張は、一言でいえば、宗教の廃棄を宗教の政治的廃棄と同一視したうえで、宗教一般の廃棄＝「宗教からの解放」＝無神論の徹底を、すべての「前提条件」だとするものであった。マルクスのこれに対する批判は、意識の内部における宗教的解放の不十分性をつくとともに、さらに政治的解放の限界性を問題とし、宗教からの観念的解放および政治的解放にとどまらない、社会的現実そのものの変革に向う人間的解放の論理を提起したものであった。

(39) 文献〔3〕三九三～三九四ページ。

(40) 同上、四〇五ページ。

(41) 同上、三九二ページ。
(42) 同上、四〇六ページ。
(43) 同上、四〇二ページ。
(44) 同上、三九一ページ。
(45) 同上、四〇七ページ。
(46) 前掲注(44)で引用した、「人間は、自分自身と矛盾しながら、すなわちある抽象的な局限された仕方、部分的な仕方で……国家という中間項をとおして、つまり政治的に自己を……自由にする」という文章中の、〈国家→神〉、〈政治的に→宗教的に〉と置き換えてみることにより、両者の論理構造の同一性が明瞭になる。

参考文献

(1) ヘーゲル『法の哲学』(藤野・赤沢訳) 中央公論社『世界名著』第三五巻
(2) マルクス『ヘーゲル国法論の批判』、MEW第1巻
(3) マルクス『ユダヤ人問題によせて』、MEW第1巻
(4) マルクス『ヘーゲル法哲学批判序説』、MEW第1巻
(5) L・グルッピ『マルクス主義国家論(上)』(宮川・佐藤訳) 現代の理論社、一九七一年
(6) A・P・ダントレーヴ『国家とは何か』(石上良平訳) みすず書房、一九七二年
(7) 福田歓一『近代政治原理成立史序説』岩波書店、一九七一年
(8) 田口・田中『国家思想史上』青木書店、一九七四年
(9) K・レーヴィット『ヘーゲルからニーチェへI・II』(柴田治三郎訳) 岩波書店、一九五三年
(10) J・リッター『ヘーゲルとフランス革命』(出口純夫訳) 理想社、一九六六年
(11) G・ルカーチ『若きヘーゲル(上)(下)』(生松敬三ほか訳)『ルカーチ著作集一〇・一一』白水社、一九六九年
(12) M・リーデル『ヘーゲル法哲学』(清水・山本訳) 福村出版、一九七六年
(13) S・アヴィネリ『ヘーゲルの近代国家論』(高柳良治訳) 未来社、一九七八年
(14) Z・A・ペルチンスキー『ヘーゲルの政治哲学(上)(下)』(藤原保信訳) お茶の水書房、一九八一年
(15) 金子武蔵『ヘーゲルの国家観』岩波書店、一九四四年

〔16〕津田道夫『ヘーゲルとマルクス』季節社、一八七〇年
〔17〕加藤尚武『ヘーゲル哲学の形成と原理』未来社、一九八〇年
〔18〕望月清司『マルクス歴史理論の研究』岩波書店、一九七三年
〔19〕広松渉『マルクス主義の理路』勁草書房、一九七四年
〔20〕長洲一二ほか「マルクス・コメンタールⅠ」現代の理論社、一九七五年
〔21〕高島善哉『現代国家論の原点』新評論、一九七九年
〔22〕高島善哉『アダム・スミスの市民社会体系』河出書房、一九五五年
〔23〕増田四郎『西欧市民意識の形成』春秋社、一九六九年
〔24〕井上泰男『西欧社会と市民の起源』近藤出版社、一九七六年
〔25〕W・ウルマン『中世における個人と社会』（鈴木利章訳）ミネルヴァ書房、一九七〇年

なおヘーゲル、マルクスの基本文献をのぞき、前稿であげた参考文献については再掲はしなかった。また前稿関連文献で印刷の後閲読し、参考になったものが少なくないが、とくに以下のものを補足しておく。

〔1〕D・マクレラン『マルクス伝』（杉原四郎ほか訳）ミネルヴァ書房、一九七六年
〔2〕城塚登『フォイエルバッハ』勁草書房、一九五八年
〔3〕城塚登『若きマルクスの思想』勁草書房、一九七〇年
〔4〕竹内良知『マルクスの哲学と宗教』第三文明社、一九七六年
〔5〕細谷昂『マルクス社会理論の研究』東京大学出版会、一九七九年

第三章　貨幣体
――宗教・国家・貨幣（Ⅲ）――

Ⅰ

前二稿(1)において明らかにしてきたように、マルクスの経済学は、市民社会における体制的原理を私的所有において把握し、その経済学的分析を通して、近代市民社会を普遍的に被っている市民《ブルジョア》的生活意識の諸形態を根底的に批判しようとするものであった。『資本論』の副題たる「経済学批判 Kritik der politischen Ökonomie」とは、近代市民的人間の日常的生活意識とその所産である観念体系＝市民《ブルジョア》的国民経済学に対する批判を含意するものに外ならないが、そのことを通じて人類史のダイナミズムのなかに、私的所有の呪縛から解き放たれた自由な諸個体の形成、それら諸個体の再統合を展望するものである。その場合前々稿および前稿において考察した宗教および国家は、いずれも抽象的非現実的にではあるが、それぞれ神または国家の下への人間の統合された在り方を表明したものであり、その限り市民社会において失われた人間本性＝共同性とやがて実現さるべき共同社会を幻想的に代表しているといえる。宗教および国家は、前提としての近代市民的人間の自己分裂を依然として解消しておらず、したがってそれは、疎外の内部における疎外の止揚であり、市民社会の疎外の現実を本質的に止揚＝変革することのない観念的あるいは形式的な「統合の形態」(2)に外ならない。

宗教においては、酷薄な市民社会の現実のなかで自己の人間的な生命的活動を見失った諸個人が、信仰を「媒介」とし神を「中間項」とする「回り道」を経て、人間本性への帰還・人間相互の結びつきと共同性を奪回し、それによって市民社会の疎外の現実を超克しようとする、人間としての懸命な営みが表現されていた。しかしそれは、市民社会の疎外の現実になんら本質的に抵触することのない主観的な熱望にすぎない。たとえ祈りをとおして神にふれ、天上に投影された人間としての自己の本性に合体し、自己の承認と共同性への帰還をとげたとしても、地上における諸区分・諸対立・分裂の状況はいささかも変更・解消されるわけではない。動かしがたい市民社会における結合の喪失、対立と相剋が現にあればこそ、それを前提とし受容した上で、観念の領域において分裂＝疎外からの解放を祈念し、それを抽象的に止揚しようとするものであった。それゆえ、宗教の下での共同性の獲得すなわち宗教的統合の構造は観念的な統合の形態に外ならず、さらにいえば天上と地上、観念と現実の倒錯による幻想性が支配する、「統合の疎外態」に外ならないということができる。

同様に国家においては、いまや宗教的世界から政治的に（全人的にではない）解放された近代市民社会における諸個人の、私人《ブルジョア》と公民《シトワイアン》への分裂あるいは市民社会の苛酷な現実の上にたつあるがままの利己的人間とあるべき類としての人間本性への二重化をまえに、公民として獲得された諸権利の行使をとおして国家に合体し、政治的に敷衍された平等な人間の観念に合致することによって、政治的に自己を自由にし、共同性を実現することの可能性がある。しかしながら、たしかに公民として、法のまえでは同等な共同的存在として、抽象的・形式的に、自由と諸権利を賦与されまた享受しうるとしても、現実の市民社会の実相においては、相変わらず貧困と格差、対立と相剋が放置され厳存する。

むしろ国家も、市民社会における和解しがたい諸区分・諸対立を前提にすればこそ成立する。人間の実存における宗教的世界から政治的世界への進化は、そこにおける解放が政治的・部分的なものにすぎないにせよ、それは一つの巨大な近代史における前進である。近代的生活における思想・信条の自由はもとより、職業・移動・住居・結婚の自由等々を想いうかべただけでもそのことは解る。とはいえ、近代市民的人間が保有する諸権利とは、私的所有を前提とし、それに分断された政治的自由に外ならない。富裕の自由は同時に貧困の自由と裏表にあり、自由の敵は必ずしも自由の外部からやってくるわけではない。したがって国家における統合は、やはり、近代市民《ブルジョア》（＝私人）的人間の実存を前提とした、政治的なすなわち抽象的＝形式的＝部分的な統合であり、したがってまた、国家的統合の形態も疎外の内部での疎外の止揚であり、統合の疎外態に外ならない。

ところで、宗教および国家の形態における統合がいずれも「統合の幻想的形態」にすぎないとすれば、それでは市民社会の現実において諸個人を結びつけ、人間相互の社会的関連を媒介し実現する生きた紐帯となっているもの、すなわち「実在的な統合の形態」は一体何であるか。結論を先どりすれば、それは貨幣である。市民社会の現実においては、貨幣は、自己にとって必要なものをいつでも入手しうる、普遍的・絶対的富の社会的な定在形態であるといえる。つまり市民社会に生きる人々の生命の維持・再生産に必然的にともなう諸欲求は、特殊で多様な諸欲求の総体からなり、それら特殊な使用価値を有する諸物（精神的なものも含む）の、交換を通じての獲得・補填によって充足されるが、諸商品の交換は、諸商品のあらゆる質的区別が消失した普遍的形態にある商品、すなわち貨幣（「一般的交換可能性の形態」[3]）を媒介項とする相互譲渡により達成される。

市民社会において私的諸個人＝諸商品の所有者は、自己の所有する特殊的商品を、それを必要とする他者に無償で譲渡するわけでも、他者（もしくは社会）の利益を考慮した上で交換するわけでもない。私的諸個人はそれぞれ自己のエゴイズムの赴くままに、貨幣の獲得を想い描きながら、自己の所有する商品1（賃金労働者にとっては労働力商品）をまず貨幣と代え、その貨幣をもって自己の欲する商品2を手に入れる。W_1－G－W_2。かくて貨幣Gの獲得は「命がけの飛躍」となる。私的所有に立脚し分業と交換の網の目にはりめぐらされた市民社会においては、直接的には諸個人のエゴイズムに促されながら、結果として諸個人相互の必要が充足されていくという、市民社会に特有の人間相互の社会的関連が形成される。まさに市民社会におけるこの社会的関連を仲介し、その媒体となり、したがってまたそれを「統合」していくものこそ貨幣に外ならない[4]。

貨幣についての社会哲学的考察をふりかえると、ずいぶん古くからあることが解る。たとえば古典古代における最大の思想家アリストテレス（Aristotels、BC 384~322）は、『ニコマコス倫理学』および『政治学』において、貨幣の発生とその諸機能等について重要な指摘をおこなっているし、『旧約聖書』においても、生成途上の貨幣であった金銀について、四一五回言及しているという[5]。いずれにせよ、古代の思想家においては、貨幣を、総じて古き良き共同体《ポリス》の破壊者ととらえている。アリストテレスによれば、物と物との交換（＝「交換術」[6]）は、最初にして最古の共同体においては未だなく、後代の共同体に初めて現われるという。しかしそこでも貨幣と貨幣を目的とした交換（＝「貨殖術」[7]）はなお存在しない。貨殖術はやがて交換術のなかから生じてくるものの両者はまったく別者であり、貨殖術においては、「合自然的」で自立自足的な生活の需要を充すものではなく、あたかも「善く生きることではなくてただ生きることに熱中する」ようになると述べている[8]。

『旧約聖書』においても、「創世記」の最初の部分に「一つの川がエデンから流れ出て園を潤し、そこから分れて四つの川となった。その第一の名はピソンといい、金のあるハビラの地めぐるもので、その地の金は良[9]」かったと記されている。少なくともここには、『旧約』の作者にとって金＝貨幣の特別の地位が知られていたことがうかがわれる。また『新約』「ヨハネ黙示録」の次の叙述は、貨幣の悪魔性とその発生の秘密が象徴的に述べられたものとしてつとに有名な部分である。「この者どもは、心を一つにしており、自分たちの力と権威を獣《けもの》にゆだねる。この刻印のある者でなければ、だれも物を買うことも売ることもできないようになった。この刻印とはあの獣の名、あるいはその名を表わす数字である[10]」。

要するに最古の文献に目を通していえることは、貨幣はその発生以来、神を汚すものあるいは古き良き共同体を破壊するものととらえられている。[11] 言うまでもなく、後にも述べるように、ここにいう貨幣の魔性とは、貨幣それ自体の自然属性からくる素材的魔性ではなく（端的にいえば、それは物理的化学的存在としての Au にすぎない）、一つの歴史的社会的な人間関係を体化した貨幣の社会的魔性に外ならない。[12] さきの「ヨハネ黙示録」は上の記述につづけて「ここに智恵が必要である。思慮のあるものは、獣の数字を解くがよい。その数字とは、人間をさすものである[13]」と述べている。この暗示的な言葉は、貨幣を生みだす社会において、いわば宿命的に宿す人間＝貨幣人の「原罪[14]」、己が魂の汚濁にこそ目を向けさせているといえよう。

西洋社会も中世までは概ね農耕社会あるいは自給自足的な農・工一体の共同体社会であったが、こうした素朴な社会では、生産はほとんど慣習的に固定された需要を充すものであり、それらは自然的統一のうちに抱かれている。旧来の統一ないし均衡を超え出ようとする欲求は制限され排斥される。したがって、こうした自然性的な社会への商品・貨幣関係の浸透は極めて稀薄であるが、やがて一定の発展の後存在したとしても、そこでの生産と消費を媒介する流通形態は W_1－W_2（物と物または商品と商品との直接的交換）あるいは W_1－G－W_2（商品1－貨幣－商品2）である。いずれにせよ生産－流通の目的は終着項たる W_2 すなわちある別の種類の物または商品、その使用価値の消費またはそれによって自足する運動であって、貨幣それ自体を目的とした流通つまり貨殖G－W－G'、G'＝G＋Δgではない。ところが貨殖＝Δgの獲得は、それ自体さらに出発項となってG'すなわち新たなΔgを獲得しようとする無限運動の形態にあるから、無限の欲望・過剰と享楽に結果し、それゆえ古代から中世にいたるまで、貨幣は自然に反するものとみなされてきたのである。

商品・貨幣経済の流れは、ヨーロッパ社会においては一二～一三世紀頃よりしだいに浸透し成長していく。それに対応して道徳や価値観は変化し、これまでともすれば罪悪視されてきた人間の精神的・肉体的欲求（バロック音楽・美術・文学等）も大胆に主張され肯定されていくようになる。こうした中世的人間観から近代的人間観への転換の背後には、いまや潮が満つように歴史の前面にでてきた商品・貨幣経済の発展と、その新たな担い手たる近代市民《ブルジョア》的人間の活動・存在様式の全面的承認がある。

話を本題たる貨幣に戻すと、上述のような時代の転換のなかで、貨幣についての認識も変化がみられる。一五末～一七世紀には、近代的諸国民のあいだに一般的な黄金熱があらわれ、絶対主義国家または初期ブルジョア国家の植民政策が遂行される。新大陸の発見者コロンブスの西インド諸島からのスペイン女王イサベル宛手紙のライトモチーフは金についての話である。コロンブスは次のような一つの哲理を述懐している。「金とは完全無欠のことである。金は財宝を造り出し、それを所有するものは、望むことをすべてかなえることができ、また人間の魂を天国へ連れてゆくことさえできる」[15]と。その後中南米から金銀が運ばれるようになると、金銀をめぐる大規模な血なまぐさい戦いがはじまる。こうした略奪的な富が本源的蓄積期の最初の資本になっていくのであるが、近代市民《ブルジョア》社会の幼年期における初期植民政策の体系、最初の資本の理論的表明として重金主義《ブリオニズム》あるいは重商主義《マーカンティリズム》があらわれる。彼らはなに憚ることなく、「金銀すなわち貨幣は唯一の富である」と言明し、また「ブルジョア社会の使命は金を儲けること」[16]にあると宣言する。

重金主義と重商主義は、市民《ブルジョア》的生産の初期段階にふさわしく、粗暴で素朴な形態ではあるが、富の本性を富の明瞭な光り輝く形態においてとらえている。それに対し市民的生産の一層の発展の上に成立する成熟した経済学説である古典派経済学《クラシカル・エコノミー》（＝ブルジョア国民経済学）は、貨幣を唯一絶対の富とした重金主義・重商主義の誤りを批判し、それを社会的再生産過程の一要素、商品の総循環＝総変態内部における一姿態と理解し、貨幣をたんに富の流動的形態と把握することによって、前者の黄金幻想を批判する。しかし、そうした幻想が生まれる前提としての市民社会の本性、その編成原理としての私的所有の問題性を等閑視しているがゆえに、やはり究極的には同じ歴史（＝ブルジョア）的視野の中で議論しているものといえる。

たとえばA・スミスにおいては、「富とは、貨幣すなわち金銀のことだという考え方は、貨幣が、商業の用具として、ならびに価値尺度として、二重の機能をもつことから、自然に生じた通俗の見解である」[17]と、金銀＝貨幣への重商主義的熱中を批判しつつも、「貨幣がすべての文明国民において商業の普遍的用具[18]」となったことは、まったく自然のことだと受けとめている。つまりスミスにとっては、貨幣にたいする過度の崇拝は馬鹿げたものであるとしても、貨幣それ自体はとりわけ怪しむに足りないものだった。こうしたスミスの貨幣認識は彼の市民社会認識と深く関連していること、言うまでもない。

スミスが市民社会を「自然的自由の体系 system of natural liberty」と肯定的に評価したことはすでに前稿において論及したが、逆にそれを「欲求の体系 das System der Bedürfnisse」として批判的に考察した人はヘーゲルである。初期のヘーゲルは、近代市民的人間の自己分裂を認識し、その統一回復の原像を古典古代の共和制《ポリス》に、あるいは理性的主体的キリスト教にそしてカントの理性的道徳に求めるが、後期ヘーゲルは、市民社会認識の学としての経済学との接触[19]とりわけJ・スチュアートやスミスを介して、かつて理想とした古典古代の共和制を、「近代のより高度の原理」である「絶対的個別性の原理」を欠いたものに外ならない[20]とみなすようになる。

ヘーゲル「人倫の学」にとって分岐点をなす『キリスト教の精神とその運命』においては、ソロンとリュクルゴスそしてモーゼをとりあげつつ、彼らの立法する自由と平等は無力でしかなかったと指摘し[21]、またイエスが生活上の憂いをなげうち財富を軽くみるよう要求した「富んでいる者が天国に入るのはむずかしい[22]」という言葉に対し、次のように回答する。「恐らく何も言うことはあるまい。それは説教や詩句の中でのみ容赦される繰り言である。……財産というものの運命は私たちにとって余りにも強力であるから、それについて反省することは耐えられないし、それから離れてしまうことは私たちに考えられない[23]」と。ここには個の自立性の了解の上にたった近代市民社会を、その限り肯定・承認し、もはやその歴史的必然性に目を背けることなく立ちむかっていくヘーゲルをみることができる。かくて市民社会は、ヘーゲル人倫の体系の不可欠の構成部分として位置づけられ、その内的編成の究明が不可避の課題となるのである。

ヘーゲルの市民社会把握は、国民経済学の受容を介して、欲望・労働・享楽[24]あるいは占有の獲得・労働そのもの・生産物の占有[25]というトリアーデの形式をもつ経済学的カテゴリーとして体系化されるが、本稿の主題である貨幣の考察については次のように表わされる。ヘーゲルによれば、近代市民社会は私的所有にもとづく自立した人格の結合状態であり、古典古代ポリスの奴隷制にみられた人格的依存性へ陥ることはない。そこでの諸人格の結合は、社会的分業と交換を基礎にしておこなわれる。労働は自己の欲求を充すための個別的なものであるとともに、相互に他人の必要を充すという普遍的性格を有する。この労働ならびに労働生産物の普遍性を観念的に規定するものが価値であり、実在的なものとして自己を定立するものが貨幣である。[26]「貨幣、これこそ対象的存在の概念であり、統一の形態であり、言いかえれば、欲求の向かうすべての物の可能性の形態」となり、「共同性と相互依存性の巨大な体系が、おのずから死せるものの自己運動」として形成されるという。[27]

市民社会を「欲求の体系」として把握したヘーゲルは、社会的分業と交換の相互依存性の下では「貨幣はすべての事物を代表する[28]」ものとなるとおさえられる。貨幣の究極の本質はやはり人間の社会的相互関係にあり、それが「外化 Entäußerung」することによって、貨幣は市民社会における私的労働を媒介とした人間自身の生産物でありながら、その対象的性格に規定された自己運動の必然によって、自己自身に疎遠なものとなり、人間を支配するものになると捉えられるのである。ヘーゲルの貨幣認識が、その批判的な市民社会認識とともに、マルクス貨幣把握の出発点において多大な影響を及ぼしたであろうことは[29]、想像に難くない。

Ⅲ

『ライン新聞』を退いたマルクスの最初の思想的理論的営為は、自己の出生の土壌をなすヘーゲル体系――とりわけ『法の哲学』――との格闘であったが、その批判的継承の作業のなかで、市民社会概念の批判的合理的内容をとりだし、市民社会そのものの内的構造の解明に迫っていく。『独仏年誌』時点におけるマルクスにとっては、経済学研究の課題はなお前方にあるものの、パリ時代（一八四三年一〇月〜四五年二月）四四年初頭に開始される経済学研究とその成果である『ミル評註』（一八四四年）および『経済学・哲学草稿』（同年）、さらに後年の『経済学批判要綱』（一八五七－五八年）における、「社会的交通の疎外態 die Entfremdungsform des geselliger Verkehr」[30]あるいは「物象的依存性 die sachliche Abhängigkeit」[31]にもとづく市民的生産＝交通体系という、マルクス市民社会把握の主要モティーフは、すでに『独仏年誌』二論文のなかに萌芽的にこめられていたと考えられる。

『独仏年誌』二論文（一八四三年末）とりわけ「ユダヤ人問題によせて」は、前節において言及したヘーゲルの「外化」の概念を継承・媒介しつつ、エゴイズムを行動原理とする私的諸個人（＝私的所有者）と市民社会におけるその神たる貨幣に照明をあてることによって、マルクス独自の市民社会批判の立脚点、その基礎視角をとりだそうとするいわば試論的体系構築の書であったといえる。つまり経済学研究の作業はなお十分に進行していないものの、そこにおいて決定的に欠如するヘーゲルおよびヘーゲル左派への批判を含意することによって、宗教問題および政治的解放の問題とをとりくみ、さらにその背奥にある国民経済学的事実、その糸口にとりつきつつ、経済学批判を視野に収めたマルクス独自の見解がはじめて開陳されたものである。

マルクス「ユダヤ人問題によせて」は、前稿に略記したように、直接的にはヘーゲル左派の中心的存在であったブルーノ・バウアー「ユダヤ人問題」（一八四三年）および「現代ユダヤ人とキリスト教徒の自由になりうる能力」（同年）を手がかりとしつつ、当時プロイセンにおいて広範な関心をひきつけていたユダヤ人の解放問題をとりあげ、意識の内部における宗教的解放の観念性をつくとともに政治的解放の形式的限界性を問題とし、さらに「欲望と利己主義の神」「吝嗇なユダヤの神」（＝貨幣）をたえず生みだす市民社会の現実、その止揚・変革にむかう人間的解放の論理を提起したものであった。バウアーにおいては、ユダヤ人の観念的・抽象的本質つまりその宗教がかれらの全本質と考えられ、ユダヤ教からの解放こそがユダヤ人解放の前提条件だとされる。それに対しマルクスは、ユダヤ人解放の問題を、かれらの宗教のなかに求めるのではなく現世のユダヤ人が生活する市民社会の現象のなかに求め、次のように問題を提出する。

「ユダヤ教の現世的基盤は何か？　実際的な欲望、私利である。ユダヤ人の現世の祭祀は何か？　暴利商業である。彼らの現世の神は何か？　貨幣である」(32)。貨幣を神とする現世ユダヤ教からの解放が現世ユダヤ人の自己解放である、と。しかし、ユダヤ教からの解放はたんにユダヤ人だけの問題ではない。市民社会の現実は、その宗教の具体的現世的形態如何にかかわりなく、すべからく人を現世ユダヤ教＝市民社会における貨幣神の信者とする。市民社会の神たる「貨幣は、人間の労働と存在とが人間から疎外されたものであって、この疎外されたものが人間を支配し、人間はこれを礼拝する」という(33)。したがって、市民社会の神たる貨幣からの解放、疎外態としての貨幣なきユートピアの実現(34)。これこそ、なお着想の域を十分出るものでないとはいえ、『独仏年誌』の若きマルクスが剔抉した市民社会批判の基礎視角であり、その後終生にわたって継続され、かの経済学研究を脈々と流れつづける原モティーフに外ならない。

ところで国民経済学はおしなべて、貨幣を交換のためのたんなる便宜手段とみなしていること、そうした貨幣把握が彼らの社会把握と深く関連していることについては、すでに前節において示しているが、たとえばA・スミスは、人間はその社会的本性により交換をおこない（「交換性向」）、分業によって社会全般の富裕が実現されていくと述べた有名な件において、次のように言う。「文明社会では……人間は、仲間の助けをほとんどいつも必要としている。だが、その助けを仲間の博愛心にのみ期待しても無駄である。むしろそれよりも、もしかれが、自分が有利となるように仲間の自愛心《セルフ・ラブ》を刺激することが……できるなら、そのほうがずっと目的を達成しやすい。……われわれが自分たちの食事をとるのは、肉屋や酒屋やパン屋の博愛心によるものではなくて、かれら自身の利害にたいする彼らの関心による」(35)。したがってまた、「人間のあいだでは、はっきり違った天分がたがいに役に立つのである。すなわち取引し、交易し、交換するという一般的性向のおかげで、人間のそれぞれの才能が生みだすさまざまの生産物は、いわばひとつの共同の資財《ストック》となり、だれでもそこから、他の人々の才能の生産物のうち自分の必要とするどんな部分でも購入することができるのである[36]」。

　みられるとおり、スミスは、分業と交換のもとで展開される異なる諸能力を有する異なる諸個人のエゴイズムが、その動機には全く無関係に彼ら相互の利益と共同のストックの形成に結果すると述べつつ、じつは、社会をなして生活する人間にとって普遍的な人間相互の社会的関連が存在することを、明確に理解しているといえる。つまりマルクスの言葉に置きかえていえば、国民経済学は「疎外された形態」においてであれ、「社会的交通」という普遍的で歴史貫通的な人間の相互連関をつかんでいる。しかしながら、同時に重要なことは、人間相互の社会的連関を相互に排他的な私的所有者の社会的連関と同一視することによって、社会的連関のある特殊な形態を人類にとって普遍的なものとしてしまう。つまり人間の本源的共同性、人間的生活を営むための相互的な補完行為を交換ならびに商業という形態でのみとらえてしまうのである。貨幣はそこにおいて便宜をもたらす、「流通の大車輪であり商業の偉大な用具[37]」、いわば「文明の利器」にすぎない。

　マルクスは上述のような国民経済学の皮相な貨幣認識にあきたらず、貨幣の本質とその発生史《ゲネシス》の必然を私的所有とかかわらせることによって、貨幣存在を世界史展開のダイナミズムにおける一経過点としてとらえかえそうとする。結論を先どりしていえば、社会的存在としての人間にとって本質的に不可欠である人間相互の共同的関連＝「社会的交通」＝「統合」（Integration）が、市民社会においては貨幣によって体現され、その際、貨幣は「社会的交通の疎外態[38]」として現われる――これが国民経済学の批判的研究を通して獲得したマルクスの貨幣把握である（なお、『独仏年誌』におけるマルクスの貨幣認識はいまだ未展開のものにすぎず、以下における貨幣の考察を十全に遂行するため、隣接する『ミル評註』の貨幣論を貸借・援用する）。以下その論理を追いかけてみよう。

①　私的所有者の利己心と交換

市民社会とは相互に独立（＝孤立）した私的諸個人あるいは私的所有者によって構成される社会であるが、この場合、マルクスによれば、「私的所有者」とは「財産の排他的占有によって自己の人格性を確証し、またそうすることで自己を他の人間と区別するとともに他の人間と関係するところの、排他的占有者」[39]である。したがって、その人間としての実現・再生産は、私的諸個人相互間における生産的活動およびその成果の交換と補完をともなってはじめて成就される。しかしながら、私的所有に基礎をおく孤立（＝独立）した私的諸個人の行為は直接的には社会的＝共同的性格をもちえない。つまり、私的所有者としての彼の行為を規定する直接的動機は私人としての利己心であり、けっして社会的要求ではありえない。かれの活動の成果である生産物は、同様にして「対象化された利己心」[40]に外ならない。

私的所有者たちは、直接的には失われている他者との社会的関連をなんらかの形態において獲得することによって、人間としての自己を再生産する。つまり私的所有者たちは、人間としての必要（Not）と欲求（Bedurfunis）にもとづき、「私の定在を完成し、私の本質を実現するのに不可欠とおもわれる他の物象」[41]を所有する他者＝同等な私的所有者と関係をもつこと、私的所有の相互的な外化＝譲渡によって、他者の活動の生産物を領有＝享受するのである。「交換 Austausch」とは、このような私的所有を前提とした「譲渡を通じての領有」[42]に外ならず、かかる交換を通じてのみ、他者との「交通 Verkehr」＝社会的関連をもつことができる。

②　交換の背後にある価値＝貨幣関係

私的所有を前提としたこのような交換は、私的諸個人の具体的・個性的な人格およびその発現としての具体的、個性的な活動を捨象し、無差別で同等な人間であるがゆえのまたその限りでの、抽象的・一般的な人間労働の概念に還元することをつうじてのみ可能である[43]。つまり交換は、双方の側からいって、互いに他者が生産し占有している生産物によって媒介されるのであるが、その場合、上に述べたように私的所有者とその生産物を規定するものは利己心であり、互いにぶつかりあう利己心と利己心を結びつけるものは、自己の必要と欲求の対象として、他者の生産物のなかに等しく存在する人間としての労働以外にはない。

換言すれば、私的所有相互の、人間労働を実体とした抽象的関係をつうじて私的所有は他の私的所有と関連し、等置＝交換される。「この抽象的関係が価値であって、この価値としての現実的な実存こそなかんづく貨幣」[44]である。したがって貨幣とはたんなる物（Ding）ではない。貨幣の背後には直接には目に見えない社会的総労働過程における、その諸分節をなす私的諸労働の社会的相互関連があり、そこから抽出される無差別で抽象的な人間労働が、貨幣という物象（Sache）において実在する。貨幣とは人間の社会的関係であり、それが転倒し附着して物象の属性となったものなのである。一言にしていえば、貨幣とは「外化した私的所有」[45]に外ならない。人と人との関係が物と物との関係として現われるこの転倒を、後年のマルクスが、商品（あるいは貨幣さらに資本）の「物神性 Fetischismus」と名づけることは[46]、周知であろう。

③ 社会的交通の特殊な形態としての貨幣による交換

ここにあるものは、人間と自然との物質代謝、諸個人相互間における使用価値の相互補完であり、かかる行為を通じて諸個人は、全体的存在たる人間としての自己にふさわしい生活をわがものとするという普遍的事実であり、共同的存在としての相互媒介＝社会的交通が成立するという歴史貫通的事実である。それが、私的諸個人の必要つまり欠乏による窮動とエゴイズムを直接的契機とする市民社会においては、孤立分散的な私的所有者の分業・商品交換のネットワークとして編成され、そのネットワークにおいてエゴイズムの仲介者となり、人間相互の社会的交通を媒介するものが貨幣である。普遍的で歴史貫通的な人間の社会的交通のシステムが、貨幣を媒介とした交換のシステムとして、特殊な歴史的社会的形態規定をまとって現われるのである。

したがって逆にいえば、一見バラバラで無政府的にみえる市民社会においても、やはり共同性《ゲマインヴェーゼン》（Gemeinwesen）は実存し、むしろ人間は本源的に共同的存在《ゲマインヴェーゼン》であるがゆえにその限り人間的共同体《ゲマインヴェーゼン》として自己を貫徹せざるをえない。[47] しかし、そこにおける共同性は、いまや貨幣に媒介された共同性として、つまり人間相互の交通が人間の外にある、ある疎遠な物象《ザッヘ》に依存した一つの特殊な共同性の形態として、実存することになる。かくて分業と交換のネットワークより生まれそこに君臨する貨幣は、「私的所有の枠内での人間の社会的行為、類的行為、共同存在、社会的交通、統合」[48]に外ならないのである。

④　「社会的交通の疎外態」としての貨幣

類としての人間が自由で主体的な存在であることは自明であるが、そうした人間の自由で主体的な実践は、自己を規定し制限するものから出発しながら、全くの他者と交流し、自他の交歓のなかから、自己の分身である新たな他者を創造していく。自己を刻み自己を廃棄するかのようなこの創造的営為は、ひとえに自己を規定し、制限するものをのりこえるためであり、そのことによって生きた活動として自己自身を回復しとりかえすために外ならない。こうして人間の自由は、既成の成果にとどまることなくあらゆる有限性をのりこえる生きた活動として、人間の主体性のなかにある。しかるに生きた活動の成果が対象化されて物象的存在となり、私的所有として排他的に占有されるとき、人間の主体（＝生命）的運動は中断され、主体－客体関係は分裂し、固定的に対峙することになる。つまり私的所有は、自己を失うことのないよう客体を排他的に占有するが、まさにそのことによって、主体は限定された個体、制限された自我、有限の存在となる。

貨幣とは主体から切断された物象であり、人間の外化した能力であり、「私的所有の本質の自己喪失態、疎外態」[49]に外ならない。かくて「貨幣において、つまり私的所有の素材の本性や私的所有の特有の本性に対して、またさらに私的所有者の人格性にたいしても、まったく無関心なものたる貨幣において、疎外された物象の人間に対する完全な支配が出現」[50]する。いまや諸個人は互いに人格性に無関心に、自己の生産物に対する等価物の所有者として関係しあう。人間は貨幣のための没個性的な対象になり下がることによって、人間は数量化されたたんなる手段となってしまう。ここにおいて貨幣は、「社会的交通の疎外態」[51]であること、疑問の余地はない。

⑤ 近代市民的交通のポジティブな側面

しかしマルクスは、貨幣の支配する市民社会、その理論的表明である国民経済学を単純に否定しているわけではない。分業と交換の背後には人間にとって根源的な必要と欲求という契機があることは、国民経済学の指摘したところであるが、そもそも必要と欲求、すなわち欠乏を欠乏として自覚し肯定することは、主体的力量のある一定の拡がりと発展(=世界史としての近代)を前提する。そして人間的欲求とは、それが貨幣を媒介としてであれ、究極的には「人間にとって、最大の富である他人というものの必要」[52]に外ならない。そうした人間相互の社会的交通が、前市民的な自然成長的に編成された社会諸形態(家族・種族等の血縁的共同体さらに地縁的共同体)にあっては、孤立的に展開されるにすぎず、むしろ極めて狭い領域に局限されている。

それに対し前段で述べた貨幣における無関心性=没個体性こそは、貨幣を所有する限りあらゆる階層・地位にある諸個人を同等にあつかい、たとえ表面的にであれ自由・平等・友愛をもって等価と等価を結びつけ、それによって旧い身分性的で固定的な人格的依存の狭隘な限界を打破し、より広大な社会的交通を形成する。マルクスの言い方にしたがえば貨幣は「生まれながらの水平派」[53]であり、かくて貨幣を媒体とする近代市民的交通は、旧来の陋習になずみきった自然的境界をのりこえることによって、自由な人間の実存にふさわしい世界的普遍性を獲得しうる新たな地平を切り開く。いまや自然人は世界人に淘治・育成されていく。このことを見失うローマン的見解は、原始・自然に対する後ろ向きのノステルジーとなる。

⑥　統合の実在的形態・深化した疎外態としての貨幣

とはいえ、貨幣を媒介とする社会的交通の拡大それとともにすすむ社会的力の豊富化は、縷々述べてきたように、これが私的所有の枠内で展開するものである限り、すべての言葉を私的所有のしたがって貨幣の言葉に翻訳し、人間をして、利己的な、没社会的な、それゆえまた疎外された存在としないわけにはいかない。要するに市民的諸関係とは、貨幣において自己を対象的に表現することによって実存するところの、社会的交通関係＝社会的統合の形態であり、その疎外態なのである。

すでに考察してきたように、宗教とは人間的普遍＝共同性を獲得しようとする観念的統合の形態であり、国家も同様に、その同一の形式的統合の形態であった。それらは市民社会における共同性の喪失を基盤として成立するものの、一度成立するや、市民社会の汚濁から自己を保持し、市民社会と隔絶した聖域と化することによって、市民社会の外部において共同性の回復を図ろうとするものであった。それに対しまさに貨幣こそ、市民社会の現実において、その直中で、エゴイズムをまる出しにしながら、私的諸個人を引きよせ仲介し結びつける、唯一の・全面的・実在的な統合の形態に外ならない。商品世界の富はいうにおよばず、地位や名誉あるいは信用と慈善、安楽と平穏、さらに人格そのものの内面をなす教養から愛情、セックスにいたるまで、すべからくこの世のものを商品化することによって、いまや貨幣換算されないもの、貨幣に身をゆだねないものをみいだすことは、およそ困難となる。結合もまた離反も、往々貨幣を介在しておこなわれるのである。

もはや多くを語る必要はないだろう。貨幣における統合＝共同性の実現は物象によって代位されたいわば「回り道」をしての統合に外ならない。人間に固有の本質そのものによって、直接的＝無媒介的に実現されるところの共同性ではない。すなわち統合の媒介は媒介者の統合であり、媒体たる貨幣が自立的主体に転化したところの転倒した統合の形態といわなければならない。人々の人間としての本源的関係は光り輝く貨幣によって幻惑され曇らされていく。貨幣による統合は、それがいかに全面的で実在的な統合の形態であろうとも、むしろそれゆえに人間の類的本性＝社会的共同性が喪失したところに実現されざるをえず、したがってまた私的汚濁にまみれ、分裂と相剋をいっそう深めた、疎外された統合の形態として現われざるをえないのである。

かくて世界史の前進は、近代市民社会を眼前にしたマルクスにおいて、宗教の批判は国家の批判へ、さらにその土台をなす市民社会そのものの批判、すなわち市民社会の神たる貨幣の批判へ展開・収斂されざるをえず、したがってまたそれら批判は経済学批判へと必然的に移行せざるをえない。言うまでもなく近代の国民経済学は、近代市民的《ブルジョア》人間の日常的生活意識の諸形態を前提とし理論的に整序するところに成立する学の体系であり、それゆえその原理的批判は、私的所有の批判を基底としつつ、そこからたえず生みだされる疎外された私的《ブルジョア》個の内面的・根底的批判を含まざるをえず、その論理的な必然的帰結として、それら諸個体の疎外態――宗教・国家・貨幣――からの解放、類と個の再統合を、さらにそれを通じての新たな歴史＝人間形象を提示せざるをえない。コミュニズムとはその主体的・実践的形象と結びつく名辞に外ならない（それを一層現実的具体的なものとすることは、『独仏年誌』のマルクスとともに、さらに後年の課題とならざるをえない）。

注

（1）拙稿「宗教・国家・貨幣」『大阪教育大学紀要』第三〇巻三号、一九八二年三月、同「市民社会と国家」同『紀要』第三一巻二・三号、一九八三年二月。

（2）前掲拙稿、前々稿「宗教・国家・貨幣」の注（30）および前稿「市民社会と国家」の注（32）を参照のこと。

（3）文献〔15〕第一分冊、一二〇ページ。

（4）以下の貨幣の論述においては、『資本論』第Ⅰ部の貨幣論と同様、論理的に単純化して金を貨幣商品として前提する。たしかに一方では歴史的にみて貨幣の位置を占めてきた商品種類は多様であり、他方今日、国内流通についてみる限り、生身の金属流通は一九世紀的過去の出来事となっている。しかしそれにもかかわらず、今日の国内流通においても相変わらず貨幣の度量標準は金とリンク――たとえば一ドル＝純金三五分の一オンス、一ルーブル＝〇・九八四一二グラム、一円＝二・四六八五三ミリグラム等々と法定されているし、さらに世界市場に出ていけば、決済手段はやはり究極的には金に外ならない。

（5）文献〔16〕一四五ページ。

（6）文献〔2〕五二ページ。

なお経済理論的には、物々交換と商品交換との間には画然とした差異があることを強調しなければならないが、いずれにしても後者は前者のいっそうの発展ののち生成するものであり、その間の事情をマルクスは次のようにスケッチしている。「商品交換は、共同体の終わるところで、諸共同体が他の諸共同体または他の諸共同体の諸成員と接触する点で、始まる。しかし、諸物がひとたび対外的共同生活で商品になれば、それらのものは反作用的に、内部的共同生活においても商品になる。諸物の量的交換比率は、さしあたりはまったく偶然的である。……時の経過とともに、労働生産物の少なくとも一部分は、意図的に交換めあてに生産されざるをえなくなる。この瞬間から、……直接的必要のための諸物の有用性と交換のための諸物の有用性とのあいだの分離が確定する」文献〔15〕一五〇ページ。

（7）同上、五二ページ。なお、参考文献〔2〕では「取財術」と訳されているが、ここでは『資本論』引用中の訳語と同様に「貨殖術」とした。

（8）同上、五五ページ。

（9）文献〔3〕二ページ。

（10）文献〔1〕一四八～九ページ。

「ヨハネ黙示録」は、「新約聖書の全文献のうちで、少なくとも異質な何ものかをもち、聖書の王といわれるかのカルヴァンさえその注釈を敢えてしなかったもの」であるといわれ、またここで、『獣』とは、一般に貨幣のことであり、特殊にはネロ貨」のことであると解読したのは、後出のブルーノ・バウアーであるという（平田清明『市民社会と社会主義』岩波書店、一九六九年、二七六～二七七ページ）。関連して、エンゲルス「ブルーノ・バウアーと初期キリスト教」、「黙示録」、「原始キリスト教の歴史によせて」（ＭＥＷ第19・20・22巻）。

（11）「貨幣はそれ自身商品であり、だれの私有財産ともなりうる外的な物である。こうして社会的な力が私人の私的な力になる。だから、古典古代の社会は、貨幣を、社会の経済的および道徳的秩序の破壊者として非難する。……近代社会は、黄金の聖杯を、そのもっとも独自な生活原理の輝ける化身として歓迎する」文献〔15〕第Ⅰ分冊、二二三ページ。

（12）Ｄ・デフォー『ロビンソン・クルーソウ漂流記』のロビンソンが、難波船のなかにある金・銀貨を発見して、おもわず微笑を禁じえず、「無用の長物よ。お前はいったいなんの役にたつというのか。……お前はもう拾いあげるにも値しないのだ。いくらお前が山のようにたくさんあったところでこのナイフ一本にもとうていかなわないのだ。……そこに静かに自分の運命をまち、救われる値うちのないものとして、海底の藻屑と消えるがよい」（岩波文庫、八一ページ）というとき、ここにはきわめて明瞭に、貨幣の社会的魔性が、まさに裏がえしに表現されているといえる。一般的に敷衍していうと、すべての社会・歴史的段階において、貨幣は不可欠な存在であると考えている人がいるとすれば、それはすべての人間にとって、イエス・キリストもしくは仏陀が必要だとするのと同じくらい誤解であり、社会科学的には全くの初歩的な誤謬に類する。

（13）文献〔3〕三九九ページ。

（14）日本の古典的民話劇木下順二『夕鶴』に〝つう〟が次のように独白する場面がある。

「与ひょう、あたしの大事な与ひょう、あんたはどうしたの？　あんたはだんだん変わっていく。何だか分らないけれど、あたしとは別世界の人になっていってしまう。……あの布を織ってあげたら、あんたは子供のように喜んでくれた。だからあたしは、苦しいのを我慢して何枚も何枚も織ってあげたのよ。それをあんたは、そのたびに『おかね』っていうものと取りかえてきたのね……。みんなこれのためなんだわ。……おかね……おかね……あたしはただ美しい布を見てもらいたくて……それを見て喜んでくれるのが嬉しくて……ただそれだけのために身を細らせて織ってあげたのに……。」（岩波文庫、四四～四五、五六ページ）。

心やさしく素朴な与ひょうが一度「おかね」の魅力を知ることにより、貨幣にとりつかれた貪欲な人間に変わっていくというこの物語は、自然そのものに抱かれた単純・素朴な世界から商品・貨幣関係のなかに身をおくことによって生ずる貨幣人の「原罪」を、〝与ひょう〟の転身に託すことによって照らしだしている。なお、これについて指摘した平田の論稿（前掲『市民社会と社会主義』一～六ページ）がある。

（15）コロンブス「ジャマイカからの手紙」（林屋永吉訳）『大航海時代叢書Ⅰ』岩波書店、二二二ページ。

（16）文献〔14〕一三四ページ。

（17）文献〔5〕第Ⅱ分冊、三九六ページ。

（18）同上、第Ⅰ分冊、四八ページ。

（19）G・ルカーチ「若きヘーゲル（上）（下）」（生松敬三ほか訳）『ルカーチ著作集』一〇および一一、白水社、（上）二七～二八ページ、M・リーデル『ヘーゲル法哲学』（清水・山本訳）福村出版、八三～八五ページ、山中隆次「イギリス経済学とドイツ哲学」、文献〔20〕所収、一七九～一八〇ページ、等参照。

（20）文献〔7〕SS.250–51。
（21）ヘーゲル「キリスト教の精神とその運命」（久野・中埜訳）、『ヘーゲル初期神学論集Ⅱ』以文社、一二八～一三一ページ。
（22）文献〔3〕三一ページ。
（23）前掲（21）一五八ページ。
（24）文献〔6〕二三二～二三三ページ。
（25）同上、二三六ページ。
（26）同上、三二三～三二四ページ。
（27）文献〔7〕SS.239–240。
（28）文献〔8〕二六二ページ。
（29）近年の研究動向に初期のマルクスの貨幣把握および経済的疎外論において、ヘーゲル左派のモーゼス・ヘス「貨幣体論」（文献〔9〕所収）がマルクス・エンゲルスに無視できない影響をあたえたという、いわゆる「マルクス－ヘス問題」がある。
ここで「貨幣体」とは、たんなる物としての貨幣のことではなく、"Geld Wesen" のこと、「貨幣の本質」「貨幣というもの」というほどの意である。モーゼス・ヘス（山中・畑訳）『初期社会主義論集』未来社。

前々稿でも注記したように、従来のヘーゲル－フォイエルバッハ－マルクスという単線的継承関係にたいし、ヘーゲル左派からマルクスへの批判的継承の流れを多角的にとらえなおそうという試みとして具体化されている。邦文文献としては、良知力『ドイツ社会思想史研究』未来社、一九六六年、広松渉『マルクス主義の成立過程』至誠堂、一九六八年、山中隆次『初期マルクスの思想形成』新評論、一九七二年等、参照のこと。
（30）文献〔12〕九八ページ。
（31）文献〔13〕第Ⅰ分冊、七九ページ。
（32）文献〔10〕四一一ページ。
（33）同上四一一ページ。
言うまでもなく貨幣にたいする熱狂は、ユダヤ人にのみ属する事柄ではなく、むしろ市民社会のブルジョア的実践においては普遍的事象となっているというのが、マルクスの言わんとする意味である。しかしそれにもかかわらず、「ヴェニスの商人」のシャイロックに典型的にみられるように、ユダヤ人が守銭奴・暴利商業・高利貸として非難されるのには、一定の歴史的背景がある。つまりユダヤ人は、いわゆる「客人民族」として特定の共同体に帰属せず、もっぱらその周辺部分・地域的空隙において、いわば寄生的な利ざや稼ぎをしてきた（同様な境遇にあった民族はユダヤ人に限るものではない――たとえば中世ヨーロッパのカオール人、ロム人（ジプシー）等）という歴史的経緯があり、そのような場合、共同体の維持・再生産、その素材的基礎としての諸使用価値の均衡には関心がなく、あくまで商品としての交換価値、むしろその目にみえるあからさまな形態としての貨幣こそが唯一の目的になる。M・ウェーバーはこれを「賎民的（パーリア）資本主義」と特徴づけ、大塚久雄もまた「前期的資本」ととらえている。大塚久雄「欧州経済史」、『大塚久雄著作集第四巻』岩波書店、五七～五八ページ、A・レオン『ユダヤ人問題の史的展開』（湯浅赳男訳）柘植書房等参照。

（34）トーマス・モア『ユートピア』（「Utopia」）が貨幣のない理想郷を描いていることは有名である。もともと語源的には、ラテン語で、「U」とは「ない＝no」ということであり、「topia」は存在・場所等を指す言葉であるから、ここでの意味は「貨幣なきユートピア」ということになり、これこそマルクスの目指すものであったといえよう。

（35）文献〔5〕第Ⅰ分冊、二五～二六ページ。

（36）同上、三〇ページ。

（37）同上、四四六ページ。

（38）前掲（31）。

（39）文献〔12〕九八～九九ページ。

（40）同上、一一三ページ。

（41）同上、一〇〇ページ。「Sache」の訳語は、訳者によっていろいろであるが、本稿では「物象」に統一した。

（42）文献〔13〕第Ⅰ分冊、一一六ページ。

（43）「価値表現の秘密、すなわち、人間的労働一般であるがゆえの、またその限りでの、すべての労働の同等性および同等な妥当性は、人間の平等の概念がすでに民衆の先入見にまで定着するようになるとき、はじめて、解明することができる。しかし、それは、商品形態が労働生産物の一般的形態であり、したがってまた商品所有者としての人間相互の関係が支配的な社会的関係である社会において、はじめて可能である」文献〔15〕第Ⅰ分冊、一〇三ページ。

（44）文献〔12〕八九ページ。

（45）同上、八六ページ。

（46）文献〔15〕第Ⅰ分冊、一二四ページ。

なお、『資本論』段階では、資本主義社会の富の「細胞形態」として「商品」が措定され、それがマルクス経済学における端緒範疇となっているが、本稿の対象である『独仏年誌』および『ミル評注』の段階では、いまだ、この商品の独自の位置づけが獲得されておらず、むしろ当面、「貨幣」に焦点をあてることによって、生産有機体分析の核心をとらえようとしているところに特徴がある。したがって、『資本論』を知るわれわれからいえば、商品＝貨幣＝資本であり、さらに一般的にいえばそれは＝私的所有であるが、『独仏年誌』（および『ミル評注』）段階では、この私的所有がまさに貨幣という経済学的カテゴリーによって本質把握されているといえる。したがってまた、それは逆にいえば、私的所有を構成原理とする資本主義社会の主体が、なお、「資本」においてとらえられていないという限界性を有していることになる。

(47) マルクスの「Gemeinwesen」は微妙なニュアンスをもっており、本稿では一般的には「共同性」という訳語を採用したが、文脈におうじて「共同本質」、「共同的存在」、「共同体」等の訳語となる。大塚久雄「共同体の基礎理論」『著作集第七巻』、岩波書店、八ページ、平田清明『経済学と歴史認識』岩波書店、一一五ページ、望月清司『マルクス歴史理論の研究』岩波書店、一二一ページ、森田桐郎「『ジェームズ・ミル評注』」『マルクス・コメンタールI』現代理論社、一六ページ等参照。

(48) 文献〔12〕一六一ページ。

(49) 同上、八七ページ。

(50) 同上、一〇五ページ。

(51) 前掲(31)参照。なお、ここでの「社会的交通」という言葉についていえば、唯物史観の基本矛盾の定式が、『ドイツ・イデオロギー』（一八四五～四六年）段階までは「生産諸力と交通形態の矛盾」という用語でとらえられており、したがってこの時点では、「交通」関係・形態等の言葉が頻繁に登場する。それが後の「アンネンコフ宛の手紙」（一八四六年一二月二八日）を経て、『哲学の貧困』（一八四七年）以降においては、技術・協業・分業等、生産過程視点の重視とともに、「生産関係」範疇に変換され、「生産諸力と生産関係の矛盾」という定式の形に統一・確定されていく。拙稿「分業廃棄の理論とマルクスの大工業分析」『経済論叢』第一一七巻一・二号、一九七六年一・二月。

(52) マルクス『経済学・哲学草稿』、MEW第40巻、四六五ページ。

(53) 文献〔15〕第I分冊、一四五ページ。

参考文献

〔1〕アリストテレス『ニコマコス倫理学上・下』（高田三郎訳）岩波文庫
〔2〕アリストテレス『政治学』（山本光雄訳）岩波文庫

〔3〕『聖書』日本聖書教会。
〔4〕A・スミス『道徳情操論』（米林富男訳）未来社
〔5〕A・スミス『国富論』（大河内一男訳）中公文庫
〔6〕ヘーゲル『自然法学』（平野秩夫訳）勁草書房
〔7〕Hegel. Jenenser Realphilosophie Ⅰ. Ⅱ, Hegels samtliche Werke, hrsg. von J. Hoffmeister, Leipzig.
〔8〕ヘーゲル『法の哲学』（藤野・赤沢訳）中央公論社『世界の名著』第三五巻
〔9〕M・ヘス『初期社会主義論集』（山中・畑訳）未来社
〔10〕マルクス『ユダヤ人問題によせて』、MEW第1巻
〔11〕マルクス『ヘーゲル法哲学批判序説』、MEW第1巻
〔12〕マルクス『経済学ノート』（杉原・重田訳）未来社
〔13〕マルクス『経済学批判要綱』（高木幸二郎監訳）大月書店
〔14〕マルクス『経済学批判』、MEW第13巻
〔15〕マルクス『資本論』新日本出版社
〔16〕A・アニーキン『黄色い悪魔』（横倉弘行訳）大月書店
〔17〕K・ポランニー『人間の経済Ⅰ・Ⅱ』（玉野・中野訳）岩波書店
〔18〕吉沢英成『貨幣と象徴』日本経済新聞社
〔19〕坂本藤良『「円」の誕生』PHP
〔20〕宮崎・山中編『市民的世界の思想圏』新評論
〔21〕佐藤和夫他『市民社会の哲学と現代』青木書店

スミス、ヘーゲル、マルクスに関連する基本文献をのぞき、前二稿であげた参考文献については再掲しない。なお〔7〕については、現在のところ邦訳はなく、一般の読者には閲読しにくい状況にあるが、本稿の展開に欠かすことはできず敢えてオリジナル・テキストを掲げた。

あとがき

本著作は、既発表の諸論文からなっている。一部加筆・改題した外は基本的に初出のまま載録されている。初出論文との対応関係を示せば以下の通りである。

第一部　マルクス社会主義論の批判的再考
第一章　「実現可能な社会主義」について考える
　『季論二一』二五号、二〇一四年七月、転載：長砂實ほか『ポスト資本主義を構想する』本の泉社、二〇一四年
第二章　マルクスの「社会主義」と「官僚制」―技術・分業・組織の構造的連関
　『公民論集』（大阪教育大学公民学会）第一六号、二〇〇八年三月所載の「技術・分業・組織の構造的連関とマルクスの『社会主義』論」を改題
第三章　アソシエイションとマルクス
　「アソシエイションとマルクス」花伝社（東京）、二〇一一年一二月（小冊子）
第四章　マルクスにおける「人間本性」の把握について―「利己性」と「利他性」をめぐって
　『松山大学論集』第二四巻第三・四号、二〇一二年一〇月所載の「マルクスの『人間性』把握について」を一部改題
第五章　後期マルクスにおける革命戦略の転換〈1〉
　『立命館経済学』第六一巻第六号、二〇一三年三月

第六章　後期マルクスにおける革命戦略の転換〈2〉―平和的革命戦略への転換と民主主義
『立命館経済学』第六二巻第四号、二〇一三年一一月

第二部　補論Ⅰ　中国社会主義について
第一章　中国における「四つの近代化」と「民主と法制」―転換期中国社会主義の基本課題について
『社会主義経済研究』創刊号、一九八三年九月所載論文の主題目と副題目を入れ替えて載録
第二章　中国における「小共同体」企業と「単位体制」社会―経済改革・民主運動を規定する基礎過程の考察
『日本の科学者』Vol.二四 No.一二通巻二六三号、一九八九年一二月
第三章　中国社会主義の「社会体制」規定について―中国は資本主義か社会主義か？
『季論二一』第三四号、二〇一六年一〇月所載の「中国社会主義の『体制』規定について」を一部改題

第三部　補論Ⅱ　宗教・国家・貨幣
第一章　宗教・国家・貨幣―哲学の批判・政治学の批判から経済学批判へ
『大阪教育大学紀要（第Ⅱ部門）』第三〇巻第三号、一九八二年三月（「デス・マス」調を「デアル」調に補筆改稿、以下同じ）
第二章　市民社会と国家―宗教・国家・貨幣（Ⅱ）
『大阪教育大学紀要（第Ⅱ部門）』第三一巻第二・三号、一九八三年二月
第三章　貨幣体―宗教・国家・貨幣（Ⅲ）
『大阪教育大学紀要（第Ⅱ部門）』第三三巻第二号、一九八四年一二月

本著作が成立したのは、実に多くの方々のご指導と薫陶のおかげである。とりわけ、木原正雄（故・京都大学名誉教授）、儀我壮一郎（故・大阪市立大学名誉教授）、山崎武雄（故・甲南大学名誉教授）の諸先生には、私の学問的研究の出発点から公私にわたり懇切かつ自主性を重んじたご指導・ご教示をいただいた。いわば私の研究人生の大恩人である。併せて、私の本務校である大阪教育大学にあっては、福本邦行（名誉教授）、福山昭（故・名誉教授）の両先生には、世間知らずの若年者に自由に好きなことをさせていただき、大きくご指導をたまわった。かかる諸先生方のご芳情は決して忘れることはできない。

また、一人一人お名前を挙げることは控えさせていただくが、京都大学大学院の各ゼミナールをはじめ、社会主義経済研究会（月曜会）、中国近代化研究会、（マルクス）経済学研究会等の、諸先生、先輩、同学の知友には、たいへん活発な議論と刺激的な研鑽の場を共にしていただいた。ここに衷心からの敬意を表したい。これらの先達と諸学兄の存在、貴重な人間関係がなければ学問的な意味で今日の日はなかったと思う。さらに、文部省在外研究員として中国・北京大学留学中（一九九一年九月～九二年七月）、ご指導下さった劉方棫・張友仁等の諸先生（「老師」）および有意義な交流をしていただいた方々にお礼を申し述べたい。なおまた、本書作成の最終段階においても、幾人かの畏友からは手厳しい批判や助言をいただいた。それらは必ずしも本著作に活かすことができたとは言えないが、大いに参考になった。謝意を表したい。

最後に、荒木久子（亡母）、荒木哲子（妻）の二人の女性の存在は、私にとって実にかけがえのないものであった。母久子の葬儀には、中国の奥地四川省重慶市で調査活動中であり参列できなかった（〔公財〕太平洋交流センター主催。その成果の一部は、拙稿「中国における企業『小共同体』の構造―重慶鋼鉄公司のケース・スタディ」『公民論集』第五号、一九九六年三月等）。想えば、経済学者なのに経済的に無頓着で、その上、野方図の私を見放さず良く支えてくれたと思う。今日の人生あるはひとえに彼女らの寛い心のおかげである。ここに感謝の意を表わすことを許していただきたい。

なお、私事に渉るが、本著作の出版計画中の一昨年一二月（二〇一六年一二月）、突然の病《やまい》発症により救急車で病院に運ばれた。ＭＲＩなどの検査の結果、当初は内耳の障害によるものと診断されたが、その後（詳しい経緯は省略）複数の病院を回り、結局は、小脳の脳梗塞と診断され二週間ほど入院した。現在は定期的に脳神経外科に通い、通院リハビリ中である。発病から一年余経ち、基本的生活は自立できるようになったものの、今も依然、歩行困難（フラッキ）、呂律不全、恒常的疲労感等はなくならない。大脳の方はとくに問題はなく、なんとか意思疎通はできる状況である。

したがって、拙著出版の準備は一時期中断し昨年（二〇一七年）三月初めから再開したが、体調が十分ではなく校正等の作業は遅々たる歩みであり、文理閣編集長の山下信さんには何かとひとかたならぬお骨折りをいただいた。この場をかりて厚くお礼申し上げたい。本著作の出版までには、資料を取りよせていただくなど各大学・公立図書館等、その外、多くの方々の直接・間接のご支援があった。改めて感謝申し上げる次第である。

荒木武司

二〇一八年一月

人名索引

カール・マルクス（1818〜1883）とフリードリヒ・エンゲルス（1820〜1895）、および日本人名については省略した。また、生没年（とくに没年）不明などの不備がある。

〔ア行〕

アヴィネリ　シュロモ（1933〜）　324
アクセルロッド　ロバート（1943〜　）　149, 150
アクトン　ジョン（1834〜1902）　vi
アジェンデ　サルバドール（1908〜1973）　208
アシュホフ　グンター（1934〜　）　191
アダムズ　ジェームズ（1901〜1994）　120, 146
アドルノ　セオドア（1903〜1969）　57
アニーキン　アンドレイ（1927〜　）　348
アーベントロート　ヴォルフガング（1906〜　）　227
アリストテレス（前384〜前322）　v, xii, 310, 329, 347
アルブロウ　マーティン（1937〜　）　55
アレグザンダー　リチャード（1929〜　）　149, 150
アンネンコフ　パヴェル（1812〜1887）　347
アンファンタン　バーセレミー（1796〜1864）　72, 74
イサベルⅠ世（1451〜1504）　331
ヴァイトリング　ウィルヘルム（1809〜1865）　49
ヴァルター　フランツ（1939〜　）　227
ヴィクトリア女王（1819〜1901）　85
ウィクリフ　ジョン（1330頃？〜1415）　290
ウィルソン　エドワード（1929〜　）　130, 133, 147, 149
ヴィンケルブレッヒ　カール（1810〜1865）　115
ウェッブ　ベアトリス（1958〜1943）　114
ウェーバー　マックス（1864〜1920）　x, 21, 27, 32-37, 39, 41, 54-57, 101, 106, 108, 122, 144, 346
ヴォルペ　ガルヴァーノ（1895〜1968）　305, 322
エッカリウス　ヨハン（1818〜1889）　166, 185
エックルス　ジョン（1903〜1997）　149, 150
エーベルト　フリードリヒ（1871〜1925）　217
エルベシウス　クロード（1715〜1771）　151
オイゼルマン　テアドール（1914〜1981）　303, 305
オーウェル　ジョージ（1902〜1950）　103
オウエン　ロバート（1771〜1865）　v, x, 6, 58, 62, 64, 78-85, 109, 112-114, 179, 189

〔カ行〕

カウツキー　カール（1854〜1938）　22, 26, 49, 51, 52, 169, 173, 188-191, 204, 205, 217, 220, 222, 223
カウフマン　ハインリヒ（1864〜1928）　180
カベ　エチエンヌ（1788〜1850）　62, 71, 78
カリリョ　サンティアゴ（1915〜2012）

224
ガル　ルートヴィヒ（1791～1863）　115, 116
カルヴァン　ジャン（1509～1564）　343
カルデリ　エドヴァルド（1910～1979）　58
カント　イマヌエル（1724～1804）　123, 127, 145, 146, 291, 309, 310, 321, 332
カンパネラ　トーマス（1568～1639）　6
ギデンス　アンソニー（1938～　）　51, 57
キング　ウィリアム（1786～1865）　80, 81, 82, 84, 113
グラムシ　アントニオ（1891～1937）　117, 224
グルッピ　ルチアーノ（1920～　）　324
グレイ　ジョン（1799～1883）　112
クローニン　ヘレナ（　　　）　148
クロポトキン　ピョートル（1842～1921）　27-30, 52-54
ケヴィン　マグダーマット（　　　）　224
ケレンスキー　アレクサンダー（1881～1970）　205
ゲイ　ピーター（1923～2015）　225, 226
ゲード　ジュール（1845～1922）　188, 195
ケルゼン　ハンス（1881～1973）　120
胡喬木（1912～1992）　249
康有為（1858～1927）　241
コーエン　ジェラルド（1941～　）　59, 118
ゴドウィン　ウィリアム（1756～1836）　113
ゴドリエ　モーリス（1934～　）　93, 118
コフラー　レオ（1907～　）　55
コール　ジョージ（1889～1959）　82, 83, 112-115
コルシュ　カール（1886～1961）　184
コルナイ　ヤーノシュ（1928～　）　273, 274, 275, 282, 284
コルニュ　オーギュスト（1888～1981）　303, 305
コルニーロフ　ラヴアー（1870～1918）　205
ゴルバチョフ　ミハイル（1931～　）　xii
コルボン　クロード（1808～1891）　76, 111
コロンブス　クリストファー（1451？～1506）　331, 344
コンディヤック　エチエンヌ（1715～1780）　151
コンドルセ　マリエ（1743～1794）　151, 319

〔サ行〕

サイモン　ハーバート（1916～2001）　xii
サルトル・ジャン　ポール（1905～1980）　233, 248
サン・シモン　クロード（1760～1825）　6, 45, 47, 58, 62, 64, 71, 72, 74, 75, 77, 99, 109, 110
サンド　ジョルジュ（1804～1876）　194
シェーンランク　ブルーノ（1859～1901）　169
ジェレミ　アグニュー（　　　）　224
ジード（→ギード）チャールズ（1847～1932）　189
周恩来（1898～1976）　249
シャフツベリ　アンソニー（1671～1713）　151
シュタイン　カール（1757～1831）　314
シュタイン　ローレンツ（1815～1890）　50, 106
シュタウディンガー　フランツ（1849～1921）　180
シュティルナー　マックス（1806～1856）　53
シュルツ　ウィリアム（1797～1860）　115, 116
シュルツェ　デーリチュ（1808～1883）　107, 176
章炳麟（1869～1936）　241
ジラス　ミロバン（1911～1999）　41, 57
スターリン　ヨシフ（1878～1953）　vi, 20, 55

スチュアート　ジェイムス（1712～1780）
311, 332
スペンサー　ハーバート（1823～1903）
128
スミス　アダム（1723～1790）　x, 18, 23, 30, 32, 57, 122, 124, 139, 144, 151, 152, 311, 313, 322, 325, 331, 335, 348
スミス　メイナード（1920～2004）　149
セルツキー　ラドスラフ（1930～　）　14, 19, 98, 99, 119, 120
ソレル　ジョルジュ（1847～1922）　218
ソロン（前640頃？～560頃？）　332
孫文（→孫中山）（1886～1925）　241, 243

〔タ行〕

タイラー　ワット（？～1381）　290
ダヴィド　エドアルド（1863～1930）
170, 187
ダーウィン　チャールズ（1809～1882）
iv, x, 127-130, 139, 140, 143, 147-149, 151
ダントレーヴ　アレキサンダー（1902～1985）　324
張春橋（1918～2005）　238
張魯（？～後216）　241
ディドロ　デニス（1713～1784）　151
デフォー　ダニエル（1660～1731）　343
デュルケーム　エミール（1858～1917）
70
テンニエス　フェルディナンド（1855～1936）　109
ドイッチャー　アイザック（1907～1967）
184
ド・ヴァール　フランス（1948～　）
149, 150
鄧小平（1904～1997）　237, 268, 271
董必武（1886～1975）　238, 240
ドーキンス　リチャード（1941～　）　17, 19, 148, 150
トクヴィル　アレクシス（1805～1859）
x, 64, 65, 67, 68, 70, 101, 107-109
トーニー　リチャード（1880～1962）
144
ド・パープ　セザール（1842～1890）
165, 166, 186
ド・フリース　ユーゴ（1848～1935）
129
トムソン（→トンプソン）ウィリアム（1775～1833）　81
トムソン　ドロシィ（1923～　）　114
トラン　アンリ（1828～1897）　166
トリヴァース　ロバート（1943～　）　17, 19, 130, 133, 148
トロツキー　レフ（1879～1940）　vi, 184

〔ナ行〕

ナフタリ　フリッツ（1883～1961）　182
ナポレオンⅢ世　ルイ（1808～1973）
109, 165
ニーウェンホイス　フェルディナンド（1846～1919）　220
ニエルシュ　レジエ（1923～　）　266
ニール　エドワード（1810～1892）　114
ネロ　クラウディウス（後37～後68）
343
ノージック　ロバート（1938～2005）　59

〔ハ行〕

ハイエク　フリードリヒ（1899～1992）
iv, 97, 119
ハイドマン　ヘンリー（1842～1921）
195
ハイマン　ホルスト（1933～　）　225
バウアー　オットー（1882～1939）　182, 191
バウアー　ブルーノ（1809～1882）　323, 334, 343
バクーニン　ミカエル（1814～1876）
26-28, 53, 54
バザール　サン＝アマンド（1791～1832）
72
ハーゼ　フーゴ（1863～1919）　217
ハチスン　フランシス（1694～1746）
151
バーナード　チェスター（1886～1961）
106
バブーフ　フランシス（1760～1797）

52, 158
ハリソン　ロイドン（1927〜　）　155
バーリン　イサイア（1909〜1997）　185
ハルデンベルク　カール（1750〜1822）　314
バルベス　アーマンド（1809〜1870）　159
ビスマルク　オットー（1815〜1898）　35, 168, 199, 200, 211
ピノチェト　オーガスト（1915〜2006）　208
ビュシェ　フィリップ（1796〜1865）　x, 62, 74, 75
ヒューム　デイビッド（1711〜1776）　139, 144
ヒルファーディング　ルドルフ（1877〜1941）　217
ビンスワンガー　ルードヴィヒ（1881〜1966）　145
ファーガソン　アダム（1723〜1816）　139
フィヒテ　ヨハン（1762〜1814）　123
フォイエルバッハ　ルードヴィヒ（1804〜1872）　56, 123, 293-299, 302, 303, 305, 325, 345
ブオナロッティ　フィリッポ（1761〜1837）　52, 158
フォルマル　ゲオルグ（1850〜1922）　169, 190
フス　ジャン（1370頃？〜1415）　290
ブハーリン　ニコライ（1888〜1938）　vi
フーバー　ヴィクトール（1800〜1869）　115
ブーバー　マルティン（1878〜1965）　191
ブラウンタール　ユリウス（1891〜1972）　191
ブラン　ルイ（1811〜1882）　52, 76-78, 90, 110, 111, 146, 175
ブランキ　オーギュスト（1805〜1881）　26, 62, 63, 71, 77, 106, 158-162, 169, 174, 175, 184, 189, 192, 193, 197
ブランケンブルク　ヴォルフガング（1928〜2002）　145
フーリエ　フランシス（1772〜1837）　v, 6, 45, 47, 58, 71, 77, 109
フリッケ　ディーター（1927〜　）　190
プルードン　ピエール（1809〜1865）　xii, 7, 50, 52-54, 58, 62, 70, 71, 106, 109, 111, 119, 154, 165, 166, 175, 178, 190, 194, 213
ブレイ　ジョン（1809〜1897）　112
ブロイアー　ゲオルグ（1919〜　）　148
フロイト　ジグムント（1856〜1939）　145, 152
ベーア　マックス（1864〜1944）　52
ヘゲデューシュ　アンドラーシュ（1922〜1999）　41, 55, 57
ヘーゲル　ゲオルグ（1770〜1831）　9, 22-24, 34, 35, 49, 56, 69, 86, 87, 93, 106, 109, 116, 123, 124, 126, 143, 154, 289-295, 297, 301-305, 309-315, 321-325, 332-334, 344, 345, 348
ヘス　モーゼス（1812〜1875）　24, 303, 345, 348
ベッカー　ヨハン（1809〜1886）　166
ヘニングセン　エッカルト（1949〜　）　191
ベーベル　アウグスト（1840〜1913）　210
ヘラー　アグネス（1929〜　）　55
ペルチンスキー　Z・A（1925〜　）　324
ベルリングェル　エンリコ（1922〜1984）　224
ベルンシュタイン　エドゥアルト（1850〜1932）　x, 12, 100, 106, 107, 120, 182, 189-192, 197, 200, 210-213, 215-217, 220, 223-226
ペレール　イーサク（弟）（1806〜1880）　109
ペレール　ヤコブ（兄）（1800〜1875）　109
ベンサム　ジェレミー（1748〜1832）　11, 81
ホジスキン　トーマス（1787〜1869）　112

ホジソン　ジェフリー（1946～　）　106
ホッブス　トーマス（1588～1679）　140, 308, 310, 319
ポパー　カール（1902～1994）　97, 98, 118, 119
ポランニー　カール（1886～1964）　17, 19, 150, 348
ホリヨーク　ジョージ（1817～1906）　80, 113, 115
ボルテール（1694～1778）　151
ポロック　フリードリヒ（1894～1970）　58
ホワイト　ウィリアム・H（1917～　）　120
ホワイト　ウィリアム・F（1914～2000）　190

〔マ行〕

マイアー　エルンスト（1904～　）　147
マーギュリス　リン（1938～2011）　149
マクファーソン　クロフォード（1911～1987）　9, 19
マクレラン　デイヴィッド（1940～　）　307, 327
マズロー　アブラハム（1908～1970）　xii
マチエ　アルベール（1874～1932）　146
マッキーバー　ロバート（1882～1970）　106, 107, 109
マブリー　ガブリエル（1709～1785）　6
マルクーゼ　ハーバート（1898～1979）　303
マルサス　トーマス（1766～1834）　30, 128, 147
マルシェ　ジョルジェ（1920～1997）　224
ミーゼス　ルードヴィヒ（1881～1973）　iv
ミヘルス　ロベルト（1876～1936）　120
ミュンツァー　トーマス（1490頃？～1525）　290
ミリバンド　ラルフ（1924～1994）　158, 184
ミル　ジェームズ（1773～1836）　23, 50, 146, 304, 347
ミル　ジョン　スチュアート（1806～1873）　11, 113, 114, 185, 186
ムーア　スタンリー（1914～1997）　107, 155, 158, 161, 163, 181, 183-185, 191
ムフ　シャンタル（1943～　）　11, 19
メイステル　アルベール（1927～　）　58
メイヤー　トム（1937～　）　118
メーリング　フランツ（1846～1919）　190
メンガー　アントン（1841～1906）　112
メンデル　グレゴール（1822～1884）　129
モア　トーマス（1478～1535）　6, 44, 48, 58, 346
毛沢東（1893～1976）　vi, 237, 242, 250, 253
モース　マルセル（1872～1950）　146, 147
モスト　ヨハン（1846～1906）　51
モムゼン　ヴォルフガンク（1930～　）　54, 56
モレリー（1720？～1769？）　6
モンテスキュー　チャールズ（1689～1755）　68

〔ヤ行〕

ヤコブレフ　アレクサンドル（1923～2005）　xii

〔ラ行〕

ライト　エリック（1947～　）　118
ライファイゼン　フリードリヒ（1818～1888）　115
ラクラウ　エルネスト（1935～2014）　11, 19
ラサール　フェルディナンド（1825～1864）　107
ラ・シャロテ　ルイ（1701～1785）　319
ラドロウ　ジョン（1821～1911）　114
ラファルグ　ポール（1842～1911）　188, 195, 201, 202, 221
ラベット　ウィリアム（1800～1877）　80

ラフォンテーヌ　オスカー（1943～　）
225
ラマルク　ジャン　バプティスト（1744～1829）　128, 129, 147
ラムズデン　チャールズ（1949～　）
133, 148
リカード　デイヴィッド（1772～1823）
23, 81, 112, 154
リーキー　リチャード（1944～　）　147
李自成（？～1645）　241
リッター　ヨアヒム（1903～1974）　324
リーデル　マンフレッド（1936～　）
324, 344
リヒトハイム　ジョージ（1912～1973）
184, 220
リープクネヒト　ウィリアム（1826～1900）
167, 186
リープクネヒト　カール（1871～1919）
216, 224
リーベルマン　エフセイ（1897～1983）
246
リャザノフ　ダヴィド（1870～1938）
220
劉少奇（1898～1969）　vi, 240, 250
リュクルゴス（前390頃？～324頃？）
332
林彪（1903～1971）　238, 239
ルイ　フィリップⅠ（1773～1850）　66
ルカーチ　ジョルジュ（1885～1971）
303, 305, 324, 344
ルクセンブルク　ローザ（1871～1919）
190, 191, 220, 223, 224
ルーゲ　アーノルド（1802～1880）　323
ルス　ヴェリコ（1928～　）　58
ルソー　ジャン　ジャック（1712～1778）
5, 10, 11, 52, 64, 67-70, 73, 99, 104, 109, 152, 305, 308, 310, 319-322
ルター　マルティン（1483～1546）　290, 307
ルルー　ピエール（1797～1871）　146
レー　ジョン（1796～1872）　151
レイドロー　アレクサンダー（1907～1980）
108
レーヴィット　カール（1897～1973）
324
レオン　アブラハム（1918～1944）　346
レスナー　フリードリヒ（1825～1910）
166
レッフェ　ペーター（1939～　）　227
レーニン　ウラジーミル（1870～1924）
5, 20, 26, 48, 49, 52, 55, 56, 77, 98, 105, 117, 119, 167, 173, 185, 188, 189, 191, 204-208, 221-223, 240-242, 250, 270, 277, 322, 323
レーン　デヴィッド（　　　　）　57
魯迅（1881～1936）　252
ローゼンベルグ　アルトゥール（1889～1943）　227
ローゼンベルグ　Д・И（1879～1950）
305
ロック　ジョン（1632～1704）　11, 308, 310, 319
ロドリーグ　ベンジャミン（1794～1835）
72
ロベスピエール　マクシミリアン（1758～1794）　52, 69
ローマー　ジョン（1945～　）　59, 118
ローレンツ　コンラート（1903～1989）
147

〔ワ行〕

ワトキンズ　W・P（1893～　）　108, 112, 115
ワルラス　レオン（1843～1910）　115

著者紹介

荒木　武司（あらき　たけし）

1944年　静岡県に生まれる

社会主義経済論、現代中国経済論

京都大学大学院経済学研究科博士課程修了

現在　大阪教育大学名誉教授

マルクス社会主義論の批判的研究

2018年４月20日　第１刷発行

著　者　荒木武司

発行者　黒川美富子

発行所　図書出版　文理閣

京都市下京区七条河原町西南角　〒600-8146

TEL（075）351-7553　FAX（075）351-7560

http://www.bunrikaku.com

印　刷　亜細亜印刷株式会社

ISBN978-4-89259-815-9